高水平大学"十四五"规划法医学专业精品教材
供法医学、临床医学等专业使用

法医临床学 PBL/CBL 教程

主　编　刘子龙
副主编　陈晓瑞　何方刚　赵小红　梁　曼
编　委　（按姓氏笔画排序）
　　　　卢秋莹（湖北医药学院）
　　　　朱方成（湖北医药学院）
　　　　刘子龙（华中科技大学）
　　　　阳紫倩（华中科技大学）
　　　　杨天潼（中国政法大学）
　　　　杨欢欢（华中科技大学）
　　　　何方刚（武汉大学）
　　　　张冬先（昆明医科大学）
　　　　陈晓瑞（华中科技大学）
　　　　赵小红（华中科技大学）
　　　　饶广勋（华中科技大学）
　　　　徐静涛（南方医科大学）
　　　　郭相杰（山西医科大学）
　　　　梁　曼（华中科技大学）
　　　　潘新民（河南科技大学）

华中科技大学出版社
http://www.hustp.com
中国·武汉

内容提要

本书是高水平大学"十四五"规划法医学专业精品教材。

本书基于问题/案例的教学法(PBL/CBL),参照《法医临床学》各部位损伤的编排顺序,主要包括 PBL/CBL 教学法概述,颅脑损伤,脊柱、脊髓损伤等 15 章。本书筛选了具有代表性的案例 60 余个,除第一章外,每章收录 3~5 个案例,每节列有学习目标、学习要点及时间分配、教学建议,每次课后有提出的问题并总结涉及的要点。

本书可供法医学、临床医学等专业使用。

图书在版编目(CIP)数据

法医临床学 PBL/CBL 教程/刘子龙主编. —武汉:华中科技大学出版社,2022.3
ISBN 978-7-5680-8020-0

Ⅰ. ①法… Ⅱ. ①刘… Ⅲ. ①法医学-临床医学-教材 Ⅳ. ①D919

中国版本图书馆 CIP 数据核字(2022)第 046522 号

法医临床学 PBL/CBL 教程   刘子龙   主编
Fayi Linchuangxue PBL/CBL Jiaocheng

策划编辑:居 颖
责任编辑:孙基寿
封面设计:王玉玲
责任校对:李 琴
责任监印:周治超
出版发行:华中科技大学出版社(中国•武汉)   电话:(027)81321913
         武汉市东湖新技术开发区华工科技园   邮编:430223
录   排:华中科技大学惠友文印中心
印   刷:武汉开心印印刷有限公司
开   本:889mm×1194mm   1/16
印   张:20
字   数:628 千字
版   次:2022 年 3 月第 1 版第 1 次印刷
定   价:69.80 元

本书若有印装质量问题,请向出版社营销中心调换
全国免费服务热线:400-6679-118   竭诚为您服务
版权所有   侵权必究

前言

法医临床学是运用法医学和临床医学知识、技能及其他自然科学技术研究并解决法律上与人体损伤相关的损伤程度、伤残等级及其他问题的一门应用型学科。法医临床学不仅涉及多个领域的临床专业知识,还需要甄别诈病、诈伤、造作病、造作伤、新鲜与陈旧损伤等特殊情况,并了解社会学、人类学及法律知识,对学生的综合能力要求较高,该专业的本科生毕业后常需要参与大量实际鉴定工作。现有的五年制专业教材《法医临床学》侧重理论知识的体系性学习,《法医临床学实验指导》侧重鉴定常用实验技术的讲解,与开展实际检案工作所需要的实践综合能力仍有一定差距。在实际教学工作中:学生经常反映存在"知易行难"的困惑,理论知识的重难点似乎都熟练掌握了,但一旦遇到具体案件,总感觉不知如何着手;教师也能体会到通过"传道、解惑"理论知识让学生知道"为什么要鉴定"相对容易,但要让学生掌握实际检案技能立即知道"怎么做"颇为困难。

随着我国法治建设的日趋完善及人民群众法律意识的不断提高,司法鉴定操作规范化日益受到重视,要培养具有良好动手能力和实战技能的合格法医临床鉴定人,加强案例教学已成为共识。基于问题/案例(PBL/CBL)的教学法摒弃了传统的以教师为中心的"灌输式"教学理念,以问题/案例为导向,以学生为中心,以自学及小组合作讨论为形式,在教师的启发引导下,围绕具体案例或某一专题的法医学鉴定等问题进行学习研究,有助于学生获得不易遗忘且可解决问题的知识,进而训练其有效解决问题的能力。法医临床学日常检案工作涉及基本信息采集、简要案情描述、病历及重要旁证材料摘录、法医学体格检查、影像学资料审阅、分析说明及形成鉴定意见等多个环节,具有适合PBL/CBL教学法的独特优势,选用常见的典型鉴定案例,明确不同类型案件应关注的侧重点,可使学生在较短时间内熟悉法医临床鉴定的日常工作内容、流程及规范,快速提高检案能力。该教学方法引入国内法医学各专业教学改革已有十余年,但受到教学体制、师资条件、学时数等方面的限制,包括缺少规范教材,使得大部分院校仅将其作为传统教学的补充。

编写本书的主要目的是为师生提供一本较为规范的案例教学用书,以促进PBL/CBL教学法在法医临床教学中的实施与普及。本书参照《法医临床学》各部位损伤的编排顺序编写,主要包括PBL/CBL教学法概述,颅脑损伤,脊柱、脊髓损伤,眼损伤,耳鼻咽喉损伤,口腔颌面部损伤,颈胸部损伤,腹部损伤,盆部及会阴部损伤,四肢损伤,手足损伤,周围神经损伤,其他人体损伤,致伤物及致伤方式的法医学推断,医疗纠纷的法医学鉴定,共15章。本书筛选了具有代表性的案例60余个,除第一章外,每章收录3~5个案例,每节列有学习目标、学习要点、时间分配和教学建议,每次课后有提出的问题并总结涉及的要点,目的是帮助学生掌握各案例的要点。文后列举了推荐阅读的参考文献,并摘录了《人体损伤程度鉴定标准》和《人体损伤致残程度分级》两个常用标准的主要条款,供参与案例教学的师生参考及进一步查阅。此外,大部分案例均细心挑选了与鉴定意见有密切关系的影像学资料或检查图片,既便于学生直观地了解各类鉴定的关键点,也有助于增强学习兴趣,树立自主学习、终生学习的理念。教学时,师生可以根据教学时数安排,挑选本书的部分章节进行选择性实操,其余案例作为自学材料,各案例也可供今后处理类似案件时借鉴。本书既可作为法医学专业本科生的实践教材,也可作为法医学专业研究生、法医临床鉴定人转岗培训及年度继续教育与考核的参考用书。

本书从酝酿、编撰到成稿,历时两年左右,有幸得到华中科技大学的立项资助。在华中科技大学、武汉大学、南方医科大学、中国政法大学、山西医科大学、昆明医科大学、湖北医药学院、河南科技大学等院校长期工作在法医临床学教学和检案工作一线的各位中青年教师鼎力支持和华中科技大学出版社居颖老师的帮助下,于2019年12月在武汉顺利召开教材编写讨论会,通过认真总结各院校近年开展法医学PBL/CBL教学实践的经验、教训及建议,最终形成了全书的框架和体系。编写时,坚持贯穿典型案例情景设计、开放式脑力激荡与学习目标实现的PBL/CBL教学理念,力求以案例讨论为学习平台,以鉴定常见问题为导向,强调学生主动学习案例背后隐含的基本鉴定知识和法医学原理,重点提高学生自主学习、解决鉴定实际问题的综合能力,领悟客观公正司法、构建和谐社会的鉴定要旨。本书在编写过程中虽经历新冠疫情的波折,但在大家的共同努力下终于成稿付印,在此表示衷心的感谢!我们真诚地希望该书能为促进法医临床学实践教学尽一份绵薄之力。虽然我们在编写过程中竭尽全力,但由于对PBL/CBL教学的认识和理解有限,编写过程中难免存在不足甚至错误之处,恳请各院校师生及其他读者不吝指正。

目 录

第一章 PBL/CBL 教学法概述 /1
第一节 PBL/CBL 教学法的概念与特色 /1
第二节 PBL/CBL 教学法的实施与要求 /2
第三节 PBL/CBL 教学法的效果评价 /5

第二章 颅脑损伤 /9
第一节 头皮与颅骨的刀砍伤 /9
第二节 棒击导致的重型颅脑损伤 /12
第三节 交通事故后发生的基底节脑出血 /15
第四节 高坠后迟发性癫痫 /19
第五节 脑外伤性精神障碍 /24

第三章 脊柱、脊髓损伤 /29
第一节 掩埋所致的脊柱、肢体复合性损伤 /29
第二节 高坠导致的双下肢截瘫 /33
第三节 外伤与颈椎退变 /37
第四节 交通事故导致的儿童双下肢瘫 /43

第四章 眼损伤 /49
第一节 眼球破裂伤与高度近视 /49
第二节 钝器导致的复合性眼损伤 /52
第三节 外伤性视网膜脱离与盲目 /56
第四节 黄斑区损伤与视功能下降 /58

第五章 耳鼻咽喉损伤 /62
第一节 外伤性鼓膜穿孔 /62
第二节 病理性鼓膜穿孔 /65
第三节 外伤性听功能损害 /67
第四节 突发性耳聋 /70

第五节　鼻骨骨折　　　　　　　　　　　　　　　　/73

第六章　口腔颌面部损伤　　　　　　　　　　　　　/77

第一节　外伤性牙缺失、脱位　　　　　　　　　　　/77
第二节　颜面部挫裂伤遗留瘢痕的测量　　　　　　　/80
第三节　面神经损伤导致的面瘫、听力下降　　　　　/82
第四节　颌面多发性骨折与张口受限　　　　　　　　/85

第七章　颈胸部损伤　　　　　　　　　　　　　　　/89

第一节　多发性肋骨骨折与胸壁穿透伤　　　　　　　/89
第二节　颈部挫裂伤与气管断裂　　　　　　　　　　/92
第三节　创伤性颈内动脉海绵窦瘘与眼球突出　　　　/96
第四节　多发性肋骨骨折与肺破裂　　　　　　　　　/100
第五节　主动脉夹层的伤病关系　　　　　　　　　　/103

第八章　腹部损伤　　　　　　　　　　　　　　　　/108

第一节　拳击后发生的脾破裂　　　　　　　　　　　/108
第二节　交通事故导致的小肠损伤　　　　　　　　　/111
第三节　腹壁、膈肌与网膜复合性损伤　　　　　　　/114
第四节　锐器导致的腹部贯通伤　　　　　　　　　　/117

第九章　盆部及会阴部损伤　　　　　　　　　　　　/121

第一节　骨盆多发骨折　　　　　　　　　　　　　　/121
第二节　骨盆与尿道损伤　　　　　　　　　　　　　/124
第三节　尿道阴道瘘与肾功能不全　　　　　　　　　/127
第四节　腹部与会阴部复合性损伤　　　　　　　　　/131

第十章　四肢损伤　　　　　　　　　　　　　　　　/136

第一节　儿童骨骺损伤　　　　　　　　　　　　　　/136
第二节　腕部创伤性关节炎　　　　　　　　　　　　/139
第三节　股骨颈骨折与关节置换术　　　　　　　　　/142
第四节　左下肢毁损伤与骨髓炎　　　　　　　　　　/146

第十一章　手足损伤　　　　　　　　　　　　　　　/150

第一节　手指离断毁损伤　　　　　　　　　　　　　/150
第二节　足部碾压伤　　　　　　　　　　　　　　　/154

第十二章　周围神经损伤　/160

第一节　桡神经损伤　/160
第二节　尺神经损伤　/165
第三节　臂丛神经损伤　/169
第四节　腓总神经损伤　/174

第十三章　其他人体损伤　/179

第一节　左下肢瘢痕的测量　/179
第二节　耳廓缺损的测量　/183
第三节　汞中毒　/187
第四节　铊中毒　/191

第十四章　致伤物及致伤方式的法医学推断　/195

第一节　颅脑损伤的成因推断　/195
第二节　肋骨骨折的致伤方式　/198
第三节　掌骨骨折的成因推断　/201
第四节　胫腓骨双骨折的成因推断　/204

第十五章　医疗纠纷的法医学鉴定　/208

第一节　输血与丙肝的医疗纠纷　/209
第二节　胆石症术后的医疗纠纷　/210
第三节　颈部包块穿刺术后的医疗纠纷　/214
第四节　鼻炎术后斜视引起的医疗纠纷　/216
第五节　术后导尿管取出引起的医疗纠纷　/218
第六节　骨折术后过早锻炼引起的医疗纠纷　/220
第七节　漏诊尺神经损伤引起的医疗纠纷　/225

推荐阅读的参考文献　/228

附录一　《人体损伤程度鉴定标准》　/231
附录二　《人体损伤致残程度分级》　/260

彩图　/295

第一章　PBL/CBL 教学法概述

第一节　PBL/CBL 教学法的概念与特色

一、PBL/CBL 教学法的概念

PBL 教学法(problem based learning,PBL)是指以"问题导向学习"为理念的教学方法,将学习设置于复杂、有意义的问题情境中,通过让学生以小组合作的形式共同解决真实的问题,来学习隐含于问题中的科学知识,习得解决问题的技能,提高自主学习和终生学习的能力。在 PBL 实际教学中,强调学生是学习的主体,教师仅仅是学生学习的引导者、促进者,表现为"以问题为导向""以小组为平台""以讨论为模式",使学生逐渐形成围绕问题展开主动探索、证明、调查、预测、分析、解释、自我评价等活动。因此,PBL 是一种多元化的教育理念,引导学生将学习态度由传统的被动学习升华为主动学习,其精髓是"以学生为中心",精神是"自发求证,自主学习",境界是"知行合一,学以致用",目标是"终生学习"。

CBL 教学法(case based learning,CBL)是指以"案例导向学习"为理念的教学方法,采取来源于真实情境或事件的案例,没有特定的解决之道,培养和鼓励学生主动参与课堂讨论,教师扮演设计者和激励者的角色,学生通过对案例的分析研究、讨论沟通进行较系统的综合学习。CBL 教学法具有以下特点。第一,鼓励学生独立思考。CBL 教学时不会首先告诉学生应该怎么办,而是要求学生针对案例去思考、去解决实际问题,强调每位学生都要就自己和他人的解决方案发表见解,通过交流,既可取长补短、促进人际交流能力的提高,也能起到相互激励的效果。第二,引导学生由注重知识积累转变为注重能力提升。书本上的理论知识只有转化为能力,才能使学生在今后的实践工作中解决问题、创造效益和实现个人价值。第三,注重教学过程中师生的双向交流。在 CBL 教学中,学生收到来源于实践中的案例后,先要进行初步消化,然后检索各种必要的理论知识,通过主动自学可加深对案例涉及的知识理解,发现自己的薄弱环节。获取案件相关理论知识后,学生还应缜密地思考,提出解决问题的方案,进一步提高其实践能力。此外,学生给出的答案随时由教师加以引导,可促使教师加深思考,根据学生的理解差异补充新的教学内容,实现教学相长的目的,这种双向的教学形式对教师的能力也提出了更高的要求。

二、PBL/CBL 教学法的优势与缺点

传统的教育模式存在明显的弊端,如课程过度专业、缺少多元化评估、学习动力来自考试、学习态度不积极、学习与应用脱节、人文素养欠缺等,导致教学枯燥乏味,学生往往缺乏积极性,学习效果不佳。PBL 教学法和 CBL 教学法虽然各有侧重,但均摒弃了上述弊端;将两者的优势相结合,可建立以学生为中心的学习平台。重视学习的过程而不是重视学习内容的多少,以情境化的案例和凝练的问题作为学习导向,而不是以制度化的教科书及讲义作为教学依据,以小组讨论作为学习的主要模式,而非传统的大课讲授模式;以多元回馈作为改善学习过程和效果的评价,而非唯一的课程结业考试评估,因此,将

PBL和CBL相互结合,强调学生主动、互动和平等的学习,教师不再是简单的单向传授知识的角色,学生也不再是被动接受者,而是相互推动的探求者。此外,在教学中通过共同研讨,调动集体的智慧和力量,学生思路更开阔,教师也可以发现自己的教学弱点及课程内容待完善的地方,并从学生那里了解到大量感性材料,实现教学相长。

PBL/CBL教学法也存在一些缺点,如典型案例的来源有限,研究和编制一个好案例比编写传统教学的教案更费时,案例教学耗时要比传统教学时数增加1~2倍,学生讨论前应具有一定的理论知识储备,对教师的能力要求也更高。因而案例选择要精当,案例教学时数要适度,应让学生保持对案例学习的兴趣。

三、PBL/CBL教学法在法医临床学教学中的意义

法医临床学(forensic clinical medicine)是指运用法医学和临床医学知识、技能及其他自然科学技术研究并解决法律上有关活体医学问题的一门应用型学科。活体损伤鉴定不仅涉及多个领域的临床专业知识,还需要甄别诈病、诈伤、造作病、造作伤、新鲜与陈旧损伤等特殊情况,并了解社会学、人类学及法律知识,对学生的综合能力要求较高。目前,国内大部分院校的法医临床学教学均选择统编教材,在有限的课时内仍以传统课堂教学模式为主,学生完成课程学习后遇到实际案件仍然不会独立处理。

随着PBL/CBL教学法在临床医学教学领域的推广,国内部分院校积极开展了基于活体损伤鉴定案例和问题为中心的教学尝试,发现法医临床学的专业特点可以很好地契合"以案例为导向"和"以学生为中心"的教学理念,具体表现如下。①目的性更明确。通过一个或几个独特、典型的鉴定案例,让学生在案例的阅读、思考、分析、讨论过程中,建立起一套完整的、适合自己的活体损伤鉴定的逻辑思维方式,提高学生分析问题、解决问题的能力。②客观真实性。教学筛选的案例所描述的伤情基本上都是真实的,更加贴近实战,学生对实际鉴定工作的需求能更真切地了解,能根据自己所学的知识,得出相应的结论,能获得更真实的鉴定体验。③综合性更强。不仅案例比一般的举例内涵丰富,对案例的分析、解决过程也较为复杂。学生不仅需要具备基本的理论知识,而且应具有权衡不同标准条款、确认选择条款的能力。④启发性深刻。案例教学时学生得出的鉴定意见无论是否正确,均能启发学生独立自主地去思考、探索,注重培养学生独立思考、解决问题的能力。⑤实践性突出。学生在小组学习时接触到的大量的活体损伤鉴定的实际问题,能够凸显鉴定各环节可能存在的问题及应对方法,促进教材中的理论知识向鉴定实践的转化。⑥能更好地发挥学生的主体性。学生在教师的指导下,变换角色,学生模拟为未来的鉴定人,能更好地体验参与活体损伤鉴定的意义,强化责任意识。⑦提高教学的互动性。在教学过程中教师与学生、学生与学生之间密切的互动交往,有利于学生相互合作和借鉴,针对自己在活体损伤鉴定中存在的薄弱环节加以完善。

第二节　PBL/CBL教学法的实施与要求

在PBL/CBL教学法中,代表性案例的筛选和精心设计的问题是取得良好教学效果的前提,教学目标所要求的学习内容需要结合临床或鉴定工作特点合理地安排在案例中,并结合案例凝练问题,注意多学科的融合交叉。学生作为学习的主体,在教师的鼓励和积极引导下,激发学习的兴趣和自我解决未知问题的主动性,围绕案例和问题展开自主学习、小组讨论交流,运用既往所学及课外拓展的知识找到解决实际问题的最优方法和策略,并对解决案例相关问题过程中存在的薄弱环节进行评价和反思,最终获得教学目标所要求的理解、分析和解决实际问题的能力。

一、实施步骤

1. 典型案例筛选和问题情境设计　典型案例应具有一定的代表性和普遍性,具有举一反三、触类

旁通的作用,尽量选择教师在实际工作中熟悉或亲身经历过的真实材料(如患者的病历、伤者的案情等)。案例应具有一定的趣味性,不能仅仅陈述事情经过和罗列数据,避免乏味的教科书编写方式,可以适当进行文学加工,如采用场景描写、情节叙述、心理刻画、人物对白等,以营造真实气氛,突出关键性细节。案例最好能附带有关表格、照片、图谱、档案等一些与案例分析有关的图文资料。所选案例要紧扣教学内容,案例分析的目的是使学生加深对所学理论知识的理解和运用理论知识解决实际问题的能力。

设计、呈现的问题情境应尽量引出与教学目标和教学内容相关的概念、原理,尽量设计开放性的问题。问题设计的原则包括:①适当拓展,教科书不能提供完整答案,需要查阅课外资料;②能引出教学目标相关的概念及原理;③问题具有一定的复杂性、开放性和真实性;④能够激励学生思考、探索和拓宽视野。只有让学生感受到这些案例和问题属于今后工作中确实需要面临和解决的情境,才能激发学生主动探索和学习的积极性。

2. 学生前期准备　对案例进行小组集中讨论前三天到一周,教师应把案例材料及引导性问题发给学生,让学生利用课余时间阅读案例材料,了解设计的问题情境,然后通过查阅指定的资料、网络检索文献、请教专家,搜集与案例相关的信息,并积极地思索,初步形成针对案例中问题的解决方案。该步骤是实施PBL/CBL教学活动必不可少的重要环节,教师应特别关注培养和发展学生的"自主学习"能力,学生如果未能进行充分准备,会直接影响后续小组讨论的参与及教学目标的实现。

3. 学习小组设立　教师根据学生的性别、自主性、认知水平、学习风格及个人爱好等特征,尊重学生的组合意愿,按"组内异质、组间同质、互补协作"的原则将学生划分为由10～15人组成的数个学习小组,各学习小组的讨论地点应彼此分开,小组成员根据教学目标要求组织活动,可以针对案例和问题需要搜集的资料、学习的知识进行任务分配,分工协作,组内共享信息,教师不应该进行干涉。学生在自主学习过程中遇到了困难主动求助时,教师应及时给予适当的引导和启发,但不能直接给出答案。

4. 小组协作学习　各个小组可采取学生自我推荐和教师指定相结合的方式进行角色分配,推选组长、记录人、发言人等,组长由协调和管理能力较强的学生担任,记录人负责记录小组讨论时间各个成员有价值的观点,发言人代表本小组发言,就案例相关问题进行集中汇报与讨论,发言时间控制在10～15分钟。发言人发言完毕后需要接受其他小组成员的提问并给予相应解释,本小组的其他成员可以代替发言人回答问题或进行补充回答。汇报和讨论是小组协作学习的重要环节,该过程为学生自主发挥的过程,教师在该环节充当组织者、引导者和主持人角色,启发、引导小组成员紧紧围绕主题讨论,确保学习的效果。发言和讨论的目的是扩展和深化学生对案例及设计问题的理解,帮助学生形成独立的见解。教师作为引导者可以对意见比较集中的问题和处理方式组织各个小组的学生进行重点讨论,最终引导学生将注意力集中到案例和问题的合理解决方案上,以便在今后实际工作遇到相似案例能自主探索和解决。

5. 总结评价阶段　PBL/CBL要求培养学生解决实际问题的能力,应通过学习过程来评估学习效果。在小组集中讨论中,教师应随时观察并记录学生的表现,在讨论结束后,教师应该留出一定的时间(10～20分钟)引导学生总结在整个解决问题过程中的体会和收获,帮助学生反思在解决问题过程中的不足,教师要对小组协作、学生独立自主学习分别进行总结和评价,同时征求学生对案例和问题的意见。学生总结可以是对案例中隐含的知识、规律和经验进行归纳,也可以是获取解决问题的策略、建议和体会。教师可以要求学生以书面的形式进行总结(如形成鉴定意见书),这样学生的体会更深刻,对案例及案例所反映出来的各种问题形成更加系统的认识。

二、对学生和小组角色的要求

(一)对学生的要求

在开展PBL/CBL教学活动的过程中,学生的角色相对于传统教学会发生明显的转变。通过创设开放性的教学环境共同学习和相互协作,学生成为真正的教学主体,既是自主学习者,又是合作者、研究者和知识建构者,更加有利于学生克服懒惰与畏难心理,保持好奇心,提高求知欲与独立思考的能力,培养其创新实践能力,发展良好的人际关系。

部分学生由于受传统应试教育模式的影响,在开展 PBL/CBL 教学活动的初期往往缺乏主动性、自觉性,自主学习的能力不强,教师应强调学生在小组中的职责,从以下方面加强自律性,共同完成学习计划。①能独立管理自己学习任务与过程,主动建构知识,将生活中相关或有创新的想法与所讨论的案例相结合。②能通过不同渠道(到图书馆查阅、上网搜索或请教专家等)收集与案例及问题相关的资料,并判断资料的正确性和可靠性。③搜集的资料应加以理解、分析和整理,并归纳形成个人见解,用自己的文字表达出来,不能仅仅是将资料复制或照本宣科。④能主动参与小组各项学习活动,并尽力完成所分配的工作,面临问题时,能不断分析、评价,直到解决为止。⑤小组发言时能有条理地陈述观点,所提的议题具有创意性,客观地与组员共同讨论,并耐心聆听其他人的意见。⑥具备团队协作精神,服从安排,能主动学习其他组员的优点,经常反思、批判并改进自己的学习策略,积极参与并对小组有贡献。

(二)对小组角色的要求

1. 组长 小组组长作为学习团队的组织者、协调者和联系者,负责组织小组成员日常学习活动,应发挥组员的学习积极性、创造性及团队精神,同时保持小组与教师的联系。具体工作包括以下三个方面。①做好课前准备,将讨论主题送达各成员,分配及协调资料的收集,安排小组讨论的时间与地点,督促组员做好讨论准备,商议决定讨论的主题及汇报形式,提前准备所需教具及设备。②组织学生讨论,控制讨论流程与时间:讨论前发表简短开场白,宣读或指派其他同学宣读资料,核实资料中的重点与问题,引导讨论气氛,调动学员参与讨论的积极性;根据学习目标及时总结讨论的主流意见、结论、决议事项及尚需进一步探讨的问题,找出产生分歧的原因、解决的办法,对于不能解决的问题,应归纳出学习要点,进一步学习。讨论结束后,小组成员对当次讨论中组长的表现及成员表现作出相互评价,以增加彼此间的默契,并填写学生自我评量表与相互评量表,以使下次讨论取得更好的成果。③课后收集各组员的作业、教学评估表格、学习建议与意见,积极与教师沟通。

2. 记录人 记录人的职责是将小组讨论时如何解决问题的内容进行完整的记录,包括资料整理的主要观点、各成员发言中有价值的观点、新提出的问题、得出的结论等,并对这些问题进行适当的归纳整理,在相应的记录表格内加以记录。

3. 发言人 发言人要有较强的文字功底并掌握多媒体使用技术,还要具备良好的表达能力和综合素质,其职责是在案例讨论结束后,将小组成员的问题、思路、观点、结论归纳整理成相应的书面材料和多媒体报告,在小组内或组间对案例进行全面汇报、系统回顾,加深组员及班级成员对教学目标相关知识的理解与记忆。

三、对教师的要求

开展 PBL/CBL 教学对教师的教学能力提出了较高的要求:不仅要熟悉 PBL/CBL 教学法的原理及目标,对讲授课程的整体目标、各章节的学习目标、课程的架构和逻辑做到成竹在胸,具备相应的课程设计能力,还要具备一定领导和组织管理才能,熟悉与课程相关的各种学习资源、组内互动方式及各种评价学生的原则和方法,知道如何适时提供结构不良的开放性问题,能够确认重要问题和组织各种信息,才能有效引导学生思考和探索,促进学生自主学习。除此之外,教师需要根据教学效果采取有效的激励技巧,能及时与学生互动和良性回馈。

教师上课务必准时,一般应在约定时间前 5～10 分钟到达课堂,不得无故取消课程或改换约定的时间、地点。每个教案讨论之前,教师应参加集体备课或举行教师会议,不同小组的负责教师对将要讨论的教案、可能遇到的情况进行沟通交流,形成统一认识。开展讨论时需分次将教案内容(学生版)发给学生,教师版的教案内容是机密,不宜发给学生或让学生知道。小组讨论时,教师如发现学生讨论的内容偏离主题太远或未达到预期效果,应及时引导和纠正。除通过现有教材取得案例相关资料外,应提供有效的检索途径,鼓励学生尽可能从医学期刊、医学网站、发布各类规范的官方途径去查阅专业文献资料,避免选用非专业参考资料。展示学习成果时,鼓励学生把握和控制好时间,让学生能提纲挈领地在限定时间内将所学知识报告给其他成员。在小组讨论结束后,教师需领导小组成员进行评估。

第三节　PBL/CBL 教学法的效果评价

效果评价是开展 PBL/CBL 教学活动的重要组成部分,虽然同样要根据课程要求和具体的教学目标进行评价,但与传统教学的评价方法有着明显区别,一般从五个方面加以考察:基础知识储备(占 20%)、学习态度(占 10%)、能力提高(占 40%)、合作情况(占 20%)及专业素质(占 10%)。评价方法包括书面考试、问卷调查法、访谈法、作业法、档案记录法、操作考试、书面报告等。目前多元化评价逐渐成为新趋势,有助于教师关注教学过程的评价,更能反映学生的实际能力。

开展法医临床学 PBL/CBL 教学实践,学生应有一定的基础知识储备,如完成了基础医学和临床医学相关课程的学习,掌握了常见损伤与疾病的致病机理和临床规律等方面的基础知识,熟悉网络检索操作及多媒体课件制作,对损伤、伤残的法医学标准有所了解。基础知识储备的评价主要通过书面考试或口头汇报进行。学生的学习态度可通过表 1-1 进行量化。评价学生的能力可通过表 1-2 进行量化。学生的合作情况可以从合作态度、任务完成情况、配合、交流、任务分工五个方面综合进行评价;专业素质主要从职业态度、恪职尽责、自主自律三个方面进行评价,具体见表 1-3 和表 1-4。

表 1-1　学习态度评价量表

项目	具 体 内 容	自评	互评	师评
参与性	A.8.1～10 分(态度积极主动。符合教学各阶段的进度要求,能认真解决学习过程中遇到的困难) B.6.1～8.0 分(态度尚认真。大部分时间能按照教学进度完成任务,对学习中遇到的困难未积极寻找解决方法) C.4.1～6.0 分(时间分配不当,未能跟上各阶段的教学进度) D.0～4.0 分(态度散漫,须由教师催逼才勉强完成任务)			
准备工作	A.8.1～10 分(积极准备好学习所需工具及各种支撑材料) B.6.1～8.0 分(能准备大部分所需工具和支撑材料) C.4.1～6.0 分(准备少量所需工具和支撑材料) D.0～4.0 分(未准备或只准备少量零散材料)			
考勤	A.8.1～10 分(能提前、积极参加各种讨论、交流、汇报) B.6.1～8.0 分(能按时参加讨论、交流) C.4.1～6.0 分(能参加讨论,但迟到在 10 分钟以内) D.0～4.0 分(不参加或迟到超过 10 分钟)			

表 1-2　能力提高评价量表

项目	具 体 内 容	自评	互评	师评
信息收集能力	A.8.1～10 分(从多渠道收集信息,并正确地标明出处,收集的信息都与主题相关) B.6.1～8.0 分(从多渠道收集信息,大部分与主题相关) C.4.1～6.0 分(从有限渠道收集信息,和主题部分相关) D.0～4.0 分(只是从教材收集部分信息)			

续表

项目	具体内容	自评	互评	师评
信息分析能力	A.8.1~10分(能自主分析信息,并得出合理的结论) B.6.1~8.0分(能自主分析信息,在教师指导下得出合理的结论) C.4.1~6.0分(能在教师的指导下分析信息,并得出自己的结论) D.0~4.0分(学生只是复述所收集的信息)			
创新能力	A.8.1~10分(能灵活处理学习中遇到的问题;对收集的信息进行分析后能生成新信息;对问题提出多种答案或解决方案) B.6.1~8.0分(能利用收集的信息生成新信息;提出一种以上的解决方案) C.4.1~6.0分(能根据案例生成新信息,并提出一种解决方案) D.0~4.0分(只能按部就班地完成自己所分配的任务)			
解决问题能力	A.8.1~10分(有效地解决了开始提出的问题,设计出行之有效的解决方案,并能帮助他人解决问题) B.6.1~8.0分(有效地解决了问题并设计出解决方案) C.4.1~6.0分(基本上能够自己解决问题) D.0~4.0分(在别人的帮助下才解决问题)			
自主学习能力	A.8.1~10分(能够独立完成所承担的任务,能独立查找、分析信息,设计问题解决方案) B.6.1~8.0分(独立完成了所承担的大部分任务,能独立查找信息,对解决方案的设计只能提供部分意见) C.4.1~6.0分(在他人帮助下能独立查找、分析信息,对解决方案的设计仅能提供极少意见) D.0~4.0分(不能独立完成任务、查找信息及设计解决方案)			
动手实践能力	A.8.1~10分(能够在检案现场获取与主题有关的资料,并能对检案中的问题进行分析,提出行之有效的解决办法) B.6.1~8.0分(能在检案现场获取部分与主题有关的资料,能对检案中问题提出有一定参考价值的建议) C.4.1~6.0分(能在检案现场获取少量资料并进行初步分析) D.0~4.0分(不能对检案现场的问题进行分析)			
决策能力	A.8.1~10分(对学习过程中遇到的问题能做出及时的判断、分析并提供有效的解决办法) B.6.1~8.0分(能对出现的问题做出分析并提出解决办法) C.4.1~6.0分(能对出现的问题做出分析) D.0~4.0分(遇到困难则求助于他人)			
合作能力	A.8.1~10分(能有效地与他人共享信息;能相互提供直接或间接有效的协助;共同完成任务;能通过多种方式与他人合作) B.6.1~8.0分(能有效地与他人共享信息;能通过有限的方式与他人合作,能共同完成任务) C.4.1~6.0分(能与他人分享信息,能给他人较少的帮助) D.0~4.0分(不能给他人帮助;在小组任务完成中作用很小)			

表 1-3 合作情况评价量表

项目	具 体 内 容	自评	互评	师评
合作态度	A.8.1~10分(态度积极热情,关心相互的学习进展,积极配合小组成员讨论,能虚心采纳他人意见) B.6.1~8.0分(态度比较积极,比较关心相互的学习进展,能够配合小组成员的讨论) C.4.1~6.0分(不太积极,偶尔会关心他人的进展) D.0~4.0分(不积极,不关心相互的学习进展)			
任务完成情况	A.8.1~10分(能提前完成所承担角色应做的任务并给他人提供大量有价值的建议) B.6.1~8.0分(基本上完成自己的任务,能给他人提供一些建议) C.4.1~6.0分(基本完成自己的任务,但不能提供任何建议) D.0~4.0分(几乎不能独立完成,经常需要提醒才会做)			
配合	A.8.1~10分(态度积极,各尽其职,合作默契,能与别人共同商讨、寻找解决答案,并认真听取他人的建议) B.6.1~8.0分(能主动配合他人的工作,组内关系融洽) C.4.1~6.0分(配合不够默契,组员间易脱节) D.0~4.0分(只做自己的事情,不管他人)			
交流	A.8.1~10分(能通过多种途径积极、主动地与他人交流,并能虚心采纳别人的合理建议,能够成功地与组员、成年人以及整个团体进行交流,交换所需的信息和材料,所获信息全部与主题有关) B.6.1~8.0分(通过比较多的方式与人交流,所获取的信息大部分有助于解决问题) C.4.1~6.0分(通过有限的方式与他人交流,所获的信息与主题部分有关) D.0~4.0分(只采取了有限的手段如面谈与他人进行交流)			
任务分工	A.8.1~10分(按照组员的兴趣、能力进行合理分工,分工明确) B.6.1~8.0分(按照组员的能力进行了分工,分工较明确) C.4.1~6.0分(进行了较为合理的分工) D.0~4.0分(未进行合理分工)			

表 1-4 专业素质评价量表

项目	具 体 内 容	自评	互评	师评
职业态度	A.8.1~10分(讨论中具备以案例及委托事项为中心的思想,能细致地寻找全部检案线索,全面评估鉴定风险,实事求是、客观公正地分析案情并得出准确全面的鉴定意见) B.6.1~8.0分(基本具备以案例及委托事项为中心的思想,能寻找大部分的检案线索,评估常见的鉴定风险,认真分析送检材料,能对主要伤情和残情作出评估) C.4.1~6.0分(能确认鉴定委托事项,针对送检材料提出鉴定意见) D.0~4.0分(缺乏风险意识,不能就案情形成明确的鉴定意见)			
恪职尽责	A.8.1~10分(积极参与各种学习活动,互学互助,团结协作,讨论时善于控制自我情绪,主动分享资料、观点,提供有价值的建议并适当回馈) B.6.1~8.0分(能参与各种学习活动,团结协作,讨论时能控制自我情绪,能分享资料、观点,提供回馈) C.4.1~6.0分(能参与各种学习活动,团结协作意识不强,讨论时不善于控制自我情绪,能分享资料,提供回馈) D.0~4.0分(不能满勤参加各种学习活动,团结协作意识不强,讨论时不善于控制自我情绪,基本不分享资料及提供回馈)			

续表

项目	具 体 内 容	自评	互评	师评
自主自律	A.8.1~10分(遵守纪律情况良好,能充分认识自己专业知识上的不足,开放性接受教师、同伴给予的评语和建议,并予以改进) B.6.1~8.0分(遵守纪律,能基本认识自己专业知识上的不足,基本接受教师、同伴给予的评语和建议,有所改进) C.4.1~6.0分(可以认识自己专业知识上的部分不足,不能诚恳接受教师、同伴给予的评语和建议,常予以辩解) D.0~4.0分(不能认识自己专业知识上的不足,不能接受或拒绝教师、同伴给予的评语和建议)			

(刘子龙)

第二章 颅脑损伤

第一节 头皮与颅骨的刀砍伤

学习目标

掌握头皮损伤(scalp injury)、颅骨骨折(fracture of skull)的常见分类、损伤原因和机制、临床表现及法医学鉴定原则。

学习要点

1. 闭合性与开放性头皮损伤的分类、损伤机制及临床表现。
2. 头皮损伤的损伤程度鉴定要点(鉴定时机、创口及瘢痕测量的原则、致伤物推定的注意事项)。
3. 颅骨骨折的概念与常见分类方法。
4. 不同类型颅盖骨折(完全性骨折、不完全性骨折、单纯外板骨折、单纯内板骨折、线形骨折、凹陷骨折、粉碎性骨折、孔状骨折)的损伤原因与机制、临床表现及法医学鉴定要点(注意与陈旧性骨折、颅缝及血管沟的鉴别,致伤物推定的注意事项)。
5. 不同类型颅底骨折的临床表现(如累及不同颅神经导致的症状特点)及法医学鉴别要点。

时间分配

本节包括两幕(2学时),共90分钟,其中学生讨论时间为50分钟,学生分析总结发言25分钟,教师总结讲评15分钟。两次课间隔3~7天。

教学建议

在上课的前三天将案例资料及所提问题、学习要点以纸质或邮件形式发送给学生,请学生在课前预习案例资料,根据问题查找《法医临床学》《外科学》《法医影像学》教材或文献、《法医临床检验规范》(SF/T 0111—2021)、《法医临床影像学检验实施规范》(SF/T 0112—2021)等资料。上课时依据学生数量进行分组(每组10~15人),以问题为导向方式解读案例资料。

学生讨论时给予充分的自由空间,不干扰、不评论,讨论结束后由每组学生推选一名发言人进行每题的总结发言,教师在此过程中应认真评估学生掌握知识的深浅、分析问题思路的优点和不足,并逐一

进行记录。每组同学在讨论过程中如提出新的问题，可进行团体讨论。各组回答结束后，由教师结合学生的掌握情况对学生缺乏的共性基础知识和鉴定思路进行讲解，对学生鉴定过程中存在的问题进行针对性点评和分析总结。

第 一 幕

【基本案情】

2019年4月2日晚上10时许，被鉴定人祝某(男，28岁)在某市江逸花园A座102室门口因琐事同他人发生矛盾，被对方用菜刀砍伤头面部，当时血流满面，被送至某市第六医院救治。2019年4月26日某鉴定机构对祝某验伤后出具了鉴定意见：头面部裂伤的损伤程度属轻微伤。被鉴定人对该鉴定意见不服，认为该鉴定避重就轻，仅评定了头皮损伤，未对更严重的颅骨骨折及遗留的脑外伤后综合征进行鉴定，后多次向主管部门投诉，要求重新鉴定。现由公安机关委托根据《人体损伤程度鉴定标准》对祝某的损伤程度重新进行法医学评定。

【病历摘要】

某市第六医院2019年4月2日门诊病历如下。主诉：头部被刀砍伤半小时余。体检：神志清楚，言语正常，格拉斯哥昏迷量表(GCS)评分为15分，双侧瞳孔等大等圆，直径约2.5 mm，对光反射灵敏，额顶部可见长约5.5 cm的伤口，伴活动性出血。颈软，心、肺、腹部及四肢活动正常，病理征(－)。头部CT平扫检查：颅骨骨折。初步诊断：颅骨骨折，头皮挫裂伤。

该院出院记录(住院号：XXX)如下。入院、出院时间分别为2019年4月2日和2019年4月30日。患者因"头部刀砍伤2小时"入院。急诊头部CT检查提示：额骨骨折，额部头皮撕裂伤。入院时体检：神志清楚，精神差，营养中等，皮肤巩膜无黄染，双侧瞳孔等大等圆，对光反射灵敏。头部伤口已在急诊科行清创缝合术，包扎完好。颈软，脊柱生理弯曲存在，颈椎无明显叩击痛，心肺未及异常。腹部平软，全腹无压痛、反跳痛及肌紧张，肝肾区无叩痛，肠鸣音存在；双下肢无水肿，四肢肌力及肌张力正常，生理反射存在，病理征未引出。入院后定期消毒缝合伤口，予以护脑、预防感染、营养神经等对症治疗，于2019年4月18日复查颅脑CT片，见图2-1。出院诊断：开放性额骨骨折，头皮裂伤。出院情况：患者一般情况好，生命体征稳定，未诉头痛、头晕，无恶心、呕吐，无肢体抽搐、四肢乏力，食欲睡眠可，大小便正常。查体：神志清楚，精神可，双侧瞳孔等大等圆，直径2.5 mm，对光反射灵敏，额部伤口缝线已拆除，未见红肿，无异常分泌物排出，愈合良好。颈软，心肺腹未及明显异常，四肢活动自如，肌力及肌张力正常，生理反射存在，病理反射未引出。

该院2019年5月19日门诊复诊病历记载如下。主诉：头部外伤一个半月以上，出院后仍感头痛、头昏，睡眠差，容易疲劳，记忆力下降。查体：神清，精神差，颅神经征(－)，额顶部可见长约5 cm的条状瘢痕。余(－)。复查头部CT平扫片示：脑实质、脑室结构未见明显异常。初步诊断：脑外伤后综合征。

【影像学资料】

见图2-1。

【提出问题】

1. 根据现有病历材料，本案的被鉴定人有哪些损伤？被鉴定人要求重新鉴定的理由是否充分？
2. 被鉴定人头部损伤后有哪些症状表现？何谓脑外伤后综合征？它的特点是什么？
3. 被鉴定人2019年4月18日复查的颅脑CT片有何异常表现？
4. 涉及头皮损伤及颅骨骨折的案件，审核送检材料时应从临床病历资料中重点搜集哪些关键信息？
5. 被鉴定人前往鉴定机构重新鉴定时需要提供哪些材料？现有材料是否满足鉴定需要？

【涉及要点】

1. 头皮损伤及颅骨骨折案例的主要临床特点。
2. 完全性和不完全性颅盖骨折的影像学特征判读。
3. 涉及头皮损伤及颅骨骨折的案件，法医学鉴定时送检材料的审核原则。

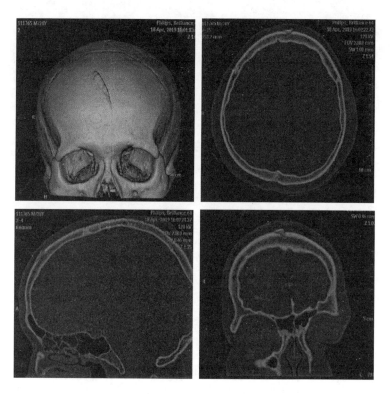

图 2-1　2019 年 4 月 18 日复查的颅脑 CT 片

第 二 幕

简单回顾上一幕的案件内容,复习与案件相关的医学、法医学知识。

【法医学检查】

检查日期:2019 年 7 月 21 日。

被鉴定人神志清楚,自行入室,对答切题,检查合作,认知功能粗测在正常范围。额部正中见稍斜行长 5 cm 淡红色条状瘢痕,其中 3 cm 位于额面部(发际缘外),2 cm 位于头皮(发际缘内),瘢痕较平整,无明显增生及牵扯,见图 2-2、彩图 2-1;双侧瞳孔等大等圆,直径 3 mm,对光反射灵敏,颅神经征(一),心肺腹(一),四肢肌力、肌张力正常,生理反射可引出,病理征(一)。

被鉴定人自诉既往身体健康,本次头部砍伤后尚未获得赔偿,虽已回单位工作,但仍感头痛、头昏,记忆力下降,精力比伤前差,工作效率下降,心情不佳,睡眠较差。

嘱被鉴定人近期复查头部影像片,详见图 2-3。

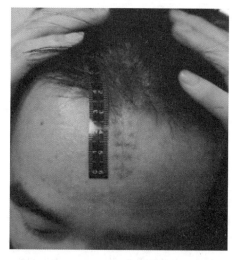

图 2-2　鉴定时体检所见头部瘢痕(彩图 2-1)

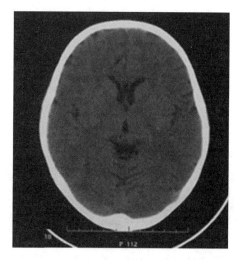

图 2-3　鉴定检查时复查头部 CT 片

【提出问题】

1. 被鉴定人进行法医学检查时应重点检查哪些方面？

2. 图2-2、彩图2-1所示的对被鉴定人头部瘢痕进行测量拍照的方式是否规范？对跨越颜面部与发际内的瘢痕应如何进行测量和记录？

3. 根据颅骨CT片，从法医学角度分析被鉴定人的颅骨骨折是新鲜损伤还是陈旧性损伤，两者应如何鉴别？

4. 结合伤后病历资料及复查CT片，门诊诊断被鉴定人的脑外伤后综合征是否可以认定，有哪些症状表现？

5. 被鉴定人的损伤程度应如何评定，涉及哪些条款？初次鉴定是否存在不当之处？在实际鉴定工作中应如何防范？

【涉及要点】

1. 头皮损伤及颅骨骨折的法医学鉴定时机及评定原则。

2. 头皮损伤、颅骨骨折的法医学检查及损伤程度鉴定要点。

3. 颅骨骨折影像学资料的评判要点。

第二节 棒击导致的重型颅脑损伤

学习目标

掌握颅内出血、血肿（intracranial hematoma）的概念、常见分类方法、损伤原因及其机制、临床表现及其法医学鉴定原则。

学习要点

1. 颅内出血、血肿的概念。
2. 颅内出血、血肿的常见分类方法。
3. 硬脑膜外血肿、硬脑膜下血肿、脑内血肿及蛛网膜下腔出血的损伤原因及其机制。
4. 硬脑膜外血肿、硬脑膜下血肿、脑内血肿及蛛网膜下腔出血的临床表现。
5. 硬脑膜外血肿、硬脑膜下血肿、脑内血肿及蛛网膜下腔出血的法医学鉴定原则。

时间分配

本节包括两幕（2学时），共90分钟，其中学生讨论时间为50分钟，学生分析总结发言25分钟，教师总结讲评15分钟。两次课间隔3~7天。

教学建议

在上课的前三天将案例资料及所提问题、学习要点以纸质或邮件形式发送给学生，请学生在课前预习案例资料，根据问题查找《法医临床学》《外科学》《法医影像学》教材或文献、《法医临床检验规范》（SF/T 0111—2021）、《法医临床影像学检验实施规范》（SF/T 0112—2021）等资料。上课时依据学生数量进行分组(每组10~15人),以问题为导向方式解读案例资料。

学生讨论时给予充分的自由空间,不干扰、不评论,讨论结束后由每组学生推选一名发言人进行每题的总结发言,教师在此过程中应认真评估学生掌握知识的深浅、分析问题思路的优点和不足,并逐一进行记录。每组同学在讨论过程中如提出新的问题,可进行团体讨论。各组回答结束后,由教师结合学生的掌握情况对学生缺乏的共性基础知识和鉴定思路进行讲解,对学生鉴定过程中存在的问题进行针对性点评和分析总结。

第 一 幕

【基本案情】

2019年5月8日,被鉴定人王某某(男,31岁)在某市步行街一家中餐厅进餐时,因肢体擦碰与他人发生口角纠纷,后被对方用木棒击伤头部,当即倒地昏迷不醒,被家属送入某市第二人民医院急诊手术治疗,2019年7月11日出院。现为伤后3个多月,被鉴定人诉仍有右侧肢体无力,为便于案件处理,现由公安机关委托,要求按《人体损伤程度鉴定标准》及《人体损伤致残程度分级》对被鉴定人的损伤程度和伤残等级进行法医学鉴定。

【病历摘要】

某市第二人民医院出院记录(住院号:XXX)如下。入院和出院日期分别为2019年5月8日和2019年7月11日。患者因"头部外伤致意识障碍1小时以上"入院。查体:脉搏109次/分,血压174/126 mmHg,呼吸25次/分;神志昏迷,呼之不应,刺痛无睁眼,刺痛无发声,刺痛肢体过伸,GCS评分为4分。左颞顶部见头皮肿胀,双侧瞳孔圆形等大,左:右=5.0 mm:5.0 mm,直接、间接对光反射消失。颈软,心律齐,双肺呼吸音粗,双下肺未闻及明显干湿啰音,腹平软,压痛、反跳痛不合作,无肌卫。四肢肌力、肌张力检查不合作,病理反射未引出。入院后急诊头部CT检查提示:左侧额颞顶部硬膜下血肿,蛛网膜下腔出血,影像片见图2-4。给予脱水降颅压药物对症治疗,急诊全麻下行"左额颞顶开颅硬膜下血肿清除+去骨瓣减压术+气管切开术",术后次日复查头部CT片(图2-5),给予预防感染、脱水、促醒、预防癫痫、营养神经等对症支持治疗,并行针灸、高压氧及康复训练。出院诊断:急性闭合颅脑损伤(特重)并脑疝;左侧额颞顶部硬膜下血肿;外伤性蛛网膜下腔出血;左颞顶头皮血肿并头皮擦伤。出院时情况:患者目前病情较重,一般情况欠佳,神志清楚,对答尚切题,瞳孔左:右=2.5 mm:2.5 mm,直接、间接光反射灵敏,头部减压窗张力不高,颈软,心肺腹(一),左侧上下肢肌力、肌张力正常,右侧上下肢偏瘫,肌力4级,肌张力正常,生理反射存在,病理反射未引出。

该院2019年7月25日门诊复诊病历记载如下。主诉:开颅术后3个月。查体:神清,对答基本切题,反应显迟钝。双侧瞳孔等大等圆,对光反射灵敏,头部骨窗处张力不高,颈软,跛行入室,右侧上下肢偏瘫,肌力四级,肌张力正常,病理反射未引出。诊断:开颅术后,偏瘫(右侧)。建议:不适随诊,择期入院行颅骨修补术。

【提出问题】

1. 本案例涉及何种类型损伤?具有哪些临床特点?
2. 颅内出血、血肿的常见原因及分类方法是什么?简述其发生机制及临床表现。
3. 被鉴定人具有哪些神经系统症状和体征?
4. 被鉴定人手术前后头部CT片有何异常表现?
5. 本案例能否受理?受理该类案件时应注意哪些问题?

【涉及要点】

1. 颅脑损伤案例特点的总结原则。
2. 结合外科学及影像学知识复习颅内出血、血肿的常见病因及分类方法。
3. 颅内出血、血肿的临床症状及主要体征。

4. 颅内出血、血肿的影像学特征及判读。

5. 涉及颅内出血、血肿的案例法医学鉴定时送检材料的审核原则。

【影像学资料】

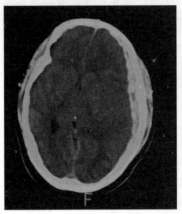
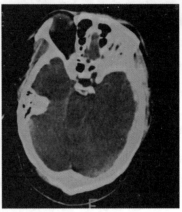

图 2-4　入院时头部 CT 片

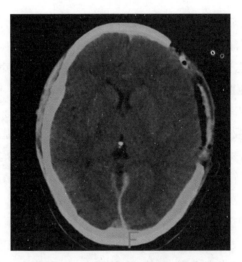

图 2-5　开颅术后复查头部 CT 片

第 二 幕

简单回顾上一幕的案件内容，复习与案件相关的医学、法医学知识。

【法医学检查】

检查日期：2019 年 8 月 12 日。

被鉴定人坐轮椅入室，在家属扶行下可短距离跛行，呈偏瘫步态，血压 110/80 mmHg，脉搏 75 次/分。神志清楚，对答尚切题，反应略显迟钝；双瞳孔等大等圆，对光反射灵敏，颅神经征（—）。左侧额颞顶部见长 24 cm 弧形条状手术瘢痕及 12 cm×14 cm 的颅骨缺损区，手术骨窗处张力稍增高，局部膨隆。颈部见气管切开术后瘢痕。左侧上下肢肌力、肌张力正常，右侧上下肢肌力 4 级，肌张力稍增高，膝腱反射较对侧活跃。

审阅送检的 2019 年 7 月 9 日复查的头部 CT 片，详情见图 2-6。

家属反映被鉴定人伤前身体健康，大学本科文化，精神正常，在某公司从事管理工作。目前右侧上下肢活动、行走不利，反应变迟钝，记忆力下降，下雨变天时头痛，有时发脾气，不能回单位上班，日常生活需家人照料。

【影像学复查】

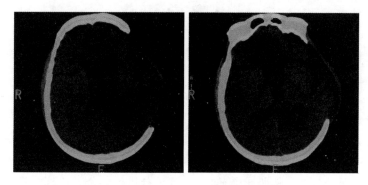

图 2-6　2019 年 7 月 9 日复查头部 CT 片

【提出问题】

1. 重型颅脑损伤的被鉴定人何时可以进行损伤程度及伤残等级鉴定？受理时应注意收集哪些材料？
2. 对被鉴定人进行法医学检查时应如何查体？主要包括哪些方面？
3. 被鉴定人鉴定前复查的头部 CT 有何异常改变？
4. 被鉴定人肢体偏瘫发生的原因是什么？鉴定时应如何检查和评定其严重程度？
5. 被鉴定人的损伤程度和躯体伤残等级该如何评定？
6. 被鉴定人如需要进行精神伤残评定，应注意哪些问题？

【涉及要点】

1. 颅内出血、血肿的法医学检查内容及查体要点。
2. 外伤性和病理性颅内出血、血肿的鉴别。
3. 颅内出血、血肿的法医学鉴定时机及评定原则。
4. 颅内出血、血肿的损伤程度及伤残等级鉴定注意事项。

第三节　交通事故后发生的基底节脑出血

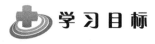

掌握脑挫裂伤（contusion and laceration of brain）、脑内血肿（intracerebral hematoma）的概念、损伤原因和机制、临床表现及法医学鉴定原则。

1. 脑挫裂伤、脑内血肿的概念及损伤原因和机制。
2. 脑挫裂伤、脑内血肿的临床表现与 CT、MRI 影像学特点。
3. 外伤性脑内血肿与病理性脑内血肿（如高血压脑出血）的鉴别要点。
4. 脑挫裂伤、脑内血肿的损伤认定及法医学鉴定原则。

本节包括两幕(2学时)，共 90 分钟，其中学生讨论时间为 50 分钟，学生分析总结发言 25 分钟，教师总结讲评 15 分钟。两次课间隔 3~7 天。

教学建议

在上课的前三天将案例资料及所提问题、学习要点以纸质或邮件形式发送给学生,请学生在课前预习案例资料,根据问题查找《法医临床学》《外科学》《法医影像学》《内科学》《神经病学》教材或文献、《法医临床检验规范》(SF/T 0111—2021)、《法医临床影像学检验实施规范》(SF/T 0112—2021)等资料。上课时依据学生数量进行分组(每组10~15人),以问题为导向方式解读案例资料。

学生讨论时给予充分的自由空间,不干扰、不评论,讨论结束后由每组学生推选一名发言人进行每题的总结发言,教师在此过程中应认真评估学生掌握知识的深浅、分析问题思路的优点和不足,并逐一进行记录。每组同学在讨论过程中如提出新的问题,可进行团体讨论。各组回答结束后,由教师结合学生的掌握情况对学生缺乏的共性基础知识和鉴定思路进行讲解,对学生鉴定过程中存在的问题进行针对性点评和分析总结。

第 一 幕

【基本案情】

2018年3月16日18时许,被鉴定人余某(男,52岁)步行通过某市经济开发区汽车城路段人行横道时,被一小轿车撞倒致伤头部等处,伤后自行站起,在与司机争执过程中突然倒地昏迷,先被送至某大学附属医院手术治疗,诊断为右侧基底节区脑出血,后转至某市中医医院住院康复治疗。

A鉴定机构受交警部门委托于2018年9月28日出具法医学鉴定意见:被鉴定人余某的损伤程度为轻微伤,脑出血与头部外伤的关联性难以认定,不宜评定伤残等级。被鉴定人家属对A鉴定机构的鉴定意见不服,于2018年11月26日自行委托B鉴定机构重新鉴定。鉴定意见:被鉴定人余某的损伤程度为轻微伤,基底节脑出血致左侧肢体偏瘫,属于七级伤残;2018年3月16日交通事故外伤是被鉴定人基底节脑出血的诱因,损伤参与度为50%。因双方对伤残等级和损伤参与度争议较大,现由某人民法院委托根据《人体损伤致残程度分级》对被鉴定人的伤残等级、伤病关系及损伤参与度进行重新鉴定。

【病历摘要】

1. 某大学附属医院出院记录(住院号:XXX)如下。入院、出院时间分别为2018年3月16日和2018年4月11日。主诉:车祸致脑外伤后意识不清4小时余。现病史:患者于4小时前因交通事故头部受伤,伤后诉头痛,与司机争吵时突然倒地,神志不清,伴有小便失禁。由他人急诊送院求治,外院头部CT提示:右侧基底节区脑出血,左侧颞顶部头皮血肿,见图2-7。病程中患者神志不清,曾呕吐胃内容物一次,无肢体抽搐。既往史:高血压病史7年余,近两年自行服用降压药。查体:血压180/130 mmHg,呈嗜睡状,双侧瞳孔等大等圆,直径2.5 mm,对光反射存在,压眶反应存在,颈强2横指,心、肺、腹未及明显异常,左侧肢体肌力1~2级,右侧肢体肌力5级。生理反射存在,病理征未引出。入院后积极给予脱水、神经营养、补液等对症支持治疗。实验室检查:甘油三酯(TG)4.91 mmol/L,总胆固醇(TC)6.98 mmol/L,高密度脂蛋白胆固醇(HDL-C)1.10 mmol/L,低密度脂蛋白胆固醇(LDL-C)4.27 mmol/L,肝肾功能正常。2018年3月20日脑血管造影(CTA)示:脑血管系统未见明显血管病变及畸形。双侧颈动脉彩超显示:颈总动脉分叉处及管腔内多发粥样斑块形成。左侧较大者约11.3 mm×2.7 mm,右侧较大者约20.5 mm×3.2 mm,见图2-8。排除手术禁忌后于2018年3月23日在全麻下行"右侧基底节区脑内血肿清除+去骨瓣减压术",术后给予抗感染、脱水、止血、抑酸、降压、神经营养等对症支持等治疗。出院诊断:右侧基底节区脑出血,高血压病,高脂血症。出院情况:患者一般情况可,生命体征平稳,神志清楚,头部手术切口已拆线,Ⅰ/甲愈合。左侧肢体肌力2~3级,右侧肢体肌力5级。

2. 被鉴定人于2018年4月至2018年7月多次在某市中医医院行康复治疗,最后一次出院记录(住院号:YYY)如下。入院、出院时间分别为2018年6月23日和2018年7月7日。因"左侧肢体功能障碍3个月"入院,入院症见:血压150/100 mmHg,左侧肢体乏力,活动不利,左肩关节活动稍受限,口角无歪斜,无言语不利,左手握物乏力。查体:双侧额纹基本对称,伸舌基本居中,口眼稍向左侧歪斜,言语稍有障碍,左上肢近端肌力 4 级,远端肌力 4 级,左手握力 3 级;左下肢近端肌力 4 级,远端肌力 4-级;左上肢肌张力增高,左下肢肌张力增高,左侧肢体腱反射较左侧活跃,左霍夫曼征(+),左巴氏征(+),踝阵挛(+)。左侧指鼻试验、轮替运动、分指试验、伸腕试验尚可,左侧肢体浅深感觉基本正常。入院后完善辅助检查,头颅 CT 提示:右侧基底节脑出血及术后改变。入院后给予降压、活血化瘀、营养脑细胞等对症治疗系统康复理疗,症状较前部分好转。出院诊断:脑外伤后遗症,左侧肢体功能障碍,高血压病 3 期(极高危)。出院情况:患者精神、饮食、睡眠可,大小便正常,生命体征正常,心肺腹无异常,患者说话及左侧肢体活动较前改善,不能久行。查体:神清,双侧瞳孔等大等圆,对光反射存在,口眼稍向左侧歪斜,言语欠流利。偏瘫步态,左侧上、下肢肌力 4 级,肌张力稍增高,腱反射较对侧活跃,右侧肢体肌力 5 级,肌张力正常。

【影像学资料】

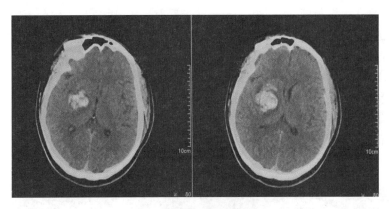

图 2-7 入院时头部 CT 片

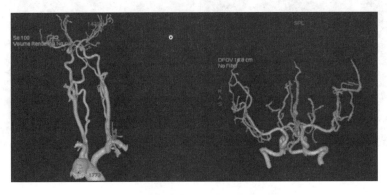

图 2-8 2018 年 3 月 20 日脑血管造影

【提出问题】

1. 被鉴定人车祸后的病情演变有何特点?病历材料中哪些属于神经系统症状?哪些属于神经系统体征?

2. 被鉴定人入院后的头部 CT 片及 CTA 片有何影像学特征?头部是否存在外伤性改变?

3. 被鉴定人入院时血压偏高(180/130 mmHg),是外伤还是自身疾病所致?现有病历材料中哪些证据有助于鉴别?

4. 被鉴定人入院后的实验室检测提示血脂异常,临床诊断为高脂血症,是外伤还是自身疾病所致?

5. 外伤性脑内血肿与非外伤性脑内血肿(如高血压脑出血)应如何鉴别?

6. 根据案情材料,被鉴定人为第三次鉴定,受理时应注意哪些问题?如何避免潜在的投诉和纠纷?现有送检材料是否能满足要求?

【涉及要点】

1. 外伤性与非外伤性脑内血肿的鉴别诊断。

2. 结合外科学及影像学知识复习脑挫裂伤及脑内血肿的临床特征。

3. 结合内科学及神经病学知识复习高血压病、高脂血症及脑出血的临床特点及常用辅助检查项目与结果判读。

4. 对头部外伤涉及伤病关系案件,鉴定人员审核送检材料的注意事项。

第 二 幕

简单回顾上一幕的案件内容,复习与案件相关的医学、法医学知识。

【法医学检查】

日期:2019 年 3 月 20 日。

被鉴定人神志清楚,扶单拐跛行进入诊室,体态显肥胖,检查配合,对答切题,反应速度可,认知功能粗测在正常范围。血压 140/105 mmHg。右侧额颞顶部见长 25 cm 的弧形条状手术瘢痕,颅骨缺损已修补,塑形可。双侧瞳孔等大等圆,直径约 3 mm,对光反射灵敏,嘴角稍左偏斜,伸舌居中,余颅神经征(一);偏瘫步态,左侧上、下肢肌力 4 级,肌张力正常,巴氏征(+),左侧腱反射较对侧活跃,右侧肢体肌力 5 级,肌张力正常,右侧腱反射存在,病理反射未引出。

审阅送检的 2019 年 3 月 21 日复查的头部 CT 片见图 2-9。

被鉴定人情绪易激动,强调自己的后遗症是车祸导致,对案件久拖不决、未能给予赔偿表示不满,承认有高血压病史 7 年余,高脂血症 3 年余,近两年自行服用降压和降脂药物,但未进行正规治疗。自诉目前仍感头昏、头痛,睡眠不好,记忆力不如伤前,行走不便,洗澡、更衣需家人帮助。

【影像学资料】

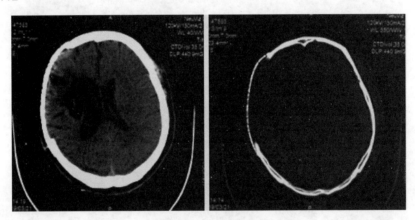

图 2-9 2019 年 3 月 21 日复查颅脑 CT 片

【提出问题】

1. 对被鉴定人进行法医学检查时应从哪些方面着手?

2. 被鉴定人 2019 年 3 月 21 日复查的头部 CT 有何异常改变?

3. 被鉴定人的两份出院记录中均有血压异常,鉴定时测量血压为 140/105 mmHg,临床诊断为"高血压病 3 期(极高危)、高脂血症",鉴定时如何利用相应检查结果与委托方及被鉴定人就伤病关系进行沟通?

4. 被鉴定人目前的不良后果包括哪些方面?应如何评定其伤残等级?

5. 被鉴定人的前两份鉴定意见书为何会导致争议?存在哪些问题?

6. 委托事项中对被鉴定人的伤病关系及损伤参与度应如何评定?

【涉及要点】

1. 脑挫裂伤、脑内血肿的法医学检查内容及查体要点。

2. 外伤性和非外伤性脑内血肿(如高血压脑出血)的鉴别要点。

3. 脑挫裂伤、脑内血肿的法医学鉴定时机及评定注意事项。

4. 损伤程度和伤残等级鉴定时涉及伤病关系的处理原则。

5. 损伤参与度的概念及划分。

第四节　高坠后迟发性癫痫

学习目标

掌握外伤性癫痫(traumatic epilepsy)的概念、常见分类方法、损伤原因和机制、临床表现及法医学鉴定原则。

学习要点

1. 外伤性癫痫的概念及损伤原因和机制。
2. 外伤性癫痫的临床表现与分类。
3. 癫痫发作时的典型脑电图特征。
4. 诊断外伤性癫痫应具备的条件。
5. 癫痫与癔症性抽搐的鉴别要点。
6. 外伤性癫痫的损伤程度与伤残等级鉴定原则。

时间分配

本节包括两幕(2学时),共90分钟,其中学生讨论时间为50分钟,学生分析总结发言25分钟,教师总结讲评15分钟。两次课间隔3~7天。

教学建议

在上课的前三天将案例资料及所提问题、学习要点以纸质或邮件形式发送给学生,请学生在课前预习案例资料,根据问题查找《法医临床学》《外科学》《神经病学》教材或文献、《法医临床检验规范》(SF/T 0111—2021)、《法医临床影像学检验实施规范》(SF/T 0112—2021)、《外伤性癫痫鉴定实施规范》(SF/Z JD0103007—2014)等资料。上课时依据学生数量进行分组(每组10~15人),以问题为导向方式解读案例资料。

学生讨论时给予充分的自由空间,不干扰、不评论,讨论结束后由每组学生推选一名发言人进行每题的总结发言,教师在此过程中应认真评估学生掌握知识的深浅、分析问题思路的优点和不足,并逐一进行记录。每组同学在讨论过程中如提出新的问题,可进行团体讨论。各组回答结束后,由教师结合学生的掌握情况对学生缺乏的共性基础知识和鉴定思路进行讲解,对学生鉴定过程中存在的问题进行针对性点评和分析总结。

第 一 幕

【基本案情】

2017年7月13日,被鉴定人江某某(男,45岁)在某工地施工时不慎从约4m高处坠落致伤头部等处,伤后入住某县中医医院进行手术治疗,出院诊断为三级脑外伤:右侧颞叶及双额叶脑挫裂伤,右顶部硬膜外、下小血肿,蛛网膜下腔出血,枕骨骨折,枕顶部头皮血肿。2018年1月17日被鉴定人在某县鉴定机构鉴定为十级伤残,保险部门根据该鉴定意见给予了相应赔偿。

2018年3月15日被鉴定人因"突发四肢抽搐伴舌咬伤20分钟"入住某县人民医院,出院诊断为症状性癫痫。出院后虽服用抗癫痫药物进行治疗,但仍多次癫痫发作并入院治疗。被鉴定人认为病情加重,原伤残等级评定及赔偿偏低,但保险部门称其脑外伤后8个月发生的癫痫与脑外伤的关联性缺乏依据,后被鉴定人提起诉讼,现由某县人民法院委托,根据《人体损伤致残程度分级》对被鉴定人的症状性癫痫与头部外伤的因果关系及其伤残等级进行法医学鉴定。

【病历摘要】

1. 某县中医医院出院记录(住院号:XXX)如下。入院、出院时间分别为2017年7月13日和2017年11月27日。主诉:头部外伤20分钟。查体:患者浅昏迷,GCS评分为8分,呼之不应,刺痛不睁眼,可定位,烦躁,右侧颞顶部可见直径约10 cm头皮血肿,质软,右侧顶部、左侧耳后可见表皮挫伤,双侧瞳孔等大等圆,直径约2.0 mm,对光反射灵敏,颈项强直,约3横指,心率91次/分,双肺呼吸音粗,未闻及干湿啰音,律齐,心音有力,腹平软,无压痛,无反跳痛,肝肾区无叩击痛,肠鸣音正常,活动正常。脊椎区无压痛,双膝关节表皮挫伤,活动尚可,生理反射存在,病理反射未引出。头颅CT检查提示:右侧颞叶及双侧额叶脑挫裂伤,右顶部硬膜外、下小血肿,蛛网膜下腔出血,枕骨骨折,枕顶部头皮血肿,见图2-10。入院后告病危,急诊全麻下行开颅去骨瓣、血肿清除术,术后密切监测生命体征,脱水降低颅内压,保护胃肠黏膜防止应激性溃疡、止血、抗感染、维持内环境稳定等对症支持治疗。患者病情逐渐好转,继续营养脑神经治疗及理疗促进肢体功能恢复。2017年10月25日在全麻下行"颅骨修补术"。出院诊断:①三级脑外伤:右侧颞叶及双额叶脑挫裂伤,右顶部硬膜外、下小血肿,蛛网膜下腔出血,枕骨骨折,枕顶部头皮血肿。②多处软组织损伤。出院情况:患者诉头晕,一般情况尚可。查体:生命体征平稳,查体配合,头部切口拆线,愈合情况尚可,双侧瞳孔等大等圆,对光反射存在,颈软,心肺腹部无异常,四肢活动尚可,生理反射存在,病理征未引出。

2. 某县人民医院住院病历(住院号:YYY)记载如下。入院、出院时间分别为2018年3月15日和2018年3月21日。主诉:脑外伤术后八个多月,突发四肢抽搐伴舌咬伤20分钟。现病史:20分钟前无明显诱因突发手足抽搐,倒地后牙关紧闭,口吐白沫,呼之不应,紧急予以侧卧体位,防止误吸,松解衣物,通畅呼吸,持续约1分钟,症状自行缓解,由救护车送入院。查体:血压130/80 mmHg,神清,颈软,精神差,懒言少动,头部可见手术瘢痕,颅骨已修补;双侧瞳孔等大等圆,瞳孔直径3 mm,光反射存在,双侧额纹对称,双侧眼球运动正常,无眼震,双侧鼻唇沟对称,口角无歪斜,伸舌居中,舌尖可见咬痕及少量出血痕,心肺腹无异常,四肢肌力4级,肌张力正常,双下肢无水肿,病理反射未引出。入院后给予丙戊酸钠缓释片抗癫痫、营养神经、改善循环等对症支持治疗。出院诊断:症状性癫痫。出院情况:患者一般情况可,无发作性肢体抽搐等症状。查体:神清,颈软,阅读、听理解、计算力、记忆力等高级认知功能基本正常,双侧瞳孔等大等圆,直径3 mm,光反射存在,双侧额纹对称,双侧眼球活动正常,无眼震,双侧鼻唇沟对称,伸舌居中,心肺腹(一),四肢肌力、肌张力正常,病理征未引出。

3. 某市中心医院住院病历(住院号:ZZZ01)记载如下。入院、出院时间分别为2018年6月21日和2018年6月29日。主诉:头部外伤后一年,发作性肢体抽搐伴意识不清3个多月。现病史:患者一年前不慎摔伤,先后行开颅血肿清除术及颅骨修补术,3个月前突然开始出现肢体抽搐,伴意识不清,在当地医院考虑为症状性癫痫,服用丙戊酸钠缓释片治疗,疗效不佳,每月仍有抽搐发作,次数1~3次,有时仅左上肢麻木抽动,有时倒地,口吐白沫,意识不清,发作时间1~5分钟不等,近一个月来症状较前加重,患者为求进一步治疗入院。查体:血压120/75 mmHg,神志清楚,右颞顶部见马蹄形条状手术瘢痕,局部颅骨已修补。双侧瞳孔等大等圆,光反射正常,无眼震,双侧眼球活动充分,面纹对称,伸舌居中。心律齐,双肺呼吸音清晰,未闻及干湿啰音。腹平软,肝脾下未及,肋下压痛。双下肢不肿,肌力、肌张力正常,双侧霍夫曼征阴性,双侧巴氏征阴性。末梢循环可。颅脑平扫CT检查双侧额叶及右侧颞叶低密度灶,考虑软化灶。2018年3月26日脑电图报告如下。基本节律:清醒睁闭目时顶、枕区以9~10.5 μV的α节律为基本频率,调节欠佳。慢波:稍多中至高幅4~7 Hz的θ活动,额区明显。快波:少量低幅

15~25 Hz 的 β 快波。波幅特点:以中高幅为主,调幅欠佳。异常波:各区多次阵发短至中程慢活动、尖波,右额前、颞侧可见急慢波。脑电图检查:轻至中度异常脑电图(图 2-11)。入院后给予控制抽搐、营养神经、改善循环等对症支持治疗。出院诊断:外伤性癫痫。出院情况:患者一般情况可,神清,双侧瞳孔等大等圆,光反射正常,心肺腹未见明显异常。双下肢肌力、肌张力正常,双侧霍夫曼征阴性,双侧巴氏征阴性。

该院第二次出院记录(住院号:ZZZ02)如下。入院、出院时间分别为 2018 年 12 月 1 日和 2018 年 12 月 7 日。因"反复发作肢体抽搐 8 个月"入院。体检:血压 110/70 mmHg,双肺呼吸音清晰,未及干湿啰音。心率 78 次/分,律齐,无杂音。腹平软。双下肢无水肿。专科情况:神志清楚,吐词清晰,颅骨已修补,双侧瞳孔等大等圆,直径 3.0 mm,对光反射灵敏,双眼球各向运动正常,无眼震,双侧鼻唇沟对称,伸舌居中,双上肢肌力 5 级,右下肢肌力 3 级,左下肢肌力 4 级,肌张力正常,双侧肱二头肌反射(+)、膝反射(+),双侧巴氏征(-)。住院经过:治疗上予以抗癫痫、营养神经、脱水等治疗。出院诊断:症状性癫痫。出院情况:患者一般情况尚可,未诉头痛头昏等不适,住院期间未再出现四肢抽搐。体检:神清,颅神经征(-),心肺腹(-)。双下肢无水肿。专科情况:神志清楚,吐词清晰,双侧瞳孔等大等圆,对光反射灵敏,双侧鼻唇沟对称,伸舌居中,鼓腮无漏气。双上肢肌力 5 级,双下肢肌力 4 级,肌张力正常。双侧肱二头肌反射(+)、膝反射(+),双侧巴氏征(-)。

该院 2018 年 12 月 7 日脑电图报告(编号 201807127)记载如下。异常波:未见。波幅特点:以低中频为主,调幅欠佳,两侧大致对称。对光反射:α 波抑制可见。过度换气:基本同背景。结论:①轻度异常脑电图;②α 频段功率增高。

【提出问题】

1. 本案例涉及颅脑损伤的后遗症有哪些?具有哪些临床特点?
2. 被鉴定人发生症状性癫痫的可能原因是什么?简述其发生的可能机制。
3. 被鉴定人癫痫发作的临床表现有哪些,属于何种类型发作?
4. 被鉴定人手术前后头部 CT 片及脑电图有哪些异常改变?
5. 被鉴定人现有的病历材料是否满足鉴定需要?鉴定时机是否成熟?受理外伤后癫痫相关案件时应注意哪些问题?

【影像学资料】

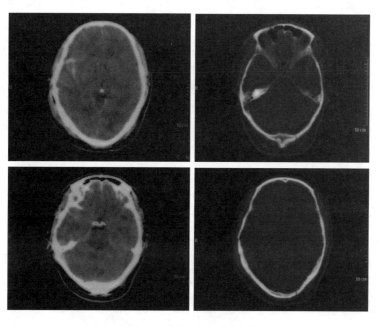

图 2-10　入院时头部 CT 片

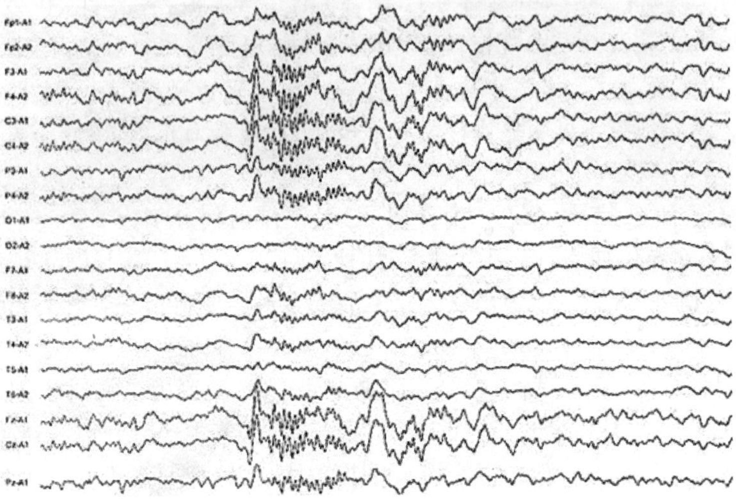

图 2-11　2018 年 3 月 26 日脑电图检查结果

【涉及要点】

1. 颅脑损伤的常见后遗症。
2. 外伤性癫痫的损伤原因和机制。
3. 外伤性癫痫的临床表现。
4. 外伤性癫痫的影像学特征及脑电图特征判读。
5. 外伤性癫痫法医学鉴定时审核送检材料的原则。

第 二 幕

简单回顾上一幕的案件内容,复习与案件相关的医学、法医学知识。

【旁证材料】

1. 被鉴定人居住地村民委员会 2019 年 5 月 23 日出具的证明材料如下。被鉴定人受伤前身体健康,未患过严重疾病,无癫痫病家族史,能正常务工。2017 年 7 月 13 日在工地受伤后住院四个多月,出院以后恢复尚可,沟通基本正常。2018 年 3 月 15 日在村委会附近散步时突然发生"羊癫疯",表现为摔倒在地、四肢抽搐,口吐白沫,叫喊不应,村干部帮忙掐人中 20 分钟后才恢复正常,后来被急救车送到县人民医院救治。

2. 委托单位 2019 年 5 月 25 日对被鉴定人邻居的调查笔录记载如下。被鉴定人伤前精神正常,身体健康,精明能干。2017 年 7 月在工地摔伤,住院 3～4 个月,出院后在家休息。2018 年 3 月 15 日无缘无故开始抽搐,很多村民都目睹了,后来又发作好几次,表现都是突然倒地,手脚抽搐,发作时间很短,能自行缓解,先后三次住院治疗,治疗效果不理想。

3. 被鉴定人的家属 2019 年 5 月 25 日提交的书面材料如下。江某某伤前精神状况正常,性格开朗,身体健康。2017 年受伤后做了开颅手术,恢复不好,2018 年 3 月 15 日家人陪同他在村里散步时第一次发癫痫,突然倒地,口吐白沫,手脚抽搐,喊他没反应,额部磕破,舌头被咬破出血,过了半个小时才慢慢恢复,在县人民医院诊断为脑外伤引起的癫痫,出院后一直服用丙戊酸钠缓释片,后来又去医院住院两次,治疗效果不好,平均 1～2 个月癫痫就会发作一次,表现还是四肢抽搐,昏迷,但时间比第一次短,持续 1～5 分钟,能自然缓解。目前江某某记忆力下降,经常说头痛,睡眠不好,有时容易烦躁。医生说要今后长期服用抗癫痫药物,不能从事高空等危险职业。

【法医学检查】

日期:2019 年 5 月 22 日。

被鉴定人神清,步行入室,接触可,检查能配合,对答尚切题,认知功能粗查在正常范围。头颅无畸形,右额部及右肘部可见浅表片状瘢痕(诉癫痫发作时摔伤所致),右颞部见一17 cm长马蹄形条状手术瘢痕,颅骨缺损已修补,双侧瞳孔等大等圆,对光反射存在,颅神经征(-);四肢肌力、肌张力正常,腱反射存在,病理反射未引出;胸廓对称无畸形,挤压征(-)。自诉仍感头昏、头痛,怕吵,现在不能去工地干活,单位为了照顾他,还是让他每天去单位门卫室和别人一起值班,以便给予基本生活费。曾于2017年3月、6月及12月发作癫痫,目前仍需服用抗癫痫药物控制症状。余无特殊。

审阅送检的2019年5月22日复查的头部CT片,详情见图2-12。

【影像学资料】

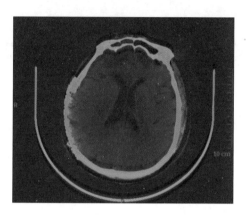

图2-12　2019年5月22日复查头部CT片

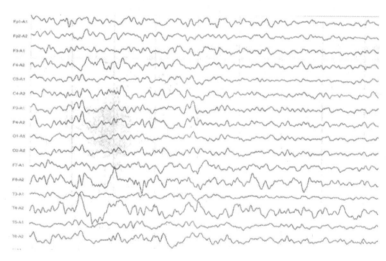

图2-13　某癫痫诊疗中心17小时视频脑电图截图

【脑电图复查】

某大学附属第一医院癫痫诊疗中心2019年5月23日的脑电图动态监测报告记载的检查结果如下。①背景活动:清醒安静闭目状态下可见8.4~11.2 Hz、12~48 μV的α波及节律,波形整齐,调节、调幅欠佳,α波以后颞区为优势,基线平稳,左侧前、中颞波幅较对侧减弱。可见较多4.0~6.8 Hz低中波幅θ波。睁眼α波抑制不完全。②过度换气:合作良好。同背景活动。③睡眠波:监测17小时过程中,睡眠分期不明显,睡眠结构差,可见少量睡眠顶尖波及低波幅12~14 Hz睡眠纺锤波。④异常波:睡眠期右侧前、中颞可见单个尖慢复合波发放,清醒期和睡眠期双侧前、中颞区可见单个尖波发放,左右发放不同步、不对称。⑤发作期:无。脑电图结论:轻至中度异常脑电图(图2-13)。请结合临床及相关影像学结果综合分析,定期复查。

【提出问题】

1. 如何了解被鉴定人伤后癫痫发作的情况?对法医学鉴定有何价值?调查应包括哪些内容?
2. 法医学鉴定时如何对被鉴定人进行检查?
3. 法医学鉴定时为什么要复查头部CT及脑电图,如何解释异常或正常的脑电图结果?

4. 被鉴定人的癫痫发作能否认定为外伤性癫痫?
5. 被鉴定人的外伤性癫痫应该如何评定伤残等级?

【涉及要点】
1. 外伤性癫痫的法医学检查内容及查体要点。
2. 外伤性癫痫的认定依据及脑电图诊断价值。
3. 外伤性癫痫的法医学鉴定时机及伤残等级鉴定注意事项。

第五节 脑外伤性精神障碍

熟悉脑外伤性精神障碍(mental disorder caused by traumatic brain injury)的概念、损伤机制、分类、临床表现及法医学鉴定原则。

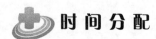

1. 脑外伤性精神障碍的概念、损伤原因和机制。
2. 不同脑区损伤的精神症状特点。
3. 脑外伤所致急性精神障碍的主要特点,谵妄、遗忘的定义及其特点。
4. 脑外伤所致慢性精神障碍(认知障碍、人格改变、精神病性症状)的主要临床特征。
5. 智商、外伤性痴呆的定义、智能减退的等级,鉴定时的评定方法。
6. 脑外伤性精神障碍的法医学鉴定原则及精神伤残评定的注意事项。

本节包括两幕(2学时),共90分钟,其中学生讨论时间为50分钟,学生分析总结发言25分钟,教师总结讲评15分钟。两次课间隔3~7天。

在上课的前三天将案例资料及所提问题、学习要点以纸质或邮件形式发送给学生,请学生在课前预习案例资料,根据问题查找《法医临床学》《法医精神病学》《精神病学》和《神经病学》等教材或文献、《法医临床检验规范》(SF/T 0111—2021)、《法医临床影像学检验实施规范》(SF/T 0112—2021)、《精神障碍者司法鉴定精神检验规范》(SF/ZJD0104001—2011)等资料。上课时依据学生数量进行分组(每组10~15人),以问题为导向方式解读案例资料。

学生讨论时给予充分的自由空间,不干扰、不评论,讨论结束后由每组学生推选一名发言人进行每题的总结发言,教师在此过程中应认真评估学生掌握知识的深浅、分析问题思路的优点和不足,并逐一进行记录。每组同学在讨论过程中如提出新的问题,可进行团体讨论。各组回答结束后,由教师结合学生的掌握情况对学生缺乏的共性基础知识和鉴定思路进行讲解,对学生鉴定过程中存在的问题进行针对性点评和分析总结。

第一幕

【基本案情】

2018年2月23日17时许,被鉴定人余某某(女,32岁,已婚,大专文化,从事销售工作)驾驶二轮电动车行至某市一购物中心门前人行横道时,被一掉头行驶的小型普通客车撞倒,致伤头部等处,被送至某市中心医院行开颅手术,住院治疗一个多月;2018年6月15日行颅骨修补术。2018年7月18日被鉴定人入住某市第二人民医院精神科,诊断为"外伤性痴呆、睡眠障碍"。

2018年5月30日某市法医临床司法鉴定所依据被鉴定人已行开颅手术治疗、伤后遗留脑软化灶评为两个十级伤残。亲属提出被鉴定人伤后反应变迟钝,智力、记忆力明显下降,性格变暴躁,容易发脾气,已不能从事原来的工种,现有伤残级别偏低,鉴定时只考虑其躯体损伤的伤残级别,而未评定大脑损伤导致的精神伤残情况,有失公正,并提供了某市精神病医院的2018年9月12日出具的智力测验报告(IQ=31)作为举证材料,现由某市人民法院委托按照《人体损伤致残程度分级》对被鉴定人的躯体及精神伤残等级进行综合鉴定。

【病历摘要】

1. 某市中心医院出院记录(住院号:XXX)如下。入院、出院日期分别为2018年2月23日和2018年3月28日。因"车祸致头部等处外伤2小时余"入院。体格检查:神志恍惚,躁动不安,可简单应答,但执行动作较差,双侧瞳孔直径3.0 mm,对光反射迟钝,左侧耳道内可见血性液体流出,伸舌不能配合,可见皮肤擦挫伤,颈项强直约2横指,四肢检查不能完全配合,可见不自主活动,肌张力不高。急诊头部CT提示:左侧额颞顶枕部硬膜下血肿,大脑镰下疝,蛛网膜下腔出血,左侧额颞叶脑挫伤,左侧颞骨骨折并累及乳突,见图2-14。患者颅内血肿、蛛网膜下腔出血并大脑镰下疝诊断明确,具有手术指征,在急诊全麻下行开颅探查术+颅骨部分切除术+颅骨去骨瓣减压术+脑膜切开伴硬脑膜下腔血肿清除术+气管切开术,术后给予患者止血、脱水、降低颅内压、抗感染、健脑、改善脑循环、补液等对症支持治疗,患者头部伤口愈合良好,神志清楚,意识逐渐恢复。2018年3月10日复查颅脑CT片:左侧额颞顶部术后;左侧额颞叶脑挫伤吸收期改变。出院诊断:硬膜下血肿,脑挫伤,蛛网膜下腔出血,大脑镰下疝,左侧颞骨骨折,颅底骨折;肺部感染;应激性溃疡。出院情况:患者神志清楚,一般情况可,记忆力及认知能力差。查体:神清,生命体征平稳,对答稍迟钝,言语清晰,双侧瞳孔对光反射灵敏,四肢肌力4级,肌张力正常,病理征未引出。

该院第二次出院记录(住院号:YYY)如下。入院、出院日期分别为2018年6月6日和2018年6月28日。因"脑外伤术后三个月,颅骨缺损"入院。查体:神志清楚,认知功能欠佳,双侧瞳孔等大等圆,直径约3 mm,光反射灵敏,左颞部遗有5 cm×6 cm骨窗,局部张力不高,颈软,四肢肌力及肌张力正常。2018年6月15日在全麻下行颅骨修补术,术后予以止血、营养神经、预防感染及癫痫、补液等对症治疗。出院诊断:手术后颅骨缺损,颅骨缺损修补,脑外伤后遗症。出院情况:患者神志清楚,精神可,吐词尚清,情绪不稳定,有时发脾气,懒言少动,认知功能下降,记忆力差,双侧瞳孔等大等圆,对光反射灵敏,头部伤口敷料干燥,愈合可,四肢活动可。

2. 某市第二人民医院精神科出院记录(住院号:ZZZ)如下。入院、出院日期分别为2018年7月18日和2018年8月26日。因"脑外伤术后约半年,头昏头痛,睡眠差,烦躁易怒,认知能力下降3个多月"入院。既往体健,性格稍内向。否认重大躯体疾病史及两系三代精神病家族史。精神检查:神清,精神差,年貌相符,衣着欠整洁,扶行入室,接触显被动,检查欠合作,吐词尚清,认知能力下降,反应迟钝,思维贫乏,智能下降,有时答非所问,记忆力、计算力、理解力及定向力均下降,自知力缺乏,情绪不稳,烦躁易怒,缺乏耐心,言行幼稚,日常生活需家人照料。体格检查:左侧颅骨缺损已修补,可见弧形手术瘢痕,双侧瞳孔等大等圆,光反射存在,颅神经征(-);颈软,心肺腹(-),双下肢无水肿,Romberg征(+),四肢肌力5-级,肌张力正常,共济试验(-),病理反射未引出。入院后完善相关检查,予以护脑、改善认知、稳定情绪(妥泰片)治疗,辅以康复治疗及心理治疗。出院诊断:脑外伤恢复期,外伤性痴呆,睡眠障碍。出院情况:头昏和睡眠较前好转,认知能力稍改善,吐词清楚,反应较迟钝,记忆力、计算力、定位力差,能简单讲述身体不适及个人情况,自知力不全,情绪较前稳定,偶有烦躁,懒言少动,站立及步态不稳。查体:四肢肌力5-级,肌张力正常,生理反射存在,病理反射未引出。

3.某市精神病医院2018年9月12日出具的智力测验报告如下。姓名:余某某。性别:女。年龄:32岁。文化程度:大专。精神状况:精神差,懒言少语,欠配合,常答非所问。检查结果:总智商为31。

【影像学资料】

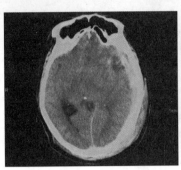
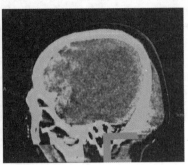

图2-14 入院时头部CT片

【提出问题】

1.本案例涉及颅脑损伤的哪些不良后果?被鉴定人亲属要求重新鉴定的理由是否成立?初次鉴定是否存在问题?

2.脑外伤性精神障碍的常见原因、类型及主要特点有哪些?

3.被鉴定人头部影像学检查(CT片)有何异常表现?不同脑区损害导致的精神症状是否存在差异?

4.被鉴定人脑外伤后有哪些精神异常表现?哪些分别属于急性期和慢性期表现?

5.本案例现有材料是否充分?如果可以受理,下一步应如何处理?

【涉及要点】

1.脑外伤性精神障碍的特点及分类。

2.脑外伤所致精神障碍的器质性基础与影像学阅片要点。

3.不同脑区损伤后精神症状的特点。

4.脑外伤所致精神障碍的鉴定受理及审核原则。

第 二 幕

简单回顾上一幕的案件内容,复习与案件相关的医学、法医学知识。

【鉴定调查材料】

1.被鉴定人家属2019年2月16日提供的书面材料如下。余某某伤前身体健康,精神正常,性格稍内向,脾气温和,跟家人和朋友相处好,平时能照顾家人,勤快能干。大学专科毕业后在某房地产公司做销售,能力强,工作三年左右被提升为销售副总管。伤后智力和记忆力都很差,很多事情想不起来,有时刚交代的事情过一会就忘记了;不愿见亲戚朋友,脾气变得急躁,有时无故与家人争吵,敏感,认为家人嫌弃她;变得自私,行为像小孩,不知道关心丈夫和女儿,明显发胖,经常找丈夫和父母亲要钱买零食,有时零食被女儿吃了会骂女儿;变得非常懒散,简单的家务活也不愿做,经常喊头昏、心慌。余某某生活基本能自理,更衣、洗澡需提醒,有时在家人陪同下能在小区锻炼走动。

2.被鉴定人原工作单位2019年2月17日出具的证明材料如下。余某某伤前性格稍内向,是销售副总管,销售业绩中等偏上,与同事关系好。受伤后一直在家休息,人事部门去探望时见余某某精神不振,反应迟钝,有时言不对题,对人比较冷淡,目前难以胜任原岗位要求。

3.某某保险公司2019年3月15日提交的书面陈述材料如下。余某某出院后,我方两次前往其家中探望和商谈赔偿事宜,均见余某某能与家人沟通交流,行走自如,能看电视和接听电话,不像智力低下和行为异常的精神病患者,请鉴定机构慎重考虑其精神和智力状况。

【法医学检查】

日期:2019年3月13日。

1. 体格检查:被鉴定人神清,自行入室,步态正常,能配合体检。左侧颞顶部可见约23 cm×0.3 cm的弧形长条状手术瘢痕,颅骨缺损处已修补,外观塑形可。双侧瞳孔等大等圆,直径3 mm,对光反射灵敏,伸舌居中,鼓腮时无嘴角漏气,余颅神经征(一)。心肺腹(一),四肢活动可,肌力5级,肌张力正常,生理反射存在,病理反射未引出。

审阅送检的2019年3月14日复查的头部CT片详情见图2-15。

2. 精神检查:被鉴定人年龄与相貌相符,衣着整洁,接触被动,显固执,有简单的自我保护意识,常以"头痛、记不起来、心里烦"为由不愿接受检查,经检查人员和家属多次解释和劝说后基本能配合;注意力不集中,反应速度下降,对复杂提问的理解能力下降,思维显贫乏,有时显得茫然;时间定向力部分受损,能说出自己的出生年月日,但对具体检查日期回答错误,能遵嘱完成指令性动作,对一般常识的掌握能力及细节的观察能力不良;远期记忆保持可,能简单讲述既往生活经历与家庭情况,近期记忆与短时记忆部分下降,不能完整重复数分钟前告知的三个物件的名称,不能准确回忆交通事故受伤经过;能书写0~9的数字,完成二位数以内的加减法时速度下降,不能完成乘除法计算,阅读能力可,复述及构图能力下降;自知力部分受损,情绪稳定性下降,较缺乏耐心,遇到不会做的测试项目时情绪波动明显,目的性活动减少。

被鉴定人在鉴定检查时自诉:伤后经常头痛,头昏,天气变化和周围环境吵闹时加重,睡眠不好,入睡比较困难,容易醒,说话容易说错话,说的内容和内心想表达的不一致,记忆力下降,家里人刚交代的事情等一下就忘记了,不敢出门和坐车;目前在家休息,做不了以前的销售工作,想等病好了再出去工作,赔多少钱由家里人做主,称自己不会算也不愿算。

3. 辅助测评

(1) 2019年3月14日精神损伤测评报告如下。①二项必选数字记忆测验:第一次总分9分,第二次总分15分,第三次总分23分(低于18分提示被试配合性不良)。②简易智能状态检查表:25分。③中国修订版韦氏成人智力量表:言语智商(VIQ),72分;操作智商(PIQ),64分;全量表智商(FIQ):67分,属轻度智能损害范围。④成人致残评定量表:6分。⑤症状自评量表:敌对因子中度异常;躯体化、强迫状态、人际关系、抑郁因子轻度异常。总分137,阳性项目数26,总均分1.52,阳性项目平均分2.81。⑥脑外伤后人格改变评定量表:15分,属轻度人格改变范围。⑦世界卫生组织残疾评定量表(WHO DAS-Ⅱ)76分,属轻度残疾范围。⑧社会能力评定量表:原始分38,社会能力商数(SAQ)为61,提示社会适应功能轻度受限。

(2) 2019年3月14日事件相关电位检测报告(P2150号)示:P300波幅轻度降低(5.7 μV),潜伏期大致正常(352 ms),提示认知功能轻度受损。

【影像学复查】

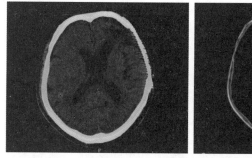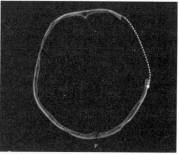

图2-15 2019年3月14日复查头部CT片

【提出问题】

1. 除了被鉴定人的送检病历材料外,还应注意从哪些方面了解其受伤前后的精神状况?
2. 鉴定时对被鉴定人进行精神检查应从哪些方面着手?

3. 被鉴定人是否存在脑器质性损伤基础，复查的头部 CT 有何异常改变？

4. 结合被鉴定人的精神损伤测评结果，其脑外伤后遗留的精神症状主要有哪些？与脑损伤部位有无关联性？

5. 如何分析被鉴定人两次智力测验的差异？评估脑外伤性精神障碍被鉴定人的智能状态应注意哪些问题？

6. 结合被鉴定人的送检材料、精神状况检查及辅助测评结果，应如何评定其伤残等级？

【涉及要点】

1. 脑外伤性精神障碍的法医学鉴定调查要点。
2. 脑外伤精神障碍法医学鉴定时精神状态检查的重难点。
3. 精神损伤测评的主要内容及检测注意事项。
4. 器质性精神障碍伤残等级评定的鉴定时机及原则。
5. 颅脑损伤涉及躯体与精神双重残情鉴定的侧重点。

（刘子龙）

第三章 脊柱、脊髓损伤

第一节 掩埋所致的脊柱、肢体复合性损伤

学习目标

掌握脊柱损伤的类型与机制、影像学特征、临床表现及法医学鉴定原则。了解脊柱损伤的常见原因、检查方法的选择及其意义。

学习要点

1. 脊柱损伤的概念。
2. 脊柱损伤的常见临床表现及分类。
3. 脊柱骨折的常见类型及临床表现。
4. 脊柱骨折的影像学特点,骨折压缩程度的判断。
5. 脊柱压缩性骨折与爆裂性骨折的鉴别。
6. 脊柱骨折的法医学鉴定原则。

时间分配

本节包括两幕(2学时),共90分钟,其中学生讨论时间为45分钟,学生分析总结发言25分钟,教师总结讲评20分钟。两次课间隔3~7天。

教学建议

在上课的前三天将案例资料及所提问题、学习要点以纸质或邮件形式发送给学生,请学生在课前预习案例资料,根据问题查找《法医临床学》《外科学》《法医影像学》教材或文献、《法医临床检验规范》(SF/T 0111—2021)、《法医临床影像学检验实施规范》(SF/T 0112—2021)等资料。上课时依据学生数量进行分组(每组10~15人),以问题为导向的方式解读案例资料。

学生讨论时给予充分的自由空间,不干扰、不评论,讨论结束后由每组学生推选一名发言人进行每题的总结发言,教师在此过程中应认真评估学生掌握知识的深浅、分析问题思路的优点和不足,并逐一进行记录。每组同学在讨论过程中如提出新的问题,可进行团体讨论。各组回答结束后,由教师结合学

生的掌握情况对学生缺乏的共性基础知识和鉴定思路进行讲解,对学生鉴定过程中存在的问题进行针对性点评和分析总结。

第 一 幕

【基本案情】

2017年10月9日,被鉴定人李某(男,25岁)在修路做工过程中因隧道坍塌掩埋导致受伤。伤后急送当地县人民医院就诊,后被转入某部队医院住院行手术治疗,术后到某康复医院进行康复治疗。当地县人民法院因办案需要,委托某鉴定中心根据《人体损伤致残程度分级》对被鉴定人的伤残等级进行法医学鉴定。

【病历摘要】

1. 某县人民医院2017年10月9日门诊病历记载如下。主诉:掩埋伤1小时余。查体:神清,对答切题,双侧瞳孔等大等圆,对光反射可,左侧耳道流血,颈部活动受限,胸前区、胸背部均有压痛,腹紧张,均有压痛,骨盆挤压痛,双下肢多处皮肤擦挫伤。右胫腓骨中下段畸形,活动困难。初步诊断:掩埋伤。

2. 某部队医院骨科住院病历(住院号:XXX01)记载如下。入院、出院日期分别为2017年10月10日和2017年11月4日。患者于10小时前在工作时隧道垮塌致大量泥土压伤全身多处,当即感头痛、腰背部疼痛、右小腿疼痛,活动不能,扒开泥土后发现患者右小腿畸形,并伴有左侧耳道流血,听力下降,无昏迷、恶心、呕吐,无胸痛、呼吸困难等不适,急送当地医院就诊,行右下肢骨折石膏夹板固定,头颅、胸部、腰椎X线及CT检查示:右肺挫伤,右侧胸腔积液,腰3、4椎体爆裂性骨折(图3-1至图3-3)。右胫腓骨X线检查示:右胫腓骨骨折(图3-4)。自受伤以来,患者未进食,精神、睡眠差,大便未解,小便失禁。患者入院后完善术前相关检查及术前准备,给予行手术治疗,术后给予对症治疗,现患者一般情况可,生命体征平稳,诉术口处稍感疼痛,其余未诉特殊不适。查体:右踝关节术口敷料包扎固定在位,少量出血性渗出,干燥,皮缘对合可,引流管已拔出,肢端血运及感觉可,给予换药一次。出院诊断:①多发伤;②脊髓损伤(马尾综合征);③腰3、4椎体爆裂性骨折;④创伤性轻型颅脑损伤;⑤右腓骨下段骨折;⑥右侧内踝骨折;⑦右踝关节脱位;⑧肺挫伤并胸腔积液;⑨多处软组织挫伤。

3. 某康复医院住院病历(住院号:YYY01)记载如下。入院、出院日期分别为2017年11月4日和2017年11月12日。入院时一般情况可,神清,生命征平稳,心肺腹查体无特殊。专科情况:脊柱、骨盆、余四肢外观未见明显异常。骶尾部压痛,叩击痛,感觉麻木。右下肢石膏外固定,右外踝部可见长15 cm缝合术口,干燥无渗出,右踝关节活动可,右足远端各趾血运、感觉好,后腰部可见长15 cm缝合术口,干燥无渗出,双下肢肌力、肌张力正常。入出院诊断:①脊髓损伤(马尾综合征);②腰3、4椎体爆裂性骨折内固定术后;③创伤性轻型颅脑外伤;④右腓骨下段骨折内固定术后;⑤右内踝骨折内固定术后;⑥右踝关节脱位复位内固定术后;⑦右肺挫伤并右胸腔积液。

【影像学资料】

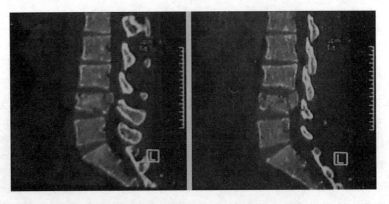

图3-1 伤后腰椎骨折CT片(矢状位)

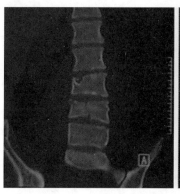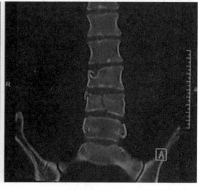

图 3-2　伤后腰椎骨折 CT 片（冠状位）

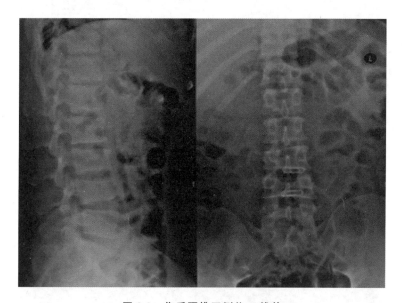

图 3-3　伤后腰椎正侧位 X 线片

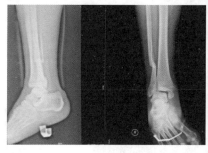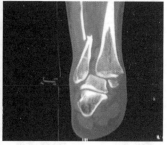

图 3-4　伤后右胫腓骨正侧位 X 线片及 CT 片

【提出问题】
1. 被鉴定人脊柱损伤为何种类型损伤？按照三柱理论学说，该损伤属于哪一柱损伤？
2. 简述脊柱损伤的发生机制及临床表现。
3. 什么是脊髓马尾神经损伤？被鉴定人的马尾综合征是否与外伤有关？
4. 什么是腰椎压缩性骨折和爆裂性骨折，被鉴定人的骨折类型是什么？
5. 如何利用 X 线片及 CT 片进行脊椎椎体骨折压缩程度的计算？
6. 被鉴定人在鉴定时是否需要做 MRI 检查？鉴定过程中应该注意什么？

【涉及要点】
1. 脊柱损伤的常见类型，脊柱骨折的三柱理论学说。
2. 脊柱损伤的常见原因、发生机制以及临床学表现。

3. 不同部位脊柱损伤导致相应脊髓或神经损伤的临床特点。
4. 结合影像学知识复习脊柱骨折影像学特征以及脊柱骨折压缩程度测量方法。
5. 涉及脊柱损伤案例法医学鉴定时需要注意的事项。

第 二 幕

简单回顾上一幕的案件内容，复习与案件相关的医学、法医学知识。

【法医学检查】

日期：2018 年 4 月 12 日。

被鉴定人李某在其母亲和小姨的陪同下坐轮椅推入诊室，一般情况可，神志清楚，语言流利，对答切题，查体合作。头颅外形未见明显异常，双瞳孔等大等圆，对光反射灵敏。面部（－），项部及左肩部检见 5 条纵行 3.0～3.5 cm 擦伤瘢痕，胸部（－）。腰部正中检见 18.5 cm 长的纵行手术瘢痕，愈合可，该瘢痕右上方检见 1.5 cm×0.7 cm 的引流瘢痕。右外踝检见 19.0 cm 长手术瘢痕，右内踝检见 7.2 cm 长的手术瘢痕，右踝关节活动轻度受限。右踝关节活动度：背屈 20°，跖屈 30°。左踝关节活动功能正常。左踝关节活动度：背屈 30°，跖屈 50°。右侧踝关节、右足背稍肿胀，左小腿多处擦伤瘢痕。四肢其余关节活动正常，肌力、肌张力正常。生理反射存在，病理反射未引出。大小便无异常。被鉴定人已遵嘱复查腰椎及右小腿 X 线片，结果见图 3-5 及图 3-6。

【影像学资料】

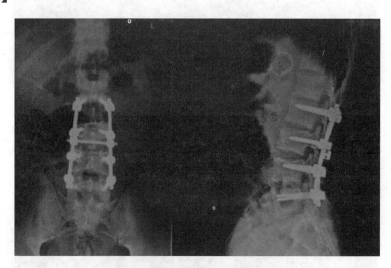

图 3-5　鉴定前复查腰部正侧位 X 线片

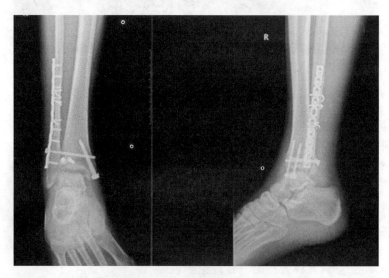

图 3-6　鉴定前复查右胫腓骨下段正侧位 X 线片

【提出问题】
1. 被鉴定人鉴定前是否有必要进行腰部脊椎 CT 检查和脊髓 MRI 检查?
2. 被鉴定人鉴定前复查的腰部正侧位 X 线片与前片对比有什么变化?
3. 假如被鉴定人在法医临床学查体时伪装成下肢肌力下降或小便失禁该如何处理?
4. 被鉴定人的右侧踝关节功能障碍与马尾神经损伤是否有关?
5. 被鉴定人伤残等级该如何评定?能否根据《人体损伤致残程度分级》第 5.8.6.1)条"二椎体压缩性骨折(压缩程度均达 1/3)"评定为八级伤残?

【涉及要点】
1. 涉及脊柱损伤案例内固定术后复查的原则。
2. 脊柱骨折的法医学检查内容、查体要点及伪装的判别。
3. 脊柱骨折的法医学鉴定时机及评定原则。
4. 多处伤残等级的评价、标准条款的理解及伤残等级鉴定注意事项。

第二节 高坠导致的双下肢截瘫

掌握脊柱脊髓损伤的类型与机制、影像学特点、临床表现、后遗症和并发症,以及法医学鉴定原则。了解脊柱脊髓损伤的常见原因、检查方法的选择及其意义。

1. 脊柱脊髓损伤的概念。
2. 脊柱脊髓损伤的常见原因、机制、临床表现及分类。
3. 脊髓不同节段损伤的临床表现。
4. 脊柱骨折、脊髓损伤的影像学特点,损伤部位与临床表现的关系。
5. 脊髓损伤与癔症性瘫痪、脊髓压迫症、脊髓缺血性坏死和先天性脊髓空洞症鉴别。
6. 脊髓损伤的法医学鉴定原则。

本节包括两幕(2 学时),共 90 分钟,其中学生讨论时间为 45 分钟,学生分析总结发言 25 分钟,教师总结讲评 20 分钟。两次课间隔 3～7 天。

在上课的前三天将案例资料及所提问题、学习要点以纸质或邮件形式发送给学生,请学生在课前预习案例资料,根据问题查找《法医临床学》《外科学》《法医影像学》教材或文献、《法医临床检验规范》(SF/T 0111—2021)、《法医临床影像学检验实施规范》(SF/T 0112—2021)等资料。上课时依据学生数量进行分组(每组 10～15 人),以问题为导向方式解读案例资料。

学生讨论时给予充分的自由空间，不干扰、不评论，讨论结束后由每组学生推选一名发言人进行每题的总结发言，教师在此过程中应认真评估学生掌握知识的深浅、分析问题思路的优点和不足，并逐一进行记录。每组同学在讨论过程中如提出新的问题，可进行团体讨论。各组回答结束后，由教师结合学生的掌握情况对学生缺乏的共性基础知识和鉴定思路进行讲解，对学生鉴定过程中存在的问题进行针对性点评和分析总结。

第 一 幕

【基本案情】

2017年5月12日，被鉴定人余某(男,18岁)不慎从约3 m高处坠落受伤。伤后在当地县医院简单清创包扎后由120急诊送入某省第一人民医院创伤外科，急诊在全麻下行"胸10、11、12椎体暴力骨折后路切开减压复位内固定术"，后被转入该医院康复科进行康复治疗。当地人民法院因办案需要，委托对被鉴定人的伤残等级和护理依赖程度进行法医学鉴定。

【病历摘要】

某省第一人民医院创伤外科出院记录(住院号:XXX01)如下。入院、出院日期分别为2017年5月13日和2017年5月22日。因"高处坠落致腰部疼痛伴双下肢瘫痪5小时"入院。查体:体温37 ℃,脉搏75次/分,呼吸20次/分,血压110/62 mmHg,神清,对答切题,精神欠佳,查体合作,无贫血貌,头枕部可见大小约6 cm×0.2 cm的伤口,缝线存,无明显搏动性出血,右眶区颞侧可见大小约4 cm×0.2 cm的伤口,缝线存,局部水肿,无明显出血、渗出,颌面部无异常。胸廓挤压征(一)。腹部平软,无压痛、反跳痛,肝肾区无叩痛。胸腰部压痛明显,脐平面以下感觉及活动丧失,双下肢肌力0级,肌张力消失,生理反射未引出,病理反射未引出。余查体无异常。辅助检查如下。①2017年5月12日外院X片检查示:胸11、12椎体前缘变扁呈楔样变。②2017年5月13日某省第一人民医院X片检查示:胸11、12椎体骨质形态欠规整。③2017年5月13日CT检查结果示:胸11、12椎体及附件,胸10椎体附件多发性骨折(图3-7至图3-9)。颈椎、腰椎未见明显骨折征象;颅内未见血肿及脑挫裂伤征象,颅盖骨未见骨折,枕部头皮软组织肿胀;右肺上叶后段,双肺下叶背段、后基底段片状渗出、实变影,双侧胸腔少量积液;腹腔脏器未见明显异常。④2017年5月13日MRI检查结果示:胸11、12椎体骨折,胸11/12水平脊髓挫伤(图3-10)。入院后完善相关检查,明确无手术禁忌证后急诊在全麻下行"胸10、11、12椎体爆裂骨折后路切开减压复位内固定术",术后给予抗感染、消肿、活血化瘀、营养神经等治疗。出院诊断如下。①胸11、12椎体压缩性骨折伴脊髓损伤。②双下肢截瘫。③胸10椎体附件压缩性骨折。④枕部头皮软组织裂伤。⑤枕部头皮清创缝合术后。⑥右侧眶区皮肤清创缝合术后。⑦右肺上叶后段,双肺下叶背段、后基底段挫伤。出院时情况:现患者伤口无红肿渗出,敷料干燥,脐平面以下感觉及活动丧失,双下肢肌力0级,肌张力消失,生理反射未引出,病理反射未引出,复查X线片内固定在位无松动,骨折对位对线良好,建议到康复科继续治疗。

该院康复科出院记录(住院号:YYY01)如下。入院、出院日期分别为2017年5月22日和2017年11月8日。因"双下肢无力10天"入院,查体:体温37.0 ℃,血压106/60 mmHg,双肺呼吸音粗,可闻及少许湿啰音,腹平软,肝脾未及,双下肢不肿。专科检查:神清语利,双上肢感觉、肌力、肌张力、腱反射正常,平脐以下浅感觉消失,双下肢肌力0级,肌张力低,腱反射消失,肛门反射、提睾反射消失,双下肢病理征(一)。入院诊断:①胸脊髓损伤;②运动障碍;③尿潴留;④感觉丧失;⑤胸椎骨折 T11/T12;⑥脊柱内固定术后;⑦肺部感染。住院经过:入院后积极行抗感染治疗,完善相关检查,患者体温渐趋平稳,肺部感染控制。给予营养神经等基础治疗,予垫上被动活动,维持各关节活动度,促张治疗,加强直腿坐位平衡训练,加强髂腰肌肌力训练,保持下肢关节活动度和肌肉长度,理疗、PT等综合康复治疗。患者自觉症状有所好转要求出院。出院诊断:①胸脊髓损伤;②胸椎骨折 T11/T12;③创伤性截瘫;④脊柱内固定术后;⑤运动障碍;⑥感觉异常;⑦尿路感染;⑧神经源性膀胱。出院时情况:一般情况可,神清,背部手术伤口愈合好,T11平面以下浅感觉减退,双下肢屈髋1~2级,可见大腿肌肉收缩,不能带动关节活动,肌张力低,腱反射消失,球海绵体反射(＋),肛门反射、提睾反射消失,肛门括约肌稍有收缩。

该院2017年10月30日尿动力学检查结果示:膀胱收缩稍无力,膀胱功能不稳定,为梗阻可疑型排尿,提示神经源性膀胱,残余尿量 95 mL。

【影像学资料】

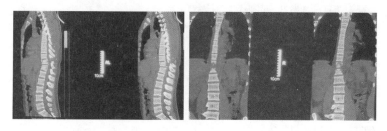

图 3-7　伤后胸椎骨折 CT 片(一)

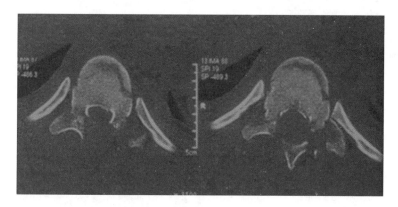

图 3-8　伤后胸椎骨折 CT 片(二)

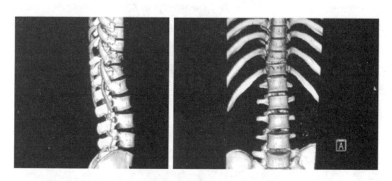

图 3-9　伤后胸椎 CT 三维重建片

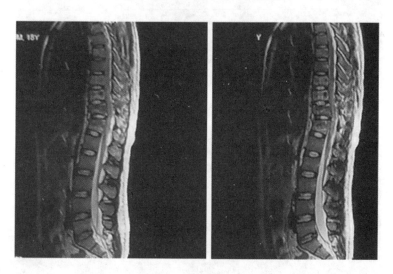

图 3-10　伤后胸腰椎 MRI 片

【提出问题】
1. 被鉴定人脊柱损伤为何种类型损伤,有什么特点?
2. 简述被鉴定人脊髓损伤的发生机制及临床表现。
3. 什么是脊髓休克?脊髓损伤的并发症和后遗症包括哪些?
4. 为什么 T11、T12 脊髓平面损伤膝跳反射、肛门反射消失?
5. 导致大小便失禁的病理基础有哪些?
6. 本案例鉴定时还需要做哪些检查?

【涉及要点】
1. 脊柱脊髓损伤的常见类型。
2. 脊柱脊髓损伤的常见原因、发生机制以及临床学表现。
3. 不同部位脊髓损伤的临床表现特点。
4. 结合神经病学和外科学知识复习大小便失禁的病理基础。
5. 涉及脊柱损伤案例法医学鉴定时需要注意的事项。

第 二 幕

简单回顾上一幕的案件内容,复习与案件相关的医学、法医学知识。

【法医学检查】

日期:2018 年 3 月 18 日。

被鉴定人余某在家属及当事方陪同下坐轮椅推入诊室,一般情况可,神志清楚,语言流利,对答切题,查体合作。头颅外形未见明显异常。双瞳孔等大等圆,对光反射灵敏。颈软,胸腹部(一)。右眶区颞侧检见 2 个大小分别为 1.4 cm×0.5 cm、1.0 cm×0.6 cm 瘢痕,右枕部检见 5.4 cm×0.5 cm 的条状瘢痕,胸腰背部检见 21.9 cm×0.2 cm 的手术缝合瘢痕,在其左、右两侧检见 1.6 cm×0.7 cm、1.6 cm×1.2 cm 的 2 个引流瘢痕,右腰部检见 4.5 cm×0.5 cm 擦挫伤痕。双上肢关节活动正常,肌力、肌张力正常。平脐以下感觉丧失,双下肢肌肉萎缩,皮温低,肌力 0 级,肌张力低,腱反射消失,腹壁反射平脐以下消失,肛门括约肌松弛,提睾反射、肛门反射消失。被鉴定人余某穿纸尿裤,纸尿裤上有尿液及少量粪便。审阅术后复查影像学资料见图 3-11 至图 3-13。

【影像学复查】

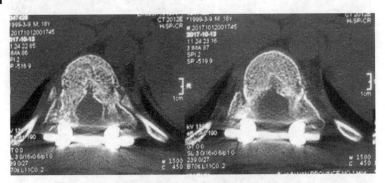

图 3-11　术后半年复查胸部 CT 片(一)

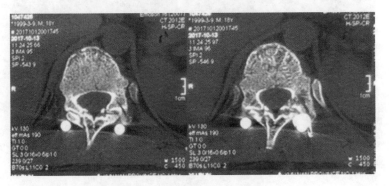

图 3-12　术后半年复查胸部 CT 片(二)

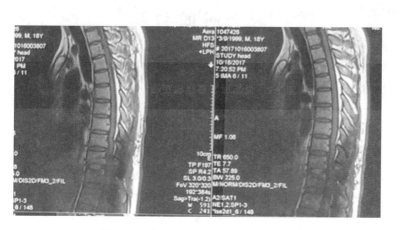

图 3-13　术后 8 个月复查胸部 MRI 片

【提出问题】
1. 被鉴定人鉴定时还需要做哪些检查？
2. 如何检查和评价被鉴定人的真实肌力？
3. 如何认定被鉴定人大小便失禁？
4. 被鉴定人伤残等级该如何评定？
5. 如何评价被鉴定人的护理依赖程度？

【涉及要点】
1. 涉及脊柱脊髓损伤案例鉴定复查的原则。
2. 肌力、肌张力检查相关知识。
3. 排便排尿障碍程度的区分。
4. 伤残等级的评价、标准条款的理解及伤残等级鉴定和护理依赖程度判定的注意事项。

第三节　外伤与颈椎退变

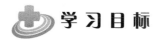

掌握外伤性椎间盘突出的损伤机制、临床表现、影像学特点及法医学鉴定原则。了解椎间盘突出的常见原因、分类及其意义。

学习要点

1. 外伤性椎间盘突出的概念。
2. 外伤性椎间盘突出的损伤原因与机制。
3. 外伤性椎间盘突出的临床表现及影像学特点。
4. 颈髓损伤的常见临床表现、并发症和后遗症。
5. 新鲜与陈旧性椎间盘突出的鉴别；椎间盘突出、膨出与脱出的鉴别。
6. 椎间盘突出的法医学鉴定原则。

时间分配

本节包括两幕(2学时),共90分钟,其中学生讨论时间为45分钟,学生分析总结发言25分钟,教师总结讲评20分钟。两次课间隔3~7天。

教学建议

在上课的前三天将案例资料及所提问题、学习要点以纸质或邮件形式发送给学生,请学生在课前预习案例资料,根据问题查找《法医临床学》《外科学》《法医影像学》教材或文献、《法医临床检验规范》(SF/T 0111—2021)、《法医临床影像学检验实施规范》(SF/T 0112—2021)等资料。上课时依据学生数量进行分组(每组10~15人),以问题为导向方式解读案例资料。

学生讨论时给予充分的自由空间,不干扰、不评论,讨论结束后由每组学生推选一名发言人进行每题的总结发言,教师在此过程中应认真评估学生掌握知识的深浅、分析问题思路的优点和不足,并逐一进行记录。每组同学在讨论过程中如提出新的问题,可进行团体讨论。各组回答结束后,由教师结合学生的掌握情况对学生缺乏的共性基础知识和鉴定思路进行讲解,对学生鉴定过程中存在的问题进行针对性点评和分析总结。

第 一 幕

【基本案情】

2019年8月18日,被鉴定人罗某(男,60岁)与他人发生口角纠纷后被推倒,在倒地过程中枕部后项部撞击凳子受伤(图3-14)。被鉴定人受伤后到当地县人民医院就诊,第二天转入某医科大学附属医院行手术及康复治疗。因办案需要,当地派出所委托要求对被鉴定人的损伤程度、自身颈椎退行性疾病与脊髓损伤的伤病关系进行法医学鉴定。

【病历摘要】

1. 某县人民医院病历(住院号:XXX)记载如下。入院、出院日期分别为2019年8月18日和2019年8月19日。因"他人推倒致双上肢麻木,疼痛伴活动受限2小时"入院。查体:一般情况差,呼吸稍急促,双上肢触痛明显,感觉减退,肌力2级,肢端循环及感觉差。入院给予消肿、对症支持治疗,经过治疗后患者症状无明显好转,转上级医院治疗。2019年8月19日CT影像报告载:①颅脑未见确切外伤性改变;②颈椎未见确切骨折及脱位,颈椎退行性改变;③胸部未见确切外伤性改变;④左肾结石征象。出院诊断:颈部脊髓震荡伤。

2. 某医科大学附属医院骨科住院病历(住院号:YYY)记载如下。入院、出院日期分别为2019年8月19日和2019年9月5日。因"被人推倒摔伤致颈肩部疼痛,双上肢疼痛、麻木乏力1天"入院。现病史:入院前1天,患者被人推倒摔伤后致颈肩部疼痛,为持续性疼痛,能忍受,活动后加重,休息时缓解,伴双上肢疼痛、麻木及乏力,为持续性针刺样疼痛,触之疼痛加重,无头晕头痛,无恶心呕吐,无呼吸困难;伴腰背部疼痛,为持续性钝痛,站立时疼痛加重,休息后缓解,无双下肢疼痛,无双下肢麻木乏力,无大小便失禁等。急诊以"颈部脊髓损伤"收住院。查体:体温37.0℃,脉搏80次/分,呼吸20次/分,血压150/86 mmHg。一般情况差,神志清晰,体位被迫,面容与表情痛苦。颈椎、腰椎活动受限,无侧凸、无前凸、无后凸,有明显压痛、叩击痛,双上肢肌力2~3级,双下肢因疼痛活动受限,肌力约4级,下肢无畸形、静脉曲张、杵状指(趾)、水肿、骨折,关节无红肿、疼痛、压痛、积液、脱臼、畸形,肌肉无萎缩,无肢体瘫痪或肌张力增强。腹壁反射正常。双侧肱二、三头肌腱反射减弱,双侧膝、跟腱反射正常,双侧巴氏征阴性,克氏征阴性。诊疗经过:患者完善相关检查后于2019年8月23日在静吸复合全麻下行"前路C6~7椎间盘切除、Cage植入内固定植骨融合术;后路C5~7椎管减压、内固定植骨融合术",术中所见:清亮脑脊液,后方颈椎管硬膜张力高,予以充分减压,前路C6~7椎间及椎体后缘后纵韧带骨化严重与硬膜粘连严重,硬脊膜破裂予以常规修补,术中组织出血及椎管内静脉丛出血严重,予以止血纱和流体明胶仔细止血。术后予以止痛、补液、脱水、营养神经等对症治疗,现患者病情稳定,需前往康复科继续治疗。出院诊断:①颈部脊髓损伤;②创伤性椎间盘突出;③颈椎椎管狭窄;④脊椎退行性病变;⑤脊髓栓塞;⑥肺部感染。出院时情况:患者双上肢麻木较前好转,余未诉特殊不适。神志嗜睡,颈部敷料清洁干燥,未见渗血渗液,双肺可闻及少量的湿啰音,四肢能遵嘱运动,肢体肌力约4级。

2019年8月20日颈椎及胸部CT检查报告单载:①诸骨骨质疏松;颈椎退变;C6~7椎体后缘后纵韧带钙化,相应平面椎管变窄,硬膜囊受压;C5~7椎间隙平面前纵韧带钙化;C2~5、C6/7椎间盘中央后型突出,C5/6椎间盘膨出;C7/T1椎间隙平面双侧、T1/2椎间隙平面左侧黄韧带钙化。②左侧上颌窦黏膜增厚;甲状腺两叶体积增大,实质密度不均匀降低。③双侧胸腔少量积液;左主支气管内少许黏液栓;心脏增大,肺动脉高压,左冠脉壁钙化;胸椎退变。影像片见图3-15。

2019年8月20日全脊髓MR检查报告单载:①颈胸腰椎退行性变伴颈椎及部分腰椎间盘变性;②C3~4椎间盘中央后型突出,C4~5椎间盘右侧旁中央型突出,C5~6椎间盘膨出,C6~7椎间盘中央后型突出伴椎管狭窄,合并C6~7层面脊髓受压变细、轻度变性;③L2~S1椎间盘膨出;④T2、T4、T12椎体内脂肪沉积;⑤双肾小囊肿可能;⑥垂体Rathke囊肿可能性大。影像学检查结果见图3-16至图3-21。

2019年8月28日颈椎及胸部CT检查报告单载:C5~7椎体术后表现,C5~7附件及C6~7椎体见金属内固定影,C6/7椎间盘见高密度影、周围软组织肿胀,内见点状高密度影,可见引流管伸入,C5~7部分附件缺失,C7棘突骨质不连续;C4~7椎体缘骨质增生、变尖,多发椎小关节骨质增生、硬化;诸骨骨质疏松;颈椎退变,生理曲度变直;C6~7椎体后缘后纵韧带钙化;C5/6椎间隙平面前纵韧带钙化;C2~5椎间盘中央后型突出;C7/T1椎间隙平面双侧黄韧带钙化。

该院康复科出院记录(住院号:ZZZ)如下。入院、出院日期分别是2019年9月5日和2019年10月12日。因"双上肢活动不利18天"由骨科转入康复科。现病史:患者自诉于18天前摔伤后出现颈肩部疼痛,为持续性疼痛,能忍受,活动后加重,休息时缓解,伴四肢疼痛、麻木及乏力,双上肢为甚,为持续性针刺样疼痛,触之疼痛加重,伴背部疼痛,为持续性钝痛,站立时疼痛加重,休息后缓解。经住院治疗诊断为"颈髓损伤,不全瘫,C3~7创伤性颈椎间盘突出,C6~7椎管狭窄",在全麻下行"前路C6~7椎间盘切除、Cage植入内固定植骨融合术;后路C5~7椎管减压、内固定植骨融合术",术后予以营养神经、脱水、营养支持、抗感染等处理,现患者仍存在双上肢活动不利及双下肢乏力,为求进一步康复治疗收住院。一般情况:患者可自行排二便,但有坠胀感,排便稍有困难。查体:体温37.1℃,脉搏78次/分,呼吸21次/分,血压107/62 mmHg。神志清楚,言语清晰,对答切题,高级神经系统活动正常,四肢可见自主活动。肌力:左侧屈肘肌4−级,伸腕肌3级,伸肘肌3+级,中指指伸屈肌3−级,小指外展肌3级,屈髋肌4+级,伸膝肌4级,踝背伸肌4+级,踇背伸肌4级,踝跖屈肌4+级;右侧屈肘肌4级,伸腕肌3级,伸肘肌3+级,中指指伸屈肌2级,小指外展肌2级,屈髋肌4+级,伸膝肌4级,踝背伸肌4+级,踇背伸肌4级,踝跖屈肌4级。四肢肌张力正常。感觉痛刺激双侧对称正常存在。反射:双侧腹壁反射正常,双侧肱二头肌反射++,双侧肱三头肌反射++,左侧桡骨膜反射++,双侧膝腱反射+,双膝跟腱反射+。四肢病理征(−)。肛周皮肤黏膜交界处针刺觉存在。ASIA评价:D级。诊疗经过:患者入院后完善相关检查,予以药物营养神经、改善循环、止咳化痰、抗感染、抗凝等治疗,并加强营养支持等处理,并联合针灸、理疗、截瘫肢体运动训练、心肺训练等综合康复治疗改善躯体功能障碍、提高心肺功能、预防并发症。出院诊断:①颈部脊髓损伤;②四肢瘫痪;③创伤性椎间盘破裂(术后);④肺部感染;⑤低蛋白血症;⑥营养不良;⑦静脉血栓形成(双下肢)。出院情况:患者可在室内短距离行走,大小便可自主控制,未诉其他特殊不适。

2019年9月6日、2019年9月19日超声检查报告单载:左侧腓静脉、双侧小腿肌间静脉血栓形成,双上肢及右下肢深静脉未见异常。

2019年10月10日颈胸椎DR检查报告单载:颈椎术后表现,C5~7椎体内固定术后,内固定未见松动及断裂,C6/7椎间隙内可见短条状高密度影植入;颈椎退行性变、骨质疏松;颈椎生理曲度反弓;T8椎体轻度变扁。

【影像学资料】

图 3-14　罗某被他人推倒受伤过程

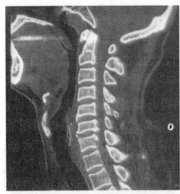
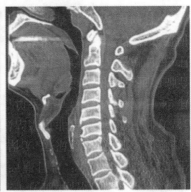

图 3-15　伤后颈椎 CT 片（摄片日期 8 月 20 日）

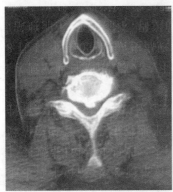
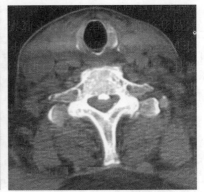

图 3-16　伤后颈椎 CT 片 C6/7（摄片日期 8 月 20 日）

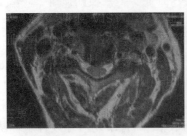
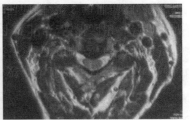

图 3-17　伤后颈椎间盘（C3/4）MRI 片（摄片日期 8 月 20 日）

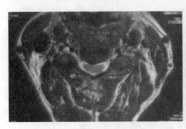
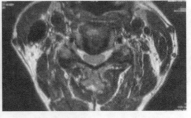

图 3-18　伤后颈椎间盘（C4/5）MRI 片（摄片日期 8 月 20 日）

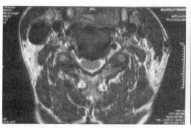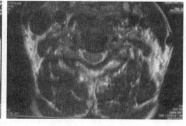

图 3-19　伤后颈椎间盘(C5/6)MRI 片(摄片日期 8 月 20 日)

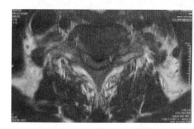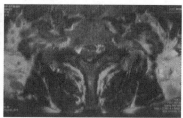

图 3-20　伤后颈椎间盘(C6/7)MRI 片(摄片日期 8 月 20 日)

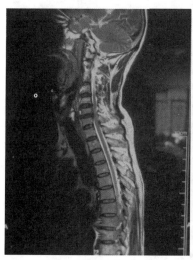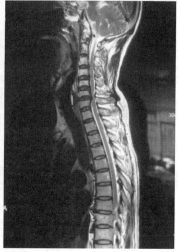

图 3-21　伤后颈髓 MRI 片(摄片日期 8 月 20 日)

【提出问题】
1. 被鉴定人为何种类型损伤?
2. 简述外伤性椎间盘突出的损伤机制及临床表现。
3. 被鉴定人双下肢静脉血栓形成与外伤是否有关?
4. 外伤性椎间盘突出的影像学特点有哪些?
5. 脊髓损伤与脊神经根损伤有什么区别?
6. 脊椎退行性改变的影像学特点有哪些?

【涉及要点】
1. 椎间盘突出的类型以及与椎间盘脱出、膨出的区别。
2. 外伤性椎间盘突出与自身疾病的鉴别。
3. 脊髓损伤的并发症与后遗症。
4. 脊柱脊髓损伤的伤病关系分析。
5. 外伤性椎间盘突出的法医学鉴定。

第 二 幕

简单回顾上一幕的案件内容,复习与案件相关的医学、法医学知识。

【法医学检查】

日期:2019 年 12 月 30 日。

被鉴定人罗某在家属陪同下自行缓慢步入诊室,一般情况可,神志清楚,语言流利,对答切题,查体合作。头颅外形未见明显异常,头面部未见明显损伤。颈部稍僵硬,活动受限,右颈前部检见 3.5 cm×0.2 cm 瘢痕,在其上方检见 0.8 cm×0.2 cm 瘢痕;项部检见 8.0 cm×0.1 cm 手术缝合瘢痕。四肢各大关节主动活动稍受限,被动活动可。双上肢协调性稍差,双手握拳及对指稍差。双上肢及双下肢肌张力正常,病理征(一),双侧肱二头肌肌力 4-级,双侧股四头肌肌力 4-级,股三头肌双侧 4+级,腘绳肌肌力左侧 4-级,右侧 5-级,胫前肌左侧 5-级,右侧 4-级。腹壁反射存在,提睾反射存在,余反射均存在,感觉存在,自诉右侧肢体稍差。生理反射存在,病理征未引出。其余未见异常。

被鉴定人鉴定前复查影像片见图 3-22 至图 3-24。

【影像学复查】

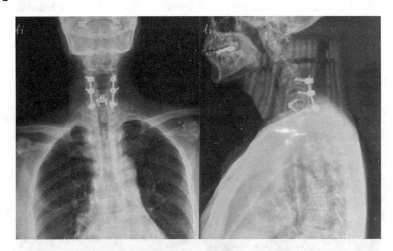

图 3-22 鉴定前复查颈部正侧位 X 线片

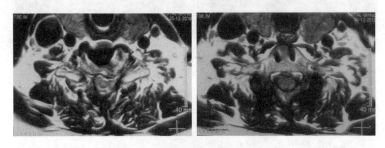

图 3-23 鉴定前复查 MRI 片(C6/7)

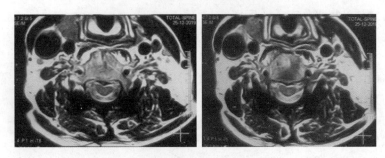

图 3-24 鉴定前复查 MRI 片(C5/6)

【提出问题】
1. 被鉴定人自身存在哪些疾病?
2. 被鉴定人是否存在颈髓挫裂伤?
3. 被鉴定人自身存在的疾病在损害后果中是否起作用?
4. 本案例的损伤程度鉴定结果是什么?如何进行伤病关系分析?

【涉及要点】
1. 常见脊柱脊髓疾病的影像学表现。
2. 脊髓损伤的影像学表现及临床表现特点。
3. 伤病关系分析的一般原则。
4. 外伤性椎间盘突出和脊髓损伤标准条款的理解及法医学鉴定原则。

第四节 交通事故导致的儿童双下肢瘫

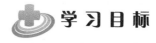

掌握脊髓损伤的机制、临床表现、分类、损伤与疾病的鉴别及法医学鉴定原则。了解脊髓损伤的并发症和后遗症。

1. 脊髓损伤的概念。
2. 脊髓损伤的原因与机制。
3. 脊髓损伤的临床表现及影像学特点。
4. 不同节段脊髓损伤的特点。
5. 脊髓损伤的并发症和后遗症。
6. 脊髓损伤的法医学鉴定原则。

本节包括两幕(2学时),共90分钟,其中学生讨论时间为45分钟,学生分析总结发言25分钟,教师总结讲评20分钟。两次课间隔3~7天。

教 学 建 议

在上课的前三天将案例资料及所提问题、学习要点以纸质或邮件形式发送给学生,请学生在课前预习案例资料,根据问题查找《法医临床学》《外科学》《法医影像学》教材或文献、《法医临床检验规范》(SF/T 0111—2021)、《法医影像学检验实施规范》(SF/T 0112—2021)等资料。上课时依据学生数量进行分组(每组10~15人),以问题为导向方式解读案例资料。

学生讨论时给予充分的自由空间,不干扰、不评论,讨论结束后由每组学生推选一名发言人进行每题的总结发言,教师在此过程中应认真评估学生掌握知识的深浅、分析问题思路的优点和不足,并逐一

进行记录。每组同学在讨论过程中如提出新的问题,可进行团体讨论。各组回答结束后,由教师结合学生的掌握情况对学生缺乏的共性基础知识和鉴定思路进行讲解,对学生鉴定过程中存在的问题进行针对性点评和分析总结。

第 一 幕

【基本案情】

2017年11月8日王某某(男,5岁)因车祸导致受伤,表现为头部、右上肢疼痛明显,伴口腔流血。伤后被120送入某市第一人民医院住院治疗。伤后出现双下肢活动不能,后被诊断为截瘫。保险公司认为截瘫与外伤无关,当地某区人民法院在案件审理过程中委托对王某某的伤残等级、护理依赖及因果关系进行法医学鉴定。

【病历摘要】

1. 某市第一人民医院住院病历(住院号:XXX)记载如下。入院、出院日期分别为2017年11月8日和2017年11月11日。主诉:车祸伤致全身多处疼痛、流血4小时。现病史:患者家属诉患儿4小时前因车祸伤及全身多处疼痛,头部、右上肢疼痛明显,伴口腔流血,无恶心、呕吐、昏迷、晕厥、发绀、呼吸困难等症,急诊以"头部外伤"收入院。病程中患儿精神差,未进饮食,二便未解,体重无明显变化。既往无特殊病史;无肝炎、结核等急慢性传染病史;无过敏史;无手术、外伤史;无血液制品使用史。

个人史:①出生史:第2胎第2产,足月顺产;在医院新法接生;出生时体重不详;出生时无窒息抢救史。②喂养史:母乳喂养;5月开始添加辅食;1.6岁断奶。③生长发育史:2个月能竖头;4个月能笑;6个月独坐;12个月独步;8个月出第一颗牙;6个月能认人;12个月能说单字,24个月能说短语,体格增长与同龄儿同步。④预防接种史:按时按序预防接种。家族史:否认有家族性遗传病。

专科情况:一般情况稍差,神清,头皮稍肿胀,未见明显出血,面部多处皮肤挫伤,基底红润,未见明显出血,双侧瞳孔等大等圆,直径2.5 mm,对光反射灵敏,口唇无苍白,口角周围附血迹,下颌牙龈黏膜见长约2 cm伤口,少许渗血。颈软,胸廓无畸形,无塌陷、反常呼吸,胸廓挤压征阴性,心肺听诊无明显异常,腹平坦,未见肠型及蠕动波,腹软,无压痛、反跳痛及腹肌紧张,移动性浊音阴性。双上肢活动可,双下肢活动稍欠佳,患儿哭闹下肢感觉检查欠佳,肢端循环可,病理征未引出,脑膜刺激征(一)。

2017年11月8日颅脑CT检查报告单:①颅内未见血肿及挫裂伤;②双侧上颌窦炎。

2017年11月9日骨盆平片放射检查报告单提示:左侧坐骨下支骨折征象(图3-25)。

2017年11月10日胸椎、腰椎磁共振检查报告单:①约胸11椎体水平面椎管内异常信号,结合外伤史多考虑局灶性脊髓水肿;②胸腰椎MRI未见明显异常(图3-26)。

诊治经过:入院后完善相关检查,检查发现口腔开放性损伤,双下肢活动差,患儿不配合下肢感、触觉检查欠佳,下肢肌力0~1级,膝反射未引出。2017年11月9日在换药室局部麻醉下行口腔清创缝合术,给予补液、预防感染、甲泼尼龙、脱水等对症支持治疗。

出院诊断:①脊髓震荡损伤;②头部外伤;③口腔黏膜开放性损伤;④左侧坐骨下支骨折;⑤面部软组织挫伤;⑥尿潴留;⑦双侧上颌窦炎。出院情况:现患儿家属代诉患儿双下肢不能活动,皮肤感觉消失,解大便1次,小便留置尿管通畅,无恶心、呕吐、昏迷、晕厥、发绀、呼吸困难等症,精神、饮食、睡眠稍差。查体:一般情况稍差,神清,头皮稍肿胀,未见明显出血,面部多处皮肤擦挫伤,创面干燥,双侧瞳孔等大等圆,直径2.5 mm,对光反射灵敏,口腔伤口愈合可,无活动性出血,无分泌物。双上肢活动可,双下肢活动欠佳,患儿不配合下肢感、触觉检查欠佳,肢端循环可。下肢肌力0~1级,膝反射未引出,病理征阴性,脑膜刺激征(一)。今MRI检查示局灶性脊髓水肿。

2. 某大学附属医院2017年11月13日磁共振诊断报告单:T11椎体水平脊髓后份异常信号灶(图3-27,图3-28),原因待查:外伤后脊髓损伤所致?血管瘤?其他?请结合临床进行分析。

该院2017年11月17日磁共振诊断报告单:T11椎体水平脊髓病灶T1信号较前增强,病灶区及脊膜强化较前明显(图3-29,图3-30),考虑脊髓损伤?请结合临床进行分析。

3. 某康复医院住院病历(住院号:YYY)记载如下。入院、出院日期分别为2017年11月23日和2018年4月7日。因"外伤后双下肢活动、感觉障碍半个月"入院,专科查体:神清语利,口角无歪斜,伸舌居中，双上肢肌力、肌张力正常，双下肢肌力0级，肌张力低，腰1以下感觉消失，双侧膝反射（－）、双侧跟腱反射（＋），右侧巴氏征（＋），左侧巴氏征（－）。入院后给予"神经节苷脂"营养神经、运动、物理因子等康复治疗，患儿病情好转。出院情况：患儿双下肢运动感觉障碍。专科查体：肌张力改良Ashworth评价：双侧髋内收肌群3级、膝屈肌群2级、踝跖屈肌群3级。ASIA评价：A级。感觉平面T10。轻触觉、针刺觉得分72分（L/R为36/36分）。运动得分50分（L/R为25/25分）。肌维度：髌上10 cm（L/R为26.7/26.3 cm），髌下10 cm（L/R为19/19.3 cm）。肌力：双上肢肌力5级，双下肢肌力0级。ROM：双踝被动背屈0°～20°。平衡：长坐位平衡、端坐位平衡2级，站位平衡不能独立维持。感觉：双侧轻触觉、针刺觉T11～12水平减退，L1及以下水平消失。改良Barthel指数：5/100分，进食需中等帮助，大小便不能控制，修饰、穿衣、洗澡、用厕、床椅转移、平地行走、上下楼梯均依赖。出院诊断：①脊髓损伤（A级L1平面）；②双下肢运动功能障碍；③双下肢感觉功能障碍；④神经源性膀胱；⑤神经源性直肠；⑥日常生活完全依赖；⑦左侧坐骨骨折。

4. 某市儿童医院住院病历（住院号：ZZZ）记载如下。入院、出院日期分别为2018年4月16日和2018年4月29日。主诉：双下肢活动障碍5个多月。现病史：患儿2017年11月8日车祸伤，之后出现双下肢运动功能障碍，曾在外康复治疗。现双下肢活动障碍，不能负重，不能独站，不能控制大小便，双手灵活，语言、认知方面无明显倒退，精神饮食可，大小便正常。体征：一般可，神清，头围49 cm，心音有力，律齐，双肺呼吸音稍粗，无啰音，腹软，肠鸣音存，无压痛，下肢肌肉萎缩，腹壁反射可引出，提睾反射未引出，下肢痛觉减退，双下肢肌张力增高，肌力1级，双上肢肌力、肌张力正常，双膝反射活跃，踝阵挛阳性。既往史：①出生史：第2胎第2产，足月顺产，无窒息史，生后发育正常。②母孕史：孕期身体健康，无经常感冒，无妊娠晚期高血压，无糖尿病，无保胎史及其他特殊病史。③家族史：家族中无类似病患者，无癫痫患者，无智力低下人员，父母非近亲结婚。诊断：双下肢瘫，脊髓损伤。

该院2018年4月24日胸椎MRI检查报告单：胸髓下段局限性变细并异常信号，无强化，考虑脊髓损伤后遗改变，请结合临床进行分析鉴定。

该院2018年9月26日胸椎MRI检查报告单：T11椎体边缘至T12椎体上缘平面脊髓异常信号影（图3-31），考虑脊髓损伤并软化。

该院2018年10月3日胸椎MRI检查报告单：T11～12椎体平面脊髓局限性变细并异常信号，对比前片（2018年4月24日）大致相同。

【提出问题】
1. 被鉴定人的损伤类型是什么，其损伤机制是什么？
2. 简述胸髓损伤的临床表现。
3. 被鉴定人脊髓损伤的影像学变化特点是什么？
4. 被鉴定人是属于原发性、继发性还是迟发性脊髓损伤？
5. 什么是脊髓震荡？本案例中的脊髓震荡成立吗？

【影像学资料】

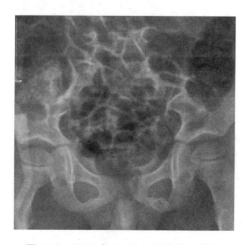

图3-25 2017年11月9日骨盆X线片

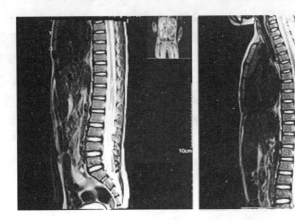

图 3-26　2017 年 11 月 10 日脊柱脊髓 MRI 片

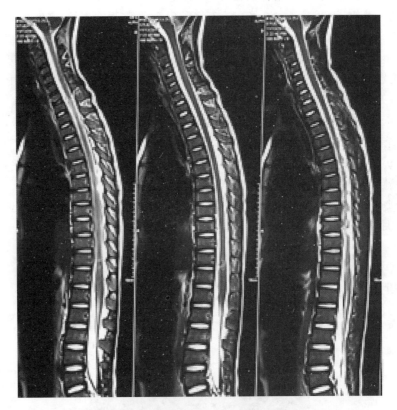

图 3-27　2017 年 11 月 13 日脊髓 MRI 片

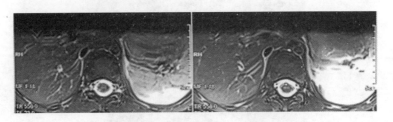

图 3-28　2017 年 11 月 13 日 T11 横断位 MRI 片

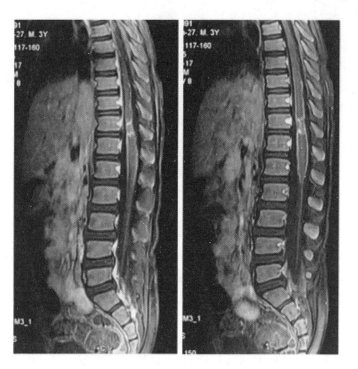

图 3-29　2017 年 11 月 17 日 MRI 片

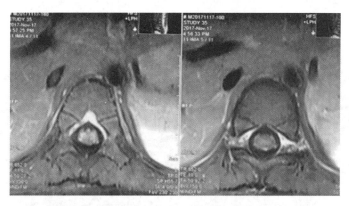

图 3-30　2017 年 11 月 17 日 T11 横断位 MRI 片

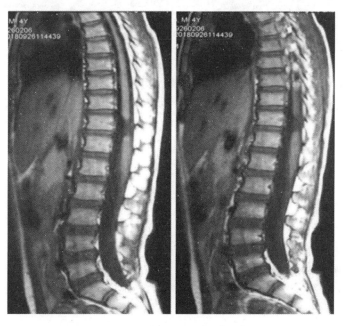

图 3-31　2018 年 9 月 26 日复查 MRI 片

【涉及要点】
1. 脊髓损伤、脊髓挫裂伤的概念和损伤机制。
2. 原发性脊髓损伤与脊髓缺血性坏死的鉴别。
3. 脊髓损伤的影像学表现。
4. 脊髓损伤的分类。
5. 脊髓损伤的法医学鉴定。

第 二 幕

简单回顾上一幕的案件内容,复习与案件相关的医学、法医学知识。

【法医学检查】

日期:2018年9月28日。

被鉴定人王某某由其母亲抱入检查室,意识清晰,检查合作,问话能答,对答切题。头颅五官无畸形,双侧瞳孔等大等圆,对光反射存在。头面部检查未见异常,双上肢及胸部未见明显异常,双上肢肌力5级,肌张力正常。双上肢肱二头肌、肱三头肌反射存在。腹软、无压痛及反跳痛。腰背肌肌力可,坐立平衡2级。腹壁反射存在,髂前上棘平面以下皮肤颜色变暗、浅感觉消失。会阴部使用尿不湿,提睾反射明显减弱,肛门括约肌收缩消失。双下肢肌力1级,双下肢肌张力增高,双下肢肌肉萎缩,髂腰肌代偿下肢活动,双足垂足,跖屈活动受限,踝阵挛阳性,双下肢膝腱反射及跟腱反射亢进,巴氏征(＋)。鉴定受理后通知被鉴定人复查MRI片(图3-32)并于2018年10月3日完成。

【影像学资料】

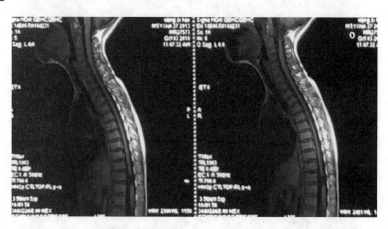

图3-32　2018年10月3日复查MRI片

【提出问题】
1. 被鉴定人的临床表现是否符合相应节段脊髓损伤?
2. 如何进行肢体肌力检查评价及分级?
3. T11脊髓损伤对被鉴定人今后脊柱、双下肢的生长发育有什么影响?
4. 被鉴定人的伤残等级及因果关系该如何评定?
5. 如何评定被鉴定人的护理依赖程度?

【涉及要点】
1. 不同节段脊髓损伤的临床表现。
2. 肌力、肌张力检查内容及具体分级。
3. 幼儿脊髓损伤的后遗症。
4. 脊髓损伤的法医学鉴定原则。

(张冬先)

第四章 眼损伤

第一节 眼球破裂伤与高度近视

学习目标

掌握眼球穿孔伤的概念、临床表现及常见合并损伤,法医学鉴定原则;视觉诱发电位的视功能评价应用;视功能损害伤病关系鉴别及法医学鉴定原则。熟悉视觉诱发电位的评价指标。了解眼损伤常见合并损伤的概念、检查方法。

学习要点

1. 眼球穿孔伤的概念、临床表现。
2. 眼损伤常见合并损伤及检查方法。
3. 视觉诱发电位的视功能评价应用。
4. 视功能损害伤病关系鉴别及法医学鉴定原则。
5. 如何判断视觉诱发电位的评价指标。
6. 眼球破裂伤的法医学鉴定注意事项。

时间分配

本节包括两幕(2学时),共90分钟,其中学生讨论时间为45分钟,学生分析总结发言25分钟,教师总结讲评20分钟。两次课间隔3~7天。

教学建议

在上课的前三天将案例资料及所提问题、学习要点以纸质或邮件形式发送给学生,请学生在课前预习案例资料,根据问题查找《法医临床学》《眼科学》《眼外伤的法医学鉴定》《视觉功能检查及客观评定的法医学原则与方法》《法医临床学实用眼外伤检查诊断方法》等教材或文献、《法医临床检验规范》(SF/T 0111—2021)、《法医临床影像学检验实施规范》(SF/T 0112—2021)、《视觉功能障碍法医学鉴定规范》(SF/Z JD0103004—2016)、《法医临床学视觉电生理检查规范》(SF/Z JD0103010—2018)等资料。上课时依据学生数量进行分组(每组10~15人),以问题为导向方式解读案例资料。

学生讨论时给予充分的自由空间,不干扰、不评论,讨论结束后由每组学生推选一名发言人进行每题的总结发言,教师在此过程中应认真评估学生掌握知识的深浅、分析问题思路的优点和不足,并逐一进行记录。每组同学在讨论过程中如提出新的问题,可进行团体讨论。各组回答结束后,由教师结合学生的掌握情况对学生缺乏的共性基础知识和鉴定思路进行讲解,对学生鉴定过程中存在的问题进行针对性点评和分析总结。

第 一 幕

【基本案情】

据鉴定委托书记载:2018年3月16日晚9时许,被鉴定人邢某(男,43岁)在某市一KTV内饮酒、唱歌,后与他人发生纠纷,被对方用拳头猛击左眼部,致其左眼球破裂,已在某市市立医院行手术治疗。因当地公安机关办案需要,委托根据《人体损伤程度鉴定标准》对被鉴定人的损伤程度进行法医学鉴定。

【病历摘要】

1. 某市市立医院出院记录(住院号:XXX)如下。入院、出院日期分别为2018年3月17日和2018年3月23日。因"左眼被拳头击伤约4小时"入院,眼科检查:右眼视力0.12;左眼视力HM/30 cm。眼压右眼指测Tn,左眼指测T-1,右眼外观未见异常,角膜透明,前房深度适中,房水清,虹膜纹理清,瞳孔直径约3 mm,对光反射灵敏,晶体透明,右:眼底小瞳下可见视盘界清,色红润,余窥不清。左眼上眼睑中央可见长约1 cm皮肤裂伤,对合差,外侧可见长约1.5 cm皮肤裂伤,表浅,对合较好。左眼颞侧及下方球结膜出血,角膜可见斜纵行长约9 mm的不规则裂伤,下方伤口处可见虹膜组织嵌顿脱出,颞侧下方可见角膜多处表浅板层划伤。前房内可见出血,前房消失,晶体及眼底窥不清。双眼无凹陷突出,眼球运动检查不配合。入院后完善术前相关检查,2018年3月17日颅面骨三维CT检查结果示:左眼眶内侧壁骨折,左内直肌肿胀(图4-1)。2018年3月17日在单路球后阻滞麻醉及局部浸润麻醉下行左眼眼球破裂缝合探查术+左眼前房成形术+左眼眼睑皮肤裂伤缝合术。因患者为开放性眼球破裂伤,术后给予抗炎、抗感染治疗,患者眼球破裂伤出血及炎症反应较重,给予全身抗炎治疗;同时给予补钾、补钙、保护胃黏膜等治疗。2018年3月20日患者右眼眼压偏高31 mmHg,予以降眼压治疗。出院诊断:①眼球破裂伤(左),角膜全层裂伤,虹膜脱出,虹膜嵌顿,前房积血,晶状体后脱位;②眼睑皮肤裂伤(左);③眼眶骨折?(左);④高度近视(双)。出院情况:患者未诉明显不适,一般情况可,眼科查体:右眼视力0.12;左眼视力FC/25 cm,矫正无助。右眼眼压25 mmHg,左眼眼压Tn,左眼上眼睑轻度充血,伤口对合良好,缝线在位,球结膜混合性充血,角膜伤口对合好,缝线在位,未见渗漏,角膜基质层水肿,内皮细胞可见血细胞附着,房水混血,可见10:30至6:00方位虹膜缺如,瞳孔移位于鼻侧,形状不规则。余检查窥不清。

该院2018年3月17日手术记录如下。手术名称:左眼球破裂修补术+左眼前房成形术+左眼睑裂伤缝合术。术中见左眼颞侧及下方球结膜下片状出血,角膜可见斜纵行长约9 mm的不规则裂伤,下方伤口处可见组织嵌顿脱出,颞侧下方可见角膜多处表浅板层划伤,前房消失,内可见出血。顺时针方向可见10:30至6:00方位虹膜缺如,晶体颞侧悬韧带断裂,向前房移位。余眼内结构视不清。剪除脱出的部分虹膜组织,还纳角膜裂伤口处虹膜组织,粘弹剂形成前房,间断缝合角膜裂伤,裂伤口闭合性良好。指试眼压Tn。间断缝合2处眼睑皮肤裂伤。

2. 某市眼科医院出院记录(住院号:YYY)如下。入院、出院日期分别为2018年4月10日和2018年4月14日。主诉:左眼角膜裂伤缝合术后23天。查体:一般情况可,神志清,精神可。眼部检查:①右眼:VOD=0.05(1.0×-6.00DS),IOP 19 mmHg,指测眼压Tn,球结膜无充血,角膜透明,前房深,房水清,虹膜纹理清,瞳孔圆形,直径约3 mm,对光反射(+),晶状体轻混,玻璃体混浊,视盘色淡,C/D约0.5,豹纹状眼底,视网膜在位。②左眼:VOS=0.02,矫正无助,指测眼压Tn,眼睑中央瘢痕化肥厚,睑、球结膜轻度充血,角膜中央纵行裂伤,对合可,上皮下包,缝线在位,缝线内可疑上皮植入,颞侧角膜V行板层瘢痕,累及角膜缘,前房深,房水清,自10:00至6:00方位虹膜根部离断,大部分虹膜缺失,可见晶体悬韧带,瞳孔向鼻侧移位,离断的虹膜在瞳孔区卷缩,晶状体混浊,眼内不入。辅助检查:①B超:左眼高度近视,后巩膜葡萄肿,玻璃体混浊稍著(后脱离),性质待定。②UBM:左眼前房深可,顺时针10:00至5:00方位虹膜缺失,余方向房角开放,顺时针5:00方向晶体赤道部与睫状突距离稍增宽,悬韧带隐见。2018年1月11日在眶下神经联合睫状神经节阻滞麻醉下行左眼膜根部离断修复术,术中依次于10:00、11:00、3:00、4:00点位将虹膜根部缝合于巩膜。术后常规处理。术后恢复良好,病情稳定。出院诊断:①左眼虹膜根部离断;②左眼角膜裂伤缝合术后;③左眼外伤性白内障;④双眼屈光不正;⑤左眼眼睑皮肤裂伤缝合术后。出院情况:患者一般情况可,眼科查体:右眼视力?左眼视力FC/20 cm,指测眼压Tn,上睑瘢痕肥厚,球结膜充血,结膜切口对合可,缝线在位,角膜中央纵行裂伤,对合可,缝线在位,上皮缺损,颞侧角膜V行板层瘢痕,前房深,细胞(+),自12:00至4:00虹膜缺失,晶体轻混,眼内窥不清。

【影像学资料】

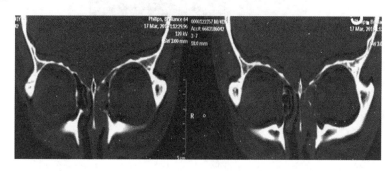

图4-1　2018年3月17日颅面骨三维CT片

【提出问题】

1. 眼球穿孔伤的概念及分类是什么,被鉴定人属于哪一类穿孔伤?
2. 什么是虹膜缺如?被鉴定人虹膜缺如的最可能原因是什么?
3. 简述眼压正常值,常用检测方法。分析被鉴定人眼压升高的因素。法医学鉴定中认定外伤性青光眼的眼压值是多少?
4. 简述晶状体脱位的概念、分类、原因及主要临床表现。
5. 手术重建前房的主要意义是什么?
6. 简述虹膜根部离断和眼球穿孔伤导致的瞳孔改变有无区别并说明。
7. 什么是外伤性白内障?外伤性白内障的分类和主要临床表现是什么?
8. 请指出几个提示屈光不正的改变,简要说明。

【涉及要点】

1. 眼球穿孔伤的概念,分类,常见合并损伤。
2. 各种合并损伤的需有客观资料留存的检查方法。
3. 对不同损伤的预后判断能力训练。

第 二 幕

简单回顾上一幕的案件内容,复习与案件相关的医学、法医学知识。

【法医学检查】

检查日期:2019年4月28日。

被鉴定人神清语晰,自行入室,检查合作。左上睑中内侧见一0.5 cm长纵行条状瘢痕,轻度牵扯眼睑,眼睑能闭合;左眼角膜中央见一白色纵行条状斑翳(图4-2、彩图4-1),左眼瞳孔不规则散大,直径约5 mm×7 mm,颞侧虹膜缺损,光反射消失,房水清,晶状体混浊,眼底模糊,视盘色淡,C/D约1.0。右眼瞳孔圆,直径3 mm,对光反射存,右角膜透明,晶状体轻度混浊,眼底(−)。VOD为1.0,VOS为0.02(矫),IOP:右眼18 mmHg,左眼12 mmHg,双眼球活动正常。被鉴定人自诉左眼视力下降,视物模糊,畏光、流泪。余无特殊。

【视觉诱发电位检查】

某大学医学院2019年4月28日视觉电生理检查报告示:左眼P1波潜伏期延长(126 ms),波形分化较差,重复性尚可;右眼P1波潜伏期在正常范围(108 ms),波形分化,重复性可。波幅左眼3.1 μV,

右眼 11.4 μV。意见：左眼视觉传导通路功能障碍。VEP 评估视力（供参考）：左眼 0.02～0.05（-12.00D+2.75D×40），右眼 1.0（-6.50D）。

【影像学资料】

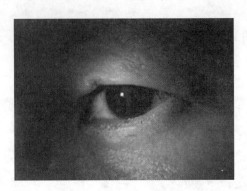

图 4-2　左眼部损伤瘢痕及角膜斑翳（彩图 4-1）

【提出问题】

1. 何为角膜云翳、斑翳、血管翳、粘连性白斑？对视力的影响取决于什么？
2. 法医学活体检查所见的"视盘色淡"，考虑为何种因素所致？
3. 视觉诱发电位的分类，各用于什么检测及主要判断指标。
4. 视觉诱发电位能否用于视力客观评估？有哪些检测方法？
5. 试分析本案例视力障碍的原因。
6. 根据案情、临床资料和法医学检查所见，损伤程度该如何评定？简述主要理由及引用标准。

【涉及要点】

1. 视觉诱发电位的应用及结果判断。
2. 可能涉及的多种损伤伤病关系分析及鉴别。
3. 多处损伤、伤病关系的评估、标准条款的理解应用及鉴定注意事项。

第二节　钝器导致的复合性眼损伤

学习目标

掌握眼球钝挫伤的概念、临床表现及常见合并损伤，法医学鉴定原则；视觉诱发电位的视功能评价应用；视功能损害伤病关系鉴别及法医学鉴定原则。熟悉视觉诱发电位的评价指标。了解玻璃体视网膜增殖性病变。

学习要点

1. 眼球钝挫伤的概念、常见损伤和临床表现。
2. 常见眼损伤及检查方法。
3. 视觉诱发电位的视功能评价应用。
4. 视功能损害伤病关系鉴别及法医学鉴定原则。
5. 视觉诱发电位的评价指标的判断方法。
6. 常见眼球钝挫伤的法医学鉴定注意事项。

时间分配

本节包括两幕(2学时),共90分钟,其中学生讨论时间为45分钟,学生分析总结发言25分钟,教师总结讲评20分钟。两次课间隔3~7天。

教学建议

在上课的前三天将案例资料及所提问题、学习要点以纸质或邮件形式发送给学生,请学生在课前预习案例资料,根据问题查找《法医临床学》《眼科学》教材或文献、《法医临床检验规范》(SF/T 0111—2021)、《法医临床影像学检验实施规范》(SF/T 0112—2021)、《视觉功能障碍法医学鉴定规范》(SF/Z JD0103004—2016)、《法医临床学视觉电生理检查规范》(SF/Z JD0103010—2018)等资料。上课时依据学生数量进行分组(每组10~15人),以问题为导向方式解读案例资料。

学生讨论时给予充分的自由空间,不干扰、不评论,讨论结束后由每组学生推选一名发言人进行每题的总结发言,教师在此过程中应认真评估学生掌握知识的深浅、分析问题思路的优点和不足,并逐一进行记录。每组同学在讨论过程中如提出新的问题,可进行团体讨论。各组回答结束后,由教师结合学生的掌握情况对学生缺乏的共性基础知识和鉴定思路进行讲解,对学生鉴定过程中存在的问题进行针对性点评和分析总结。

第 一 幕

【基本案情】

据鉴定委托书载:2018年12月5日15时许,被鉴定人赵某(男,45岁)骑电动车行至某市经济开发区的一处立交桥下,与他人发生擦撞并纠纷,被对方用砖头致伤右眼。已多次行手术治疗,但右眼视功能无明显改善。现受当地公安机关委托,要求根据《人体损伤程度鉴定标准》对其损伤程度进行法医学鉴定。

【病历摘要】

1. 某市人民医院出院记录(住院号:XXX)如下。入院、出院日期分别为2018年12月5日和2018年12月16日。因"右眼砖头击伤后肿痛伴视物不见2小时"入院。专科检查:视力右眼:无光感,左眼:0.6,右眼睑水肿,闭合不全,结膜充血、水肿,角膜水肿,前房大量积血,其后结构窥不见;左眼睑无水肿,结膜无充血,角膜透明,前房深浅可,虹膜纹理清,瞳孔圆,直径约3 mm,光反射灵敏,晶体密度增高,小瞳下眼底隐约可见视盘界清,色淡红,C/D约0.3,网膜平复,黄斑中心凹反光未见。眼压:右眼16.5 mmHg,左眼17.5 mmHg。门诊查头颅+眼眶CT示:颅脑CT未见明显异常。右侧眼球破裂首先考虑,右侧眶周软组织肿胀,左侧眼眶内侧壁凹陷;右侧上颌窦炎,左侧上颌窦黏膜下囊肿。入院后完善相关检查,2018年12月10日复查眼部彩超示:右眼内带状高回声(脉络膜脱离?),右眼眼球形态不规则,右眼晶体脱位。给予止血消肿、抗炎、预防感染、营养神经、补钾护胃、改善循环等对症治疗。出院诊断:眼挫伤(右),眼睑挫伤(右),外伤性前房积血(右),创伤性晶状体脱位(右),创伤性脉络膜脱离(右),视神经损伤(右),左眼眼眶内侧壁凹陷(陈旧性骨折或先天发育所致)。出院情况:患者未诉特殊不适,一般情况可。专科检查:右眼有光感(颞上方),左眼视力0.6,右眼眼睑青紫,眼球活动度可,结膜充血,角膜内皮轻度皱褶,前房积血较入院吸收,其后结构窥不清;左眼检查同入院。右眼眼压11 mmHg,左眼眼压15 mmHg。

2. 某省级医院出院记录(住院号:YYY01)如下。入院、出院日期分别为2018年12月16日和2018年12月24日。因"右眼被砖头砸伤11天"入院。专科情况:右眼颞上方有光感,光定位不明确,左眼视力0.8,右眼眼压5.7 mmHg,左眼眼压12.6 mmHg。右眼结膜下出血明显,角膜透明,前房积血,余窥不清。左眼结膜无充血,角膜透明,前房清,深度可,晶体未见明显异常,眼底视盘边界清,视网膜平伏。完善相关检查,给予抗炎、营养神经等对症治疗。出院诊断:右眼钝挫伤,右眼外伤性前房积血,右眼外伤性晶体脱位,右眼外伤性脉络膜脱离?右眼视神经挫伤?出院情况:患者一般情况可,未诉特殊不适。生命体征平稳,右眼结膜充血,结膜下出血,角膜透明,前房积血,余窥不清。右眼颞上方有光感,光定位不明确,左眼视力0.8。

该院第二次出院记录(住院号:YYY02)如下。入院、出院日期分别为2018年12月24日和2019年1月2日。因"右眼外伤19天"入院。专科体检:右眼有光感(光定位不确),左眼视力1.0,右眼结膜充血,角膜稍水肿,前房可见积血(图4-3、彩图4-2),右眼瞳孔向鼻侧偏移,直径约2 mm,光反射消失,晶体缺如,眼底窥不入,左眼未见明显异常。眼压右眼10 mmHg,左眼15 mmHg。2018年12月25日右眼超声影像诊断意见:右眼晶体完全脱位,右眼睫状体撕脱,右眼玻璃体积血并出现机化物(图4-4)。入院后完善相关检查,2018年12月26日行右眼玻璃体切除+晶状体切除+前房冲洗+硅油填充术,术后给予抗炎对症治疗。出院诊断:右眼外伤性前房积血,右眼外伤性晶状体脱位,右眼玻璃体积血,右眼视网膜脱离,右眼脉络膜脱离,右眼睫状体撕脱。出院情况:①术眼视力:HM/眼前,术眼结膜充血,结膜缝线在位,伤口愈合良好,角膜变清,前房见少许积血,晶体缺如,硅油填充玻璃体腔,视网膜平伏。②测眼压:9 mmHg。

2018年12月26日手术记录如下。手术步骤:……切除前房积血,切除脱位之晶体,切除玻璃体腔大量浓密积血,见上方视网膜睫状体撕脱伴出血机化,上方脉络膜脱离伴脉络膜下出血,周边部视网膜裂伤伴脱离,后极部视网膜下出血。

该院第三次出院记录(住院号:YYY03)如下。入院、出院日期分别为2019年4月15日和2019年4月25日。因"右眼硅油填充术后4个多月"入院。查体:右眼视力HM/眼前,左眼视力1.0,患者双眼眼睑无浮肿,双眼球结膜无充血,双眼角膜透明,右眼前房可见少许硅油,瞳孔不规则散大,瞳孔区晶体缺如,囊膜向前房膨出,虹膜色素广泛粘连,玻璃体腔硅油填充,眼底可见一条白色索状物自颞上方向视盘延伸,右眼眼压7 mmHg,左眼眼压12 mmHg。2019年4月16日行硅油取出术(右侧)+前房成形术(右侧)。出院诊断:右眼硅油填充术后,右眼外伤,右眼无晶体眼。出院情况:一般情况可,右眼视力FC/10 cm,患者术眼球结膜稍充血,角膜透明,前房清,眼底视网膜平伏。右眼眼压3 mmHg。

3. 某省某市医院眼科中心2019年6月14日眼底照相载:右眼颞上方视网膜血管牵拉变形、累及视乳头,且见黄白色疑似索状物(膜样物)形成。左眼黄斑区视网膜未见明显出血和渗出(图4-5、彩图4-3)。

【影像学资料】

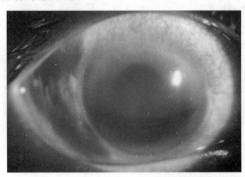

图4-3 右眼外伤性前房积血及晶状体脱位(彩图4-2)

图4-4 睫状体脱离

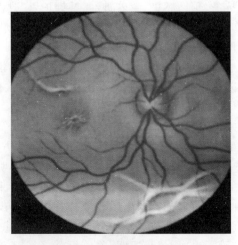

图4-5 2019年6月14日眼底照相视网膜黄白色索状物(彩图4-3)

【提出问题】
1. 被鉴定人哪些损伤可以认定,并简述理由。
2. 什么是睫状体、脉络膜、视网膜脱离?
3. 如何鉴别外伤性和病理性视网膜脱离?
4. 临床检见的眼底索状物(膜样物)为何?其形成原因是什么?
5. 被鉴定人视力下降的主要原因是什么?
6. 本案例鉴定时主要还需做哪些检查?

【涉及要点】
1. 眼球钝挫伤的常见类型、临床表现和检查方法。
2. 涉及伤病关系的法医学鉴别诊断。
3. 各种常见损伤的概念、预后判断。

第 二 幕

简单回顾上一幕的案件内容,复习与案件相关的医学、法医学知识。

【法医学检查】
检查日期:2019 年 6 月 17 日。

被鉴定人神清,自行入室,检查合作。右眼结膜稍充血,眼睑无浮肿,角膜透明,前房尚清,右眼瞳孔不规则散大(图4-6,彩图4-4),对光反射弱;查视力 OD 0.02(矫正),OS 1.0,右眼眼压 6 mmHg,左眼眼压 12 mmHg。左眼未见明显异常。自诉右眼视力丧失,有时感胀痛不适,余无特殊。

【影像学资料】

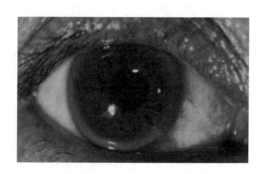

图 4-6　鉴定时见右眼瞳孔不规则(彩图 4-4)

【视觉诱发电位检查】
某大学医学院 2019 年 6 月 17 日视觉电生理检查报告记载:右眼 P1 波潜伏期延长(114 ms),波形分化较差,重复性尚可。左眼 P1 波潜伏期(102 ms),波形分化可。波幅左眼 17.3 μV,右眼 3.2 μV。VEP 评估视力(供参考):左眼 1.0,右眼 0.02(+16.00D+1.50D×160)。

【提出问题】
1. 被鉴定人眼底索状物(膜样物)与本次外伤是否相关?
2. 玻璃体视网膜增殖变性会导致什么后果?临床上一般如何处理?
3. 如何评价视觉诱发电位结果?还可以做什么检查?
4. 被鉴定人损伤程度为哪一级?其判断标准是什么?

【涉及要点】
1. 眼损伤检查方法及证据。
2. 视觉诱发电位应用及相关知识。
3. 眼部损伤的伤病关系。
4. 损伤程度的判断标准和注意事项。

第三节 外伤性视网膜脱离与盲目

学习目标

掌握视网膜脱离的损伤机制、临床表现、影像学特点、伤病关系分析及法医学鉴定原则。了解视网膜脱离的常见原因、检查方法及意义。

学习要点

1. 视网膜脱离的概念、原因、分类。
2. 视网膜脱离的损伤机制、检查方法和临床表现。
3. 视网膜脱离的伤病关系分析。
4. 视网膜脱离的法医学鉴定原则。
5. 损伤程度和伤残程度的标准应用。

时间分配

本节包括两幕(2学时),共90分钟,其中学生讨论时间为45分钟,学生分析总结发言25分钟,教师总结讲评20分钟。两次课间隔3~7天。

教学建议

在上课的前三天将案例资料及所提问题、学习要点以纸质或邮件形式发送给学生,请学生在课前预习案例资料,根据问题查找《法医临床学》《眼科学》教材或文献、《法医临床检验规范》(SF/T 0111—2021)、《法医临床影像学检验实施规范》(SF/T 0112—2021)、《视觉功能障法医学鉴定规范》(SF/Z JD0103004—2016)、《法医临床学视觉电生理检查规范》(SF/Z JD0103010—2018)等资料。上课时依据学生数量进行分组(每组10~15人),以问题为导向的方式解读案例资料。

学生讨论时给予充分的自由空间,不干扰、不评论,讨论结束后由每组学生推选一名发言人进行每题的总结发言,教师在此过程中应认真评估学生掌握知识的深浅、分析问题思路的优点和不足,并逐一进行记录。每组同学在讨论过程中如提出新的问题,可进行团体讨论。各组回答结束后,由教师结合学生的掌握情况对学生缺乏的共性基础知识和鉴定思路进行讲解,对学生鉴定过程中存在的问题进行针对性点评和分析总结。

第 一 幕

【基本案情】

2018年11月27日晚9时许,被鉴定人许某(女,38岁)在某市火车站广场处摆摊,因纠纷被人推倒时被摔破的竹椅碎片击伤右眼。治疗3个月左右未再治疗和复诊,一年后被鉴定人发生视网膜脱离,右眼盲目。现受当地检察机关委托,对被鉴定人右眼盲目的原因、损伤程度及伤残等级(根据《人体损伤致残程度分级》)行法医学鉴定。

【病历摘要】

1. 某市第一人民医院 2018 年 11 月 27 日的住院病历记载(住院号:XXX)如下。患者诉半小时前右眼被椅子撞伤。专科检查:右眼视力 0.1,左眼视力 0.8,右上睑可见约 1 cm 长裂伤,伤口对合尚可,少许活动性出血。球结膜充血,角膜透明,前房下方积血约 1/3,右眼视网膜后极部水肿,可见散在多处片状出血,部分出血突出于玻璃体内,黄斑中心凹反光消失(图 4-7,彩图 4-5)。临床诊断:右眼钝挫伤:前房积血,玻璃体积血,视网膜挫伤并出血;右眼睑挫裂伤。

2. 某市第二人民医院 2018 年 12 月 12 日门诊病历记载如下。右眼外伤半个月。专科检查:视力右 0.1,左 0.8,眼压右 18 mmHg,左 14 mmHg。右眼睑稍肿,右球结膜轻度充血,右前房(一)。右玻璃体混浊并有积血,可见部分网膜,视乳头边界清,周边有散在大片状出血,周边部网膜窥不清。

2019 年 1 月 7 日门诊复诊病历记载如下。查体:视力右 0.4,左 1.0。右玻璃体混浊,视乳头清晰可见,圆,色红,界清,鼻上方网膜片状出血,余网膜未见出血及脱离。

2019 年 2 月 26 日门诊复诊病历记载如下。查体:视力右 0.9,左 1.0,右鼻上方网膜出血已吸收,可见视网膜变性。

3. 2019 年 12 月 1 日某市第一人民医院门诊病历记载如下。视力右眼手动/眼前,左 1.2。右眼底检查见视网膜全层脱离,全层青灰色。诊断:右眼陈旧性视网膜脱离(外伤性)。

视觉电生理检查报告:左眼各视角刺激均可诱出明显反应波,其 P1 波潜伏期、波幅在正常范围内。右眼未引出反应波。

4. 2019 年 12 月 2 日某市第二人民医院门诊病历记载发如下。右眼视网膜全脱离,呈灰白色隆起,漏斗状,隐约可见视乳头,玻璃体腔大量色素沉积。诊断为视网膜脱离(OD,PVRD$_2$)。建议收入院手术治疗。

【影像学资料】

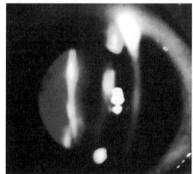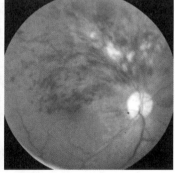

图 4-7 玻璃体积血及视网膜出血(彩图 4-5)

【提出问题】

1. 被鉴定人眼损伤属何种损伤?
2. 根据所给病历资料,哪些损伤可以认定?简要说明理由。
3. 被鉴定人视网膜脱离的原因和机制是什么?
4. 视网膜出血是否能进入玻璃体?其机制是什么?
5. 你知道临床诊断的视网膜脱离(OD,PVRD$_2$)吗?

【涉及要点】

1. 视网膜脱离的概念、分类。
2. 外伤性、病理性视网膜脱离的常见原因、鉴别方法。
3. 眼损伤的常用检查方法。
4. 眼损伤的伤病关系分析及法医学鉴定原则。

第 二 幕

简单回顾上一幕的案件内容,复习与案件相关的医学、法医学知识。

【法医学检查】

检查日期:2019 年 12 月 15 日。

被鉴定人一般情况尚好。右眼上睑隐约可见不规则条状瘢痕,与皮色相同,界限不清。双瞳等大等圆,光反射存在,右眼结膜、角膜(一),晶状体混浊,玻璃体混浊(+++),眼内窥不清,视力右光感(±)。眼压右 14.0 mmHg,左 18.3 mmHg。网膜呈漏斗状隆起,灰白。建议行右眼 B 超检查,结果示视网膜全脱,呈漏斗状,见图 4-8。尚未行手术治疗。

【影像学资料】

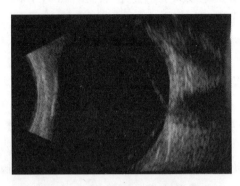

图 4-8 B 超示视网膜呈漏斗状脱离

【视觉诱发电位检查】

某大学医学院 2019 年 12 月 15 日视觉电生理检查报告示:右眼 P1 波潜伏期延长(129 ms),波形分化较差;左眼 P1 波潜伏期在正常范围(105 ms),波形分化,重复性可;波幅右眼 2.3 μV,左眼 14.6 μV。意见:右眼视觉传导通路功能障碍。VEP 评估视力(供参考):左眼光感,右眼 1.2(−1.50D)。

【提出问题】

1. 被鉴定人视网膜脱离,除了外伤的原因外,是否有其他因素?
2. 视网膜脱离是外伤性还是病理性脱离?说明理由。
3. 被鉴定人的损伤程度鉴定结果是什么?如何进行分析?
4. 被鉴定人的伤残程度鉴定结果是什么?是否应考虑参与度?
5. 被鉴定人视觉诱发电位检查除右眼 P1 波波幅下降外,潜伏期也延长,如何分析?

【涉及要点】

1. 外伤性与病理性视网膜脱离的原因和机制。
2. 眼损伤的伤病关系处理原则。
3. 视网膜脱离的损伤程度、伤残程度及参与度评定原则。

第四节 黄斑区损伤与视功能下降

学习目标

掌握视网膜(黄斑)挫伤的机制、临床表现,与视神经损伤的鉴别及法医学鉴定原则。熟悉检查方法及结果判断,着重在于视觉诱发电位结果判断。了解视网膜损伤预后。

学习要点

1. 视网膜(黄斑)挫伤的概念、损伤机制。
2. 视网膜损伤的常用检查方法。
3. 视网膜损伤的视觉诱发电位改变,与视神经有无区别?
4. 视觉诱发电位改变的分析判断。
5. 视网膜损伤的预后、法医学鉴定原则。

时间分配

本节包括两幕(2学时),共90分钟,其中学生讨论时间为45分钟,学生分析总结发言25分钟,教师总结讲评20分钟。两次课间隔3~7天。

教学建议

在上课的前三天将案例资料及所提问题、学习要点以纸质或邮件形式发送给学生,请学生在课前预习案例资料,根据问题查找《法医临床学》《眼科学》教材或文献、《法医临床检验规范》(SF/T 0111—2021)、《法医临床影像学检验实施规范》(SF/T 0112—2021)、《视觉功能障法医学鉴定规范》(SF/Z JD0103004—2016)、《法医临床学视觉电生理检查规范》(SF/Z JD0103010—2018)等资料。上课时依据学生数量进行分组(每组10~15人),以问题为导向方式解读案例资料。

学生讨论时给予充分的自由空间,不干扰、不评论,讨论结束后由每组学生推选一名发言人进行每题的总结发言,教师在此过程中应认真评估学生掌握知识的深浅、分析问题思路的优点和不足,并逐一进行记录。每组同学在讨论过程中如提出新的问题,可进行团体讨论。各组回答结束后,由教师结合学生的掌握情况对学生缺乏的共性基础知识和鉴定思路进行讲解,对学生鉴定过程中存在的问题进行针对性点评和分析总结。

第 一 幕

【基本案情】

2017年2月2日晚7时30分左右,被鉴定人李某(男,40岁)在某市某饲料厂处,因纠纷被多人拳打脚踢伤头面部,后诉右眼盲目。2017年8月6日,当地鉴定机构以被鉴定人右眼钝挫伤致视神经挫伤,右眼盲目3级(视力0.02),鉴定为八级伤残。因对方对李某右眼盲存在质疑,现受当地人民法院委托,根据《人体损伤致残程度分级》对其右眼伤残程度重新进行法医学鉴定。

【病历摘要】

1. 某市第一人民医院2017年2月5日的住院首次病程记录(住院号:XXX)如下。患者以"被人打伤头部及身体多处三天余"为主诉入院。查体:神清,精神差,双瞳孔等大等圆,对光反射灵敏。双眼眶周淤血,球结膜充血,右眼视物障碍。左胸部压痛(+),腹平软,无压痛及反跳痛。四肢活动自如,病理征(—)。左手示指、右手拇指皮裂伤。临床诊断:双眼挫伤,多处软组织损伤(图4-9、彩图4-6)。

2017年2月12日转入该院眼科,病程记录如下。查体:VOD 0.02,VOS 0.1,右眼视盘界清,色可,C/D=0.3,视网膜未见出血,黄斑区积液反光水肿,色素紊乱,中心凹反光弱。初步诊断:右眼黄斑区损伤。

该院出院小结记载(住院号:XXX)如下。入院、出院日期分别为2017年2月5日和2017年2月24日。出院诊断:头面部外伤,手外伤及左胸部软组织伤,右眼黄斑区损伤。出院时情况:一般情况可,查视力 VOD 0.02,VOS 0.1。

该院 2017 年 5 月 27 日的诊断证明:视力右 0.02,左 0.7。诊断:右眼黄斑区损伤。

2. 某市中心医院 2017 年 3 月 2 日 PVEP 检查报告如下。双眼 P100 振幅均偏低,右眼潜伏期延长。P100 潜伏期左眼 98 ms,右眼 111 ms。

该院 2017 年 3 月 2 日 PERG 检查报告:双眼 a 波振幅均偏低,b 波振幅正常,右眼 a 波潜伏期延长,左眼正常,右眼 b 波潜伏期延长。

该院 2017 年 6 月 3 日视觉诱发电位(VEP)复查:右眼无波形,左眼正常。诊断:右眼视神经损伤。

【影像学资料】

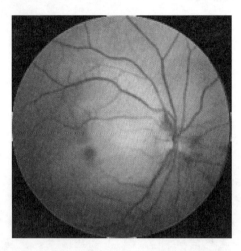

图 4-9　损伤早期视网膜挫伤水肿(彩图 4-6)

【提出问题】

1. 被鉴定人右眼损伤是否存在?你认为初步能诊断哪些损伤?理由是什么?
2. 被鉴定人右眼眼底改变说明什么问题?
3. 视网膜震荡和视网膜(黄斑)挫伤有无区别?主要鉴别点是什么?
4. 简述视网膜(黄斑)挫伤的机制。
5. 你如何看待被鉴定人视力检查结果?
6. 视网膜损伤和视通路损伤,视觉诱发电位的检查结果是否相同?

【涉及要点】

1. 视网膜震荡和视网膜挫伤的鉴别。
2. 视网膜挫伤的机制、临床表现。
3. 视觉电生理检查的应用及检查结果分析判断。

第 二 幕

简单回顾上一幕的案件内容,复习与案件相关的医学、法医学知识。

【法医学检查】

检查日期:2018 年 3 月 27 日。

被鉴定人一般情况尚好,神志清。主观视力左 0.8,右眼手动/眼前。右眼结膜充血(+),角膜(-),KP(-)。瞳孔对光反射(+)。眼底左(-),右眼视乳头边界清晰,色稍淡,黄斑区色素不匀,网膜平伏、色红,未见水肿、裂孔及脱离(图 4-10、彩图 4-7)。

【视觉诱发电位检查】

PRVEP 检查报告:双眼 P1 潜伏期均在正常范围内(左眼 101 ms,右眼 102 ms),波形分化、重复性较好,侧差未见明显异常。PRVEP 评估视力,左眼 0.8,右眼 0.5(供参考)。

【提出问题】

1. 被鉴定人视力下降是否属实,有无损伤基础?

2. 被鉴定人视力下降的原因是什么？试分析说明（结合电生理结果）。
3. 被鉴定人视力下降能否逆转？
4. 被鉴定人的黄斑区色素不均是疾病还是损伤所致？
5. 视觉诱发电位是客观检查法，2017年6月3日被鉴定人的临床视觉诱发电位检查复查：右眼无波形，如何解释？
6. 被鉴定人伤残程度是什么？

【影像学资料】

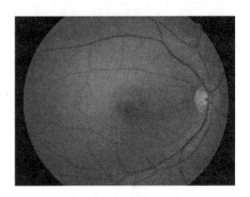

图 4-10　黄斑区色素不匀（彩图 4-7）

【涉及要点】

1. 掌握视神经损伤和视网膜损伤的鉴别。
2. 掌握对视神经损伤和视网膜损伤进行电生理检查的关键不同点。
3. 进一步熟悉视觉电生理的法医学应用。
4. 该类损伤的法医学鉴定注意事项。

（陈晓瑞）

第五章 耳鼻咽喉损伤

第一节 外伤性鼓膜穿孔

学习目标

1. 掌握鼓膜的解剖特征。
2. 鼓膜穿孔的概念、形成原因及临床表现。
3. 耳鼻喉内窥镜的检查方法选择及鼓膜内窥镜图的解读。
4. 涉及鼓膜穿孔案例的法医学鉴定原则。

学习要点

1. 识别紧张部、松弛部、锤骨柄、脐部及光锥鼓膜的结构。
2. 外伤性鼓膜穿孔形成的常见机械性外力情况以及形成的部位。
3. 耳鼻喉内窥镜鼓膜图的解读。
4. 外伤性鼓膜穿孔的认定方法。
5. 外伤性鼓膜穿孔法医学损伤程度的评定原则。

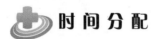

时间分配

本节包括两幕(2学时),共90分钟,其中学生讨论时间为50分钟,学生分析总结发言25分钟,教师总结讲评15分钟。两次课程时间间隔为3~7天。

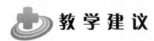

教学建议

在上课的前三天将案例资料及所提问题、学习要点以纸质或邮件形式发送给学生,请学生在课前预习案例资料,根据问题查找《法医临床学》《耳鼻咽喉头颈外科学》《解剖学》《法医临床检验规范》(SF/T 0111—2021)《听力障碍法医学鉴定规范》(SF/Z JD0103001-2010)或其他文献资料;复习有关鼓膜的解剖学知识、鼓膜穿孔的分类,外伤性或病理性鼓膜穿孔的特点,有关鼓膜穿孔的查体方法和鉴定标准及原则。上课时教师先依据学生数量进行分组(每组10~15人),以问题为导向的方式解读案例资料。

学生讨论时给予充分的自由空间,不干扰、不评论,讨论结束后由每组学生推选一名发言人进行每题的总结发言,教师在此过程中应认真评估学生掌握知识的深浅、分析问题思路的优点和不足,并逐一进行记录。每组同学在讨论过程中如提出新的问题,可进行团体讨论。各组回答结束后,由教师结合学生的掌握情况对学生缺乏的共性基础知识和鉴定思路进行讲解,对学生鉴定过程中存在的问题进行针对性点评和分析总结。

第 一 幕

【基本案情】

李某(男,32岁)与朋友约定于2019年6月20日下午到某市胜利大厦五楼电影院看电影。13时30分许,李某二人开车到达胜利大厦楼顶停车场,因停车位问题与张某(男,28岁)发生肢体冲突。冲突过程中,李某被张某用手掌击打左侧头面部。停车场保安拨打110报警,派出所民警到达现场对双方进行询问并做笔录。随后,李某因头晕、头痛,左耳鸣、听力下降在朋友陪同下前往当地市人民医院就诊,经检查发现其左耳鼓膜外伤性穿孔、左耳听力下降。

经派出所民警多次调解,李某与张某针对赔偿数额未能达成协议。李某提出要求对其左耳损伤进行伤情评定。派出所民警出具委托书,委托某司法鉴定中心对李某2019年6月20日的损伤根据《人体损伤程度鉴定标准》进行损伤程度鉴定。

【病历摘要】

某市人民医院耳鼻喉科2019年6月20日14时50分门诊病历记载如下。主诉:左耳被掌掴伤1小时,头晕、头痛,左耳鸣、听力下降。查体:神清,双瞳等大等圆,对光反射灵敏,头颅外观未见明显外伤后改变,左面颊部轻度红肿;左侧外耳道通畅,鼓膜紧张部可见裂隙样穿孔;右侧外耳道通畅,鼓膜完整。初步诊断:左耳鼓膜外伤性穿孔。处理建议:进一步行头颅CT检查、耳内窥镜检查;保持外耳道干燥。头颅CT检查示:颅骨未见骨折,颅内实质未见明显异常。耳内窥镜检查见:双侧外耳道通畅,左耳鼓膜穿孔、表面充血,右耳鼓膜完整、未见异常。诊断意见:左耳鼓膜穿孔(外伤性)。双侧鼓膜照相结果见图5-1、彩图5-1。

该院耳鼻喉科2019年7月10日门诊病历记载如下。主诉:左耳鼓膜外伤性穿孔20余天复诊。查体:双侧外耳道通畅,左耳鼓膜穿孔愈合中,并可见少量陈旧性血痂,右耳鼓膜完整、未见异常。处理建议:保持外耳道干燥,不适随诊。

【影像学资料】

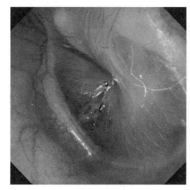
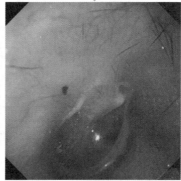

图5-1　2019年6月20日双侧鼓膜照相图片(彩图5-1)

【提出问题】

1. 简述鼓膜的解剖特征。
2. 外伤性鼓膜穿孔与病理性鼓膜穿孔的鉴别要点是什么?
3. 试分析被鉴定人外伤性鼓膜穿孔的外伤基础(或成伤机制)?
4. 本案例能否受理?受理此类案件时应注意哪些问题?

【涉及要点】

1. 外伤性鼓膜穿孔的成伤机制。
2. 外伤性鼓膜穿孔与病理性鼓膜穿孔的鉴别。
3. 外伤性鼓膜穿孔的法医学鉴定注意要点。

第 二 幕

简单回顾上一幕的案件内容,复习与案件相关的医学、法医学知识。

【法医学检查】

日期:2019 年 7 月 31 日。

被鉴定人自行步入检查室,神志清楚,对答切题,查体合作。头颅外观无畸形,双侧乳突无压痛。双侧耳廓外观未见异常,双侧外耳道通畅、干洁。双侧鼓膜检查结果见图 5-2、彩图 5-2,听力检查结果见图 5-3。自诉:目前左耳听力差,伴耳鸣。

【影像学资料】

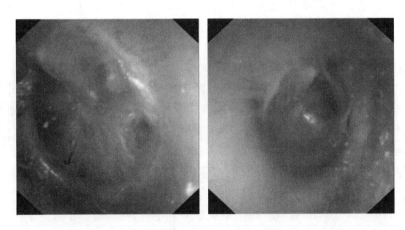

图 5-2　2019 年 7 月 31 日双侧鼓膜照相图片(彩图 5-2)

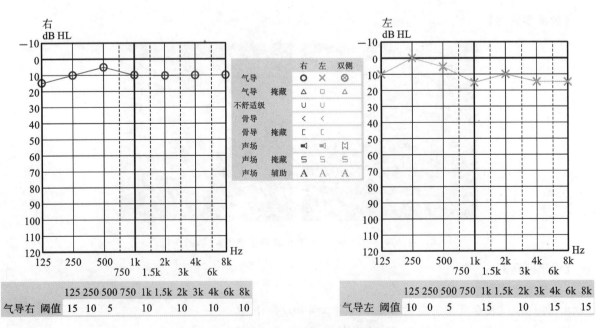

图 5-3　2019 年 7 月 31 日纯音电测听图

【提出问题】
1. 对被鉴定人进行法医学检查时应如何查体?
2. 被鉴定人目前左耳鼓膜的愈合情况如何?被鉴定人自诉左耳听力下降,根据纯音电测听图,他目前的听力如何?
3. 被鉴定人的损伤程度该如何评定?

【涉及要点】
外伤性鼓膜穿孔的特点、损伤程度的鉴定时机及注意事项。

第二节 病理性鼓膜穿孔

掌握病理性鼓膜穿孔的形成原因、临床表现及法医学鉴定原则。

1. 病理性鼓膜穿孔的常见病因。
2. 病理性鼓膜穿孔的临床表现和主要特征。
3. 涉及病理性鼓膜穿孔的法医学鉴定原则。

时间分配

本节包括两幕(2学时),共90分钟,其中学生讨论时间为50分钟,学生分析总结发言25分钟,教师总结讲评15分钟。

在上课的前三天将案例资料及所提问题、学习要点以纸质或邮件形式发送给学生,请学生在课前预习案例资料,根据问题查找《耳鼻咽喉头颈外科学》《法医临床学》《法医临床检验规范》(SF/T 0111—2021)或其他文献资料。上课时教师先依据学生数量进行分组(每组10~15人),以问题为导向的方式解读案例资料。

学生讨论时给予充分的自由空间,不干扰、不评论,讨论结束后由每组学生推选一名发言人进行每题的总结发言,教师在此过程中应认真评估学生掌握知识的深浅、分析问题思路的优点和不足,并逐一进行记录。每组同学在讨论过程中如提出新的问题,可进行团体讨论。各组回答结束后,由教师结合学生的掌握情况对学生缺乏的共性基础知识和鉴定思路进行讲解,对学生鉴定过程中存在的问题进行针对性点评和分析总结。

第 一 幕

【基本案情】
被鉴定人王某(男,36岁)与张某(男,28岁)为邻居,2019年4月18日张某在自家与王某家临界处加盖平房。4月20日,王某认为张某有侵占其院子基地的嫌疑,并于10时30分与张某发生肢体冲突,争执过程中王某被张某用拳击打头部。随后王某因头晕、头痛,左耳鸣、听力下降前往当地县人民医院就诊,经检查发现其左耳鼓膜穿孔及左耳听力下降。二人打架后,经村干部调解未能达成和解协议,遂报案。现因公安机关办案需要,需对李某的耳部损伤进行伤情(损伤程度)鉴定。

【病历摘要】

某县人民医院耳鼻喉科2019年4月20日11时50分门诊记录如下。主诉:被人殴打后头晕、头痛,左耳鸣、听力下降约1小时。查体:神清,双瞳等大等圆,对光反射灵敏,左顶部及右面部触痛(+),右面部轻度红肿,余头面部未见明显异常;左侧外耳道通畅,其内可见少量分泌物,鼓膜松弛部可见圆形穿孔;右侧外耳道通畅,鼓膜完整。2019年4月20日头颅CT检查示:颅骨未见骨折,左侧乳突小房气化不良,颅内实质未见明显异常。耳内窥镜检查:双侧外耳道通畅,左耳鼓膜弥漫性充血,松弛部可见一圆形穿孔、表面可见少量分泌物,穿孔边缘鼓膜增厚,右耳鼓膜完整、未见异常,见图5-4、彩图5-3。诊断意见:左耳鼓膜穿孔。处理建议:给予药物治疗,保持外耳道干燥,不适随诊。

该院2019年5月10日耳鼻喉科门诊复诊病历记载如下。主诉:左耳外伤后鼓膜穿孔复诊。查体:双侧外耳道通畅,左耳鼓膜松弛部穿孔,周围可见少量脓性分泌物,右耳鼓膜未见异常。临床诊断:左耳鼓膜穿孔(感染性)。

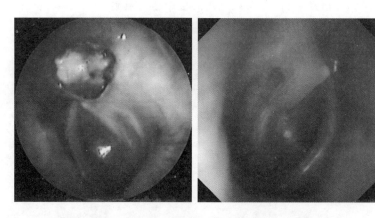

图5-4 2019年4月20日双侧鼓膜照相图片(彩图5-3)

【提出问题】

1. 病理性鼓膜穿孔的形成原因、临床表现有哪些?
2. 外伤性鼓膜穿孔与病理性鼓膜穿孔鉴别要点是什么?
3. 本案例能否受理?受理此类案件时收集资料及询问病史应注意哪些问题?是否还需要进行进一步检查?

【涉及要点】

1. 病理性鼓膜穿孔的形成原因及主要临床特点。
2. 外伤性鼓膜穿孔与病理性鼓膜穿孔的鉴别。
3. 涉及病理性鼓膜穿孔的法医学鉴定注意要点。

第 二 幕

简单回顾上一幕的案件内容,复习与案件相关的医学、法医学知识。

【法医学检查】

日期:2019年7月31日。

被鉴定人自行步入检查室,神志清楚,对答切题,查体合作。头颅外观无畸形,左侧乳突压痛(±),右侧乳突压痛(-)。双侧耳廓外观未见异常,双侧外耳道通畅。双侧鼓膜检查结果见图5-5、彩图5-4。自诉:左耳外伤后鼓膜穿孔,目前听力差,伴耳鸣。

【耳内窥镜检查】

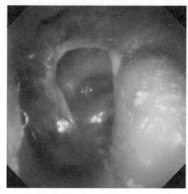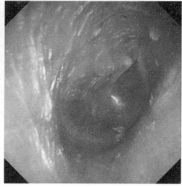

图 5-5　2019 年 7 月 31 日双侧鼓膜照相图片(彩图 5-4)

【笔录材料摘录】

张某 2019 年 4 月 22 日在公安机关的笔录材料中陈述：村里大部分村民都知道王某之前左耳有异常的情况，并在 2019 年 3 月底(具体日期不详)在县人民医院检查治疗。

【委托机关调查情况】

办案民警于 2019 年 5 月 31 日在某县人民医院调阅该院 2—5 月份耳鼻喉科的就诊记录本及收费记录，发现王某于 2019 年 3 月 24 日主因"左耳痛、流液体，听力下降"在该科就诊，具体门诊资料无。

【提出问题】

1. 根据法医学检查及双侧鼓膜照相资料，被鉴定人目前左耳鼓膜的愈合情况如何？
2. 根据现有材料，被鉴定人的损伤程度该如何评定？是否应该考虑伤病关系？
3. 受理该案时，如何防范和告知被鉴定人潜在的鉴定风险？

【涉及要点】

1. 病理性鼓膜穿孔损伤程度鉴定的注意事项。
2. 病理性鼓膜穿孔与外伤性鼓膜穿孔的鉴别要点。
3. 鼓膜穿孔的法医学鉴定注意事项。

第三节　外伤性听功能损害

1. 掌握中耳及内耳的解剖特征。
2. 掌握听力损伤的主要原因及临床表现。
3. 掌握主客观听力的检查及结果的法医学意义。
4. 涉及听力损伤的法医学鉴定原则。

1. 中耳及内耳的解剖特征。
2. 听力损伤的原因及临床表现。
3. 纯音电测听主观听力及客观听力的常用检查方法。

4. 主观听力及客观听力检查结果的法医学意义。
5. 涉及听力损伤案件的法医学鉴定注意事项。

时间分配

本节包括两幕(2学时),共90分钟,其中学生讨论时间为50分钟,学生分析总结发言25分钟,教师总结讲评15分钟。两次课间隔3~7天。

教学建议

在上课的前三天将案例资料及所提问题、学习要点以纸质或邮件形式发送给学生,请学生在课前预习案例资料,根据问题查找《法医临床学》《耳鼻咽喉头颈外科学》《法医临床检验规范》(SF/T 0111—2021)、《法医临床影像学检验实施规范》(SF/T 0112—2021)、《听力障碍法医学鉴定规范》(SF/Z JD0103001—2010)或文献等资料。上课时教师先依据学生数量进行分组(每组10~15人),以问题为导向的方式解读案例资料。

学生讨论时给予充分的自由空间,不干扰、不评论,讨论结束后由每组学生推选一名发言人进行每题的总结发言,教师在此过程中应认真评估学生掌握知识的深浅、分析问题思路的优点和不足,并逐一进行记录。每组同学在讨论过程中如提出新的问题,可进行团体讨论。各组回答结束后,由教师结合学生的掌握情况对学生缺乏的共性基础知识和鉴定思路进行讲解,对学生鉴定过程中存在的问题进行针对性点评和分析总结。

第 一 幕

【基本案情】

2019年10月20日16时许,王某(女,40岁)骑电动自行车由南向北行驶至某市某路十字路口,与同向行驶至该十字路口右转的货车(李某驾驶)发生碰撞后向右侧倒地受伤。王某伤后被120急救车送至市人民医院急诊科就诊,随后转诊至神经外科住院治疗。王某于2019年11月15日出院,出院后在家自行康复。

经市公安局交警队事故科鉴定,该起交通事故李某驾驶的货车负完全责任,王某不负责任。现王某将车主李某及其车辆保险公司诉至当地人民法院,为案件审理、赔偿需要,当地人民法院委托鉴定中心根据《人体损伤致残程度分级》(三部两院2017年1月1日执行)标准对王某2019年10月20日交通事故外伤进行伤残等级鉴定。

【病历摘要】

某市人民医院住院病历(住院号:XXX)记载如下。入院、出院日期分别为2019年10月20日和2019年11月15日。主因"车祸头部外伤2小时"急诊入院。急诊查体:神志清楚,检查合作,精神尚可,GCS评分为14分;双侧瞳孔等大、等圆,直径均为2 mm,对光反射灵敏;面部多处皮肤挫伤,左侧外耳道、鼻腔、口腔无出血及异常分泌物,右侧外耳道可见血性脑脊液漏;颈软无抵抗,四肢肌张力正常,肌力5级;右侧肘部有压痛,活动良好;生理反射存在,病理反射未引出。入院后行头颅CT检查示:右侧颞骨骨折,右侧颞部硬膜外血肿,见图5-6、图5-7。入院诊断:①中度开放性颅脑外伤:硬膜外血肿(右颞),颅骨骨折(右颞骨,线性),颅底骨折(右侧中颅窝)、脑挫伤;②面部皮肤挫伤;③右肘部软组织损伤。入院后完善各项检查,并给予抗炎、止血、营养神经、恢复脑功能等治疗。10月23日王某因右耳听力下降进行耳鼻喉会诊,电测听检查示右耳神经性耳聋。补充诊断:右侧听神经损伤,听力下降。出院诊断:①硬膜外血肿(右颞),颅骨骨折(右颞骨,线性),颅底骨折(右侧中颅窝)、脑挫伤;②面部皮肤挫伤;③右肘部软组织损伤;④右侧听神经损伤。出院时情况:患者一般情况可,诉时感头痛,精神不振,右耳听力下降无明显改善。

【提出问题】
1. 简述颞骨岩部的解剖特征及损伤后影像学改变。
2. 简述传音性耳聋与感音神经性耳聋的异同?
3. 被鉴定人2019年10月20日头部CT有哪些异常表现?
4. 本案例能否受理,受理此类案件时应注意哪些问题?是否还需要进行相关检查?

【涉及要点】
1. 神经性耳聋的常用检查。
2. 主观听力、客观听力检查结果的解读。
3. 涉及听力损伤的法医学鉴定注意事项。

【影像学资料】

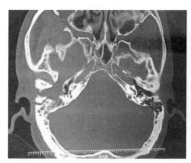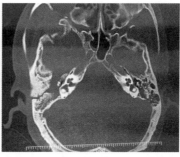

图5-6　2019年10月20日头部CT(骨窗)

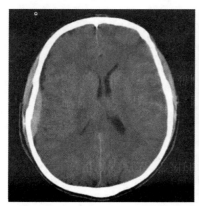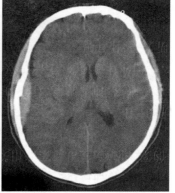

图5-7　2019年10月20日头部CT(脑实质)

第 二 幕

简单回顾上一幕的案件内容,复习与案件相关的医学、法医学知识。

【法医学检查】

日期:2020年5月31日。

被鉴定人自行步入检查室,神志清楚,查体合作。头颅外观无畸形,双瞳等大等圆,对光反射存在,额纹、鼻唇沟对称,鼓气、露齿、伸舌未见明显偏斜。双乳突无压痛,双耳廓无畸形,双侧外耳道通畅、干燥,鼓膜完整,标志尚可。自诉:有时头昏、头晕,右耳听不到,伴耳鸣。

【听功能辅助检查】

日期:2020年5月31日。

1. 纯音测听:言语频率(500 Hz、1000 Hz、2000 Hz、4000 Hz)气导听阈:右耳分别为60 dBHL、80 dBHL、80 dBHL、80 dBHL;左耳分别为25 dBHL、20 dBHL、30 dBHL、25 dBHL。
2. 中耳阻抗:右耳鼓室图呈AD型;左耳鼓室图呈A型,见图5-8。

3. 耳声发射：右耳各频率未引出，左耳未行检查。

4. 听性脑干诱发电位：左耳 90 dBnHL 显示Ⅰ、Ⅲ、Ⅴ波，Ⅴ波潜伏期（LⅤ）为 6.88 ms，右耳 90 dBnHL 显示Ⅰ、Ⅲ、Ⅴ波，Ⅴ波潜伏期（LⅤ）为 5.54 ms，双耳Ⅰ-Ⅲ间期、Ⅰ-Ⅴ间期在正常范围。反应阈：右耳 99 dBnHL；左耳 40 dBnHL。（本实验室校准后阈值右耳为 84 dBHL；左耳为 25 dBHL。）

5. 40 Hz 听觉相关电位言语频率（500 Hz、1000 Hz、2000 Hz）反应阈：右耳分别为 60 dBnHL、90 dBnHL、95 dBnHL；左耳分别为 45 dBnHL、40 dBnHL、40 dBnHL。（本实验室校准后阈值右耳分别为 45 dBHL、75 dBHL、80 dBHL；左耳分别为 30 dBHL、25 dBHL、25 dBHL。）

6. 听性稳态反应：言语频率（500 Hz、1000 Hz、2000 Hz、4000 Hz）反应阈校准后：右耳分别为 43 dBHL、74 dBHL、73 dBHL、71 dBHL；左耳分别为 23 dBHL、22 dBHL、23 dBHL、21 dBHL。

【影像学资料】

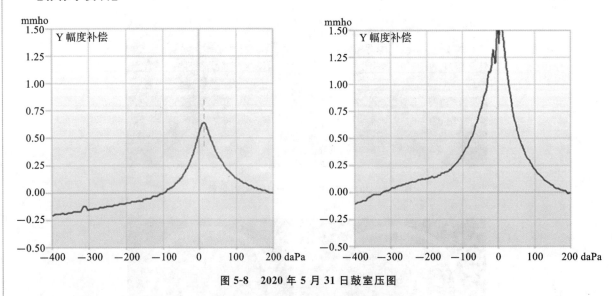

图 5-8　2020 年 5 月 31 日鼓室压图

【提出问题】

1. 对怀疑听力损伤的伤者进行法医学鉴定时，应进行哪些检查？
2. 不同听力检查方法的结果应如何解读和评价？其法医学意义是什么？
3. 被鉴定人目前真实的听力情况如何？如何分析其主、客观听力的差异？
4. 被鉴定人的伤残等级该如何评定？

【涉及要点】

1. 听力下降的常用检查方法及结果解读。
2. 诈聋的识别及检查技巧。
3. 听力下降的法医学鉴定要点。

第四节　突发性耳聋

学习目标

1. 掌握突发性耳聋的定义、原因及临床表现。
2. 突发性耳聋与外伤性耳聋的鉴别。
3. 涉及听力损伤的法医学鉴定原则。

学习要点

1. 突发性耳聋的定义。
2. 突发性耳聋的原因及临床表现。
3. 突发性耳聋的鉴别要点。
4. 涉及听力损伤的法医学鉴定注意事项。

时间分配

本节包括两幕(2学时),共90分钟,其中学生讨论时间为50分钟,学生分析总结发言25分钟,教师总结讲评15分钟。两次课间隔3~7天。

教学建议

在上课的前三天将案例资料及所提问题、学习要点以纸质或邮件形式发送给学生,请学生在课前预习案例资料,根据问题查找《法医临床学》《耳鼻咽喉头颈外科学》《法医临床检验规范》(SF/T 0111—2021)、《法医临床影像学检验实施规范》(SF/T 0112—2021)、《听力障碍法医学鉴定规范》(SF/Z JD0103001—2010)或文献、指南等资料。上课时教师先依据学生数量进行分组(每组10~15人),以问题为导向的方式解读案例资料。

学生讨论时给予充分的自由空间,不干扰、不评论,讨论结束后由每组学生推选一名发言人进行每题的总结发言,教师在此过程中应认真评估学生掌握知识的深浅、分析问题思路的优点和不足,并逐一进行记录。每组同学在讨论过程中如提出新的问题,可进行团体讨论。各组回答结束后,由教师结合学生的掌握情况对学生缺乏的共性基础知识和鉴定思路进行讲解,对学生鉴定过程中存在的问题进行针对性的点评和分析总结。

第 一 幕

【基本案情】

2018年6月1日16时30分许,王某(女,55岁)前往某市东华幼儿园接外甥放学回家。因小朋友玩耍过程中互相推搡时与其他孩子家长发生纠纷,并发生肢体冲突。王某在撕扯对方家长过程中被掌击左面部,致其右侧头部倒地,随即王某感头昏、耳鸣,数小时后出现右耳听力下降,左耳闷胀感。

2018年6月2日王某在家人陪同下前往当地派出所报案,6月25日王某就目前其听力下降情况向派出所提出损伤程度评定。派出所受理该案后,因办案需要委托当地市公安局司法鉴定中心根据《人体损伤程度鉴定标准》对王某2018年6月1日的外伤进行损伤程度评定。

【病历摘要】

某县人民医院2018年6月2日门诊病历记载如下。因"被人击打面部倒地后出现听力下降1天"入院,既往无吸烟、饮酒史,近期无感染史,高血压病史十余年。查体:神志清楚,头面部未见明显异常,右侧头部触痛(+-);双侧耳外耳未见异常,外耳道通畅,鼓膜未见穿孔,血压150/95 mmHg。专科检查见:电测听示右耳骨导(BC)43 dB,气导(AC)52 dB;左耳骨导25 dB,气导23 dB。初步诊断:右耳聋。建议:住院进一步检查、治疗,王某完成电测听后自行离院。

该院出院记录(住院号:XXX)记载如下。入院、出院日期分别为2018年6月4日和2018年6月20日,因"被人击打面部倒地后出现听力下降,加重3天"入院,既往无吸烟、饮酒史,近期无感染史,高血压病史十余年。入院查体:神志清楚,头面部未见明显异常,双侧瞳孔等大等圆,对光反射灵敏,右侧头部触痛(+-);双侧耳外耳未见异常,外耳道通畅,鼓膜未见穿孔。血压155/97 mmHg。专科检查见:电测听示右耳骨导消失,气导极重度聋,左耳骨导25 dB,气导23 dB。声导抗检查示:双耳鼓室压图呈"A"形;峰压点右耳0 daPa、左耳15 daPa;镫骨肌反射右耳同侧未引出,左耳对侧2 kHz 120 dB引出,0.5 kHz、1 kHz、4 kHz均未引出。听力学检查示双耳咽鼓管功能良好,右耳全聋。入院当天行颞骨薄层CT检查示双侧颞骨未见骨折,中耳鼓室、乳突窦腔清晰,腔内未见明显异常高低密度影,两侧听小骨、乳突、内耳未见明显异常(图5-9);行颞骨磁共振平扫检查(MR)及内耳迷路水成像检查无异常(图5-10,图5-11)。入院诊断:右耳突发性聋。入院后给予对症、支持治疗,患者听力改善后出院。出院诊断:右耳迷路震荡。出院时情况:患者一般情况可,诉听力较前改善,复查电测听结果示右耳骨导55 dB,气导64 dB,左耳骨导25 dB,气导23 dB。

【影像学资料】

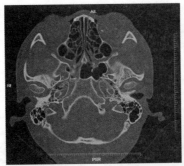
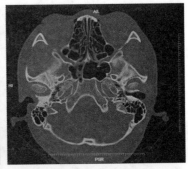

图5-9 入院时颞骨薄层CT检查

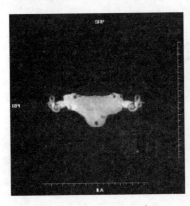
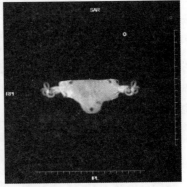

图5-10 入院时核磁内耳水成像

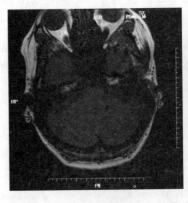
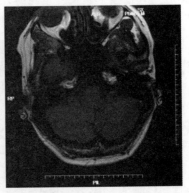

图5-11 入院时颞骨磁共振扫描

【提出问题】

1. 何谓突发性耳聋?试述其形成原因、临床表现和转归。
2. 被鉴定人的临床听力检查结果应该如何分析?

3. 被鉴定人入院时的 CT 及磁共振检查有无异常?
4. 本案例能否受理?受理该类案件时应注意哪些问题?

【涉及要点】
1. 突发性耳聋的定义。
2. 突发性耳聋的形成原因。
3. 涉及听力损伤的鉴定时限及注意事项。

第 二 幕

简单回顾上一幕的案件内容,复习与案件相关的医学、法医学知识。

【法医学检查】

日期:2019 年 10 月 8 日。

被鉴定人王某自行步入检查室,神志清楚,查体合作。头颅外观无畸形。双侧瞳孔等大等圆,对光反射存在,额纹、鼻唇沟对称,鼓气、露齿、伸舌未见明显偏斜。双乳突无压痛,双耳廓无畸形,双侧外耳道通畅、干燥,鼓膜完整,标志尚可。自诉:有时头昏、头晕,右耳听不到,伴耳鸣。

【辅助检查】

日期:2019 年 10 月 9 日。

1. 耳镜检查:双侧鼓膜稍内陷。
2. 颞骨薄层 CT 检查示:双侧颞骨未见骨折,中耳鼓室、乳突窦腔清晰,腔内未见明显异常高低密度影,两侧听小骨、乳突、内耳未见明显异常。
3. 纯音电测听:右耳骨导 40 dB,气导 50 dB,左耳骨导 25 dB,气导 23 dB。
4. 40 Hz 听觉相关电位言语频率(500 Hz、1000 Hz、2000 Hz)反应阈:左耳反应阈 500 Hz 35 dBnHL,1000 Hz 40 dBnHL,2000 Hz 35 dBnHL;右耳反应阈 500 Hz 45 dBnHL,1000 Hz 55 dBnHL,2000 Hz 60 dBnHL。(本实验室校准后阈值左耳分别为 20 dBHL、25 dBHL、20 dBHL;右耳分别为 30 dBHL、40 dBHL、45 dBHL)

【提出问题】
1. 对被鉴定人进行法医学检查时应注意哪些方面?
2. 根据听力检查结果,被鉴定人目前的听力情况如何?
3. 被鉴定人的损伤程度该如何评定?

【涉及要点】
1. 突发性耳聋的判定。
2. 主客观听力检查结果的判断分析。
3. 突发性耳聋的法医学鉴定注意事项。

第五节　鼻 骨 骨 折

学习目标

1. 掌握鼻骨的解剖特征。
2. 掌握鼻骨骨折的 X 线、CT 的影像学特点。
3. 掌握鼻骨骨折的主要临床表现和临床处理原则。
4. 掌握鼻骨骨折的法医学鉴定原则。

学习要点

1. 鼻骨的解剖特征。
2. 鼻骨骨折的 X 线所见。
3. 鼻骨骨折的 CT 所见。
4. 鼻骨骨折的临床表现。
5. 鼻骨骨折的法医学鉴定原则。

时间分配

本节包括两幕(2学时),共90分钟,其中学生讨论时间为50分钟,学生分析总结发言25分钟,教师总结讲评15分钟。两次课间隔3~7天。

教学建议

在上课的前三天将案例资料及所提问题、学习要点以纸质或邮件形式发送给学生,请学生在课前预习案例资料,根据问题查找《法医临床学》《耳鼻咽喉头颈外科学》《法医临床检验规范》(SF/T 0111—2021)、《法医临床影像学检验实施规范》(SF/T 0112—2021)或相关文献资料。上课时教师先依据学生数量进行分组(每组10~15人),以问题为导向的方式解读案例资料。

学生讨论时给予充分的自由空间,不干扰、不评论,讨论结束后由每组学生推选一名发言人进行每题的总结发言,教师在此过程中应认真评估学生掌握知识的深浅、分析问题思路的优点和不足,并逐一进行记录。每组同学在讨论过程中如提出新的问题,可进行团体讨论。各组回答结束后,由教师结合学生的掌握情况对学生缺乏的共性基础知识和鉴定思路进行讲解,对学生鉴定过程中存在的问题进行针对性点评和分析总结。

第 一 幕

【基本案情】

2016年12月24日晚,被鉴定人冯某(男,32岁)与晏某(男,28岁)等五人在某市一烧烤店吃饭,期间冯某与晏某因喝酒产生纠纷,进而发生肢体冲突。打斗过程中,冯某被晏某用拳打击头部、面部、胸部和肩背部致伤。110民警到达现场随后将冯某送至区医院检查治疗,为进一步治疗,冯某转至市中西医结合医院住院治疗,经检查发现鼻骨骨折。

现冯某自诉外伤造成其鼻骨粉碎性骨折,报案后派出所民警委托某市公安局司法鉴定中心针对冯某2016年12月24日的外伤情况进行损伤程度鉴定。

【病历摘要】

1. 某区人民医院2016年12月24日门诊病历记载如下。主诉:被人殴打头部、面部、胸部及肩背部导致全身多处受伤。查体:双侧瞳孔等大等圆、直径为3 mm,对光反射灵敏,头皮散在压痛,无皮肤破损,鼻部青紫肿胀,鼻背部明显压痛,未扪及明显骨折端,头部未扪及皮下血肿,右侧肩背部明显压痛,右肩活动可,脊柱四肢无畸形,各椎体无叩压痛,四肢感觉及功能活动正常。入院后行X线检查,结果见图5-12。门诊诊断:全身多处软组织伤,鼻骨骨折。

2. 某市中西医结合医院出院记录(住院号:XXX)如下。入院、出院日期分别为2016年12月25日和2016年12月30日。主诉:1天前被人殴打头面部、胸部及肩背部致软组织损伤、鼻骨骨折。查体:神志清楚,双侧瞳孔等大等圆,直径3 mm,对光反射灵敏,头皮散在压痛,未扪及皮下血肿,鼻背部明显压痛、鼻部淤肿,右侧肩背部明显压痛,右肩活动可,脊柱四肢无畸形,各椎体无叩压痛,四肢感觉及功能活动正常。外院X线检查(2016年12月24日)示鼻骨骨折。入院后于2016年12月25日行头部CT检查:双侧颞颌关节未见明显骨折及脱位征象,左侧鼻骨骨折,右侧鼻骨可疑骨折,右侧上颌窦少许炎症变可能,考虑蝶窦慢性炎变伴双下鼻肥大,鼻中隔偏曲,见图5-13。入院时诊断如下。中医诊断:①鼻骨骨折(筋断筋伤);②头面部等多处软组织挫伤(气滞血瘀)。西医诊断:①鼻骨骨折;②头面部等多处软组织挫伤。入院后完善必要检查,给予对症、支持治疗。患者入院后于12月26日再次行鼻骨CT检查,结果见图5-14。出院诊断如下。中医诊断:①鼻骨骨折(筋断筋伤);②头面部等多处软组织挫伤(气滞血瘀)。西医诊断:①双侧鼻骨骨折;②头面部等多处软组织挫伤。出院时情况:患者一般情况可,诉鼻部疼痛较前缓解。查体:鼻背部压痛(+),鼻背部仍略显肿胀。

【影像学资料】

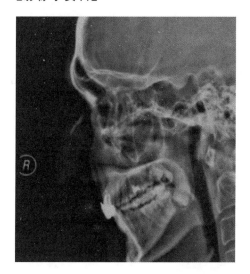

图5-12　2016年12月24日鼻骨X片

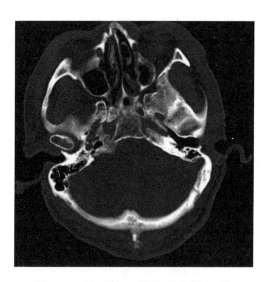

图5-13　2016年12月25日头部CT片

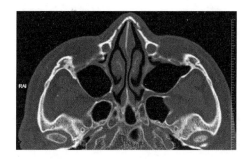

图5-14　2016年12月26日鼻部CT

【提出问题】
1. 简述鼻骨的解剖特征。
2. 被鉴定人入院后鼻部X线和CT检查有哪些异常改变?
3. 本案例能否受理?受理此类案件时应注意哪些问题?

【涉及要点】
1. 鼻骨骨折的X线及CT检查的影像学特征。
2. 受理鼻骨骨折案件的法医学鉴定注意事项。

第 二 幕

简单回顾上一幕的案件内容,复习与案件相关的医学、法医学知识。

【法医学检查】

日期:2016年12月31日。

被鉴定人冯某神志清楚，自行步入检查室，对答切题，查体合作。鼻背部略青紫、肿胀，压痛（＋），颅神经征（－）。心肺腹（－），四肢肌力、肌张力正常，腱反射存在，病理征（－）。余未见异常。自诉：鼻背疼，不舒服。

【提出问题】

1. 对被鉴定人进行法医学检查时应如何查体？主要包括哪些方面？

2. 对被鉴定人受伤后的 X 线片及 CT 片进行解读。

3. 根据病历材料及鉴定时审阅送检的影像学资料，被鉴定人的鼻骨骨折情况如何（是线性还是粉碎性骨折）？试分析其致伤形成机制。

4. 被鉴定人的损伤程度该如何评定？

【涉及要点】

1. 鼻骨骨折的鉴定时机及检查要点。

2. 涉及鼻骨骨折损伤程度鉴定的注意事项。

（郭相杰）

第六章　口腔颌面部损伤

第一节　外伤性牙缺失、脱位

学习目标

掌握面部和面部中心区的范围、牙损伤的类型、口腔颌面部及牙损伤、牙槽骨骨折的临床表现及法医学鉴定原则。

学习要点

1. 面部和面部中心区的范围、口唇的范围。
2. 牙损伤的类型。
3. 口腔颌面部及牙损伤、牙槽骨骨折的临床表现。
4. 临床常用的牙位记录方法。
5. 面颊穿透创、口唇全层裂创的鉴定要点。
6. 牙折及牙脱落、牙槽骨骨折的鉴定要点。

时间分配

本节包括两幕(2学时)，共90分钟，其中学生讨论时间为50分钟，学生分析总结发言25分钟，教师总结讲评15分钟。两次课间隔3~7天。

教学建议

在上课的前三天将案例资料及所提问题、学习要点以纸质或邮件形式发送给学生，请学生在课前预习案例资料，根据问题查找《法医临床学》《口腔科学》《法医影像学》等教材或文献、《法医临床检验规范》(SF/T 0111—2021)、《法医临床影像学检验实施规范》(SF/T 0112—2021)等资料。上课时依据学生数量进行分组(每组10~15人)，以问题为导向的方式解读案例资料。

学生讨论时给予充分的自由空间，不干扰、不评论，讨论结束后由每组学生推选一名发言人进行每题的总结发言，教师在此过程中应认真评估学生掌握知识的深浅、分析问题思路的优点和不足，并逐一进行记录。每组同学在讨论过程中如提出新的问题，可进行团体讨论。各组回答结束后，由教师结合学生的掌握情况对学生缺乏的共性基础知识和鉴定思路进行讲解,对学生鉴定过程中存在的问题进行针对性点评和分析总结。

第 一 幕

【基本案情】

2019年10月11日,被鉴定人张某(男,51岁)在某餐厅门前,因琐事与他人发生口角纠纷,被对方用硬物击伤头面部,伤后入住某武警医院诊治。因公安机关办案需要,委托对被鉴定人张某的损伤程度及伤残等级(依照《人体损伤致残程度分级》标准)进行法医学鉴定。

【病历摘要】

某武警医院出院记录(住院号:XXX)如下。入院、出院日期分别为2019年10月11日和2019年10月15日。主诉:被人打伤面部后疼痛、流血2个半小时。查体:神清,痛苦面容,左侧额部可见两处不规则分别长约5 cm及3 cm皮肤裂口,深及皮下,活动性出血,左侧上唇白唇至红唇及唇黏膜可见不规则裂口,深及肌肉,活动性出血,下唇左侧可见贯通性伤口,皮肤伤口与唇黏膜相通,活动性出血,部分上切牙缺失。入院后急送手术室行左额部及上下唇清创缝合术。10月15日邀请口腔科会诊,查体:左侧上下唇外侧缘各见约2 cm、3 cm创口,缝线存留,创口愈合良好,无明显红肿,张口正常,口内见11-23牙缺失,21-23牙见拔牙窝愈合创面,上面肉芽组织修复,稍红肿,未见明显血性液体渗出,余未见明显异常。CBCT检查示11-23牙缺失,21-23牙见空虚的牙槽窝,周围牙槽间隔明显,见图6-1。出院诊断:①左侧额部及上下唇皮肤软组织挫裂伤;②11牙缺失;③21-23牙脱位。出院时情况:诉伤处疼痛,伤口局部无明显红肿及分泌物。

【影像学资料】

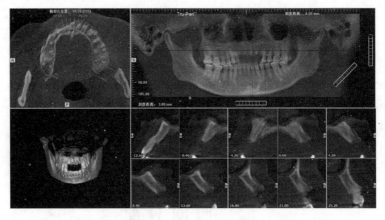

图6-1 伤后口腔CT片

【提出问题】

1. 本案例涉及何种类型损伤?具有哪些临床特点?
2. 简述牙损伤的部位、原因及对个体功能的影响。
3. 临床上有哪些记录牙损伤部位和特点的方法?
4. 牙损伤后口腔影像学检查(X线片及CT片)有何异常表现?
5. 本案例能否受理?受理此类案件时应注意哪些问题?

【涉及要点】

1. 面部和面部中心区、口唇的范围划分。
2. 牙损伤的类型、致伤原因。
3. 牙脱位的临床表现及影像学特征。
4. 牙槽骨骨折的影像学特征(X线片及CT片)及判读。

第 二 幕

简单回顾上一幕的案件内容,复习与案件相关的医学、法医学知识。

【法医学检查】

日期:2019 年 10 月 15 日。

被鉴定人神志清楚,自行入室,对答切题。左眉弓中部见一 3.3 cm×0.1 cm 大小斜行已缝合伤口,其最远端缝线间长度为 3.0 cm;左眉弓外侧见一 2.5 cm×0.1 cm 大小不规则形已缝合伤口,其最远端缝线间长度为 2.3 cm。左上唇自皮肤经红唇至口腔内黏膜见一斜行已缝合伤口,其中皮肤及唇红处最远端缝线间长度为 1.5 cm(其中 1.0 cm 处于皮肤,0.5 cm 为唇红),宽度为 0.1 cm。左口角上方皮肤见一 0.5 cm×0.1 cm 大小已缝合伤口。左下唇皮肤见一 2.5 cm×0.1 cm 大小横行已缝合伤口,其中最远端缝线间长度为 2.2 cm,其相应的口腔黏膜见一已缝合伤口。牙齿缺失,相应牙槽窝空虚,见少许血痂附着,其余牙齿无缺失或松动,叩痛(一)。见图 6-2、彩图 6-1。被鉴定人自诉伤处疼痛不适。

【法医学检验照片】

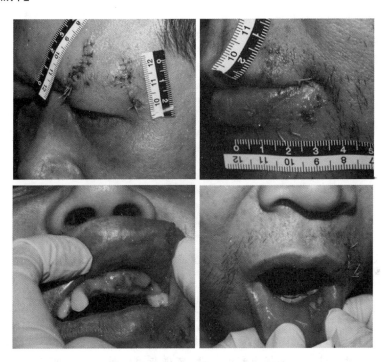

图 6-2　法医学体检时照片(彩图 6-1)

【提出问题】

1. 进行法医学检查时应包括哪些内容?重点应注意哪些问题?

2. 颜面部及口腔黏膜的创口长度如何测量?

3. 被鉴定人牙齿缺失是既往缺失还是本次外伤所致?法医学检验时需要从哪些方面区分有无牙齿疾病及分析伤病关系?

4. 被鉴定人是否存在口唇全层裂创?

5. 被鉴定人的损伤程度和伤残等级该如何评定?

【涉及要点】

1. 面部创口、牙损伤的法医学检查内容及查体要点。

2. 面颊穿透创、口唇全层裂创的鉴定要点。

3. 面部创口、牙损伤的法医学鉴定时机及评定原则。

4. 面部创口、牙损伤的损伤程度及伤残等级鉴定注意事项。

第二节 颜面部挫裂伤遗留瘢痕的测量

学习目标

掌握面部和面部中心区的划分标准、不规则形状的瘢痕面积的测量方法、颌面部软组织损伤的法医学鉴定原则。

学习要点

1. 面部和面部中心区的划分标准。
2. 不规则形状的瘢痕面积的常用测量方法。
3. 颌面部软组织损伤的鉴定要点。

时间分配

本节包括两幕(2学时),共90分钟,其中学生讨论时间为50分钟,学生分析总结发言25分钟,教师总结讲评15分钟。两次课间隔3~7天。

教学建议

在上课的前三天将案例资料及所提问题、学习要点以纸质或邮件形式发送给学生,请学生在课前预习案例资料,根据问题查找《法医临床学》《外科学》教材或文献、《法医临床检验规范》(SF/T 0111—2021)等资料。上课时依据学生数量进行分组(每组10~15人),以问题为导向方式解读案例资料。

学生讨论时给予充分的自由空间,不干扰、不评论,讨论结束后由每组学生推选一名发言人进行每题的总结发言,教师在此过程中应认真评估学生掌握知识的深浅、分析问题思路的优点和不足,并逐一进行记录。每组同学在讨论过程中如提出新的问题,可进行团体讨论。各组回答结束后,由教师结合学生的掌握情况对学生缺乏的共性基础知识和鉴定思路进行讲解,对学生鉴定过程中存在的问题进行针对性点评和分析总结。

第 一 幕

【基本案情】

2019年2月13日,被鉴定人王某某(男,11岁)因步行通过无信号灯的马路路口时被一小型客车致伤头面部,被家属送入某市人民医院诊治。家属称患儿年龄小,外伤后面部遗留了明显瘢痕,影响容貌,不仅构成伤残,而且患儿目前的治疗还不充分,在该市烧伤医院整形科评估的后期整形美容费用为145000元,车方及保险公司认为金额过高,不同意赔付。现因处理案件需要,由办案机关委托对被鉴定人王某某的伤残等级(依照《人体损伤致残程度分级》标准)及后期治疗费用进行法医学鉴定。

【病历摘要】

某市人民医院出院记录(住院号:XXX)如下。入院、出院日期分别为2019年2月13日和2019年2月25日。主诉:车祸致伤颜面部伴疼痛、流血4小时。查体:神清,精神欠佳,双瞳孔等大等圆,对光反射灵敏,余颅神经征(一)。左面部、前额可见两处皮肤挫裂伤,伤口不规则,分别长约3 cm、7 cm,深达肌层,活动性渗血,伤口内见少量沙泥状异物残留。心肺腹(一),四肢肌力、肌张力正常。生理反射存在,病理征未引出。入院后头部 CT 检查提示颅骨、脑实质未见明显异常,于 2 月 13 日行颜面部多处软组织挫裂伤清创缝合术,术后给予抗感染等对症支持治疗。出院诊断:颜面部多处软组织挫裂伤。出院时情况:患儿一般情况可,前额裂伤伤口已拆线,无明显肿胀及渗血、渗液。

【提出问题】

1. 本案例涉及何种类型损伤?
2. 颌面部软组织损伤的鉴定时机如何?
3. 面部瘢痕的长度和面积应如何测量?
4. 测量颜面部瘢痕时应注意哪些问题?

【涉及要点】

1. 面部和面部中心区的划分标准。
2. 颌面部创伤及瘢痕面积的测量方法。
3. 颌面部软组织损伤的鉴定时机。

第 二 幕

简单回顾上一幕的案件内容,复习与案件相关的医学、法医学知识。

【法医学检查】

日期:2019 年 10 月 15 日。

被鉴定人身高 143 cm,体重 35 kg,神清,自行入室,对答切题。双侧瞳孔等大等圆,对光反射灵敏,余颅神经征(一)。左额部(发际外)眉弓上方见三处不规则形状的瘢痕;右额部(发际外)经右眉弓、右鼻根、鼻背至双侧鼻翼见一处不规则形状的瘢痕,具体测量见图 6-3、彩图 6-2。左颧弓处见两处条状瘢痕。面部全部瘢痕均较平坦,无明显隆起及凹陷,色淡红。双侧眼睑闭合正常,鼻部外观形态可,无明显偏斜及变形。自述鼻背部瘢痕处常感瘙痒不适,有时搔抓后会红肿。

【法医学检验照片】

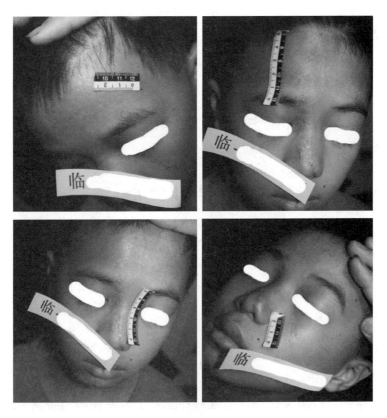

图 6-3 法医查体时照片(彩图 6-2)

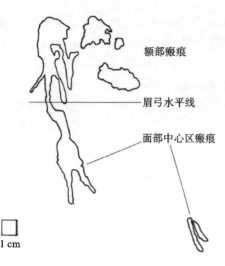

图 6-4 薄膜法描记的面部瘢痕形态特征

【瘢痕面积测量】

采用薄膜法描记被鉴定人的面部瘢痕形状轮廓,见图 6-4。经计算机软件法测量各处瘢痕面积。左额部(发际外)眉弓上方见三处不规则形状的瘢痕,面积分别为 2.68 cm^2、0.27 cm^2 和 3.11 cm^2。右额部(发际外)经右眉弓、右鼻根、鼻背至双侧鼻翼见一不规则形状的瘢痕,面积为 13.93 cm^2。左颧弓处见两处条状瘢痕,面积分别为 0.49 cm^2 和 0.35 cm^2。上述瘢痕中位于面部中心区的条状瘢痕累计长度为 12.8 cm,其中宽度达 0.3 cm 以上的条状瘢痕累计长度为 9.8 cm,宽度在 0.2~0.3 cm 之间的条状瘢痕累计长度为 3.0 cm。被鉴定人面部全部瘢痕均较平坦,无明显隆起、凹陷及牵扯,色淡红。

【提出问题】

1. 采用薄膜法描记颜面部瘢痕时应注意什么?
2. 采用薄膜法描记瘢痕后应如何计算面积?
3. 成人及儿童的体表总面积应如何计算?
4. 被鉴定人的伤残等级该如何评定?
5. 被鉴定人后期还需要进行哪些治疗,所需费用该如何评估?

【涉及要点】

1. 不规则形状瘢痕的测量与面积计算。
2. 法医学鉴定中条状瘢痕、块状瘢痕的认定原则。
3. 颌面部软组织的损伤程度及伤残等级鉴定注意事项。

第三节 面神经损伤导致的面瘫、听力下降

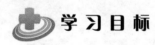

学习目标

面神经损伤的原因和机制、临床表现及法医学鉴定原则。

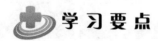

学习要点

1. 面神经的解剖特征及生理功能。
2. 面神经损伤的常见原因和机制。
3. 面神经损伤的临床表现及检查方法。
4. 周围性面瘫与中枢性面瘫的鉴别要点。
5. 面神经损伤的法医学鉴定原则。

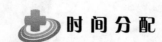

时间分配

本节包括两幕(2 学时),共 90 分钟,其中学生讨论时间为 50 分钟,学生分析总结发言 25 分钟,教师总结讲评 15 分钟。两次课间隔 3~7 天。

第六章 口腔颌面部损伤

教学建议

在上课的前三天将案例资料及所提问题、学习要点以纸质或邮件形式发送给学生,请学生在课前预习案例资料,根据问题查找《法医临床学》《神经病学》《法医影像学》教材或文献、《法医临床检验规范》(SF/T 0111—2021)、《法医临床影像学检验实施规范》(SF/T 0112—2021)、《听力障碍法医学鉴定规范》(SF/Z JD0103001—2010)等资料。上课时依据学生数量进行分组(每组10~15人),以问题为导向方式解读案例资料。

学生讨论时给予充分的自由空间,不干扰、不评论,讨论结束后由每组学生推选一名发言人进行每题的总结发言,教师在此过程中应认真评估学生掌握知识的深浅、分析问题思路的优点和不足,并逐一进行记录。每组同学在讨论过程中如提出新的问题,可进行团体讨论。各组回答结束后,由教师结合学生的掌握情况对学生缺乏的共性基础知识和鉴定思路进行讲解,对学生鉴定过程中存在的问题进行针对性点评和分析总结。

第 一 幕

【基本案情】

2015年10月28日,被鉴定人胡某某(女,19岁)在路边使用滑行工具(旱冰鞋)滑行时,不慎与一对向驶来的摩托车发生碰撞致头面部等多处受伤,伤后被送到某中医院诊治。因公安机关办案需要,委托对被鉴定人胡某某的损伤程度和伤残等级(依照《人体损伤致残程度分级》标准)进行法医学鉴定。

【病历摘要】

1. 某中医院出院记录(住院号:XXX)如下。入院、出院日期分别为2015年10月28日和2015年12月3日。主诉:外伤后意识不清1.5小时。查体:患者浅昏迷,GCS评分为8分(E1V1M6)。躁动不安,检查欠配合,双侧瞳孔等圆等大,直径约为3 mm,对光反射迟钝,右侧颞顶部见约3 cm长的皮肤裂伤,并活动性出血,边缘欠齐整,污染不明显,已急诊予以清创缝合,术区敷料外观干洁,无渗血渗液,右侧额部头皮下血肿。心肺未见异常。肌力、肌张力检查不配合,四肢可自主活动;病理征未引出,脑膜刺激征(一)。2015年10月29日于我院行CT检查:①左侧额颞顶枕部硬膜下血肿;左侧颞叶少许脑挫裂伤;少量蛛网膜下腔出血,颅内少量积气;②右侧颞骨骨折,累及右侧乳突,右侧乳突和双侧蝶窦积液、积血;③右额颞部头皮下血肿,见图6-5。入院后完善相关检查,予脱水降颅压、减轻脑水肿、止血、抗感染、排痰、护胃、补液支持、营养神经、消肿等治疗。2015年11月11日面神经肌电图检查结果如下。运动神经传导:①右侧面神经(颞支、颊支)传导波幅较左侧降低,分别下降91%、92%;潜伏期正常。②左侧面神经(颞支、颊支)波幅及潜伏期正常。提示右侧面神经周围性损害。2015年11月11日脑干听觉诱发电位检查结果:双耳给予80 dB刺激,左侧均可诱导出Ⅰ、Ⅲ、Ⅴ波,波形分化重复性好,各波潜伏期和波间期未见异常;右侧各波均未能引出。提示右侧听觉传导通路障碍,外周段。2015年12月1日纯音测听结果:右耳呈混合性聋,言语频率气导听阈均值为40 dB;左耳听力正常,言语频率气导听阈均值为13 dB。2015年11月30日颅脑MR+面神经成像检查:①左侧额颞叶脑挫裂伤,脑桥与左侧桥臂交界处后部脑挫裂伤,左侧额颞顶枕部少量硬膜下血肿;②右侧乳突积血;③颅脑MRA未见异常;④面神经成像(结合头颅薄层CT)显示,右侧面神经乳突段较左侧明显增粗肿胀,考虑面神经损伤。2015年12月1日声导抗检查结果如下。双耳鼓室图呈A型;右耳同侧、对侧声反射均消失,左耳同侧声反射存在,对侧声反射消失。2015年12月17日面神经肌电图检查结果如下。运动神经传导:①右侧面神经(颞支、颊支)传导波幅较左侧降低,分别下降70%、69%;潜伏期正常;②左侧面神经(颞支、颊支)波幅及潜伏期正常,提示右侧面神经周围性损害,对比2015年11月11日面神经CMAP较前好转。出院诊断:①头部外伤;②硬膜外血肿(左侧额颞顶枕部);③脑挫伤(颞叶);④脑干挫伤;⑤创伤性蛛网膜下腔出血;⑥颅底骨折;⑦颞骨骨折(右侧);⑧周围性面神经麻痹(右侧);⑨面神经损伤(右侧);⑩混合性耳聋(右耳);⑪头皮裂伤(右侧颞顶部);⑫头皮血肿。出院情况:一般情况可,心肺腹查体未见异常,头部伤口愈合可,右侧额纹消失,鼻唇沟变浅,右眼睑闭合不全,口角向左侧歪斜,诉右耳耳鸣、听力下降。

该院 2016 年 3 月 3 日颞骨螺旋 CT 平扫+三维重组结果:右侧颞骨陈旧性骨折,累及右侧乳突,骨折线达中耳腔,右侧听小骨脱位,右侧锤骨游离,向上移位至右侧乳突窦入口,右侧乳突气房少量积液或积血。

该院 2016 年 3 月 8 日声导抗检查结果:双耳鼓室图呈 A 型;右耳同侧声反射消失、对侧声反射部分消失,左耳同侧声反射存在,对侧声反射消失。

该院 2016 年 3 月 11 日门诊复诊病历记载如下。主诉:外伤后右侧口眼歪斜 3 个多月。查体:右侧额纹消失,鼻唇沟变浅,右眼睑闭合不全,口角向左侧歪斜,鼓腮、吹哨动作不能完成;右耳耳鸣,听力下降,四肢肌力、肌张力正常。病理征未引出,脑膜刺激征(一)。初步诊断:面神经麻痹。

2. 2016 年 3 月 28 日某市人民医院纯音测听结果如下。右耳:纯音测听结果显示气骨导听力下降,500 Hz、1000 Hz、2000 Hz 存在气骨导差。500 Hz、1000 Hz、2000 Hz、4000 Hz 四个频率的平均纯音阈值为 40 dBHL。(气骨导检查对侧耳给予掩蔽)。左耳:纯音测听结果显示气骨导听力正常,500 Hz、1000 Hz、2000 Hz、4000 Hz 四个频率的平均纯音阈值为 10 dBHL。提示:右耳听力轻度混合性异常;左耳听力正常。

【影像学资料】

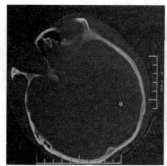
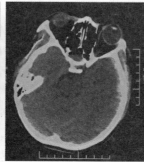
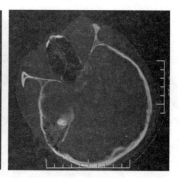

图 6-5　入院时头部 CT 片

【提出问题】

1. 本案例涉及哪些类型损伤?具有哪些临床特点?
2. 被鉴定人入院时的头部 CT 片有何异常表现?
3. 被鉴定人发生面瘫的损伤原因、机制及临床表现?
4. 被鉴定人发生右耳听力下降的原因是什么?听功能障碍常见的检查方法有哪些?
5. 本案例能否受理?鉴定时机该如何把握?

【涉及要点】

1. 面神经的解剖走行及生理功能。
2. 面神经损伤的常见原因和机制。
3. 面神经损伤的临床表现。
4. 听功能障碍的分级与常用检查方法。
5. 面神经损伤的鉴定时机。

第 二 幕

简单回顾上一幕的案件内容,复习与案件相关的医学、法医学知识。

【法医学检查】

日期:2016 年 7 月 2 日。

被鉴定人神志清楚,自行入室,对答切题。双侧瞳孔等大正圆,直径 4.0 mm,对光反射灵敏。右侧额纹减少,鼻唇沟变浅,口角向左侧歪斜;右侧不能皱眉、眼睑不能完全闭合,露齿时口角歪向左侧,鼓腮时右侧漏气;右侧舌体味觉减退。四肢肌力Ⅴ级,肌张力正常。双侧生理反射正常,病理反射征阴性。自诉口眼歪斜无明显改善,右耳耳鸣,听力下降。

【辅助检查】

2016年7月2日面神经肌电图检查结果如下。①运动神经传导:右侧面神经(颞支、颧支、颊支、下颌支和颈支)CMAP波幅较左侧降低,潜伏期正常。左侧面神经(颞支、颧支、颊支、下颌支和颈支)CMAP波幅及潜伏期正常。②所检肌可见大量募集不成功的自发电位。

2016年7月2日纯音测听检查结果:右耳气骨导听力下降,存在气骨导差,左耳气骨导听力正常。气导言语频率(500 Hz、1000 Hz、2000 Hz、4000 Hz)平均听阈:右耳45 dBHL;左耳15 dBHL。

2016年7月2日40 Hz听觉相关电位检查结果:言语频率(500 Hz、1000 Hz、2000 Hz、4000 Hz)反应阈均值:右耳55 dBHL,左耳25 dBHL。(本实验室40 Hz听觉相关电位各频率反应阈值的修正值均为15 dBHL)。

【提出问题】

1. 对面神经损伤的被鉴定人进行鉴定时应考虑从哪些方面着手?
2. 2016年7月2日被鉴定人面神经检查结果应如何解读?
3. 2016年7月2日被鉴定人的听觉功能检查结果如何解读?与以前的检查有无差异?
4. 如何鉴别被鉴定人发生的面瘫是中枢性的还是周围性的?
5. 被鉴定人的损伤程度和伤残等级该如何评定?

【涉及要点】

1. 面神经损伤的检查方法。
2. 周围性面瘫与中枢性面瘫的鉴别要点。
3. 面神经损伤的法医学鉴定原则。
4. 听功能障碍的法医学鉴定原则及主客观检查结果的评价。

第四节　颌面多发性骨折与张口受限

学习目标

掌握颌面骨与颞下颌关节损伤的分类、损伤原因和机制、临床表现及法医学鉴定原则。

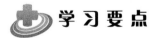

学习要点

1. 颌骨骨折和颞下颌关节损伤的原因和机制。
2. 颌骨骨折的损伤类型。
3. 颌骨骨折和颞下颌关节损伤的临床表现。
4. 张口活动度的概念以及检查方法。
5. 颌骨骨折及颞下颌关节损伤的法医学鉴定原则。

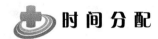

时间分配

本节包括两幕(2学时),共90分钟,其中学生讨论时间为50分钟,学生分析总结发言25分钟,教师总结讲评15分钟。两次课间隔3~7天。

教学建议

在上课的前三天将案例资料及所提问题、学习要点以纸质或邮件形式发送给学生,请学生在课前预习案例资料,根据问题查找《法医临床学》《耳鼻咽喉头颈外科学》《法医影像学》教材或文献、指南等资料。上课时依据学生数量进行分组(每组10~15人),以问题为导向方式解读案例资料。

学生讨论时给予充分的自由空间,不干扰、不评论,讨论结束后由每组学生推选一名发言人进行每题的总结发言,教师在此过程中应认真评估学生掌握知识的深浅、分析问题思路的优点和不足,并逐一进行记录。每组同学在讨论过程中如提出新的问题,可进行团体讨论。各组回答结束后,由教师结合学生的掌握情况对学生缺乏的共性基础知识和鉴定思路进行讲解,对学生鉴定过程中存在的问题进行针对性点评和分析总结。

第 一 幕

【基本案情】

2017年12月10日上午7时许,被鉴定人吕某某(女,38岁)驾驶二轮摩托车沿某大道直行至路口时,与一辆右侧转向的小轿车发生碰撞,致头面部及全身多处受伤,伤后入住某市中心医院行手术治疗。因案例审理需要,现办案机关委托对被鉴定人吕某某的损伤程度及伤残等级进行法医学鉴定。

【病历摘要】

1. 某市中心医院出院记录(住院号:XXX)如下。入院、出院日期分别是2017年12月11日和2017年12月25日。主诉:车祸致面部全身外伤半天余。查体:神清,痛苦貌,面部轻度畸形,右面部肿胀,张口度约为15 mm,右眼眶周瘀肿,上颌窦前壁、外侧壁及右颧弓压痛明显,扪及阶梯感,双侧髁状突区未扪及明显疼痛。内牙列完整,上下颌牙列咬合关系尚好。入院后完善必要检查,行颌面部CT检查提示颌面多发性骨折:右上颌窦前壁、右颧弓骨折,见图6-6。于12月16日在全麻下行右上颌骨骨折开放复位+内固定术,术后给予抗感染、对症治疗。出院诊断:①颌面多发性骨折(右上颌窦前壁、右颧弓骨折);②牙震荡;③全身多处软组织挫裂伤、皮肤擦伤。出院情况:患者神清,精神可,伤口愈合可。

该院第二次出院记录(住院号:YYY)如下。入院、出院日期分别是2018年6月16日和2018年6月23日。主诉:右颌面部骨折术后6个月,右面部肿胀2个月。查体:神清,右面部肿胀,表面皮肤发红,张口度、张口型正常,口内右上颌牙龈切口未见明显异常,未见内固定物外露,局部牙龈无明显红肿,上下颌咬口关系好。入院后完善检查,复查颌面部CT及三维重组片,见图6-7、图6-8、彩图6-3。于6月18日行右上颌面部钛内固定物取出术,术后给予对症治疗。出院诊断:①右上颌骨内固定物排斥?②右上颌骨、颧骨、颧弓骨折术后。出院情况:患者伤口愈合可,缝线存,轻微肿胀。

2. 某市人民医院2019年2月26日出具的疾病诊断证明书内容如下。诊断意见:右侧上颌骨、颧骨骨折。处理意见:①右上颌骨、颧骨、颧弓骨折术后;②张口受限(开口度1.5 cm);③右侧面容畸形。

【影像学资料】

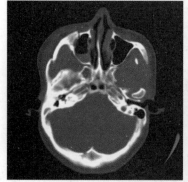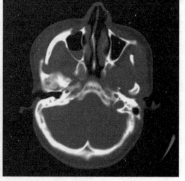

图6-6 入院时颌面部CT片

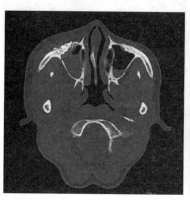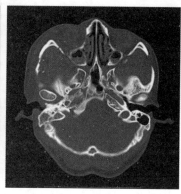

图 6-7　骨折复位内固定术后复查 CT 片

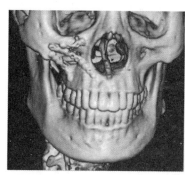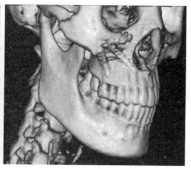

图 6-8　骨折复位内固定术后复查 CT 片（彩图 6-3）

【提出问题】

1. 本案例涉及哪些类型的损伤？具有哪些临床特点？
2. 颌骨骨折及颞下颌关节损伤的常见原因是什么？简述其发生机制及临床表现。
3. 被鉴定人具有哪些临床表现？这些表现与其遗留症状是否存在关联性？
4. 本案例能否受理？受理此类案件时应注意哪些问题？

【涉及要点】

1. 结合口腔医学及影像学知识复习颌骨骨折及颞下颌关节损伤的常见损伤病因及机制。
2. 颌骨骨折及颞下颌关节损伤的临床症状及影像学特征。
3. 涉及颌骨骨折、颞下颌关节损伤的案例，法医学鉴定时送检材料的审核原则。

第 二 幕

简单回顾上一幕的案件内容，复习与案件相关的医学、法医学知识。

【法医学检查】

日期：2019 年 3 月 19 日。

被鉴定人神志清楚，自行入室，问话无应答，检查配合性不良，家属诉其因张口受限而不能开口说话。双侧面部外观基本对称，未见明显瘢痕增生及面部畸形。双侧颞下颌关节结构触诊未及骨折，无弹响，局部无明显压痛。上下颌牙列咬合关系可。主动张口明显受限，不能置入一横指。

嘱被鉴定人复查张口位、闭口位颌面部 CT 片，见图 6-9、彩图 6-4。

【影像学复查】

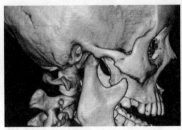
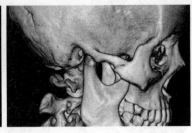

图 6-9　2019 年 3 月 19 日复查的张口位、闭口位颌面部 CT 片（彩图 6-4）

【提出问题】

1. 被鉴定人进行法医学检查时应如何查体？主要包括哪些方面？
2. 临床上常见的因外伤导致张口受限的情形有哪些？应该如何分级？
3. 被鉴定人表现出的不能张口说话是否具有相应的损伤基础？该从哪些方面与颞下颌关节病变所致张口受限进行鉴别？
4. 被鉴定人的损伤程度及伤残等级该如何评定？

【涉及要点】

1. 颌骨骨折、颞下颌关节损伤的法医学检查内容及查体要点。
2. 颌骨骨折、颞下颌关节损伤的法医学鉴定时机及评定原则。
3. 颌骨骨折、颞下颌关节损伤的损伤程度及伤残等级鉴定注意事项。

（徐静涛）

第七章　颈胸部损伤

第一节　多发性肋骨骨折与胸壁穿透伤

学习目标

掌握胸壁损伤的类型、损伤原因和机制、主要症状与体征、影像学特点、法医学鉴定原则。掌握开胸探查术及肺修补术的手术指征。

学习要点

1. 常见的胸壁损伤的类型、损伤原因和机制。
2. 胸壁损伤的主要症状与体征、影像学特点。
3. 新鲜(肋骨)骨折与陈旧性(肋骨)骨折的鉴别要点。
4. 肋骨骨折畸形愈合的认定。
5. 开胸探查术、肺修补术的手术指征。
6. 胸壁损伤的法医学鉴定原则。

时间分配

本节包括两幕(2学时),共90分钟,其中学生讨论时间为50分钟,学生分析总结发言25分钟,教师总结讲评15分钟。两次课间隔3~7天。

教学建议

在上课的前三天将案例资料及所提问题、学习要点以纸质或邮件形式发送给学生,请学生在课前预习案例资料,根据问题查找《法医临床学》《外科学》《法医影像学》教材或文献、《法医临床检验规范》(SF/T 0111—2021)、《法医临床影像学检验实施规范》(SF/T 0112—2021)等资料。上课时依据学生数量进行分组(每组10~15人),以问题为导向方式解读案例资料。

学生讨论时给予充分的自由空间,不干扰、不评论,讨论结束后由每组学生推选一名发言人进行每题的总结发言,教师在此过程中应认真评估学生掌握知识的深浅、分析问题思路的优点和不足,并逐一进行记录。每组同学在讨论过程中如提出新的问题,可进行团体讨论。各组回答结束后,由教师结合学生的掌握情况对学生缺乏的共性基础知识和鉴定思路进行讲解，对学生鉴定过程中存在的问题进行针对性点评和分析总结。

第 一 幕

【基本案情】

2019年4月9日21时许，被鉴定人彭某（男，69岁）在某镇圣果村因农田界限问题与他人发生纠纷，被两名青壮年男子拳打脚踢胸腹部，在争执推搡过程中，又被其中一人持水果刀刺伤左胸部，当即流血不止，被送入医院救治。

2019年6月20日，某鉴定机构对彭某的损伤程度出具鉴定意见：左肺破裂修补术后为重伤二级；左侧多发肋骨骨折为轻伤一级；左胸壁穿透伤为轻伤二级。加害方对该鉴定意见表示不服，其诉讼代理人认为该鉴定滥用条款，有失公正，被鉴定人彭某的肺损伤并不需要手术治疗，因此多次向主管部门申请对彭某的损伤程度进行重新鉴定。为了明确彭某的损伤程度，并为附带民事赔偿提供依据，现受某市公安局委托，按照《人体损伤程度鉴定标准》对被鉴定人的损伤程度进行重新鉴定，并根据《人体损伤致残程度分级》对其伤残等级进行法医学鉴定。

【病历摘要】

1. 某镇中心卫生院出院记录（住院号：XXX）如下。入院、出院日期分别为2019年4月9日和2019年4月11日。因"被人殴打致伤2小时余"收治入院。入院查体：体温36.7 ℃，脉搏80次/分，呼吸20次/分，血压130/80 mmHg；神清，营养中等，查体合作；头颅无畸形，唇红，颈软；左锁骨中段肿胀、压痛，胸廓无畸形，胸廓挤压痛（＋），左胸壁可见一直径约1 cm伤口，深达胸腔，可见活动性出血，左肺呼吸音稍粗，未闻及明显干湿啰音；心搏有力，无杂音；腹平软，无明显压痛及反跳痛，肠鸣音正常，双肾区无叩痛；四肢肌力及肌张力正常，生理反射存在，病理反射未引出。入院后完善相关检查，胸部CT示左锁骨骨折，左侧多发肋骨骨折，左下胸壁穿通伤，左侧胸腔积液，左肺膨胀不全，见图7-1。2019年4月10日凌晨1时20分行左侧胸腔闭式引流术，并行止血、抗炎、护肝、护胃及对症支持治疗。因我院CT检查条件局限，专科医生建议转上级医院治疗。出院诊断：左锁骨骨折，左侧多发肋骨骨折，左下胸壁穿通伤，左侧胸腔积液，左肺膨胀不全，创伤性湿肺。出院情况：患者神志清楚，精神可，胸管通畅在位，引流少量血性液体。

2. 某市第一人民医院2019年4月11日首次病程记录（住院号：YYY）如下。主诉：刀刺伤3天。查体：体温36.8 ℃，血压136/80 mmHg，呼吸20次/分，脉搏80次/分。神清，胸廓无畸形，左锁骨中段肿胀、压痛，可触及骨擦感，左侧胸壁压痛（＋），左侧胸腔闭式引流管一根，双肺呼吸音粗，无干湿啰音；心律齐，各瓣膜听诊区未及病理性杂音；腹软，无压痛、反跳痛；双下肢无水肿。生理反射存在，病理反射未引出。初步诊断：左侧胸腔积液，左肺不张，左侧多发肋骨骨折。诊疗计划：①完善血、尿、便常规等检查；②行预防感染及对症支持治疗。

该院2019年4月13日病程记录如下。一般情况可，诉伤处疼痛，无心慌呼吸困难。查体：发育正常，营养中等，呼吸平稳，神清合作；胸廓对称，左侧胸腔闭式引流管一根，双肺呼吸音粗，未闻及干湿啰音；双下肢无水肿，生理反射存在，病理反射未引出；查血结果大致在正常范围；今日行左锁骨骨折切开复位内固定术＋筋膜组织瓣成形术，并持续观察胸腔引流情况，给予抗炎、对症等治疗。

该院2019年4月16日查房记录如下。一般情况可，诉伤处疼痛，无心慌呼吸困难。查体：呼吸平稳，神清合作；胸廓对称，左侧胸腔闭式引流管一根，双肺呼吸音粗，未闻及干湿啰音；CT示双肺下叶膨胀不全。某某教授查看后指示：患者左侧胸腔有血肿形成可能，建议行胸腔镜探查术；治疗上观察胸腔引流情况，行预防感染及对症支持治疗。

该院2019年4月19日手术记录如下。拔除原胸腔闭式引流管，延长伤口至约3 cm切口进入胸腔，探查可见胸腔内约200 mL血性积液及少量血凝块，左上肺与胸壁部分粘连，清除胸腔内血性液体及血凝块，楔形切除左上肺大疱，可见左下肺外基底段约0.8 cm的肺裂伤，给予肺裂伤修补。膨肺试水肺无明显漏气。

【影像学资料】

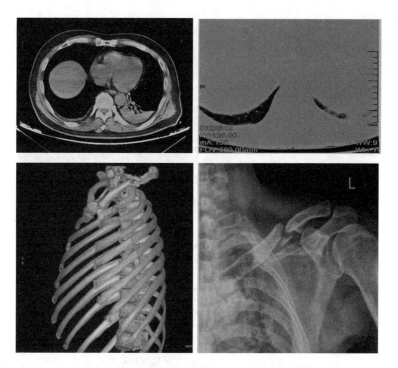

图 7-1　受伤后胸部 CT 及 X 线检查

【提出问题】

1. 根据现有材料,被鉴定人有哪些胸部损伤？其受伤后的 X 线、CT 片有何异常表现？

2. 对于涉及胸壁损伤的案件,审核送检材料时应注意收集哪方面的证据？

3. 如何判断其锁骨、肋骨骨折系新鲜损伤或陈旧性损伤？

4.《人体损伤程度鉴定标准》和《人体损伤致残程度分级》中关于肋骨骨折的规定有哪些？有何不同？

5. 现有的病历材料及影像学资料,能否满足委托方关于损伤程度和伤残等级鉴定的要求？申请人还应该向委托方提供什么鉴定材料？

【涉及要点】

1. 不同类型胸壁损伤的影像学表现。

2.《人体损伤程度鉴定标准》和《人体损伤致残程度分级》中关于肋骨骨折的不同规定。

3. 新鲜(肋骨)骨折与陈旧性(肋骨)骨折的鉴别。

4. 涉及胸壁损伤的案例,送检材料的审核原则及注意事项。

第 二 幕

简单回顾上一幕的案件内容,复习与案件相关的医学、法医学知识。

【法医学检查】

日期:2019 年 8 月 3 日。

被鉴定人神清语晰,自行步入诊室,检查合作,血压 130/80 mmHg,心率 90 次/分。胸廓外观未见明显畸形,左胸腋段见一长约 4 cm 的斜行条状手术瘢痕,胸廓挤压征(＋);左锁骨中段上方见一长 12 cm 的横行手术瘢痕,局部压痛(＋),左肩关节被动活动基本正常;四肢肌力、肌张力正常。自诉:胸闷、心慌,左胸部疼痛不适,不能侧卧。余无特殊。

嘱被鉴定人在鉴定时复查胸部骨窗 CT 片,结果见图 7-2。

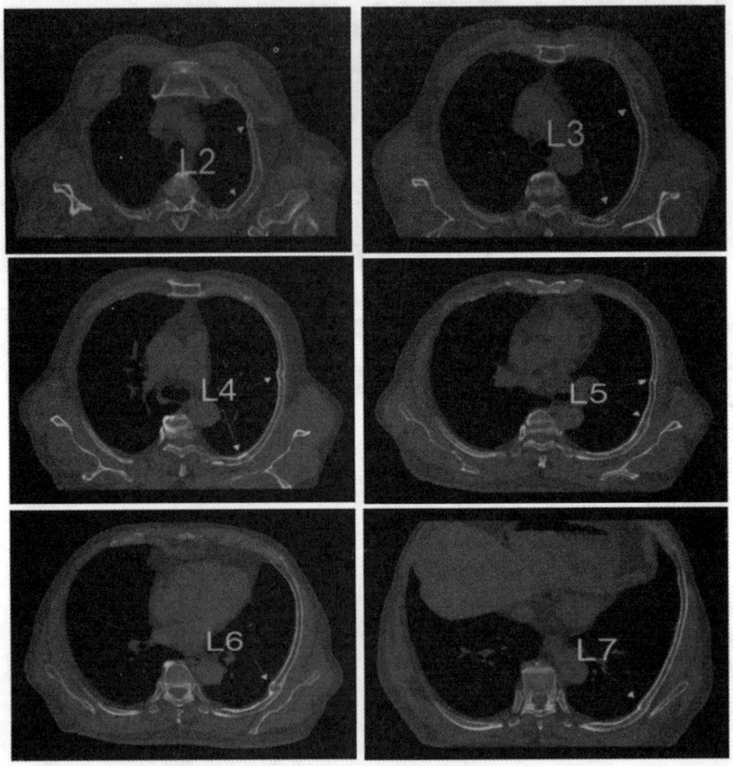

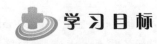

图 7-2 鉴定时复查肋骨 CT 片

【提出问题】
1. 对被鉴定人进行法医学检查时应如何查体？主要包括哪些内容？
2. 开胸探查、肺破裂的手术指征是什么？
3. 重新鉴定申请方认为被鉴定人的肺损伤不需要行手术治疗，你对此怎么看？
4. 肋骨骨折的根数、处数及畸形愈合应该如何认定？选用何种影像学检查？
5. 被鉴定人的损伤程度和伤残等级应该如何评定？

【涉及要点】
1. 胸壁损伤的法医学检查内容及查体要点。
2. 开胸探查术、肺修补术的手术指征。
3. 肋骨骨折的根数、处数及畸形愈合的认定。
4. 胸壁损伤的损伤程度和伤残等级鉴定注意事项。

第二节　颈部挫裂伤与气管断裂

学习目标

掌握颈部损伤的损伤类型、损伤原因和机制、临床表现、并发症和后遗症及颈部损伤的法医学鉴定原则。

学习要点

1. 颈部与颈前三角区的解剖学范围。
2. 颈部损伤的损伤类型。
3. 颈部软组织损伤和气管损伤的原因和机制、临床表现、并发症和后遗症以及法医学鉴定原则。
4. 发声障碍和构音障碍的认定和分级。
5. 颏颈粘连的概念和分级。

时间分配

本节包括两幕(2学时),共90分钟,其中学生讨论时间为50分钟,学生分析总结发言25分钟,教师总结讲评15分钟。两次课间隔3～7天。

教学建议

在上课的前三天将案例资料及所提问题、学习要点以纸质或邮件形式发送给学生,请学生在课前预习案例资料,根据问题查找《法医临床学》《外科学》教材或文献、《法医临床检验规范》(SF/T 0111—2021)、《法医临床影像学检验实施规范》(SF/T 0112—2021)等资料。上课时依据学生数量进行分组(每组10～15人),以问题为导向方式解读案例资料。

学生讨论时给予充分的自由空间,不干扰、不评论,讨论结束后由每组学生推选一名发言人进行每题的总结发言,教师在此过程中应认真评估学生掌握知识的深浅、分析问题思路的优点和不足,并逐一进行记录。每组同学在讨论过程中如提出新的问题,可进行团体讨论。各组回答结束后,由教师结合学生的掌握情况对学生缺乏的共性基础知识和鉴定思路进行讲解,对学生鉴定过程中存在的问题进行针对性点评和分析总结。

第 一 幕

【基本案情】

2017年9月8日晚7时左右,被鉴定人赵某(女,41岁)骑电动自行车行至某超市门口与他人发生碰撞后发生口角争执,被人用硬质实木棍击伤颈部,伤后立即出现呼吸困难伴伤口流血,急送医院救治。至2018年10月,被鉴定人已先后多次住院治疗,目前仍遗留声音嘶哑等不适。被鉴定人家属因为赔付问题多次投诉,为妥善处理案件,现受公安机关委托,要求按照《人体损伤程度鉴定标准》及《人体损伤致残程度分级》标准对被鉴定人的损伤程度和伤残等级进行法医学鉴定。

【病历摘要】

1. 某市中心医院出院记录(住院号:XXX)如下。入院、出院日期分别为2017年9月8日和2017年9月9日。因"颈部外伤1小时余"入院。入院时体检:神志欠清,双侧瞳孔等大等圆,对光反射灵敏,口唇轻度发绀,吸氧状态下血氧饱和度85%;头面部未见明显外伤,下颌部见长约4 cm的皮肤挫裂伤,伤口渗血;颈前软组织挫伤,可触及皮下气肿,呼吸时颈前起伏明显;颈椎、双侧锁骨区及胸壁未发现骨折征象,胸部未触及皮下气肿;四肢被动活动可,局部少许挫伤。入院后完善相关检查,急诊行气管切开插管+清创缝合术,术后行抗炎、对症支持等治疗。出院诊断:颈部挫裂伤,颈部气管断裂,多处软组织损伤。出院情况:神志清楚,双肺有痰鸣音及少许湿啰音,气管切开处干燥,四肢自主活动尚可。

2. 某市人民医院第1次出院记录(住院号:YYY01)如下。入院、出院日期分别为2017年9月9日和2017年10月27日。因"颈部外伤1天余"入院。体检:神志清楚,不能言语,双侧瞳孔等大等圆,对光反射灵敏,下颌下皮肤裂伤已缝合,颈部气管切开术后插管。入院后行颈胸部CT检查(图7-3),给予抗炎、化痰、改善循环、预防深静脉血栓形成等对症支持治疗,患者不能言语、吐词不清,声门下气管闭锁,气管切开封口困难;2017年10月13日行气管扩张管植入术。出院诊断:气管外伤术后狭窄,双侧喉返神经麻痹。出院情况：神清，不能言语，四肢活动可，肌力、肌张力正常。

该院第2次出院记录（住院号：XXX02）如下。入院、出院日期分别为2018年8月27日和2018年9月2日。因"气管切开术后气管扩张管植入术后10个月"入院。体检：神清，声音嘶哑，颈前瘢痕形成。2018年8月28日行喉气管扩张管取出术。出院诊断：气管切开术后，气管狭窄。出院情况：一般情况可，偶有咳嗽，痰不多，声嘶，气管套管在位，通畅。

该院第3次出院记录（住院号：XXX03）如下。入院、出院日期分别为2018年9月17日和2018年10月1日。因"气管切开1年余，为求拔管"入院。2018年9月23日全麻下行喉气管裂开成形术。出院诊断：喉气管狭窄，左侧声带麻痹。出院情况：声嘶，颈前金属管已拔出，呼吸可，颈前伤口愈合良好，缝线已拆。

该院2018年10月9日喉镜检查报告如下。①影像所见：双侧鼻腔黏膜光滑，鼻中隔棘样右偏；双侧咽隐窝及圆枕黏膜光滑，舌根及咽后壁淋巴组织增生明显，会厌谷淋巴组织增生；双侧梨状隐窝黏膜光滑，杓区两侧有伪膜，左侧披裂及声带运动受限，右侧运动尚可。见图7-4、彩图7-1。②影像诊断：左侧声带、披裂运动受限；慢性咽喉炎。

【影像学资料】

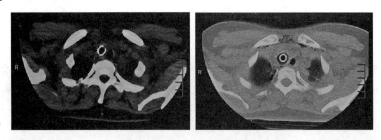

图7-3　2017年9月9日CT断层扫描

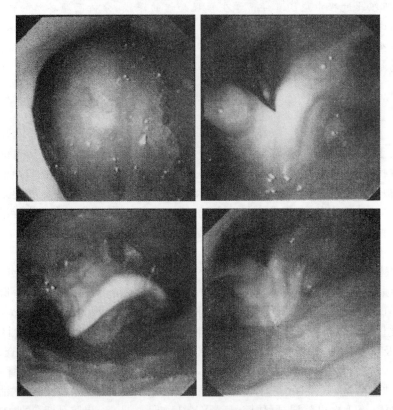

图7-4　2018年10月9日喉镜检查（彩图7-1）

【提出问题】

1. 颈部的常见损伤类型有哪些？简述其发生机制及临床表现？
2. 结合入院时CT检查所见，本案例涉及何种类型的颈部损伤？具有哪些临床特点？

3. 结合喉镜检查所见,被鉴定人为何出现声音嘶哑? 导致声音嘶哑常见原因有哪些?
4. 被鉴定人的声音嘶哑是属于发声功能障碍还是构音功能障碍? 二者有何区别?
5. 本案例能否受理? 被鉴定人还需做哪些检查?
6. 受理此类案件时应注意哪些问题?

【涉及要点】
1. 颈部和颈前三角区的解剖学范围。
2. 颈部的常见损伤类型、损伤原因与机制。
3. 颈部损伤的临床症状、体征及实验室检查方法。
4. 涉及颈部损伤案例法医学鉴定时送检材料的审核原则。

第 二 幕

简单回顾上一幕的案件内容,复习与案件相关的医学、法医学知识。

【法医学检查】

检查日期:2018 年 10 月 29 日。

被鉴定人神志清楚,自行入室,查体合作,一般情况可。声音嘶哑,安静状态下呼吸平稳正常。下颌下正中可见一长约 4.5 cm 的横行瘢痕,颈前可见一长约 7 cm 的纵行不规则条状瘢痕,瘢痕最大宽度 4 cm,表面干燥,未见明显渗出,局部明显挛缩、牵扯,见图 7-5、彩图 7-2;颈部因瘢痕牵制而不能后伸,侧屈、旋转活动部分受限,前屈活动可。颈部活动度:前屈 0°～60°,后伸 0°～5°,左旋 0°～25°,右旋 0°～25°,左侧屈 0°～30°,右侧屈 0°～30°。被鉴定人自诉:咽喉部常有异物感,说话费力、声音变嘶哑,稍长时间说话咽喉部难受;饮水不能过快,易咳呛,进食以流质、半流质食物为主。余无特殊。

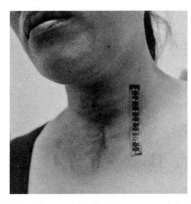
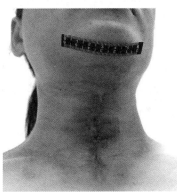

图 7-5 鉴定时体格检查(彩图 7-2)

【提出问题】
1. 对被鉴定人进行法医学检查时应如何查体? 主要包括哪些方面?
2. 有关颈部皮肤损伤的司法鉴定(损伤程度、伤残程度)条款有哪些? 主要涉及哪些方面?
3. 颈部皮肤损伤导致颈部瘢痕形成的鉴定时机是什么?
4. 颈前三角区瘢痕面积有哪些可以使用的测量方法? 各自的优缺点是什么? 本案例中关于颈部瘢痕的测量及记录方法是否规范?
5. 什么是颌颈粘连? 如何分度? 被鉴定人因颈前瘢痕形成导致颈部活动受限是否属于中度颌颈粘连?
6. 被鉴定人的喉镜检查结果有何异常? 如何判读?
7. 创伤性发声功能障碍、功能性发声功能障碍、创伤性构音功能障碍与运动性失语应该如何鉴别?
8. 被鉴定人的损伤程度和伤残等级应如何评定?

【涉及要点】
1. 颈部损伤的并发症和后遗症、法医学检查内容及查体要点。
2. 颈部瘢痕的鉴定时机和测量方法。

3. 颏颈粘连的概念和分级。
4. 创伤性发声功能障碍、功能性发声功能障碍、创伤性构音功能障碍与运动性失语的鉴别。
5. 颈部损伤的损伤程度及伤残等级鉴定的注意事项。

第三节 创伤性颈内动脉海绵窦瘘与眼球突出

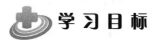

掌握颈部血管损伤的损伤类型、损伤原因和机制、临床表现、影像学检查及法医学鉴定原则。

1. 法医临床学对"颈部大血管"的界定。
2. 颈部大血管的走行及其与邻近部位的解剖关系。
3. 颈部大血管损伤的损伤类型、原因和机制、临床表现、影像学检查方法及表现。
4. 创伤性颈内动脉海绵窦瘘和自发性颈内动脉海绵窦瘘的鉴别。
5. 创伤性颈内动脉海绵窦瘘的法医学鉴定原则。

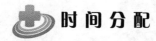

本节包括两幕(2学时),共90分钟,其中学生讨论时间为50分钟,学生分析总结发言25分钟,教师总结讲评15分钟。两次课间隔3~7天。

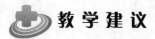

在上课的前三天将案例资料及所提问题、学习要点以纸质或邮件形式发送给学生,请学生在课前预习案例资料,根据问题查找《法医临床学》《外科学》《眼科学》《法医影像学》教材或文献、《法医临床检验规范》(SF/T 0111—2021)、《法医临床影像学检验实施规范》(SF/T 0112—2021)等资料。上课时依据学生数量进行分组(每组10~15人),以问题为导向方式解读案例资料。

学生讨论时给予充分的自由空间,不干扰、不评论,讨论结束后由每组学生推选一名发言人进行每题的总结发言,教师在此过程中应认真评估学生掌握知识的深浅、分析问题思路的优点和不足,并逐一进行记录。每组同学在讨论过程中如提出新的问题,可进行团体讨论。各组回答结束后,由教师结合学生的掌握情况对学生缺乏的共性基础知识和鉴定思路进行讲解,对学生鉴定过程中存在的问题进行针对性点评和分析总结。

第 一 幕

【基本案情】

2020年1月26日12时许,被鉴定人文某(男,26岁)步行至某市人民公园门口路段时,被一辆没有礼让行人的小轿车撞伤头面部、左下肢等全身多处,立即送往医院治疗,2020年3月5日出院后,逐渐出现左眼红肿伴分泌物,先后辗转于多家医院的眼科门诊,按照"左眼结膜炎"治疗,症状无好转,左眼球逐渐肿大、突出,左眼球运动受限。2020年6月27日行DSA检查,诊断为"左侧创伤性颈内动脉海绵窦瘘"。

被鉴定人称后期行手术修补颈内动脉损伤,尚需一大笔医疗费用,但是因其颈内动脉损伤的确诊时间距交通事故发生时间已逾5个月,保险公司对于被鉴定人的"颈内动脉海绵窦瘘"与交通事故之间的因果关系存在质疑,表示无法为其垫付医疗费用。现受某市公安局交通警察大队的委托,要求对被鉴定人的"颈内动脉海绵窦瘘"与交通事故之间的因果关系及外伤参与度进行法医学鉴定。

【病历摘要】

1. 某市中医医院出院记录(住院号:XXX)如下。入院、出院日期分别为2020年1月26日和2020年3月5日。因"外伤致全身多处疼痛不适1小时"入院。既往史:家属诉患者既往体健,无特殊病史。入院时体检:神清,体温36.7 ℃,脉搏92次/分,血压90/51 mmHg,双侧瞳孔等大等圆,光反射存在,下颌部见一约3 cm的皮肤挫裂伤,下嘴唇见一约1.5 cm的贯通伤,颜面部、口腔内满布血迹,伤口见泥沙附着,下颌关节活动受限;左下肢活动受限,左大腿中段畸形明显,可及骨擦感,左膝部肿胀明显,膝关节活动障碍;左足跟外侧见4 cm×5 cm的皮肤挫裂伤,局部软组织缺失,肌腱外露,软组织挫伤严重,外踝部压痛阳性,踝关节活动受限;左足背见约1 cm×3 cm皮肤挫裂伤,足背动脉可触及,软组织挫伤严重,患肢末梢感觉麻木,活动受限,血运尚可。入院后完善相关检查,具体如下。①左股骨正侧位DR片示左股骨中段、左髌骨粉碎性骨折。②双侧下颌关节CT示双侧下颌骨骨折,骨折端对位差,右侧上颌骨骨折,右上颌窦前、外、下壁均示骨折,左上颌窦前壁骨折,骨折线延伸至上颌骨额突,左上颌窦下壁粉碎性骨折,双侧上颌窦腔内见软组织样密度影充填,见图7-6。③颅脑CT示枕顶部头皮血肿,双侧上颌窦积液或积血,右侧中、外耳道可能积血。2020年1月27日:超敏C反应蛋白149.51 mg/L,血沉正常。急诊行清创缝合+VSD负压吸引+左胫骨结节骨牵引术,术后予以抗感染、护胃、维持水和电解质平衡、纠正贫血等治疗。2020年2月4日行左股骨、髌骨骨折切开复位内固定术。2020年2月7日行双侧上颌骨、下颌骨骨折切开复位内固定术+颌间牵引固定术+牙龈翻瓣术+拔牙术,术后行换药、对症处理。出院诊断:①头面部损伤(双侧下颌骨骨折,右侧上颌骨骨折,右上颌窦前、外、下壁骨折,左上颌窦前壁骨折,左上颌窦下壁粉碎性骨折,右颞骨上颌窝后壁骨折,+2^2 根折,下唇贯通伤,下颌皮肤挫裂伤,双侧上颌窦、筛窦、蝶窦及额窦积液,枕顶部头皮血肿);②左股骨中段、左髌骨粉碎性骨折;③左足跟部皮肤脱套伤并软组织缺损,左足皮肤挫裂伤;④失血性休克;⑤中度贫血。出院情况:血压122/78 mmHg,颜面部肿胀,压痛阳性,张口受限。生化检查:肝肾功能、电解质、尿常规未见明显异常。

2. 某市第二医院2020年6月15日眼科门诊病历记载如下。主诉:左眼红肿伴分泌物1个多月。体检:左眼视力1.5,右眼视力1.5;左眼结膜充血(++),睑结膜密集乳头状滤泡,角膜透明;左眼眼压19.3 mmHg,右眼眼压21.3 mmHg。诊断:左眼慢性结膜炎。处理及措施:冲洗结膜囊,点药,不适随诊。

3. 某市人民医院2020年6月27日眼科门诊病历记载如下。主诉:左眼车祸后红、胀5个月。病史:5个月前车祸外伤后出现左眼红胀,诊断为左眼肿物、左眼结膜炎,于外院行妥布霉素滴眼液、典必殊眼膏、克拉霉素胶囊、眼部清洗剂等治疗,未好转,症状继续加重。体格检查:双眼视力1.2;左眼球向正前方突出,结膜充血水肿,颞侧血管迂曲扩张,充血水肿,乳头滤泡少许,角膜透明,前房中深,房水清,瞳孔圆,直径约2.5 mm,对光反射(+),晶体透明,眼底未见明显异常。左眼球外转受限,内转轻度受限。眼压:右眼19.7 mmHg,左眼25.8 mmHg。中央角膜厚度:右眼576 μm,左眼577 μm。门诊眼部CT检查结果见图7-7。初步诊断:左眼结膜炎,左眼球突出,左眼炎性假瘤待排,颈内动脉海绵窦瘘?

【提出问题】

1. 颈部大血管损伤常见损伤类型有哪些?简述其发生机制及临床表现?
2. 什么是颈内动脉海绵窦瘘?其形成的原因和机制是什么?
3. 图7-6、图7-7中的CT片有哪些异常表现?
4. 被鉴定人有哪些眼部症状和体征?
5. 为了明确其眼部症状产生的原因,被鉴定人还需做什么检查?

【涉及要点】

1. 法医临床学对颈部大血管的界定。
2. 颈部大血管与其毗邻部位的解剖关系。

3. 颈部血管损伤的常见损伤类型、损伤原因与机制、临床症状和体征。
4. 涉及颈部血管损伤案例法医学鉴定时送检材料的审核原则。

【影像学资料】

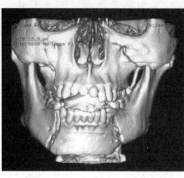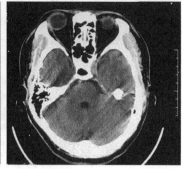

图 7-6　2020 年 1 月 26 日头部 CT 扫描

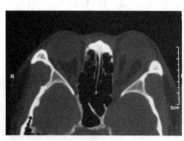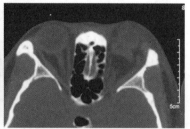

图 7-7　2020 年 6 月 27 日眼眶部 CT 扫描

第 二 幕

简单回顾上一幕的案件内容,复习与案件相关的医学、法医学知识。

【法医学检查】

检查日期:2021 年 3 月 29 日。

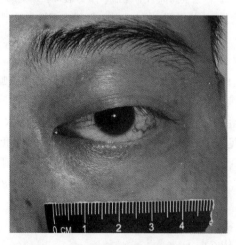

图 7-8　鉴定时左眼外观(彩图 7-3)

被鉴定人神志清楚,自行入室,中等身材,体型偏瘦,查体合作,一般情况可。体温 36.7 ℃脉搏 96 次/分,呼吸 20 次/分,血压 120/80 mmHg。头颅外观无畸形,耳廓无畸形,外耳道无异常分泌物,双耳听力正常。左眼球肿胀、向正前突出(经 Hertel 眼球突出计测量,较右侧眼球突出约 4 mm),见图 7-8、彩图 7-3。左侧眉弓处可以听到与心律一致吹风样杂音。结膜充血水肿,球结膜表面血管迂曲扩张,以颞侧为重,角膜透明,双侧瞳孔等大等圆,直径约 4 mm,对光反射灵敏,左侧眼球外转受限,内转轻度受限。矫正视力:右眼 1.2,左眼 1.2;眼压:右眼 19.7 mmHg,左眼 25.8 mmHg。左大腿外侧可见一长约 30 cm 的陈旧性手术瘢痕,左侧膝关节前见一长约 10 cm 的陈旧性手术瘢痕,左膝关节被动活动功能基本正常。余无特殊。

被鉴定人自诉:目前仍有头痛、头晕;左眼红肿、胀痛;左眼视力可;有时感到双耳可听到杂音,以左侧为主;伤后不能剧烈运动。否认高血压、高脂血症、甲状腺功能亢进病史,否认二次外伤史;无烟酒等不良嗜好。

嘱被鉴定人行甲状腺功能、血生化、血常规及头部 CTA、MRA、DSA 检查。

【生化检查】

甲状腺功能六项:T_3 1.61 nmol/L;TT_3 4.22 pmol/L;T_4 89.79 nmol/L;TT_4 16.65 pmol/L;TSH 1.78 mIU/L;TPOAb 16.35 IU/mL。

血生化:总胆红素 15.34 μmol/L;总蛋白 67.7 g/L;谷丙转氨酶 12.7 U/L;谷草转氨酶 9.8 U/L;尿素 4.87 mmol/L;肌酐 85.1 μmol/L;总胆固醇 4.32 mmol/L;甘油三酯 1.41 mmol/L;高密度脂蛋白 1.00 mmol/L;低密度脂蛋白 3.04 mmol/L。

血常规:白细胞计数 7.22×10^9/L;中性粒细胞百分比 65.8%;淋巴细胞百分比 25.3%;单核细胞百分比 7.4%;嗜酸细胞百分比 1.3%;红细胞计数 4.79×10^{12}/L;血红蛋白 142 g/L;血小板 140×10^9/L。

【DSA 检查】

术中造影见:左侧颈内动脉 C4 水平段管壁欠光整,见一异常开口,直径约 4 mm,左侧海绵窦、眼上下静脉、斜坡静脉及侧裂静脉快速显影;左侧颈内动脉 C5~6 段、左侧大脑前动脉及左侧大脑中动脉显影浅淡,其走行分布正常,管壁光整,管腔正常;左侧颈内动脉造影未见桥交通及左侧后交通显示。右侧颈内动脉、右侧大脑中动脉、右侧大脑前动脉均未见异常,见图 7-9。

【影像学资料】

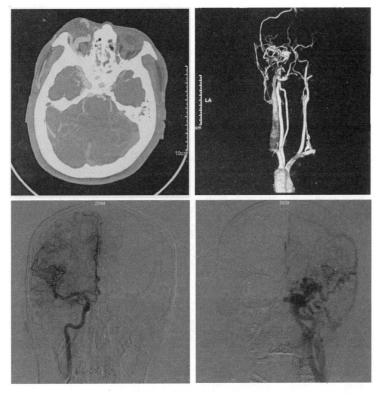

图 7-9　鉴定前头部 CTA、MRA、DSA 检查

【提出问题】

1. 被鉴定人的 CTA、MRA、DSA 检查结果有何异常表现?
2. 被鉴定人是否存在导致眼部症状的基础疾病?
3. 被鉴定人眼部症状产生的机制是什么?
4. 创伤性颈内动脉海绵窦瘘的鉴定要点是什么?
5. 被鉴定人的颈内动脉海绵窦瘘是什么原因造成的?与本次交通事故有无因果关系,其损伤参与度是多少?

【涉及要点】

1. 颈部血管损伤的法医学检查内容及查体要点。
2. 颈部血管损伤的并发症和后遗症。

3. 颈部血管损伤的影像学表现。
4. 创伤性颈内动脉海绵窦瘘与自发性颈内动脉海绵窦瘘的鉴别。
5. 损伤参与度的概念及划分。
6. 创伤性颈内动脉海绵窦瘘的法医学鉴定要点。

第四节 多发性肋骨骨折与肺破裂

学习目标

掌握肺损伤、胸膜腔损伤的类型、原因与机制、临床表现、主要症状与体征及法医学鉴定原则。

学习要点

1. 肺损伤、胸膜腔损伤的损伤类型、临床表现、症状与体征。
2. 肺损伤、胸膜腔损伤的损伤原因与机制。
3. 肺的解剖结构。
4. 肺萎陷程度的评估。
5. 肺功能的评估。
6. 肺损伤、胸膜腔损伤的法医学鉴定原则。

时间分配

本节包括两幕(2学时),共90分钟,其中学生讨论时间为50分钟,学生分析总结发言25分钟,教师总结讲评15分钟。两次课间隔3~7天。

教学建议

在上课的前三天将案例资料及所提问题、学习要点以纸质或邮件形式发送给学生,请学生在课前预习案例资料,根据问题查找《法医临床学》《外科学》教材或文献、《法医临床检验规范》(SF/T 0111—2021)、《法医临床影像学检验实施规范》(SF/T 0112—2021)等资料。上课时依据学生数量进行分组(每组10~15人),以问题为导向的方式解读案例资料。

学生讨论时给予充分的自由空间,不干扰、不评论,讨论结束后由每组学生推选一名发言人进行每题的总结发言,教师在此过程中应认真评估学生掌握知识的深浅、分析问题思路的优点和不足,并逐一进行记录。每组同学在讨论过程中如提出新的问题,可进行团体讨论。各组回答结束后,由教师结合学生的掌握情况对学生缺乏的共性基础知识和鉴定思路进行讲解,对学生鉴定过程中存在的问题进行针对性点评和分析总结。

第 一 幕

【基本案情】

2018年6月15日16时许,被鉴定人六一(男,7岁)到某镇的主干道路边溜冰时,被一辆没有牌照的改装农用机动三轮车迎面撞飞至3米外。伤后六一立即出现胸痛、呼吸困难,并进行性加重,伴出大量冷汗,紧急送至该镇卫生院检查发现右侧大量胸腔积气、积液,立即行右侧胸腔闭式引流术,并转至上级医院住院治疗。

因肇事车主私自在公共道路上驾驶无牌照的改装机动车,违反了《中华人民共和国道路交通安全法》的相关规定,涉嫌危害公共安全,为了明确其是否构成交通肇事罪,并为后期的民事赔偿提供依据,现受某交通警察大队的委托,按照《人体损伤程度鉴定标准》及《人体损伤致残程度分级》标准对被鉴定人六一的损伤程度和伤残等级进行法医学鉴定。

【病历摘要】

某市第一人民医院出院记录(住院号:XXX)如下。入院、出院日期分别为 2018 年 6 月 15 日和 2018 年 7 月 22 日。因"车祸致右侧胸部疼痛、胸闷气短 5 小时"入院。已于外院急诊行右侧胸腔闭式引流术。入院时查体:神志清楚,大量出汗,四肢厥冷;右侧胸部大量皮下积气,右胸部广泛压痛,可触及骨擦感,右肺呼吸音弱,右侧胸腔引流出大量气体和共约 500 mL 的血液。入院后行胸部 CT 检查(图 7-10),明确诊断后给予输血、积极止血、抗感染等治疗,并持续胸腔引流。由于胸腔引流血液及气体较多,2018 年 6 月 19 日在全麻下行右胸部开胸探查术,术中见右侧第 1—9 肋骨骨折,部分断端错位,右肺上叶及下叶各有 1 处长约 3 cm 的严重挫裂伤口,伴活动性出血,给予 2 处挫伤严重处行右肺 30%肺部分切除及修补+胸腔血肿清除+右侧第 5—7 肋骨骨折肋骨爪内固定术,术后复查胸部 CT 片(图 7-11),并继续给予抗感染、止血、化痰、护胃、止痛等对症支持治疗,并行胸部支具固定,鼓励患者加强肺功能锻炼。出院诊断:胸部闭合性损伤:右侧张力性气胸、血胸,两肺挫伤,左侧少量气胸,右侧上、下肺挫裂伤,右侧第 1—9 肋骨骨折,右侧第 5—7 肋内固定术后;左侧锁骨内侧端骨折;头皮血肿、皮下积气;全身多处软组织擦伤。出院情况:一般情况可,双肺呼吸音清。

该医院 2018 年 6 月 19 日病理检查报告单记载如下。①临床诊断:右侧血气胸,右肺破裂。②送检材料:右侧上、下肺叶。③肉眼所见:9.5 cm×6.5 cm×4.5 cm 肺组织一块,暗褐色,表面见血凝块样物附着,两肺叶粘连。④病理所见:肺组织裂口周围出血,裂口内可见混合血栓形成,周围肺组织出血并局灶性肺不张。⑤病理诊断:(右肺上、下叶)符合外伤性肺破裂改变。

【影像学资料】

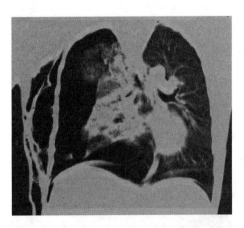

图 7-10　2018 年 6 月 15 日入院时胸部 CT 片

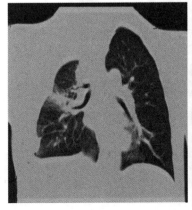 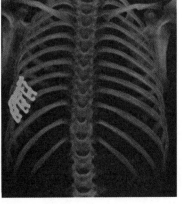

图 7-11　2018 年 6 月 19 日术后复查胸部 CT 片

【提出问题】
1. 根据现有的病历材料,被鉴定人有哪些损伤?具有哪些临床特点?
2. 被鉴定人胸部损伤有哪些临床症状和体征?
3. 被鉴定人手术前后的胸部影像片有何异常表现?
4. 外伤性气胸和外伤性血胸的类型有哪些?简述被鉴定人胸部症状产生的原因和机制。
5. 本案例能否受理?受理该类案件时应注意哪些问题?

【涉及要点】
1. 肺损伤、胸膜腔损伤的损伤类型。
2. 肺损伤、胸膜腔损伤的损伤原因和机制、临床表现。
3. 肺损伤、胸膜腔损伤的症状体征及影像学特征。
4. 肺损伤、胸膜腔损伤送检材料的审核原则。

第 二 幕

简单回顾上一幕的案件内容,复习与案件相关的医学、法医学知识。

【法医学检查】

日期:2019 年 3 月 31 日。

被鉴定人神清语晰,步行入室,查体合作。呼吸平稳,口唇、甲床未见明显发绀;胸廓外观未见明显畸形,呼吸时胸廓运动对称,胸廓挤压分离试验(一);右胸腋下区(乳头水平)见一长约 15.5 cm 的斜形条状增生性瘢痕,平均宽度约 1 cm,其前下方见一大小约 3 cm×1 cm 的不规则增生瘢痕,见图 7-12、彩图 7-4。余未见明显异常。

被鉴定人父亲表示:肇事车主因非法改装、拼装的机动车,无法购买保险导致无力赔偿。医疗费用大部分由自己垫付,目前自己家中已欠下巨额债务,且被鉴定人今年尚不满八岁,遭遇如此变故对其造成了巨大的身体和心理伤害,希望可以通过鉴定解决目前困境。

自述:有时感到右侧胸闷,活动时明显,伤处隐痛不适。

【影像学资料】

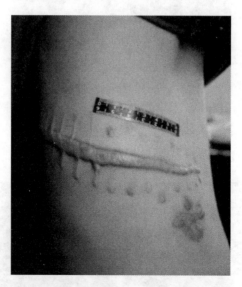

图 7-12　2019 年 3 月 31 日鉴定时体格检查(彩图 7-4)

【提出问题】
1. 对被鉴定人进行法医学检查时应如何查体?主要包括哪些方面?
2. 回顾肺的解剖结构。不同肺叶分段占肺功能的比例是多少?肺组织部分切除对肺功能有哪些影响?
3. 我们可以使用什么方法来对被鉴定人因张力性气胸导致肺萎陷的程度进行评估?这些方法有

何特点?

4. 假如被鉴定人诉肺切除术后出现呼吸困难,应如何认定?
5. 被鉴定人的损伤程度和伤残等级应如何评定?

【涉及要点】

1. 肺的解剖。
2. 肺损伤、胸膜腔损伤的法医学检查内容及查体要点。
3. 肺萎陷程度的评估。
4. 呼吸困难的认定、肺功能的评估。
5. 肺损伤、胸膜腔损伤的损伤程度和伤残等级鉴定注意事项。

第五节 主动脉夹层的伤病关系

学习目标

掌握胸壁损伤、膈肌与胸腔内大血管损伤的类型、损伤原因和机制、主要症状与体征、临床表现与法医学鉴定原则。

学习要点

1. 常见的胸壁损伤、膈肌与胸腔内大血管损伤的类型。
2. 胸壁损伤、膈肌与胸腔内大血管损伤的原因和机制。
3. 胸壁损伤、膈肌与胸腔内大血管损伤的临床表现与体征。
4. 创伤性主动脉夹层动脉瘤和病理性主动脉夹层动脉瘤的鉴别要点。
5. 胸壁损伤、膈肌与胸腔内大血管损伤的法医学鉴定原则。

时间分配

本节包括两幕(2学时),共90分钟,其中学生讨论时间为50分钟,学生分析总结发言25分钟,教师总结讲评15分钟。两次课间隔3~7天。

教学建议

在上课的前三天将案例资料及所提问题、学习要点以纸质或邮件形式发送给学生,请学生在课前预习案例资料,根据问题查找《法医临床学》《外科学》教材或文献、《法医临床检验规范》(SF/T 0111—2021)、《法医临床影像学检验实施规范》(SF/T 0112—2021)等资料。上课时依据学生数量进行分组(每组10~15人),以问题为导向的方式解读案例资料。

学生讨论时给予充分的自由空间,不干扰、不评论,讨论结束后由每组学生推选一名发言人进行每题的总结发言,教师在此过程中应认真评估学生掌握知识的深浅、分析问题思路的优点和不足,并逐一进行记录。每组同学在讨论过程中如提出新的问题,可进行团体讨论。各组回答结束后,由教师结合学生的掌握情况对学生缺乏的共性基础知识和鉴定思路进行讲解,对学生鉴定过程中存在的问题进行针对性点评和分析总结。

第 一 幕

【基本案情】

2018年6月23日21时许,被鉴定人邹某(男,61岁)驾驶二轮摩托车行至某市某路段时与一辆轻型普通货车相撞,伤后出现神志淡漠、双侧瞳孔对光反射消失,群众立即拨打120,送至某市人民医院住院治疗,急诊检查发现胸主动脉夹层动脉瘤形成,遂行手术治疗。

2019年7月22日,某法医司法鉴定所依据《人体损伤致残程度分级》标准第5.8.3条中的"心脏或者大血管修补术后"将被鉴定人"创伤性主动脉夹层(手术治疗后)"的伤残等级评定为八级。事故对方的诉讼代理人认为,被鉴定人系老年男性,有高血压病史多年,且伤后影像学检查发现其胸主动脉有多发粥样硬化斑块形成,直接评定为八级伤残有失公正,故向某市人民法院申请重新鉴定。现受某市人民法院委托,根据《人体损伤致残程度分级》标准对被鉴定人的伤残等级、伤病关系进行重新鉴定。

【病历摘要】

某市人民医院出院记录(住院号:XXX)如下。入院、出院时间分别为2018年6月23日和2018年11月7日。因"车祸伤2小时余"入院。既往史:高血压病史数年,收缩压最高达180 mmHg,未坚持规律服药,未规律监测血压;长期抽烟,10根/天。检查:患者神志淡漠,面罩加压吸氧5升/分,诉疼痛剧烈。多功能监护示血压70/48 mmHg,心率155次/分,呼吸22次/分,血氧饱和度83%。查体:头面部擦伤,右额部可见3 cm×5 cm包块;双侧瞳孔等大等圆,直径2 mm,对光反射消失;皮肤眼睑稍苍白;颈软,气管居中,双肺呼吸音极低,未闻及明显干湿啰音;心音低钝,律齐,各瓣膜听诊区未及明显杂音;腹肌紧张,肝脾肋下未及,移动性浊音阴性,肠鸣音未及;骨盆挤压、分离试验阳性;双下肢多处皮肤擦伤。入院后紧急开放静脉通路,积极补液、输血、抗休克,紧急入手术室行开胸探查术+胸腔积血清除术+膈肌裂伤修补术+胸膜粘连松解术+胸腔闭式引流术。术后带气管插管返回重症监护室,予常规重症监护,持续呼吸机辅助呼吸,雾化、吸痰,加强气道护理、抗感染、适度镇痛镇静、加强补液等治疗,并严密监测生命体征。胸部CT示:左侧第2—7肋骨骨折,左锁骨中段粉碎性骨折,双侧肺气肿、肺大疱,双侧胸腔积液伴双肺膨胀不全,左侧气胸引流术后,左侧胸背部多发皮下积气,气管插管,胃管置入术后,纵隔右侧食管旁稍高密度影(考虑积血)。骨盆CT示:左髂骨粉碎性骨折,双侧髋臼粉碎性骨折,双侧耻骨上、下支骨折,双侧坐骨支骨折,L4~5右侧横突骨折,见图7-13。主动脉CTA示主动脉夹层(Debakey Ⅲ型),主动脉弓、胸主动脉、双侧髂动脉多发粥样硬化斑块形成,腹腔干起始处重度粥样硬化,局部狭窄明显,管腔几近闭塞,见图7-14。因患者存在创伤性主动脉夹层,故2018年6月24日行胸主动脉覆膜支架腔内隔绝术+胸主动脉造影术+股动脉切开缝合术,术后继续给予抗炎、抗凝、纠正贫血、积极升压等治疗。经过多次手术及连续抢救处理后,患者神志转醒,四肢均能遵从指令性动作,生命体征尚可。2018年6月28日转入普通病房。复查主动脉CTA示右肺动脉主干及分支栓塞。与家属沟通病情后,2018年7月6日行双侧下肢顺行性静脉造影+下腔静脉造影+下腔静脉滤器置入术,2018年7月12日行骨盆骨折切开复位钢板内固定术+神经血管肌腱探查术+筋膜成形术,2018年8月21日行下腔静脉造影+下腔静脉滤器取出术,术后行抗凝等治疗。出院诊断:①车祸伤:左侧膈肌破裂、膈疝形成;创伤性主动脉夹层(DebakeyⅢ型);左侧血气胸、左侧多发肋骨骨折,左锁骨中段骨折;左侧髂骨粉碎性骨折、双侧髋臼及耻骨上、下支,坐骨支多发骨折;肾周血肿、左侧腰大肌、髂腰肌挫伤并出血;L4~5右侧横突骨折;头皮裂伤、右侧额颞顶部头皮下血肿;腹腔积液;多处软组织损伤;失血性休克。②下肢深静脉血栓形成。③肺动脉栓塞。④高血压。

该院2018年6月24日00:10手术记录如下。手术名称:开胸探查术+胸腔积血清除术+膈肌裂伤修补术+胸膜粘连松解术+胸腔闭式引流术。胸腔积血及凝血块约400 mL,胸腔轻度粘连;左侧膈肌约10 cm缺损,胃内胀气明显,大部分疝入胸腔,占据胸腔大部分;部分小肠及大网膜疝入胸腔,小肠及胃颜色红润,探查腹腔未见明显活动性出血;胸主动脉青紫,主动脉弓部及降主动脉周围广泛血肿形成。

该院 2018 年 6 月 24 日 19：35 手术记录如下。手术名称：胸主动脉覆膜支架腔内隔绝术＋胸主动脉造影术＋股动脉切开缝合术。术中造影见主动脉夹层位于弓降部，近端逆撕至左锁骨下动脉以远；遂置入先建记忆合金血管支架，支架覆膜部分位于左锁骨下动脉后缘；再次造影示左锁骨下动脉显影良好，胸主动脉破口消失，支架贴壁良好，未见Ⅰ型内瘘。

【影像学资料】

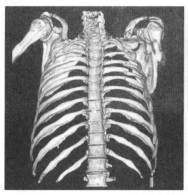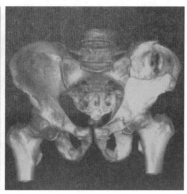

图 7-13　2018 年 6 月 24 日胸、腹部三维 CT 片

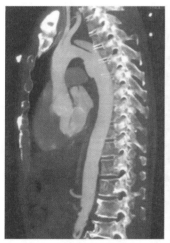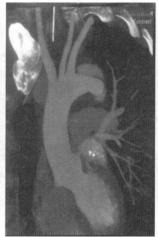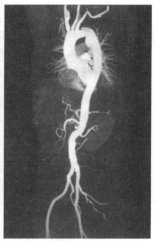

图 7-14　2018 年 6 月 24 日主动脉 CT 血管成像检查

【提出问题】
1. 法医鉴定领域所说的"胸腔大血管"包括哪些胸部血管？
2. 膈肌和胸腔大血管损伤应采用何种影像学检查方法？各有什么特点？
3. 主动脉夹层形成的原因有哪些？
4. 外伤性主动脉夹层是如何形成的？
5. 本案例中被鉴定人伤后胸部影像学检查有何异常表现？是否存在自身病变？
6. 本案例能否受理？受理此类案件时应注意哪些问题？

【涉及要点】
1. 法医鉴定领域对胸腔大血管的界定。
2. 膈肌与胸腔大血管损伤的影像学检查方法及表现。
3. 主动脉夹层的产生原因和机制。
4. 对于外伤后发生主动脉夹层的案例，送检材料的审核原则及注意事项。

第 二 幕

简单回顾上一幕的案件内容,复习与案件相关的医学、法医学知识。

【法医学检查】

日期:2021 年 3 月 5 日。

被鉴定人神清语晰,自行入室,呼吸平稳,查体合作。血压 120/80 mmHg,脉搏 70 次/分;双侧瞳孔等大等圆,对光反射灵敏。胸廓外观无畸形,左胸部后外侧第 7 肋间可见一长约 26 cm 的手术瘢痕,左上胸背部局部压痛(+)。左臀部至左大腿上段外侧可见一斜行长约 36 cm 的手术瘢痕,骨盆挤压及分离试验(+)。左髋部局部压痛(+),左髋关节被动活动明显受限:屈曲 0°～50°,伸展 0°～5°,外展 0°～25°,内收 0°～10°,外旋 0°～25°,内旋 0°～25°。右髋关节被动活动度:屈曲 0°～90°,伸展 0°～15°,外展 0°～45°,内收 0°～20°,外旋 0°～45°,内旋 0°～45°。左下肢承重、下蹲及行走功能受限。自诉:目前仍感左胸上部、骨盆及左髋部疼痛,下蹲困难,不能长时间行走,不能做体力活,时有胸闷、气短、呼吸不畅。余无特殊。

被鉴定人家属诉:被鉴定人伤前身体健康,并坚持认为主动脉夹层的发生是因为本次交通事故损伤过重,且本次外伤所产生的巨额医疗费用大部分为自己垫付,对方申请重新鉴定目的在于逃避赔偿责任。

审阅复查的 2018 年 9 月 12 日主动脉血管成像影像片,见图 7-15。

【影像学资料】

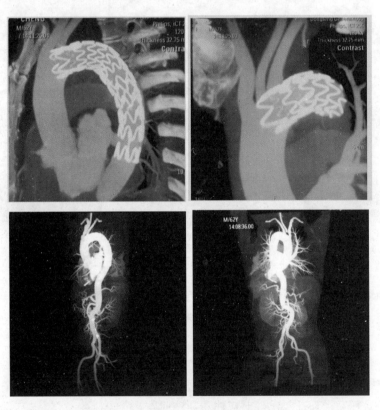

图 7-15 2018 年 9 月 12 日主动脉血管成像

【提出问题】

1. 首次鉴定结果为何会引起争议?存在什么问题?

2. 图 7-15 中主动脉 CT 血管成像检查(术后)与图 7-14 中主动脉 CT 血管成像检查(术前)相比,有什么改变?

3. 请判断本次交通事故在被鉴定人的主动脉夹层这一损害后果中的原因力大小(损伤参与度)。

4. 被鉴定人胸部损伤的伤残等级该如何评定?

【涉及要点】
1. 膈肌与胸腔内大血管损伤的法医学检查内容及查体要点。
2. 主动脉夹层伤病关系的鉴定处理原则。
3. 针对重新鉴定、多次鉴定案件中的风险告知。
4. 膈肌与胸腔内大血管损伤的伤残等级鉴定注意事项。

(卢秋莹)

第八章 腹部损伤

第一节 拳击后发生的脾破裂

掌握脾损伤(injuries of spleen)的概念、常见分类方法、损伤原因和机制、临床表现及法医学鉴定原则。

1. 脾损伤的概念和常见损伤类型。
2. 真性脾破裂、假性脾破裂及延迟性脾破裂的概念。
3. 脾损伤的损伤原因和机制。
4. 脾损伤的临床表现。
5. 外伤性脾破裂与自发性脾破裂的鉴别要点和法医学鉴定原则。

本节包括两幕(2学时),共90分钟,其中学生讨论时间为50分钟,学生分析总结发言25分钟,教师总结讲评15分钟。两次课间隔3~7天。

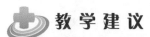

在上课的前三天将案例资料及所提问题、学习要点以纸质或邮件形式发送给学生,请学生在课前预习案例资料,根据问题查找《法医临床学》《法医病理学》《外科学》《法医影像学》教材或《法医临床检验规范》(SF/T 0111—2021)、《法医临床影像学检验实施规范》(SF/T 0112—2021)等文献资料。上课时依据学生数量进行分组(每组10~15人),以问题为导向方式解读案例资料。

学生讨论时给予充分的自由空间,不干扰、不评论,讨论结束后由每组学生推选一名发言人进行每题的总结发言,教师在此过程中应认真评估学生掌握知识的深浅、分析问题思路的优点和不足,并逐一进行记录。每组同学在讨论过程中如提出新的问题,可进行团体讨论。各组回答结束后,由教师结合学生的掌握情况对学生缺乏的共性基础知识和鉴定思路进行讲解,对学生鉴定过程中存在的问题进行针对性点评和分析总结。

第 一 幕

【基本案情】

2019年10月12日15时许,业主马某(女,32岁,搏击运动员)与打孔师傅施某(男,57岁)因打孔的效果及费用问题发生纠纷,后两人发生打斗行为,冲突中施某的腹部被马某用拳头打伤,伤后入住某市第二医院行脾切除术。因案情侦查需要,现由公安机关委托,要求对被鉴定人施某的损伤程度和伤残等级进行法医学鉴定。

【病历摘要】

某市第二医院出院记录(住院号:XXX)如下。入院、出院日期分别为2019年10月12日和2019年10月31日。因"代诉腹部外伤约两小时"入院。既往史:每天吸烟约10支,每天饮酒约250 mL。体检:体温36.0 ℃,脉搏88次/分,呼吸22次/分,血压92/69 mmHg。神清,精神差,急性病容。腹平软,肝肋下未及,脾下极平脐水平,左侧中上腹压痛、反跳痛,移动性浊音(+),肠鸣音弱,双肾区无叩痛。脊柱、四肢及神经系统未查及明显异常。腹腔穿刺抽出约2 mL不凝固血液。2019年10月12日行彩色多普勒超声检查:脾脏长166 mm,厚60 mm,实质回声不均、杂乱,其内可见范围约69 mm×64 mm的片状不均回声。肝前、肝肾间、下腹腔分别可见前后径约12 mm、20 mm、86 mm的无回声暗区。超声提示:脾大、脾回声不均,外伤所致可能性大;腹腔积液,见图8-1、彩图8-1。腹部CT提示脾破裂,腹腔积液(图8-2)。急诊在全麻下行剖腹探查+脾切除术,术中见腹腔内有大量积血及血凝块,患者脾脏三级肿大,脾脏膈面破裂,脾脏与周围网膜粘连,钳夹结扎切断脾脏与网膜间的粘连,自脾门外下极向内上逐步双重结扎切断脾蒂组织,解剖脾膈韧带、脾肾韧带、脾结肠韧带,脾窝填塞有尾巾垫起脾脏,托出大部分脾脏,用一次性切割缝合器切断上极部分脾蒂组织及胃短血管,移出脾脏,4-0prolin连续缝扎创面渗血处;冲洗腹盆腔,吸尽血液后仔细检查肝、胆、胰腺、胃、肠等各脏器,发现近脾门处胰尾周围包膜少许挫伤,肝右叶可扪及两处约花生米大小的占位性病变,无明显外伤性改变。再次检查脾切除后脾窝创面,确切止血后,置一根腹腔引流管于脾窝,另一根于直肠膀胱凹陷。术后行心电监测、吸氧、抗感染、止血、输血、护胃、护肝、补液对症支持治疗。出院诊断:腹部闭合性损伤;脾破裂;腹腔内出血;低血容量性休克;肝右叶小占位性病变;脾肿大;胰腺损伤?胰腺炎?

该院10月15日病理检查报告单记载如下。送检材料:脾脏组织。肉眼所见:暗红色肿胀脾脏组织,23 cm×17 cm×8 cm,脾脏被膜见长10 cm和12 cm的两个破裂口,其下少许出血。一侧脾脏边缘见4 cm×3 cm范围的土黄色区。病理诊断:脾破裂;慢性纤维淤血性脾肿大,部分区域伴坏死。

【影像学资料】

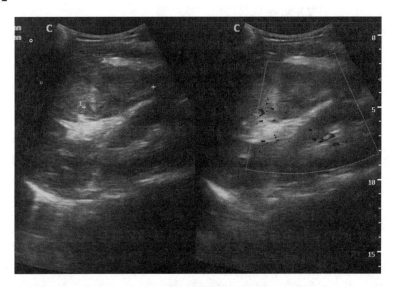

图8-1 伤后超声检查提示脾破裂(彩图8-1)

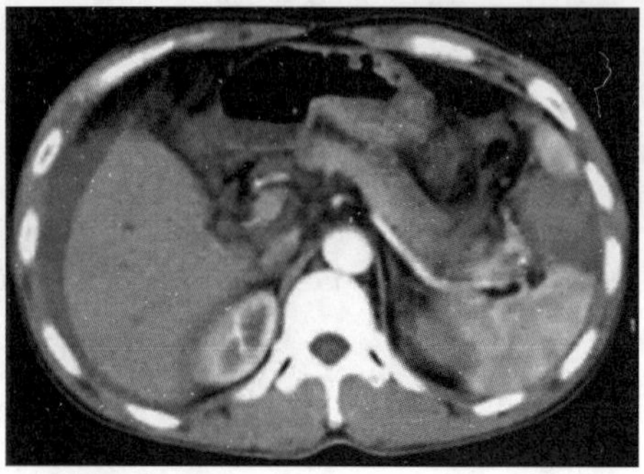

图 8-2　伤后腹部 CT 检查提示脾破裂

【询问笔录摘要】

公安机关 2019 年 10 月 14 日对现场目击者询问笔录如下。2019 年 10 月 12 日中午 12 点我的两个同事先去马某家,接着我和另一个同事也赶到了马某家里……因为打孔的效果和费用问题双方发生争执……突然我听见动静很大,等我回头看的时候,施某就已经被马某踢倒在地上,马某又继续用拳头打了施某的胸腹部几拳,我们看见这个情况,赶紧和我的同事还有马某的父亲上前扯劝,马某的力气很大,我们几个人拉了半天才把她拉开。打完之后我们就扶着施某在我们的工具箱上坐着,大概过了二十分钟,施某突然从座位上倒了下去,起初我们还认为施某是在开玩笑,结果看见施某的面色发白,我和马某的父亲赶紧将施某搬到沙发上躺着……过了一会儿,120 把施某给拖走了,然后马某自己打电话报警了。

【提出问题】

1. 本案例属于何种类型脾损伤？具有哪些临床特点？
2. 脾损伤的常见分类方法有哪些？简述其发生机制及临床表现。
3. 被鉴定人具有哪些脾损伤的症状和体征？
4. 脾损伤的常用检查方法有哪些？腹部超声检查和 CT 检查有哪些特征？
5. 受理本案相关类型案件时应注意哪些问题？现有送检材料是否充分？

【涉及要点】

1. 结合外科学知识复习脾损伤的分类方法。
2. 脾损伤的临床症状、体征及影像学特征。
3. 涉及脾损伤案例法医学鉴定时送检材料的审核原则。

第 二 幕

简单回顾上一幕的案件内容,复习与案件相关的医学、法医学知识。

【法医学检查】

日期:2019 年 12 月 10 日。

被鉴定人神清,自行入室,检查合作。头颅、心肺(—),左腹部见 21 cm 长纵行条状手术瘢痕,增生、质硬,两侧腹壁分别见一 1 cm 长的引流术后瘢痕,见图 8-3、彩图 8-2,腹平软,无明显压痛及反跳痛。四肢肌力、肌张力正常,病理征(—)。自诉腹部瘢痕处有时瘙痒不适。

【病理学会诊】

显微镜下审阅送检的术中切除脾脏的病理切片(19-3186 HE 切片 3 张、19-3186 蜡块 3 个):①脾被膜增厚,纤维化、玻璃样变,实质内片状出血;②脾门处,被膜增厚及玻璃样变较①为重,内见淋巴、单核为主的炎性细胞浸润,被膜下纤维结缔组织增生、交错,周围软组织片状出血,伴炎细胞浸润;③土黄区,大片状坏死,坏死区内见肉芽组织增生,被膜增厚同①,与坏死区交界处见片状出血及大量纤维结缔组织增生。见图 8-4、彩图 8-3。

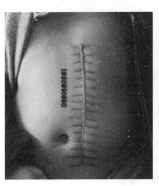
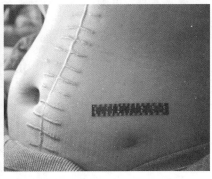

图 8-3　被鉴定人腹部手术瘢痕(彩图 8-2)

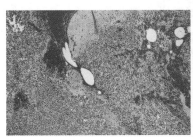
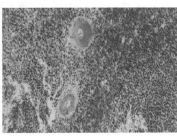

图 8-4　切除的脾脏病理切片镜下观(彩图 8-3)

【提出问题】
1. 被鉴定人脾损伤进行法医学检查时应如何查体？主要包括哪些方面？是否还需要进行其他辅助检查？
2. 被鉴定人脾损伤是否具有手术指征？术后转归如何？
3. 结合影像学检查及病理切片会诊结果，试分析被鉴定人的脾损伤是否应考虑自身疾病因素及相应理由？
4. 被鉴定人的损伤程度和伤残等级该如何评定，若为未成年人伤后应该如何评定？

【涉及要点】
1. 脾损伤的法医学检查内容及查体要点。
2. 外伤性脾破裂和病理性脾破裂的鉴别，外伤与脾破裂之间的因果关系及参与度。
3. 脾破裂的损伤程度及伤残等级鉴定注意事项。

第二节　交通事故导致的小肠损伤

 学习目标

掌握小肠损伤(injury of small intestine)概念、损伤原因和机制、临床表现、不良影响及法医学鉴定原则。

学习要点

1. 小肠损伤的概念。
2. 小肠损伤的常见原因和损伤机制。

3. 小肠损伤的临床表现与转归对消化吸收功能的影响。
4. 小肠损伤的法医学鉴定原则。

时间分配

本节包括两幕(2学时),共90分钟,其中学生讨论时间为50分钟,学生分析总结发言25分钟,教师总结讲评15分钟。两次课间隔3~7天。

教学建议

在上课的前三天将案例资料及所提问题、学习要点以纸质或邮件形式发送给学生,请学生在课前预习案例资料,根据问题查找《法医临床学》《外科学》《法医影像学》教材或《法医临床检验规范》(SF/T 0111—2021)、《法医临床影像学检验实施规范》(SF/T 0112—2021)等文献资料。上课时依据学生数量进行分组(每组10~15人),以问题为导向方式解读案例资料。

学生讨论时给予充分的自由空间,不干扰、不评论,讨论结束后由每组学生推选一名发言人进行每题的总结发言,教师在此过程中应认真评估学生掌握知识的深浅、分析问题思路的优点和不足,并逐一进行记录。每组同学在讨论过程中如提出新的问题,可进行团体讨论。各组回答结束后,由教师结合学生的掌握情况对学生缺乏的共性基础知识和鉴定思路进行讲解,对学生鉴定过程中存在的问题进行针对性点评和分析总结。

第 一 幕

【基本案情】

2018年10月29日晚10时许,被鉴定人吴某(女,52岁)加班后离开公司,在公司门前路段的人行横道上被一醉酒驾驶司机驾车致伤头面部、腹部等处,伤后被送至某医院住院手术治疗。因案件诉讼需要,由人民法院委托,根据《人体损伤致残程度分级》对被鉴定人的伤残等级进行法医学鉴定。

【病历摘要】

某医院出院记录(住院号:XXX01)如下。入院、出院日期分别为2018年10月29日和2018年12月1日。因"车祸致头部及全身多处受伤疼痛2小时"入院。查体:神志不清,查体不合作。双侧瞳孔等大等圆,右侧瞳孔直径约3 mm,对光反射较弱;左面部及唇多处裂伤。左面部内陷,可扪及骨擦感。颈软,双肺有湿啰音、痰鸣音。腹部术后表现,左前臂见皮肤擦伤,生理反射存在,病理反射未引出。10月29日颅脑CT片示脑干挫裂伤、上颌窦骨折、左筛骨骨折、左侧颧骨骨折;肋骨CT片示左侧第5肋骨骨折、左侧创伤性湿肺;腹腔CT及彩超检查示小肠穿孔,腹腔积气,腹腔积液,见图8-5。10月29日在全麻下行肠系膜修补术+肠修补术,术中诊断:肠系膜血管损伤,肠破裂。探查腹腔见腹腔内大量出血,吸尽,量约800 mL。小肠系膜可见约10 cm×5 cm破裂,系膜血管活动性出血,对应肠管无明显缺血性坏死,遂予以肠系膜修补术,丝线间断缝合牢靠。另见一外伤性小肠穿孔,约1 cm×1 cm大小,予以修补牢靠。术后予以营养神经、补液、治疗感染、护胃、对症支持治疗。11月5日复查CT片与前片(2018年10月30日)对比示出血已基本吸收,右肺上叶尖段及双肺下叶背段肺挫裂伤及肺不张改变,双侧胸腔及右侧叶间裂少量积液。2018年11月18日磁共振检查示:左膝内侧外侧半月板前、后角Ⅱ度退变,左膝前交叉韧带及外侧副韧带损伤、肿胀;腘肌腱损伤,膝关节退行性骨关节病;滑膜炎;关节腔积液,膝关节周围软组织筋膜增厚水肿。11月18日复查CT片示左侧上颌骨前后壁、左侧颧骨基底部、眶突及左侧蝶骨小翼骨折,考虑左侧上颌窦炎症。出院诊断:脑干挫裂伤;肠系膜血管损伤;创伤性小肠破裂;左侧第5肋骨骨折,肺挫伤;左膝关节外侧副韧带损伤,左膝关节前交叉韧带损伤,创伤性牙折断;面部裂伤,唇裂伤,上颌窦骨折,左筛骨骨折,左侧颧骨骨折;多处浅表损伤。出院情况:感头痛、头昏,口腔内多颗牙齿断折,咬合困难,左下肢屈曲困难。神志清楚,GCS评分为15分,双侧瞳孔等大等圆,直径约3 mm,光反射灵敏;面部皮肤切口愈合良好,腹部切口愈合良好,四肢可见多处皮肤擦伤,左下肢膝关节处肿胀、压痛。

该院第二次出院记录(住院号:XXX02)如下。入院、出院日期分别为 2018 年 12 月 18 日和 2018 年 12 月 26 日。因"腹痛一个多月,加重一天伴呕吐"入院。查体:腹平软,无压痛,无反跳痛,肝脾肋下未触及,墨菲征阴性,肠鸣音正常。腹部 CT 检查示:腹部术后改变;右输尿管上段结石伴右输尿管局限性扩张及右输尿管炎性病变;左肾小囊性病变,左肾小结石;盆腔积液。胃镜检查示:糜烂性胃炎。给予抑酸、止吐对症及支持治疗。出院诊断:糜烂性胃炎;双肾结石;左肾囊性病变。

该院 2019 年 1 月 24 日门诊病历记载如下。主诉:腹痛 2 小时,呕吐。查体:腹软,全腹轻压痛,肠鸣音弱。诊断:肠梗阻?

该院 2019 年 2 月 7 日门诊病历记载如下。主诉:上腹饱胀不适 4 小时伴呕吐胃内容物多次。查体:腹部轻压痛。X 线检查示:小肠不全性肠梗阻,可见多处液气平面,见图 8-6。初步诊断:粘连性肠梗阻。

该院第三次出院记录(住院号:XXX03)如下。入院、出院日期分别为 2019 年 2 月 20 日和 2019 年 2 月 24 日。因"腹痛腹胀伴恶心呕吐一天"入院。2018 年 10 月因车祸致小肠穿孔行小肠修补术,术后多次发作类似腹痛。查体:腹部平坦,左中腹见 15 cm 切口瘢痕,未见胃肠型及蠕动波,触软,脐周压痛,无反跳痛,未触及异常包块,肝脾肋下未触及,肝肾区无叩击痛,移动性浊音阴性,肠鸣音活跃。入院后完善相关检查,行清洁灌肠、抗感染、制酸、对症治疗。患者肠道功能恢复,肛门排气通畅。出院诊断:肠梗阻。

该院第四次出院记录(住院号:XXX04)如下。入院、出院日期分别为 2019 年 3 月 5 日和 2019 年 3 月 15 日。因"腹痛腹胀伴恶心两天"入院。查体:腹部平坦,未见胃肠型及蠕动波,触软,上腹部压痛,无反跳痛,无肌卫,肠鸣音 4 次/分。3 月 5 日行腹部 CT 检查示:左肾小结石;小肠不全性肠梗阻,下腹部部分肠腔数个小液平面,陶氏腔少许积液,见图 8-7。3 月 7 日行腹部 X 线检查示:腹部未见明显梗阻及穿孔。3 月 8 日行结肠镜检查示:直肠息肉。出院诊断:不全性粘连性肠梗阻,直肠息肉。

该院第五次出院记录(住院号:XXX05)如下。入院、出院日期分别为 2019 年 3 月 26 日和 2019 年 3 月 29 日。因"腹痛腹泻伴恶心呕吐 15 小时"入院。查体:腹部平坦,触软,左侧压痛,无反跳痛,无肌卫,肠鸣音亢进,约 8 次/分。2019 年 3 月 27 日腹部 X 线检查示:腹部未见明显梗阻及穿孔,建议随诊复查。3 月 27 日超声检查示下腹未见积液。3 月 27 日 CT 检查示左肾小结石,陶氏腔少许积液。入院后明确诊断,给予抑酸、维持水和电解质等对症治疗。出院诊断:肠梗阻伴粘连;急性胃肠炎;左肾结石。出院情况:未诉明显腹痛腹胀,进食可,大小便通畅。腹平软,无压痛,肠鸣音正常。

【影像学资料】

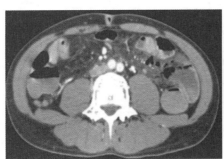
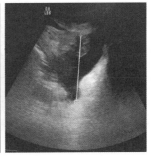

图 8-5　2018 年 10 月 29 日腹部 CT 片及超声检查图

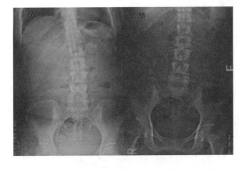

图 8-6　2019 年 2 月 7 日腹部 X 线片

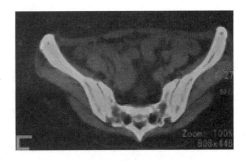

图 8-7　2019 年 3 月 5 日腹部 CT 片

【提出问题】
1. 被鉴定人属于何种小肠损伤类型？简述其发生机制。
2. 小肠损伤(穿孔)的常见分类及影像学检查方法有哪些？
3. 小肠损伤的手术指征及临床转归有哪些？
4. 本案例能否受理？受理此类案件时应注意哪些问题？

【涉及要点】
1. 结合消化外科学及影像学知识复习小肠损伤分类方法。
2. 小肠损伤的临床症状、体征及损伤机制。
3. 涉及小肠损伤案例法医学鉴定时送检材料的审核原则。

第 二 幕

简单回顾上一幕的案件内容，复习与案件相关的医学、法医学知识。

【法医学检查】

日期：2019年5月17日。

被鉴定人神清，自行入室，检查合作。双侧瞳孔等大等圆，对光反射灵敏，双眼球运动可，颅神经征（－）。面部基本对称，左眉弓上方见2.7 cm×0.1 cm长斜行条状瘢痕，左内眦经左鼻翼至左鼻唇沟处见7.5 cm×0.1 cm长条状瘢痕，左内眦因瘢痕牵扯稍变形，左眼未见明显溢泪症状，唇上方见1.5 cm×0.1 cm长条状瘢痕，唇下方见0.5 cm×0.1 cm长条状瘢痕。腹部左侧见15.5 cm长纵行条状手术瘢痕，腹平软，压痛、反跳痛（－）。左膝关节活动可，四肢肌力、肌张力正常。自诉目前体力下降，有时仍感腹部隐痛，消化功能不如伤前。

被鉴定人复查腹部超声检查结果示肝、胆、胰、脾及双肾未见异常，腹腔未见积液。

【提出问题】
1. 对小肠损伤的被鉴定人进行法医学检查时应如何查体？主要包括哪些方面？
2. 小肠损伤是否合并其他不良后果？可以通过哪些方法进行确认？
3. 目前被鉴定人伤残等级该如何评定？除了小肠的原发性损伤外，评残时还应考虑哪些情况？
4. 该案的车方涉嫌醉酒驾驶，如同时委托损伤程度，该如何评定？

【涉及要点】
1. 小肠损伤的法医学检查内容及查体要点。
2. 小肠损伤后的法医学鉴定时机及评定原则。
3. 小肠损伤的损伤程度及伤残等级鉴定注意事项。

第三节　腹壁、膈肌与网膜复合性损伤

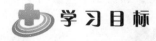

掌握腹壁、膈肌、网膜损伤的原因和机制、临床表现及法医学鉴定原则。

1. 腹壁、膈肌、网膜的损伤原因和机制。
2. 腹壁、膈肌、网膜损伤的临床表现与转归。
3. 腹壁、膈肌、网膜损伤的法医学鉴定原则。

时间分配

本节包括两幕(2学时),共90分钟,其中学生讨论时间为50分钟,学生分析总结发言25分钟,教师总结讲评15分钟。两次课间隔3～7天。

教学建议

在上课的前三天将案例资料及所提问题、学习要点以纸质或邮件形式发送给学生,请学生在课前预习案例资料,根据问题查找《法医临床学》《外科学》《法医影像学》教材或《法医临床检验规范》(SF/T 0111—2021)、《法医临床影像学检验实施规范》(SF/T 0112—2021)等文献资料。上课时依据学生数量进行分组(每组10～15人),以问题为导向方式解读案例资料。

学生讨论时给予充分的自由空间,不干扰、不评论,讨论结束后由每组学生推选一名发言人进行每题的总结发言,教师在此过程中应认真评估学生掌握知识的深浅、分析问题思路的优点和不足,并逐一进行记录。每组同学在讨论过程中如提出新的问题,可进行团体讨论。各组回答结束后,由教师结合学生的掌握情况对学生缺乏的共性基础知识和鉴定思路进行讲解,对学生鉴定过程中存在的问题进行针对性点评和分析总结。

第 一 幕

【基本案情】

2018年11月7日23时许,被鉴定人杨某(男,32岁)骑自行车回家,行至某小区15号楼附近不慎撞倒路边许某某摆放的物品,因未及时道歉被一贯行事冲动的许某某持刀捅伤胸腹部后,被120送到某市人民医院急诊手术。现因办案需要,由公安机关委托要求对被鉴定人的损伤程度及伤残等级(按《人体损伤致残程度分级》标准)进行法医学鉴定。

【病历摘要】

某市人民医院出院记录(住院号:XXX)如下。入院、出院日期分别为2018年11月8日和2018年11月23日。因"胸腹部联合性刀刺伤3小时"入院。既往史:4年前因心脏瓣膜病在外院行心脏瓣膜置换术。体格检查:神清,脉搏80次/分,呼吸18次/分,血压120/80 mmHg。左胸部第4肋间可见2 cm刀刺伤口,第5肋间可见3 cm刀刺伤口,深达骨质,右上腹可见一约2 cm的刀刺伤口,上腹部正中可见一约1 cm的刀刺伤口。急诊行胸腹部联合CT检查示左前胸腹壁交界区锐器伤伴邻近心膈角区及胸壁少许积气,左侧胸腔少量积液,见图8-8。于11月8日行急诊剖腹探查+剖胸探查+网膜修补术+心包探查+膈肌修补术,术后予以抗感染、营养支持、补液等对症支持治疗。出院诊断:胸腹部多处刀刺伤,胸腹腔贯通伤,左侧胸腔积血,多根肋骨骨折,左侧膈肌破裂,腹腔积血,胸壁软组织戳裂伤,腹壁软组织戳裂伤。出院时情况:目前伤口已拆线,愈合良好,一般情况可,生命体征平稳,复查相关指标无异常,未诉特殊不适。

该院2018年11月8日的手术记录如下。手术名称:剖腹探查+剖胸探查+网膜修补术+心包探查+膈肌修补术。手术经过:逐层进腹,见腹腔内有明显积血,探查腹部两处锐器伤口,见右上腹伤口已进入腹腔,上腹部正中伤口尚未进入腹腔,吸除积血后,发现上腹部网膜可见裂伤伴出血,行缝扎止血处理,其余内脏未见明显损伤;左侧胸部锁骨中线附近第3、4肋间长约2 cm锐器创口,伴活动性出血,探查伤口深达肌肉层下,伴第7前肋骨断裂。心包前脂肪有一1.5 cm破裂,少许出血,探查其内及膈顶,发现膈肌破裂,和腹腔贯通,缝合膈肌伤口,放置胸腔引流管一根,逐层缝合伤口。

【影像学资料】

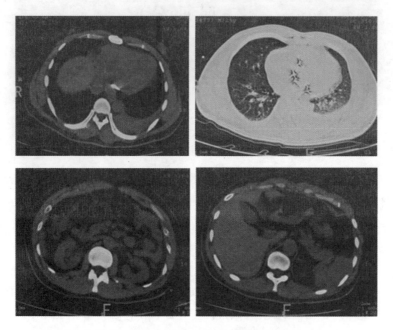

图 8-8　2018 年 11 月 7 日胸部及腹部 CT 片

【提出问题】

1. 被鉴定人的胸腹部损伤包括哪些？胸腹部 CT 片有哪些损伤改变？
2. 腹壁、膈肌、网膜损伤的原因与机制是什么？常用检查方法有哪些？
3. 腹部损伤的治疗是什么？剖腹探查手术指征有哪些？
4. 简述腹壁、膈肌、网膜损伤的预后和转归。
5. 本案例能否受理？在受理此类案件时应注意哪些问题？

【涉及要点】

1. 结合外科学知识复习腹壁、膈肌、网膜损伤的诊断与治疗方法。
2. 腹壁、膈肌、网膜损伤的临床表现、损伤机制与转归。
3. 腹壁、膈肌、网膜损伤进行法医学鉴定时送检材料的审核原则。

第 二 幕

简单回顾上一幕的案件内容，复习与案件相关的医学、法医学知识。

【法医学检查】

日期：2018 年 12 月 18 日。

被鉴定人神清语晰，自行入室，检查合作。左胸部局部压痛，左侧乳头上方、内下方分别见一 2 cm 长斜行条状缝合瘢痕，轻度增生；左上腹部可见一约 11 cm 长斜行线状缝合瘢痕，稍凹陷，其下方靠外侧可见一 2 cm 长斜行条状瘢痕，稍凹陷；左中腹部可见一 1.5 cm 长斜行条状瘢痕，轻度增生；腹部正中及靠右侧可见一 6.5～10 cm 长呈"Y"形的条状缝合瘢痕，部分增生；胸部中央及其下方可见瓣膜置换术后遗留瘢痕，见图 8-9、彩图 8-4。自诉目前步行上坡时感呼吸急促，胸部及右腹部疼痛。余无特殊。

【提出问题】

1. 如何对腹壁、膈肌、网膜损伤的被鉴定人进行法医学检查？
2. 腹壁、膈肌、网膜损伤者在法医学鉴定时需要进行哪些必要的辅助检查？
3. 胸腹损伤者可能会有哪些并发症和后遗症？鉴定时应如何告知风险？
4. 本案例被鉴定人损伤程度、伤残等级应该如何评定？

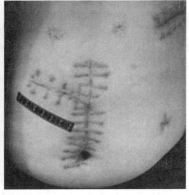

图 8-9　被鉴定人胸、腹部手术瘢痕（彩图 8-4）

【涉及要点】
1. 腹壁、膈肌、网膜损伤及并发症、后遗症的法医学检查内容及查体要点。
2. 腹壁、膈肌、网膜损伤及并发症、后遗症的法医学鉴定时机及评定原则。
3. 腹壁、膈肌、网膜损伤及并发症、后遗症的伤残等级鉴定注意事项。

第四节　锐器导致的腹部贯通伤

掌握腹部复合性损伤的形成原因和损伤机制、临床表现及法医学鉴定原则。

1. 腹部损伤的分类、形成原因和损伤机制。
2. 腹部损伤的常见临床表现、常用检查方法与转归。
3. 腹部损伤的法医学检查要点和鉴定原则。

本节包括两幕（2 学时），共 90 分钟，其中学生讨论时间为 50 分钟，学生分析总结发言 25 分钟，教师总结讲评 15 分钟。两次课间隔 3~7 天。

教 学 建 议

在上课的前三天将案例资料及所提问题、学习要点以纸质或邮件形式发送给学生，请学生在课前预习案例资料，根据问题查找《法医临床学》《外科学》《法医影像学》教材或《法医临床检验规范》（SF/T 0111—2021）、《法医临床影像学检验实施规范》（SF/T 0112—2021）等文献资料。上课时依据学生数量进行分组（每组 10~15 人），以问题为导向的方式解读案例资料。

学生讨论时给予充分的自由空间，不干扰、不评论，讨论结束后由每组学生推选一名发言人进行每题的总结发言,教师在此过程中应认真评估学生掌握知识的深浅、分析问题思路的优点和不足,并逐一进行记录。每组同学在讨论过程中如提出新的问题,可进行团体讨论。各组回答结束后,由教师结合学生的掌握情况对学生缺乏的共性基础知识和鉴定思路进行讲解,对学生鉴定过程中存在的问题进行针对性点评和分析总结。

第 一 幕

【基本案情】

被鉴定人刘某(男,38岁)与工友吴某某久生嫌隙,2017年10月14日23时许,吴某某携匕首尾随刘某至某市一合资电子厂宿舍区门前,趁刘某不备捅伤其胸腹部,后刘某被送至某市第一医院住院手术治疗。2017年10月25日因办案需要,在当地某鉴定所根据《人体损伤程度鉴定标准》第5.7.3 a)条及第5.7.3 b)条暂评为轻伤一级,后于2017年12月17日在该省会某司法鉴定中心根据《人体损伤程度鉴定标准》第5.7.2 b)条及第5.7.2 c)条评为重伤二级,当事人(吴某某)不服省内鉴定结果,要求委托外地机构鉴定,经抽签选中外省某大学医学院司法鉴定中心,现委托单位要求对被鉴定人的损伤程度和伤残等级进行法医学鉴定。

【病历摘要】

某市第一医院出院记录(住院号:XXX)如下。入院、出院日期分别为2017年10月15日和2017年11月2日。患者以"胸腹部刀刺伤后1小时"入院。查体:体温36.5℃,脉搏89次/分,血压128/52 mmHg,神志清楚,痛苦貌,轻度烦躁不安,检查欠合作,前腹部可见多处皮肤锐性裂口,左侧胸部可见一处锐性裂口,伴渗血不止。左腋下可见10 cm长裂口,深及肌层,未见血泡冒出,无胸骨叩痛。双侧呼吸动度检查不合作,双肺触觉语颤查体不合作,心尖搏动在左侧第5肋间锁骨中线内0.5 cm上。腹部隆起,腹壁见3~10 cm刀刺伤伤口,共4处,其中剑突下偏右见3 cm长裂口,右侧平脐见3 cm裂口,剑突下偏左见4 cm长裂口,左下腹部见4 cm长裂口,可见10 cm长网膜外露,颜色稍暗;右侧平脐伤口深及肌肉,未进入腹腔,伤口见少许泥沙污染,持续性渗血。10月15日胸腹部CT检查:考虑左上肺舌段挫伤? 左侧腹壁及盆壁多发贯通伤,并且盆腔有少量积血,见图8-10。入院后告病重,急诊完善相关检查,10月15日行剖腹探查+肝破裂修补+部分大网膜切除+小肠修补+胸腹壁清创缝合术。术后给予抗感染、补液等对症支持治疗,病情稳定。出院诊断:腹部贯通伤,肝脏挫裂伤,小肠破裂,大网膜损伤,胸腹壁挫裂伤。出院时情况:患者无明显腹痛不适,胸腹部伤口已基本愈合,已拆线,少许渗出,腹平软,无明显压痛、反跳痛。

该院2017年10月15日的手术记录如下。手术名称:剖腹探查+肝破裂修补+部分大网膜切除+小肠修补+胸腹壁清创缝合术。术后诊断:腹部贯通伤;肝脏挫裂伤,小肠破裂,大网膜损伤,胸腹壁软组织挫裂伤。手术经过……探查剑突下偏左伤口深及肋骨,未进入腹腔及胸腔,予伤口止血,见腹腔内约500 mL血性渗液,剑突下偏右伤口进入腹腔,可见肝左外叶包膜2 cm长裂口,持续渗血。探查见小肠距十二指肠空肠曲70 cm处可见1 cm裂口,未见明显肠内容物流出,胃、十二指肠上段、余小肠、结肠、直肠、脾脏未见明显破裂、出血,将左下腹部伤口脱出网膜复位入腹腔,外露段网膜颜色较暗,左下腹部伤口下部分腹肌碎裂、部分缺损……肝脏裂口用2-0丝线缝合止血,全层及浆肌层缝合小肠破裂伤口,缝合破裂腹膜,将缺血网膜切除……术中出血约500 mL。术后支持治疗。

该院2017年10月16日对术中切除组织的病理检查报告如下。网膜组织充血、出血,伴少量中性粒细胞浸润。

【旁证材料】

某市公安局城区派出所办案人员2018年12月1日根据该省会某司法鉴定中心的要求,对某市第一医院被鉴定人的经治医生伍某某进行调查,询问笔录部分摘录如下。

问:刘某入院时病情怎样?

答:应该是比较严重的,当时告了病重,属于急诊开腹手术。

问:刘某的胸腹部损伤如何? 伤口有没有深入胸腔和腹腔?

答:他的胸部损伤相对轻一些,入院后检查主要为比较浅的软组织损伤,未进入胸腔。腹部为多发性损伤,穿透了腹壁,伤到肝脏和小肠,有网膜脱出,具体情况在手术记录中有详细的描述。

问:当时伤者刘某肝实质后外叶包膜与肝实质是否有破裂?

答:肝左外叶包膜与肝实质均破裂,肝实质创口深达肝实质内 0.5~1 cm。

【影像学资料】

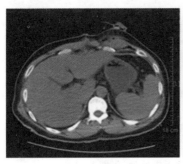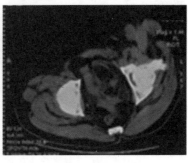

图 8-10　2017 年 10 月 15 日腹部 CT 片

【提出问题】

1. 结合送检病历材料,本案例被鉴定人可以认定的损伤具体包括哪些内容?

2. 被鉴定人的腹部损伤涉及哪些器官? 其预后和转归如何?

3. 本案例为第三次鉴定,受理该案可能存在哪些潜在风险? 在受理该类案件时如何收集鉴定所需材料? 应注意哪些问题?

【涉及要点】

1. 结合普外科知识复习下腹部损伤的诊断与治疗方法。

2. 腹部损伤的临床症状、体征及损伤机制。

3. 涉及腹部损伤案例法医学鉴定时送检材料的审核原则。

第 二 幕

简单回顾上一幕的案件内容,复习与案件相关的医学、法医学知识。

【法医学检查】

日期:2018 年 7 月 3 日。

被鉴定人神清语晰,自行入室,检查合作。左侧腋中线第 10 肋处可见长 7.5 cm 条状斜形瘢痕,胸骨剑突下见 1.5 cm 条状瘢痕,左侧腹部可见纵向长 20.5 cm 条状手术瘢痕,右侧脐周见长 1.2 cm 及 1 cm 条状瘢痕,耻骨联合上缘见长 5.5 cm 条状瘢痕(上述瘢痕无明显增生牵扯),腹平软,无明显压痛及反跳痛,见图 8-11、彩图 8-5。自诉:目前干活不能用力,起卧时腹部仍感不适。

邀请临床影像科资深专家共同审阅送检的 2017 年 10 月 15 日腹部 CT 片示:右侧上腹部(剑突右侧)见创道达肝左叶,贯穿腹膜进入腹腔,累及肝包膜及肝实质;左上腹部(剑突左侧)见锐器损伤影像学改变,左侧腹壁及左侧腹直肌肿胀明显;盆腔少量积液(血性)。

鉴定当日复查腹部超声检查结果示:腹腔未见积液。

【提出问题】

1. 腹部锐器损伤的法医学鉴定要点有哪些? 伤者进行法医学检查时应如何查体?

2. 被鉴定人先后两次鉴定均涉及肝脏及肠道损伤,如何明确其有无剖腹探查手术指征? 如何认定被鉴定人的肠道损伤是全层还是非全层破裂以及肝破裂的性质?

3. 本案例被鉴定人两次损伤程度鉴定结论不一致的争议焦点是什么?

4. 该如何评定被鉴定人的损伤程度和伤残等级?

【涉及要点】

1. 腹部损伤的法医学检查内容及查体要点。

2. 腹部损伤累及脏器及肠道时的性质认定及法医学鉴定时机。
3. 腹部损伤的损伤程度及伤残等级鉴定注意事项。

【影像学资料】

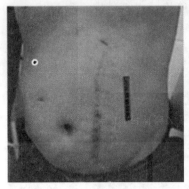
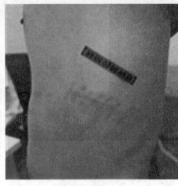

图 8-11　被鉴定人胸腹部手术瘢痕（彩图 8-5）

（梁　曼）

第九章　盆部及会阴部损伤

第一节　骨盆多发骨折

学习目标

掌握骨盆骨折（pelvic fracture）的概念、常见分类方法、损伤原因和机制、临床表现及法医学鉴定原则。

学习要点

1. 骨盆骨折的概念和常见分类方法。
2. 骨盆骨折的损伤原因和机制。
3. 稳定性骨盆骨折和不稳定性骨盆骨折的临床表现。
4. 骨盆骨折畸形愈合、严重畸形愈合、骨产道破坏的鉴别要点和法医学鉴定原则。

时间分配

本节包括两幕（2学时），共90分钟，其中学生讨论时间为50分钟，学生分析总结发言25分钟，教师总结讲评15分钟。两次课间隔3~7天。

教学建议

在上课的前三天将案例资料及所提问题、学习要点以纸质或邮件形式发送给学生，请学生在课前预习案例资料，根据问题查找《法医临床学》《外科学》《法医影像学》等教材或文献、《法医临床检验规范》（SF/T 0111—2021）、《法医临床影像学检验实施规范》（SF/T 0112—2021）等资料。上课时依据学生数量进行分组（每组10~15人），以问题为导向的方式解读案例资料。

学生讨论时给予充分的自由空间，不干扰、不评论，讨论结束后由每组学生推选一名发言人进行每题的总结发言，教师在此过程中应认真评估学生掌握知识的深浅、分析问题思路的优点和不足，并逐一进行记录。每组同学在讨论过程中如提出新的问题，可进行团体讨论。各组回答结束后，由教师结合学生的掌握情况对学生缺乏的共性基础知识和鉴定思路进行讲解，对学生鉴定过程中存在的问题进行针对性点评和分析总结。

第 一 幕

【基本案情】

2016年11月23日,被鉴定人王某某(女,34岁)骑电动车在某市迎宾大道南北方向直行通过一路口时,被东西方向行驶的一小轿车致伤右髋部、骶尾部等处,后被肇事方急送至某大学第一附属医院治疗,目前已出院。被鉴定人单方委托某法医鉴定所鉴定,该所依据《人体损伤致残程度分级》第5.8.6 3)款"女性骨盆骨折致骨产道变形,不能自然分娩"评为八级伤残,肇事方对该鉴定意见不服,认为被鉴定人王某某是单方自行委托鉴定,其骨盆骨折已经手术固定,不构成严重畸形,且王某某已经生育两个小孩,不一定会涉及再次生育分娩问题。现由人民法院委托对被鉴定人王某某的损伤程度和伤残等级重新进行法医学鉴定。

【病历摘要】

某大学第一附属医院出院记录(住院号:XXX)如下。入院、出院日期分别为2016年11月23日和2017年1月17日。因"外伤致骶尾部及右髋部疼痛、肿胀、活动受限1小时余"入院。查体:体温36.5℃,脉搏96次/分,呼吸22次/分,血压100/75 mmHg;神志清楚,痛苦面容,被动体位,右髋部及骶尾部右侧疼痛、肿胀,局部皮温高、压痛阳性,骨盆挤压及分离试验阳性,右下肢主被动活动受限,双下肢等长。入院后完善相关辅助检查,行骨盆X线及CT检查,骨盆X线片与CT片见图9-1。于2016年11月24日在全麻下行骨盆切开复位内固定术,术后复查骨盆X线片,见图9-2。给予预防感染、促进骨折愈合、营养神经、改善循环及对症用药。出院诊断:骨盆多发骨折,贫血。出院情况:一般情况可,骨盆挤压试验阳性,右髋关节活动部分受限,诉坐、立、行走时右髋部仍有不适。

【影像学资料】

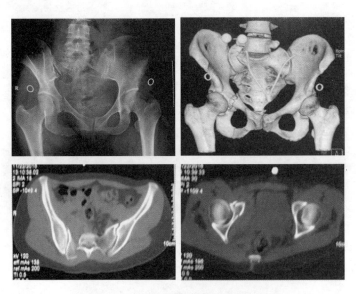

图9-1 入院时骨盆X线片与CT片

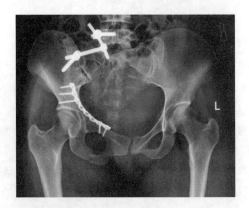

图9-2 骨盆切开复位内固定术后复查X线片

【提出问题】
1. 根据手术前后影像学资料,被鉴定人属于何种类型骨盆骨折?具有哪些临床特点?
2. 骨盆骨折的常见致伤原因及分类方法是什么?简述其发生机制及临床表现。
3. 被鉴定人具有哪些骨盆骨折症状和体征?被鉴定人腰骶椎是否存在骨折?
4. 本案例能否受理?受理该类案件时应注意哪些问题?

【涉及要点】
1. 结合外科学及影像学知识复习骨盆骨折的分类方法。
2. 骨盆骨折的临床症状、体征及影像学特征。
3. 不稳定性骨盆骨折的影像学特征及判读。
4. 涉及骨盆骨折的案例法医学鉴定时送检材料的审核原则。

第 二 幕

简单回顾上一幕的案件内容,复习与案件相关的医学、法医学知识。

【法医学检查】

日期:2017 年 5 月 30 日。

被鉴定人神志清楚,精神可,对答切题,言语流利,跛行入室。查体见下腹部皮肤有一长约 12 cm 的横向条状手术瘢痕,右侧腰骶部有一长约 9.5 cm 的纵向条状手术瘢痕,骨盆挤压试验阳性,右髋关节活动部分受限,前屈 0°～110°(左 0°～140°),后伸 0°～15°(左 0°～15°),外展 0°～30°(左 0°～45°),内收 0°～27°(左 0°～30°),内旋 0°～38°(左 0°～50°),外旋 0°～30°(左 0°～40°)。自诉伤后坐、立、行走时骨盆伤处及右下肢仍感疼痛,天气变化时明显,医院复诊时医生说骨盆已经发生明显的变形,对今后的分娩会有明显影响。

嘱被鉴定人复查骨盆 X 线片及 CT 片,见图 9-3。

【影像学复查】

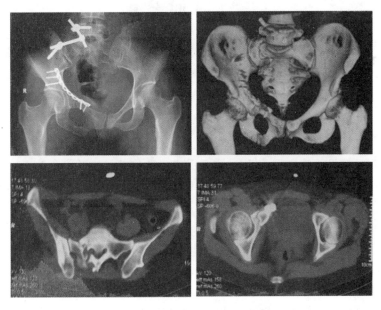

图 9-3　鉴定时复查骨盆 X 线片与 CT 片

【提出问题】
1. 对存在骨盆骨折的伤者进行法医学检查时应如何查体?主要包括哪些方面?
2. 被鉴定人骨盆内固定术后骨盆愈合情况如何?是否符合法医学畸形愈合的规定?
3. 如何判断骨盆骨折骨产道破坏?影像学阅片中应注意测量哪些数据?
4. 被鉴定人右侧髋关节活动部分受限的原因?如何测量和计算其关节活动度?
5. 被鉴定人的损伤程度和伤残等级该如何评定?

【涉及要点】
1. 骨盆骨折的法医学检查内容及查体要点。
2. 骨盆骨折畸形愈合、严重畸形愈合和骨产道破坏的鉴别。
3. 骨盆骨折畸形愈合、骨产道破坏的法医学鉴定时机及评定原则。
4. 骨盆骨折的损伤程度及伤残等级鉴定的注意事项。

第二节 骨盆与尿道损伤

掌握尿道损伤(urethral injury)的概念、损伤原因和机制、临床表现及法医学鉴定原则。

1. 尿道损伤的概念。
2. 男性尿道损伤的原因和机制。
3. 男性尿道损伤的临床表现与转归。
4. 男性尿道损伤法医学鉴定原则。

本节包括两幕(2学时),共90分钟,其中学生讨论时间为50分钟,学生分析总结发言25分钟,教师总结讲评15分钟。两次课间隔3~7天。

在上课的前三天将案例资料及所提问题、学习要点以纸质或邮件形式发送给学生,请学生在课前预习案例资料,根据问题查找《法医临床学》《外科学》《法医影像学》等教材或文献、《法医临床检验规范》(SF/T 0111—2021)、《法医临床影像学检验实施规范》(SF/T 0112—2021)等资料。上课时依据学生数量进行分组(每组10~15人),以问题为导向的方式解读案例资料。

学生讨论时给予充分的自由空间,不干扰、不评论,讨论结束后由每组学生推选一名发言人进行每题的总结发言,教师在此过程中应认真评估学生掌握知识的深浅、分析问题思路的优点和不足,并逐一进行记录。每组同学在讨论过程中如提出新的问题,可进行团体讨论。各组回答结束后,由教师结合学生的掌握情况对学生缺乏的共性基础知识和鉴定思路进行讲解,对学生鉴定过程中存在的问题进行针对性点评和分析总结。

第 一 幕

【基本案情】

2016年7月25日,被鉴定人蒋某某(男,36岁)在试用期第三天不慎从约9米高处坠落,骑跨在工地脚手架上,致伤骨盆、会阴部等处,被工友送至某省第二人民医院治疗,现已出院。由于蒋某某尚未与用工单位签订正式的劳动用工合同及购买保险,不符合职工工伤的处理规定,双方发生争议并起诉到法院。因案件处理需要,由人民法院委托对被鉴定人的伤残等级进行法医学鉴定。

【病历摘要】

某省第二人民医院住院病历(住院号:XXX)记载如下。入院、出院日期分别为 2016 年 7 月 25 日和 2016 年 9 月 14 日。主诉:外伤后左股疼痛伴尿道溢血 4 小时。入院检查:神清,对答切题,痛苦面容,抬入病房,血压 134/80 mmHg,心率 85 次/分,呼吸 21 次/分,心肺(一),四肢肌力、肌张力正常。专科检查:耻骨上膀胱区稍隆起,有压痛,尿道外口可见鲜红色血迹,阴囊皮肤黑紫色,可见皮下淤血改变,多处软组织擦挫伤。入院后完善相关检查,骨盆 X 线片及 CT 片见图 9-4,于 2016 年 7 月 25 日在全麻下行输尿管镜和尿道膀胱镜检查+尿道会师术+膀胱造瘘术,手术中发现球部尿道大量血块附着,创面显示不清,冲洗血块后见球部尿道横向断裂约 1/2,膀胱内可见少量血凝块,镜检见球部尿道大量血块附着,创面显示不清,尿道黏膜连续性中断。术后 20 天行下腹部 MR 检查,见图 9-5。出院诊断:①尿道损伤;②骨盆骨折;③尿路感染;④勃起功能障碍;⑤多发软组织损伤。出院时情况:患者一般情况可,诉仍有排尿不畅,排尿费力等情况,建议定期门诊复诊,必要时行尿道扩张术。

【影像学资料】

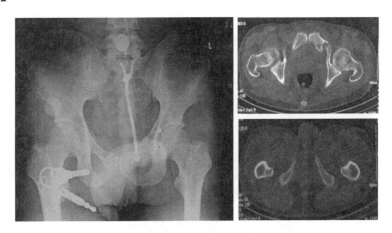

图 9-4　入院时骨盆 X 线片与 CT 片

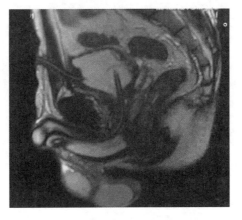

图 9-5　术后 20 天 MR 检查

【提出问题】

1. 被鉴定人属于何种类型尿道损伤?
2. 被鉴定人手术前后的影像学检查有何异常?
3. 男性尿道损伤的常见分类方法是什么?简述其发生机制。
4. 男性尿道损伤的转归有哪些?发生尿道狭窄后应该如何治疗?
5. 本案例能否受理?受理此类案件时应注意哪些问题?

【涉及要点】

1. 结合泌尿外科学及影像学知识复习尿道损伤的分类方法。
2. 男性尿道损伤的临床症状、体征及损伤机制。
3. 涉及尿道损伤的案例法医学鉴定时送检材料的审核原则。

第 二 幕

简单回顾上一幕的案件内容,复习与案件相关的医学、法医学知识。

【法医学检查】

日期:2017 年 5 月 13 日。

被鉴定人步入检室,神志清,言语流利,对答切题,诉排尿时稍感费力。双侧胸廓对称无畸形,腹软,无压痛及反跳痛,下腹正中部有一直径1.5 cm 的类圆形造瘘术后瘢痕,阴囊形态正常,无触痛。骨盆挤压征(一),双侧髋关节活动正常,四肢肌力、肌张力正常。自述仍有排尿不畅,排尿费力,需定期行尿道扩张术。余未见明显异常。

【辅助检查】

1. 2017 年 5 月 13 日,尿常规检查结果如下。淡黄色,pH 7.4;蛋白(一),红细胞(一),白细胞(±)。
2. 2017 年 5 月 13 日,尿动力学检查报告单见图 9-6。
3. 2017 年 5 月 13 日,行膀胱造影检查,见图 9-7。

【提出问题】

1. 对尿道损伤的伤者进行法医学检查时应如何查体?主要包括哪些内容?
2. 被鉴定人尿道损伤是否合并尿道狭窄?尿道狭窄程度如何划分?
3. 被鉴定人鉴定时可以选择哪些辅助检查?如何解读其尿动力学检查结果及膀胱造影检查结果?
4. 目前被鉴定人伤残等级应该如何评定?

【影像学资料】

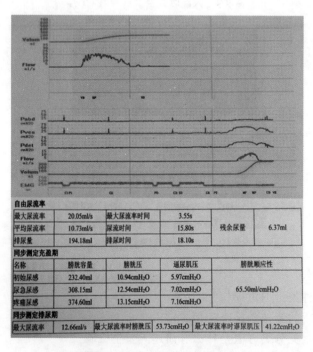

图 9-6 尿动力学检查报告单

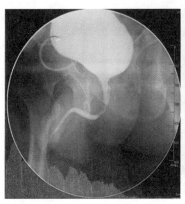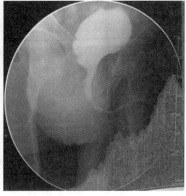

图 9-7 鉴定前膀胱造影

【涉及要点】
1. 尿道损伤的法医学检查内容及查体要点。
2. 男性尿道狭窄程度鉴别。
3. 尿道狭窄的法医学鉴定时机及评定原则。
4. 尿道损伤的损伤程度及伤残等级鉴定的注意事项。

第三节　尿道阴道瘘与肾功能不全

学习目标

掌握女性会阴部损伤(injury of perineum)中尿道损伤、阴道瘘的概念、损伤原因和机制、临床表现及法医学鉴定原则。

学习要点

1. 女性会阴部损伤中尿道损伤、阴道瘘的损伤原因和机制。
2. 尿道阴道瘘的概念与分类。
3. 阴道狭窄的程度和法医临床学分级。
4. 会阴部损伤致尿道阴道瘘法医学鉴定原则。

时间分配

本节包括两幕(2学时),共90分钟,其中学生讨论时间为50分钟,学生分析总结发言25分钟,教师总结讲评15分钟。两次课间隔3~7天。

教学建议

在上课的前三天将案例资料及所提问题、学习要点以纸质或邮件形式发送给学生,请学生在课前预习案例资料,根据问题查找《法医临床学》《外科学》《法医影像学》和《妇产科学》等教材或文献、《法医临床检验规范》(SF/T 0111—2021)、《法医临床影像学检验实施规范》(SF/T 0112—2021)等资料。上课时依据学生数量进行分组(每组10~15人),以问题为导向的方式解读案例资料。

学生讨论时给予充分的自由空间,不干扰、不评论,讨论结束后由每组学生推选一名发言人进行每题的总结发言,教师在此过程中应认真评估学生掌握知识的深浅、分析问题思路的优点和不足,并逐一进行记录。每组同学在讨论过程中如提出新的问题,可进行团体讨论。各组回答结束后,由教师结合学生的掌握情况对学生缺乏的共性基础知识和鉴定思路进行讲解,对学生鉴定过程中存在的问题进行针对性点评和分析总结。

第 一 幕

【基本案情】

2002年2月6日,被鉴定人陈某(女,10岁)步行穿越村边公路时,不慎被小汽车撞倒并碾压骨盆部位,当时呼之不应,家属发现其会阴部流鲜血,急送至当地县医院门诊,以"骨盆骨折并创伤性休克"收住院,先后在当地县人民医院、某省第一人民医院、某医科大学第一附属医院、首都医科大学附属儿童医院等多家医院就诊。现委托单位要求对被鉴定人的伤残鉴定等级进行法医学鉴定。

【病历摘要】

1. 某县人民医院住院病历(住院号:XXX01)记载如下。入院、出院日期分别为2002年2月6日和2002年4月15日。因"车碾伤骨盆部伴阴道流血2.5小时"入院。患者2小时前不慎被汽车碾伤骨盆部,当时呼之不应,发现阴道流鲜血。查体:体温36.5℃,脉搏120次/分,呼吸22次/分,血压56/36 mmHg;神志模糊,失血痛苦面容,面色苍白,四肢厥冷;右侧胸部压痛,胸廓挤压征可疑;腹胀,腹肌稍紧,下腹部轻压痛,全腹叩诊鼓音,移动性浊音(±),肠鸣音减弱;双髂部、腰部见大片皮肤擦伤痕,局部青紫肿胀,骨盆挤压试验(+),阴道口可见鲜血流出(由妇产科医生检查),双踝关节肿胀,内旋畸形,拍X线片示左侧耻骨上下支骨折,断端分离移位,见图9-8。4月4日在全麻下行左大腿脓肿切开引流+耻骨上切开膀胱造瘘术,术中见:尿道外口闭锁;左大腿内侧脓肿波动感明显,切开后见大量脓性分泌物流出,脓液稀薄,呈黄绿色,量约100 mL。出院诊断:骨盆骨折,创伤性休克,左侧第11肋骨骨折,尿道断裂。经膀胱造瘘术后,家属要求转至该省第一人民医院治疗。

该院第二次住院病历(住院号:XXX02)记载如下。入院、出院日期分别为2003年3月13日和2004年9月26日。因"车祸伤致排尿障碍、尿外漏一年余,膀胱造瘘术后3个多月,感下腹疼痛、尿外漏增多3天"收入院。现病史:患儿2002年2月8日车祸致左耻骨骨折,左侧第11肋骨骨折,尿道断裂,阴道尿道瘘,已行膀胱造瘘术治疗,5月13日患儿膀胱造瘘管脱出,再次置入膀胱造瘘管失败,尿液由阴道漏出,住院治疗期间,反复前置造瘘均失败,随后左大腿根部出现脓肿,切开引流后尿液自该处流出。患儿曾在该省第一人民医院行膀胱造瘘术、脓肿切开引流术,术后脓肿愈合。诊断为尿道远端闭锁,尿道阴道瘘,左大腿根部尿瘘,给予膀胱造瘘术。建议患儿成年后行尿道成形术。3天前无明显诱因出现下腹部疼痛,尿液混浊,尿外漏增多,门诊以"尿道损伤合并尿瘘,膀胱造瘘术后"收住院。查体:腹软,正中可见7 cm左右手术瘢痕,留置膀胱造瘘管,左大腿根部4 cm×7 cm瘢痕,双肾盂输尿管积水,双下肢循环可,肢端循环可。出院诊断:①尿道断裂,尿道阴道瘘;②膀胱造瘘术后并尿路感染;③双肾盂输尿管积水(左肾重度积水);④阴道大量积液。

该院2004年8月27日超声影像报告单显示:左肾重度积水,左输尿管上段扩张;膀胱壁增厚,阴道大量积液;肝胆胰脾,右肾、右输尿管,子宫附件未见异常声像。

2. 某省第一人民医院出院证(住院号:YYY)记载:入院、出院日期分别为2002年7月19日和2002年10月15日。因"车祸伤后尿液从阴道、左大腿根部流出5个月"入院。入院后完善相关检查,于2002年7月25日行膀胱造瘘术、脓肿切开引流术,术后脓肿愈合。出院诊断:①骨盆骨折;②膀胱阴道瘘;③膀胱会阴瘘;④左大腿根部皮下脓肿形成。

3. 某大学第一附属医院住院病历(住院号:ZZZ)记载:入院、出院日期分别为2004年9月11日和2004年10月22日。诊断:①膀胱阴道瘘;②尿道外口闭锁;③左肾积水;④陈旧性骨盆骨折。于2004年9月24日在静脉麻醉下行经造瘘口纤维软镜镜检术,阴道肛门指检术,术中见:正常尿道口处无开口,于阴道内未探及尿道外口,阴道处女膜已成陈旧性瘢痕。阴道仅深2 cm。子宫不大,宫颈附近可触及一包块。将纤维软镜置入膀胱内，见双侧输尿管呈洞穴状改变，三角区有滤泡样增生，之间有不规则黏膜破损。沿膀胱颈处伸入纤维软镜约 1.5 cm 探查输尿管为一盲端，用软尿管试探多次无法穿出。沿左输尿管口插入导尿管但无法上行。退镜后重新更换尿管作为造瘘管。

4. 某医科大学附属儿童医院出院记录（住院号：SSS01）如下：入院、出院日期分别为 2004 年 11 月 9 日和 2005 年 3 月 28 日。因"车祸致尿道闭锁，膀胱造瘘术后 2 年余"入院。查体：神清，下腹部至耻骨膀胱造瘘后，引流通畅，未见脓尿、肉眼血尿，见一纵向陈旧性瘢痕，长约 5 cm，见图 9-9、彩图 9-1；会阴部见手术瘢痕，尿道闭锁，阴道未见明显阴道外口。2004 年 12 月 13 日在静脉麻醉下行经耻骨尿道修复术；2005 年 1 月 11 日行尿道修补+尿道扩张术；2005 年 2 月 3 日行尿道内切开+金属支架内置术；2005 年 3 月 7 日行膀胱修复+取内支架术。出院诊断：①外伤性尿道狭窄；②外伤性阴道闭锁。

该院第二次出院记录（住院号：SSS02）如下：入院、出院日期分别为 2005 年 10 月 8 日和 2006 年 1 月 19 日。因"外伤性尿道闭锁术后 10 个月不能排尿"入院。于 2005 年 10 月 8 日在全麻下行"经耻骨尿道修复术"，检查尿道已完全闭锁，利用膀胱左右侧壁成形尿道，用蘑菇头管引流膀胱内尿液，术后 21 天去除尿管，关闭膀胱造瘘后不能排尿，于 2005 年 10 月 23 日及 2006 年 1 月 9 日在静脉麻醉下行"尿道扩张术"，患儿逐渐能排出成泡尿，最后达每次 50～70 mL。出院诊断：①外伤性尿道闭锁术后；②阴道狭窄。

该院第三次出院记录（住院号：SSS03）如下：入院、出院日期分别为 2007 年 3 月 27 日和 2007 年 7 月 27 日。因外伤性尿道闭锁两次行尿道修复术，术后不能自尿道排尿，尿急时滴尿，现要求再次手术治疗。于 2007 年 6 月 15 日在全麻下行阴道狭窄切开术、尿道扩张术及左侧输尿管膀胱再吻合术，术中见阴道狭窄，有大量陈旧积血，术后抗感染治疗。术后患儿仍诉会阴部疼痛，便意及尿意明显，切口无红肿渗出，各管引流通畅，膀胱造瘘管及导尿管引流尿色淡红，加用颠茄片，改善膀胱刺激症状后引流尿黄清。术后 3 周，拔除导尿管，患儿排尿通畅，无尿频、尿急、腹痛等。出院诊断：①外伤性尿道狭窄；②膀胱造瘘术后；③外伤性阴道狭窄；④尿道吻合术后；⑤左膀胱输尿管反流Ⅲ级。

5. 某县中医院出院记录（住院号：KKK）如下：入院、出院日期分别为 2019 年 4 月 20 日和 2019 年 5 月 8 日。入院后彩超检查：①双肾实质回声增强，皮髓质分界不清；②右肾轻度积水；③膀胱壁毛糙增厚；④右附件区囊实混合型包块（考虑滤泡囊肿）；⑤盆腔少量积液。2019 年 4 月 30 日肾功能检验报告显示：血肌酐 290 μmol/L（正常值范围 53～115 μmol/L）。出院诊断：①急性膀胱炎；②右肾轻度积水；③双肾萎缩；④慢性肾功能不全；⑤输尿管狭窄术后状态。

【影像学资料】

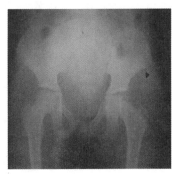
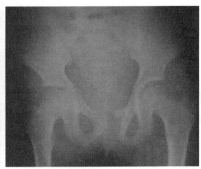

图 9-8　损伤时和损伤后三个月骨盆 X 线片

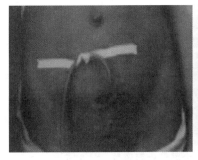

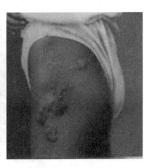

图 9-9　损伤两年后膀胱引流及双侧髋部遗留瘢痕组织（彩图 9-1）

【提出问题】

1. 本案例中道路交通事故所致会阴部损伤包括哪些?
2. 女性尿道损伤机制与治疗措施有哪些?
3. 女性尿道损伤的预后和转归是什么?
4. 被鉴定人发生尿道阴道瘘、病程迁延难愈的原因是什么?
5. 根据现有材料能否受理本案?受理此类案件时应注意哪些问题?如何告知潜在的鉴定风险?

【涉及要点】

1. 结合妇科和泌尿外科知识复习尿道损伤、尿道阴道瘘的诊断与治疗方法。
2. 女性尿道阴道损伤与肾功能不全的临床表现、损伤机制与转归。
3. 女性尿道阴道损伤、尿道阴道瘘与肾功能不全损伤的案例法医学鉴定时送检材料的审核原则。

第 二 幕

简单回顾上一幕的案件内容,复习与案件相关的医学、法医学知识。

【法医学检查】

日期:2019年8月30日。

被鉴定人陈某自行步入诊室,神志清楚,语言流利,对答切题,查体合作。查体:右大腿上段外侧检见 11.0 cm×11.0 cm 瘢痕,左大腿上段外侧检见 13.8 cm×11.0 cm 瘢痕,左侧髂腰部检见2处大小分别为 7.0 cm×3.0 cm、5.2 cm×2.5 cm 的瘢痕,下腹部检见 8.5 cm×8.0 cm 瘢痕,稍增生,瘢痕上侧方见一造瘘口,伴膀胱造瘘管,管内见尿液留存(图 9-10、彩图 9-2)。四肢各大关节活动正常,肌力、肌张力正常。生理反射存在,病理反射未引出。自诉久走时左侧耻骨联合处疼痛,平均每半小时去卫生间放一次管内尿液。其余未见明显异常。

【辅助检查】

1. 某大学第一附属医院2019年8月30日肾动脉影像诊断报告单记载如下。①左肾血流灌注减弱,左侧肾小球滤过功能重度受损,上尿路引流通畅。②右侧肾血流灌注减弱,右侧肾小球滤过功能中至重度受损,上尿路引流通畅。肾小球滤过率(mL/min):左侧8.3,右侧15.7。(附:20~30岁人群肾小球滤过率参考范围如下:正常,48.9~66.9;轻度受损,75%以上;轻至中度受损,50%~75%;中至重度受损,25%~50%;重度受损,25%以下。)

2. 某大学第一附属医院2019年8月30日肾功能检验报告单记载:血肌酐309 μmol/L(正常参考值53~115 μmol/L)。

3. 某大学第一附属医院2019年8月30日彩超检查报告单记载:双肾慢性损伤声像;左肾轻度积水,左输尿管上段扩张(中下段梗阻原因待查);膀胱壁毛糙声像;左侧附件区囊性结构(考虑浆液性囊腺瘤?其他性质占位不排外);肝、胆、胰、脾、子宫、右附件区未见明显异常声像。

4. 某大学第一附属医院2019年8月30日电子阴道镜检查报告单记载:阴道狭窄(仅能容纳示指和中指)。

5. 被鉴定人在某大学第一附属医院复查骨盆平片及腹部CT(含双肾)提示:双肾萎缩,膀胱充盈欠佳,其内见引流管置入征象,见图 9-11 及图 9-12。

【影像学复查】

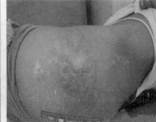

图 9-10 鉴定时腹壁膀胱造瘘引流和左髂部、右大腿部瘢痕照片(彩图 9-2)

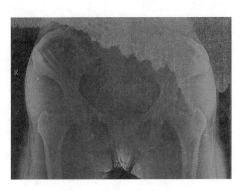

图 9-11 鉴定时复查骨盆平片

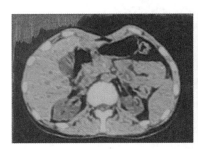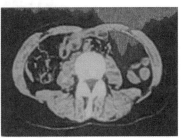

图 9-12 鉴定时复查腹部 CT 片

【提出问题】

1. 女性尿道损伤膀胱造瘘、阴道狭窄如何进行法医学检查？该类女性患者查体时应注意哪些问题？

2. 被鉴定人肾功能不全的诊断依据是否充分，临床检查主要包括哪些方面？肾功能不全如何分度？

3. 女性尿道损伤的常见并发症和后遗症主要包括哪些？复查 DR 和 CT 等影像学检查可见哪些异常影像学改变？

4. 被鉴定人伤残等级评定应考虑哪些方面损伤与功能障碍？

5. 被鉴定人 2002 年受伤，2019 年鉴定时应如何防范潜在的鉴定风险？

【涉及要点】

1. 尿道损伤膀胱造瘘、肾功能不全的法医学检查内容及查体要点。

2. 阴道狭窄、肾功能不全时的分度。

3. 女性尿道损伤的法医学鉴定时机及评定原则。

4. 女性尿道损伤合并肾功能不全的伤残等级鉴定注意事项。

第四节 腹部与会阴部复合性损伤

掌握会阴部软组织损伤的概念、损伤原因和机制、临床表现及法医学鉴定原则。

1. 会阴部软组织损伤的概念。

2. 会阴部软组织损伤的常见原因和损伤机制。
3. 会阴部开放性损伤的临床表现与转归。
4. 会阴部损伤的法医学鉴定原则。

时间分配

本节包括两幕(2学时),共90分钟,其中学生讨论时间为50分钟,学生分析总结发言25分钟,教师总结讲评15分钟。两次课间隔3~7天。

教学建议

在上课的前三天将案例资料及所提问题、学习要点以纸质或邮件形式发送给学生,请学生在课前预习案例资料,根据问题查找《法医临床学》《外科学》《法医影像学》等教材或文献、《法医临床检验规范》(SF/T 0111—2021)等资料。上课时依据学生数量进行分组(每组10~15人),以问题为导向的方式解读案例资料。

学生讨论时给予充分的自由空间,不干扰、不评论,讨论结束后由每组学生推选一名发言人进行每题的总结发言,教师在此过程中应认真评估学生掌握知识的深浅、分析问题思路的优点和不足,并逐一进行记录。每组同学在讨论过程中如提出新的问题,可进行团体讨论。各组回答结束后,由教师结合学生的掌握情况对学生缺乏的共性基础知识和鉴定思路进行讲解,对学生鉴定过程中存在的问题进行针对性点评和分析总结。

第 一 幕

【基本案情】

2015年11月24日上午10时许,被鉴定人刘某(男,29岁)驾驶一辆小型轿车沿兰南高速南阳至许昌方向行驶时,发生事故停在路上,张某驾驶的重型普通货车因刹车不及时与刘某的车追尾,导致刘某与另一乘车人受伤,刘某先后入住某县人民医院、某市中心医院治疗,分别行肠破裂修补、肠系膜修补、腹腔血肿清除引流、乙状结肠造口、会阴清创、肛门成形术,结肠造瘘还纳及肠粘连松解等治疗。

2017年12月30日经交警大队委托,刘某前往某市一法医临床司法鉴定所进行鉴定,鉴定意见如下:被鉴定人刘某因交通事故所致下腹部损伤,盆底撕脱伤致其肠破裂修补构成十级伤残;肠系膜破裂修补构成十级伤残。

现因被鉴定人认为病情加重、原伤残级别偏低而提起诉讼,由人民法院委托对被鉴定人的伤残等级进行重新鉴定。

【病历摘要】

1. 某市中心医院出院记录(住院号:XXX)如下。入院、出院日期分别为2015年11月24日和2015年12月10日。因"车祸后盆底缺损6小时"入院。查体:神清,体温36.3 ℃,脉搏108次/分,呼吸21次/分,血压102/70 mmHg;被动体位,面部及全身软组织多处擦挫伤。专科检查:腹膨隆,左侧腹壁见1处挫裂伤,长约10 cm,满腹轻压痛,移动性浊音阴性,肠鸣音弱。会阴区自阴囊后方至尾骨尖之盆底软组织大片缺损,形成一处约20 cm×20 cm×20 cm空腔,肛门缺如,创面持续渗血(图9-13、彩图9-3)。入院后完善相关检查,于2015年11月24日在急诊全麻下行肠破裂修补、肠系膜修补、腹腔血肿清除引流、乙状结肠造口、会阴清创、肛门成形术。术中见臀大肌及肛提肌大片撕脱缺损,创缘不整,右侧较重,形成较大空腔,肛门毁损,肛管及下段直肠破碎,盆膈尚未穿透,暂时压迫止血……取腹部正中切口,逐层进腹,探查腹腔见下腹部积血约2000 mL,回肠系膜撕裂伤,持续出血,小肠局部及结肠肝区浆膜层破裂。逐一修补止血,使用一次性闭合器在腹膜反折平面以上10 cm处切除乙状结肠,闭合两侧切端,近端在左下腹壁造口,冲洗后再次探查腹腔未见其他异常与出血,清点器械后关闭腹腔。盆底创口再次冲洗后,确认肛尾韧带断裂,空腔不规则,延续至尾骨后方,向前延伸至阴囊后方皮下。彻底止血,寻找肛管与下段直肠,将一根胸管从下段直肠裂口插入直肠达腹膜反折以上,围绕胸管将下段直肠及肛管残片对拢缝合,空腔内留置三根引流管,对拢缝合会阴创口,缝合腹部切口及左上腹壁挫裂伤。出院诊断如下。①全身多发伤、腹部损伤:小肠破裂;升结肠破裂;肠系膜撕裂伤;腹腔积血;腹壁挫裂伤。②盆底撕脱伤:会阴撕脱及挤压伤;直肠远段及肛管、肛门损伤。③右侧坐骨支骨折。④右肺挫伤。⑤头外伤:头皮血肿;面部软组织挫裂伤。

2. 某省第三医院出院记录(住院号:YYY)如下。入院、出院日期分别为2017年10月23日和2017年11月21日。因"腹部、会阴部外伤,结肠造口术后2年"入院。患者2年前因车祸致腹部、会阴部外伤,急诊在某市中心医院行"剖腹探查、肠破裂修补、肠系膜修补、腹腔血肿清除引流、乙状结肠造口、会阴清创、肛门成形术",术后病情恢复,肛门狭窄自行予以扩肛,今为乙状结肠造口还纳入院。专科检查:腹部膨隆,无腹壁静脉曲张,未见肠形及蠕动波。腹部正中陈旧性手术瘢痕,右下腹结肠造口,腹部软,无压痛,无反跳痛,腹部未触及包块,肝脾肋下未触及,肝颈静脉回流征阴性,墨菲征阴性。腹部叩诊呈鼓音,移动性浊音阴性,肝肾区叩击痛阴性。肠鸣音6次/分,未闻及振水音及血管杂音,骶尾部可见直径约2 cm压疮,肛周多处瘢痕,右侧臀部增大,可触及质硬瘢痕,直肠指检未触及明显肿块。入院后完善相关检查,于2017年11月1日行造口还纳手术,手术取造瘘口上切口长5 cm,进入腹腔,腹腔粘连严重,环形游离造瘘口,向下延伸切口5 cm,分离近端结肠与侧腹膜、脾区、小肠之间的粘连,向上游离乙状结肠、降结肠至脾区,游离下腹部远端结肠周围粘连,查看远端结肠无异常,行结肠侧侧吻合。远端乙状结肠侧壁距拟吻合口约2 cm处置入吻合器底钉座,荷包缝合,近端置入29号吻合器机身,距残端5 cm结肠对系膜缘穿出中心杆,行乙状结肠侧侧吻合,对正系膜后,收紧吻合器螺栓。查无夹带,吻合口无张力,一次性切割闭合器闭合结肠残端。3-0可吸收线间断缝合吻合口及结肠残端加固,吻合口通畅,无张力。冲洗腹腔,置双腔引流管一根。出院诊断:①结肠造瘘还纳,肠粘连松解术后;②肛门成形术后。出院时情况:诉肛周潮湿,排便仍不能自主控制。腹部敷料固定牢靠,腹软无压痛、反跳痛,肠鸣音正常,骶尾部可见直径约2 cm压疮,肛周多处瘢痕,右侧臀部增大,可触及质硬瘢痕组织,直肠指检未触及明显肿块,指套无血染。

【影像学资料】

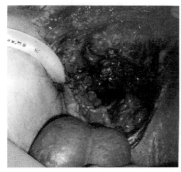 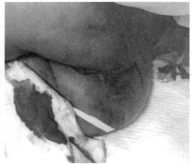

图9-13 损伤后及首次手术时会阴部情况(彩图9-3)

【提出问题】

1. 被鉴定人因道路交通事故造成的损伤包括哪些?
2. 被鉴定人会阴部软组织损伤,为何要实施乙状结肠造口、肛门成形术?
3. 会阴部开放性损伤可伤及哪些器官,其预后和转归?
4. 本案例能否受理?被鉴定人第一次鉴定主要针对哪些损伤,时机是否正确?在受理该类案件时应注意哪些问题?

【涉及要点】

1. 结合普外科知识复习消化道(结肠、直肠、肛门)损伤的诊断与治疗方法。

2. 结肠、直肠、肛门损伤的临床症状、体征及损伤机制。
3. 涉及结肠、直肠、肛门损伤的案例法医学鉴定时送检材料的审核原则。

第 二 幕

简单回顾上一幕的案件内容,复习与案件相关的医学、法医学知识。

【法医学检查】

日期:2018 年 6 月 4 日。

被鉴定人步入检室,神志清楚,精神可,对答切题,言语流利,查体合作。查体:左季肋部见 9.4 cm×2.0 cm 陈旧手术样瘢痕,腹部正中见 23.0 cm×9.0 cm 陈旧手术样瘢痕,脐左侧见 7.0 cm×4.5 cm 陈旧手术样瘢痕,上 2/3 已结痂,局部 0.5 cm×2.7 cm 可见少量渗出;左腹股沟上 5.0 cm 处可见一 3.5 cm×1.0 cm 手术引流口样瘢痕,右腹股沟上见 3.2 cm×2.0 cm 陈旧手术样瘢痕;右侧臀部见 5.0 cm×6.5 cm 陈旧手术样瘢痕,尾骨区 2.0 cm×2.0 cm 皮肤质地硬,与尾骨固定粘连,活动性差;右侧臀部见两处大小 4.0 cm×2.5 cm、3.0 cm×2.5 cm 皮肤瘢痕,左侧臀部见 2.8 cm×1.5 cm 瘢痕,左侧骶尾部至阴囊见 7.0 cm×6.0 cm 陈旧手术样瘢痕;肛门成形术后位置偏移,由右上向左下移行,肛门结构失常,未见黏膜组织。肛门位置处左右两侧各见一陈旧皮肤瘢痕,大小分别为 11.0 cm×2.7 cm、11.0 cm×4.0 cm(图 9-14、彩图 9-4)。自诉:伤后遗留大便失禁,严重影响生活质量。

【辅助检查】

某医院胃肠动力中心高分辨率肛直肠动力检查报告记载如下。①肛门指检未触及内外痔,肛缩差,括约肌松弛。②括约肌静息压偏低,括约肌功能带中有缺失。③缩肛:无收缩反应。④排便:肛管压力与静息压比较无变化,腹压正常。⑤肛门直肠抑制性反射(RAIR):无反射。⑥肛门直肠感觉测试:感觉过敏性直肠。⑦咳嗽反射:肛管压力与静息压比较无变化。详细报告见表 9-1。

表 9-1 鉴定时肛直肠动力检查报告

检查项目	结果	单位	参考值
直肠静息压	28.0	mmHg	<7
肛门括约肌静息压	19.0	mmHg	<65
括约肌静息压	−9	mmHg	
肛门括约肌长度	3.2	cm	3~4
肛门括约肌有效长度	0.0	cm	2~3
边缘至中心距离	2.0	cm	
初始感觉阈值	14.0	mL	<30
初始便意阈值	30.0	mL	57.4~195.8
排便窘迫感阈值	35.0	mL	92.7~241.4
最大容量感觉阈值	40.0	mL	155.4~309.1
直肠顺应性	0.6	cc/mmHg	
冲击性最低有感扩张容积	0.0	mL	
诱发 RAIR 的最小容积	10.0	mL	≤40.0
模拟排便时直肠压力	94.4	mmHg	>25
模拟排便时肛管压力	59.3	mmHg	
模拟排便时肛管压力增加程度	50.0	%	
模拟排便时肛管压力变化	1.0		
肛门括约肌松弛率	14.9	%	

续表

检 查 项 目	结 果	单 位	参 考 值
模拟排便时动力指数	0.3		
直肠-肛门括约肌压力梯度	35.1	mmHg	
直肠-肛门非同步时间差	-1.0	s	
矛盾性收缩率	50.0	%	<30
最大缩榨压	66.1	mmHg	99.32～213.26
缩肛持续时间	0.0	s	>4

【影像学资料】

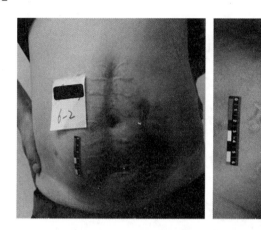

图9-14　鉴定时腹部与会阴部皮肤瘢痕（彩图9-4）

【提出问题】

1. 对肛管损伤的被鉴定人进行法医学检查时应注意哪些方面？
2. 被鉴定人肛管损伤手术治疗后可能会出现哪些后遗症？为何在鉴定时要进行肛门直肠动力学检查？如何解读该检查报告？
3. 排便功能障碍如何分度？被鉴定人是否存在排便功能障碍？判断标准有哪些？
4. 本案例被鉴定人第一次伤残评定是否全面？其伤残等级该如何评定？本案为重新鉴定，应如何防范鉴定风险？

【涉及要点】

1. 肛管损伤的法医学检查内容及查体要点。
2. 排便功能障碍的程度鉴别。
3. 肛直肠动力检查的解读。
4. 会阴部损伤中排便功能障碍的法医学鉴定时机及评定原则。
5. 会阴部损伤的损伤程度及伤残等级鉴定注意事项。

（潘新民）

第十章 四肢损伤

第一节 儿童骨骺损伤

学习目标

掌握骨骺损伤(epiphyseal injury)的概念、损伤原因和机制、分型、临床表现及法医学鉴定要点。

学习要点

1. 骨骺损伤的概念、损伤原因和机制。
2. 骨骺损伤的分型。
3. 骨骺损伤的临床表现及法医学鉴定要点。

时间分配

本节包括两幕(2学时),共90分钟,其中学生讨论时间为50分钟,学生分析总结发言25分钟,教师总结讲评15分钟。两次课间隔3~7天。

教学建议

在上课的前三天将案例资料及所提问题、学习要点以纸质或邮件形式发送给学生,请学生在课前预习案例资料,根据问题查找《法医临床学》《外科学》《实用骨科学》《法医影像学》教材或文献、《法医临床检验规范》(SF/T 0111—2021)、《法医临床影像学检验实施规范》(SF/T 0112—2021)、《肢体运动功能评定》(SF/T 0096—2021)等资料。上课时依据学生数量进行分组(每组10~15人),以问题为导向的方式解读案例资料。

学生讨论时给予充分的自由空间,不干扰、不评论,讨论结束后由每组学生推选一名发言人进行每题的总结发言,教师在此过程中应认真评估学生掌握知识的深浅、分析问题思路的优点和不足,并逐一进行记录。每组同学在讨论过程中如提出新的问题,可进行团体讨论。各组回答结束后,由教师结合学生的掌握情况对学生缺乏的共性基础知识和鉴定思路进行讲解,对学生鉴定过程中存在的问题进行针对性点评和分析总结。

第 一 幕

【基本案情】

2018年6月30日,被鉴定人吕某某(女,10岁)过生日当天,家人带其横穿马路去对面蛋糕店领取预定的生日蛋糕时,被无驾照的张某某驾驶的小汽车致伤左下肢。经当地县人民医院拍片检查后,当日转入某市中心医院住院治疗。由办案机关委托对被鉴定人的损伤程度及伤残等级进行法医学鉴定。

【病历摘要】

某市中心医院的住院病历及出院记录(住院号:XXX)如下。入院、出院日期分别为2018年6月30日和2018年7月26日。因"车祸致伤左小腿疼痛、肿胀、活动受限4小时"入院。查体:神志清楚,生命体征稳定,营养状况可;左小腿远端肿胀明显,轻度畸形,压痛(+),可触及骨擦感,左踝关节明显活动受限;左足背见两处3 cm×3 cm的皮肤擦伤,左足背及足底外侧皮肤感觉稍麻木。2018年6月30日,某市中心医院X线片示:左胫骨远段骺离骨折及左腓骨远段骨折(图10-1)。入院后积极完善相关检查,2018年7月2日在全麻下行左胫骨远端骨折切开复位钢针内固定术+左腓骨远段骨折切开复位钢针内固定术,术后行左踝部石膏外固定、伤口换药及抗感染等对症支持治疗。出院诊断:①左胫骨远端骺离骨折;②左腓骨远段骨折。出院时情况:患者一般情况可,左小腿石膏外固定,左足诸趾活动正常,感觉、运动可。

2018年8月20日再次行X线片检查,结果见图10-2。

【提出问题】

1. 何为骨骺损伤？如何分型？
2. 骨骺损伤可能对未成年人造成哪些不利影响？
3. 被鉴定人受伤当日及2018年8月20日的X线片有何特点？
4. 根据送检病历材料,被鉴定人损伤的临床表现有哪些？
5. 本案例的送检材料是否充分？是否已达鉴定时机？能否受理？

【涉及要点】

1. 结合骨科学及影像学知识,了解骨骺损伤的损伤原因、分型。
2. 骨骺损伤的临床症状、体征及影像学特点。
3. 骨骺损伤的影像学特征及判读。
4. 受理骨骺损伤类案件时的注意事项。

第 二 幕

简单回顾上一幕的案件内容,复习与案件相关的医学、法医学知识。

【法医学检查】

日期:2018年10月30日。

被鉴定人神志清楚,由父母陪同步行进入鉴定检查室。左踝部外观无明显肿胀、畸形,外踝部见一纵向长5.5 cm的条状手术瘢痕及2处长1 cm的小灶状愈合瘢痕,内踝前方见一斜向长6 cm的条状手术瘢痕及2处长1 cm的小灶状瘢痕;左踝关节周围无明显触压痛,主动活动时欠配合,被动活动时稍受限,背屈0°~20°,跖屈0°~40°,右踝关节(健侧)正常活动度:背屈0°~25°,跖屈0°~45°。自诉左踝部偶有轻度疼痛不适,家属诉患儿快走、跑步时左下肢活动受限。余(-)。

2018年9月28日被鉴定人复查X线片,结果见图10-3。

【影像学资料】

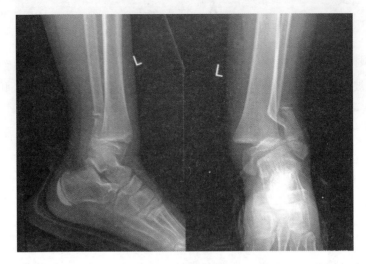

图 10-1　2018 年 6 月 30 日受伤当日 X 线片

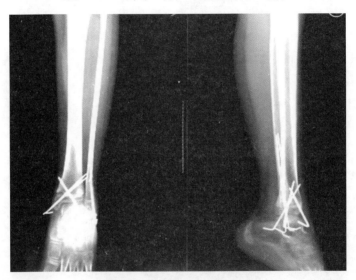

图 10-2　2018 年 8 月 20 日钢针内固定后 X 线片

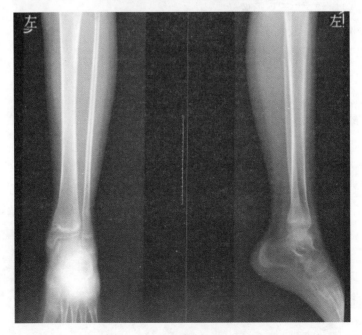

图 10-3　2018 年 9 月 28 日内固定钢针取出后复查 X 线片

【提出问题】

1. 结合受伤当日、钢针内固定术后及内固定钢针取出术后的 X 线片,判断被鉴定人的损伤恢复情况如何?目前是否存在明显的并发症及后遗症?
2. 骨骺损伤对被鉴定人的中远期影响(后遗症)主要表现在哪些方面?
3. 被鉴定人在法医学检查时可见踝关节功能障碍,请分析其形成原因及严重程度。
4. 被鉴定人的损伤程度及伤残等级该如何评定?

【涉及要点】

1. 骨骺损伤的影像学特征、阅片及诊断要点。
2. 骨骺损伤对被鉴定人的中远期影响(后遗症)。
3. 骨骺损伤的损伤程度及伤残等级鉴定注意事项。

第二节 腕部创伤性关节炎

学习目标

掌握尺桡骨骨折(fracture of radius and ulna)的损伤原因和机制、临床表现及法医学鉴定原则;常见并发症与后遗症(创伤性关节炎)的原因与机制、临床表现及法医学鉴定原则;关节功能丧失程度的测量与计算方法。

学习要点

1. 尺桡骨远端骨折的损伤原因和机制。
2. 尺桡骨远端骨折的临床表现。
3. 尺桡骨远端骨折的法医学鉴定原则。
4. 常见并发症与后遗症(创伤性关节炎)的原因与机制、临床表现及法医学鉴定原则。
5. 关节功能丧失程度的计算方法。

时间分配

本节包括两幕(2 学时),共 90 分钟,其中学生讨论时间为 50 分钟,学生分析总结发言 25 分钟,教师总结讲评 15 分钟。两次课间隔 3~7 天。

教学建议

在上课的前三天将案例资料及所提问题、学习要点以纸质或邮件形式发送给学生,请学生在课前预习案例资料,根据问题查找《法医临床学》《外科学》《实用骨科学》《法医影像学》教材或文献、《法医临床检验规范》(SF/T 0111—2021)、《法医临床影像学检验实施规范》(SF/T 0112—2021)、《肢体运动功能评定》(SF/T 0096—2021)等资料。上课时依据学生数量进行分组(每组 10~15 人),以问题为导向的方式解读案例资料。

学生讨论时给予充分的自由空间,不干扰、不评论,讨论结束后由每组学生推选一名发言人进行每题的总结发言,教师在此过程中应认真评估学生掌握知识的深浅、分析问题思路的优点和不足,并逐一

进行记录。每组同学在讨论过程中如提出新的问题，可进行团体讨论。各组回答结束后，由教师结合学生的掌握情况对学生缺乏的共性基础知识和鉴定思路进行讲解，对学生鉴定过程中存在的问题进行针对性点评和分析总结。

第 一 幕

【基本案情】

2019年9月16日，被鉴定人于某某（男，56岁）在某某建筑工地工作休息期间，伸手去接工友递过来的一支香烟时，不慎从约2米高处摔下受伤，后被送至当地某某区中心卫生院门诊行手法复位、石膏外固定术等治疗。现遗留左腕关节肿痛，活动障碍，自称不能从事原来的工种。现因民事赔偿需要，由某某人民法院委托，要求根据《人体损伤致残程度分级》标准对被鉴定人的伤残等级进行法医学鉴定。

【病历摘要】

1. 某某区中心卫生院2019年9月16日16时30分门诊病历记载如下。因"左腕关节外伤后肿痛、活动障碍半小时"就诊。半小时前不慎从约2米高处摔下受伤，手掌着地，伤后左腕关节肿痛，不能活动。查体：左腕关节肿胀，触痛明显，侧面观略呈"银叉"畸形，腕关节主动活动不能，被动活动时疼痛加剧。2019年9月16日本院左腕部X线片示：左桡骨远端粉碎性骨折，左尺骨茎突骨折，见图10-4。行手法复位、石膏外固定、止痛、抗炎及对症处理。1个月后视情况拆除外固定石膏。

2. 某某市人民医院2019年12月29日门诊病历记载如下。因"左腕关节外伤后肿痛3个多月"就诊。患者3个月前不慎摔伤左腕关节，伤后肿痛、活动障碍。外院X线片检查示"左桡骨远端粉碎性骨折，左尺骨茎突骨折"，行石膏外固定处理，1个月后拆除外固定石膏。此后左腕关节持续疼痛，活动受限，至今无明显缓解。查体：左腕关节轻度肿胀，桡侧畸形，触压痛（＋），左腕关节活动明显受限，研磨试验阳性，桡偏、尺偏时疼痛加重，左手握物、左上肢承重功能下降。2019年9月16日外院左腕关节X线片提示：左桡骨远端粉碎性骨折，累及关节面，掌倾角消失，左尺骨茎突骨折。2019年12月29日我院复查X线片提示：左桡骨远端骨折畸形愈合，关节面不平，掌倾角消失，关节间隙狭窄，局部硬化见图10-5。诊断：（左）桡骨远端粉碎性骨折（畸形愈合），（左）尺骨茎突骨折，（左）腕关节创伤性关节炎。治疗意见：建议行消肿止痛、适当康复锻炼、关节腔内注射玻璃酸钠等治疗。

【影像学资料】

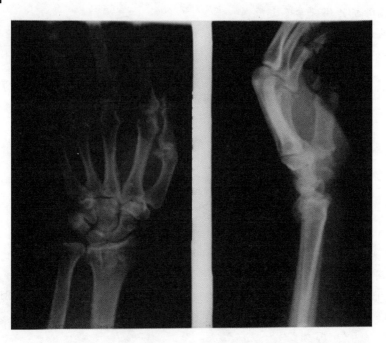

图10-4　2019年9月16日受伤当日左腕关节X线片

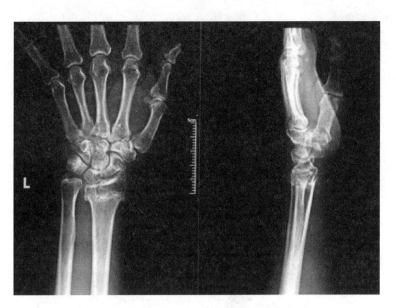

图 10-5　2019 年 12 月 29 日复查左腕关节 X 线片

【提出问题】

1. 结合本案例材料，阐述尺桡骨远端骨折的常见损伤原因及机制。
2. 结合被鉴定人受伤当日及 3 个月后的 X 线片改变，对被鉴定人的左腕关节损伤作出法医临床学诊断。
3. 被鉴定人尺桡骨远端骨折的临床症状和体征有哪些？
4. 什么是创伤性关节炎？其临床表现及影像学征象有哪些？
5. 如何测量腕关节的活动度及计算关节功能丧失程度？

【涉及要点】

1. 尺桡骨远端骨折的损伤原因和机制。
2. 尺桡骨远端骨折的临床表现、体征及影像学特点。
3. 尺桡骨远端骨折常见的并发症与后遗症。
4. 创伤性关节炎的诊断依据、法医学鉴定注意事项。
5. 关节功能丧失程度的计算方法。

第 二 幕

简单回顾上一幕的案件内容，复习与案件相关的医学、法医学知识。

【法医学检查】

日期：2020 年 1 月 21 日。

被鉴定人神清，自行步入鉴定室，检查合作。左腕部轻度肿胀，桡侧轻度畸形改变，压痛（＋），左腕关节被动活动明显受限：掌屈 0°～50°，背屈 0°～40°，桡屈 0°～10°，尺屈 0°～15°；右腕关节（健侧）正常活动度（掌屈 0°～65°，背屈 0°～70°，桡屈 0°～25°，尺屈 0°～15°），见图 10-6、彩图 10-1；左手握物、左上肢承重功能下降。自诉左腕关节肿痛，活动障碍，阴雨天加重。余（－）。

【提出问题】

1. 被鉴定人进行法医学检查时应如何查体？主要包括哪些方面？
2. 被鉴定人尺桡骨远端骨折的主要后遗症是什么？
3. 鉴定时该如何测量被鉴定人的双侧腕关节活动度？
4. 被鉴定人左腕关节功能丧失程度该如何计算？
5. 被鉴定人的伤残等级该如何评定？

【涉及要点】

1. 尺桡骨远端骨折的法医学检查内容及查体要点。

2. 尺桡骨远端骨折的主要并发症及后遗症。

3. 关节活动度的测量方法,关节功能丧失程度的计算方法。

4. 涉及肢体各大关节创伤性关节炎时伤残等级鉴定的注意事项。

【影像学资料】

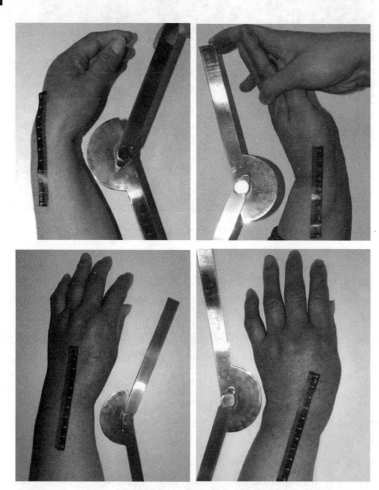

图 10-6　左腕关节活动度测量图(彩图 10-1)

第三节　股骨颈骨折与关节置换术

掌握股骨颈骨折(femoral neck fracture)的损伤原因和机制、临床表现及法医学鉴定原则;股骨颈骨折的并发症与后遗症(骨折不愈合)的临床表现及法医学鉴定原则;关节功能丧失程度的测量与计算方法。

1. 股骨颈骨折的损伤原因和机制。

2. 股骨颈骨折的分型及治疗原则。

3. 股骨颈骨折临床表现及法医学鉴定原则。
4. 股骨颈骨折的并发症与后遗症(如骨折延迟愈合、骨折不愈合等)的临床表现及法医学鉴定原则。
5. 关节功能丧失程度的测量与计算方法。

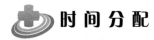

时间分配

本节包括两幕(2学时),共90分钟,其中学生讨论时间为50分钟,学生分析总结发言25分钟,教师总结讲评15分钟。两次课间隔3~7天。

教学建议

在上课的前三天将案例资料及所提问题、学习要点以纸质或邮件形式发送给学生,请学生在课前预习案例资料,根据问题查找《法医临床学》《外科学》《法医影像学》《实用骨科学》教材或文献、《法医临床检验规范》(SF/T 0111—2021)、《法医临床影像学检验实施规范》(SF/T 0112—2021)、《肢体运动功能评定》(SF/T 0096—2021)等资料。上课时依据学生数量进行分组(每组10~15人),以问题为导向的方式解读案例资料。

学生讨论时给予充分的自由空间,不干扰、不评论,讨论结束后由每组学生推选一名发言人进行每题的总结发言,教师在此过程中应认真评估学生掌握知识的深浅、分析问题思路的优点和不足,并逐一进行记录。每组同学在讨论过程中如提出新的问题,可进行团体讨论。各组回答结束后,由教师结合学生掌握知识的情况对学生缺乏的共性基础知识和鉴定思路进行讲解,对学生鉴定过程中存在的问题进行针对性点评和分析总结。

第 一 幕

【基本案情】
2019年3月15日,被鉴定人易某某(男,57岁)在某市一工地安装外墙玻璃时意外从约2米高处坠落受伤,先在某某区人民医院行右股骨颈骨折内固定术,2019年7月,其在某法医临床司法鉴定所根据其右髋关节功能障碍丧失36%,评为十级伤残。后因右髋部持续疼痛,于2019年11月21日在某某市人民医院行右侧人工全髋关节置换术。伤者提出自己的伤情加重,产生了新的医疗费用,且原鉴定的伤残级别偏低,要求用工方进一步给予民事赔偿,而用工方提出伤者并不具有行关节置换的手术指征,是过度医疗。现由人民法院重新委托根据《人体损伤致残程度分级》对被鉴定人的伤残等级、损伤参与度进行法医学鉴定。

【病历摘要】
1. 某某区人民医院出院记录(住院号:XXX)如下。入院、出院日期分别为2019年3月15日和2019年4月4日。因"外伤后右髋部疼痛、活动受限2小时"入院。2小时前干活时不慎从约2米高处坠落致伤右髋部。查体:神清,表情痛苦,平车推入病房;右髋关节肿胀、畸形,压痛明显,骨擦感(+),右下肢呈外旋短缩畸形,轴向叩击痛(+)。入院后完善相关检查,CT检查提示"右股骨颈骨折,骨折断端部分分离移位",见图10-7。2019年3月18日行右股骨颈骨折螺钉内固定术,术后行抗炎、抗凝、止痛、消肿等治疗。出院诊断:右股骨颈骨折。

2. 某某市人民医院出院记录(住院号:YYY)如下。入院、出院日期分别为2019年11月18日和2019年12月5日。因"右股骨颈骨折内固定术后8个月,右髋部疼痛4个月"入院。查体:检神清,平车推入病房;右髋部见一长约10 cm的条状手术瘢痕,右髋关节外侧叩压痛(+),右髋关节活动受限。入院后完善相关检查,2019年11月20日X线检查示:右股骨颈骨折内固定术后改变,股骨头坏死,股骨颈骨折不连接,见图10-8。2019年11月21日在椎管内麻醉下行右侧人工全髋关节置换术。术中切开后关节囊,见右股骨颈原骨折断端分离、边缘硬化,其间充满肉芽组织,可及异常活动,股骨头部分塌陷,周围无骨痂;于小粗隆处用电锯垂直股骨颈截断部分股骨颈,骨刀打碎股骨头,取出内固定螺钉,修整并截取合适股骨颈长度,选择合适的假体;将髋臼边缘增生的组织切除,将臼底滑膜及圆韧带切除,安装相匹配的髋臼假体。术后予以预防感染、改善循环、促进骨愈合、镇痛等治疗。出院诊断:①右侧股骨颈骨折不连接;②右侧陈旧性股骨颈骨折。出院时情况:患者一般情况可,手术切口愈合好,已拆线,左髋关节活动尚可。

【影像学资料】

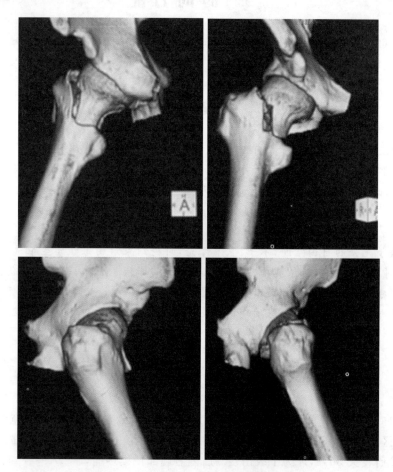

图 10-7　2019 年 3 月 15 日右髋关节 CT 片

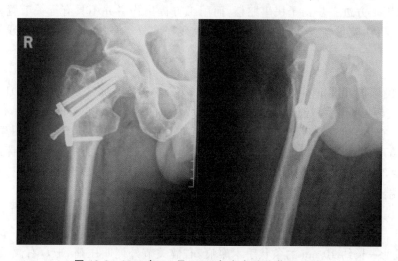

图 10-8　2019 年 11 月 20 日复查右髋关节 X 线片

【提出问题】

1. 结合本案例材料,阐述股骨颈骨折的常见损伤原因、机制及分型。

2. 被鉴定人股骨颈骨折的临床症状及体征有哪些？

3. 结合受伤当日及近 8 个月后复查的 X 线片，被鉴定人的右髋关节损伤的影像学改变有什么特征？

4. 股骨颈骨折的治疗原则、常见并发症与后遗症有哪些？

5. 被鉴定人为重新鉴定，审核送检材料时需要注意哪些环节？

【涉及要点】

1. 结合骨科及影像学知识，复习股骨颈骨折的常见原因、分型。

2. 股骨颈骨折的临床症状、体征及影像学特点。

3. 股骨颈骨折转归的影响因素，常见的并发症与后遗症。

4. 股骨颈骨折不愈合案例的鉴定时机。

第 二 幕

简单回顾上一幕的案件内容，复习与案件相关的医学、法医学知识。

【法医学检查】

日期：2020 年 4 月 14 日。

被鉴定人神志清楚，右下肢轻度跛行进入鉴定室，检查合作。右大腿上端外侧见一纵行长约 16.5 cm 的条状手术瘢痕，其下方见一灶状手术引流瘢痕；右髋部轻压痛（＋），右髋关节被动活动受限（屈曲 0°～80°，伸展 0°～12°，外展 0°～35°，内收 0°～15°，外旋 0°～35°，内旋 0°～35°）；左髋关节（健侧）正常活动度（屈曲 0°～90°，伸展 0°～15°，外展 0°～45°，内收 0°～20°，外旋 0°～45°，内旋 0°～45°）；双下肢等长；右大腿下段、右小腿较左侧略变细（肌肉轻度萎缩）；右膝关节、踝关节活动正常。自诉右髋部疼痛，右髋关节活动受限，右下肢承重、下蹲及久行不利。余（－）。

被鉴定人 2020 年 4 月 14 日复查髋关节 X 线片，见图 10-9。

【影像学复查】

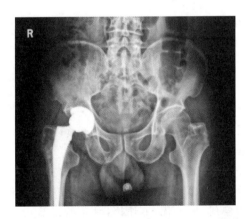

图 10-9　2020 年 4 月 14 日复查髋关节 X 线片

【提出问题】

1. 对被鉴定人进行法医学检查时应如何查体？主要包括哪些方面？测量髋关节活动度时应注意哪些事项？

2. 被鉴定人股骨颈骨折的主要并发症及后遗症是什么？

3. 被鉴定人股骨颈骨折不愈合的诊断是否成立？分析其发生原因及机制？

4. 被鉴定人是否具有行右侧人工全髋关节置换术的手术指征？用工方提出的过度医疗是否成立？

5. 如何计算被鉴定人的髋关节功能丧失程度？被鉴定人的伤残等级及损伤参与度该如何评定？

【涉及要点】

1. 股骨颈骨折的法医学检查内容及查体要点。

2. 股骨颈骨折的常见并发症及后遗症。

3. 股骨颈骨折不愈合的法医学鉴定时机及评定原则。

4. 关节活动度的测量方法与关节功能丧失的计算方法。
5. 股骨颈骨折不愈合的伤残等级及伤病关系鉴定注意事项。

第四节　左下肢毁损伤与骨髓炎

掌握胫腓骨骨折(fracture of tibia and fibula)的常见类型、损伤原因和机制、临床表现及法医学鉴定原则；胫腓骨骨折常见的并发症和后遗症、临床表现及法医学鉴定原则。

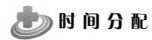

1. 胫腓骨骨折的常见类型。
2. 胫腓骨骨折的损伤原因和机制。
3. 胫腓骨骨折临床表现及法医学鉴定原则。
4. 胫腓骨骨折的常见并发症与后遗症。
5. 外伤性骨髓炎的临床表现、法医学鉴定原则。

本节包括两幕(2学时)，共90分钟，其中学生讨论时间为50分钟，学生分析总结发言25分钟，教师总结讲评15分钟。两次课间隔3~7天。

教 学 建 议

在上课的前三天将案例资料及所提问题、学习要点以纸质或邮件形式发送给学生，请学生在课前预习案例资料，根据问题查找《法医临床学》《外科学》《实用骨科学》《法医影像学》教材或文献、《法医临床检验规范》(SF/T 0111—2021)、《法医临床影像学检验实施规范》(SF/T 0112—2021)等资料。上课时依据学生数量进行分组(每组10~15人)，以问题为导向的方式解读案例资料。

学生讨论时给予充分的自由空间，不干扰、不评论，讨论结束后由每组学生推选一名发言人进行每题的总结发言，教师在此过程中应认真评估学生掌握知识的深浅、分析问题思路的优点和不足，并逐一进行记录。每组同学在讨论过程中如提出新的问题，可进行团体讨论。各组回答结束后，由教师结合学生的掌握情况对学生缺乏的共性基础知识和鉴定思路进行讲解，对学生鉴定过程中存在的问题进行针对性点评和分析总结。

第 一 幕

【基本案情】

2016年6月10日晚上10时许，被鉴定人于某某(男,51岁)步行至某市迎宾大道与富民路交叉路口等候红绿灯时，遇王某某驾驶的越野车闯红灯而致左下肢严重损伤，先后3次在某市中心医院住院治疗。因王某某涉嫌醉酒后交通肇事罪，2016年10月经公安机关委托当地某鉴定中心鉴定，损伤程度暂定为轻伤一级，伤残程度评为十级。因伤者病情迁延，现由人民法院对被鉴定人的损伤程度和伤残等级(按《人体损伤致残程度分级》标准)进行重新鉴定。

【病历摘要】

某市中心医院第一次入院记录及出院记录（住院号：XXX01）如下。入院、出院时间分别为2016年6月11日和2016年8月7日。因"车祸伤后左小腿疼痛、出血、畸形5小时余"入院。查体：脉搏123次/分，血压80/52 mmHg；神志清楚，精神差，表情淡漠，皮肤黏膜苍白、冰冷，双侧瞳孔等大等圆，直径4 mm，对光反射存在；左小腿自膝关节内侧至踝关节外侧皮肤见巨大碾压撕脱创口，创缘皮肤挫伤极重，周围皮肤软组织脱套，左小腿暴露创面重度感染，可见小腿肌群撕脱、挫伤严重，暴露创面处可见胫骨呈粉碎性骨折，部分碎骨片游离，另可见大量异物混杂于肌肉与骨折断端之间；患肢末梢苍白、皮温低、返红延迟。入院后完善相关检查，急诊在硬膜外麻醉下行左小腿清创＋骨折内固定术＋血管、神经、肌腱探查修复术＋VSD覆盖术，术后X线检查示胫骨呈粉碎性骨折，断端见分离移位，见图10-10。术后给予抗休克、抗炎、补液、抗凝等对症治疗；术后发生伤口感染，胫前皮肤坏死、胫后肌肉坏死。2016年6月23日行左小腿扩创＋坏死皮肤肌肉清除术＋VSD覆盖术＋闭式冲洗术，2016年7月20日行左小腿扩创＋局部皮瓣转位修复术＋植皮术，术后给予抗炎、扩管、改善循环等对症治疗。出院诊断：左下肢毁损伤；左胫骨骨髓炎；低血容量性休克。

该院第二次出院记录（住院号：XXX02）如下。入院、出院时间分别为2018年2月26日和2018年3月22日。因"左胫骨骨折内、外固定术后伤口间断流脓5个多月，再发肿痛1个半月"入院。查体：神志清楚，坐轮椅入诊室；左小腿前内侧中下段可见陈旧性手术瘢痕及窦道，挤压邻近组织，可见窦道内有脓性分泌物及血性液体流出，局部按压痛（＋），无明显轴向叩击痛，可下地行走，诉长期行走后出现患肢疼痛不适。入院后完善相关检查，2018年2月27日左小腿X线片检查示：骨折内固定术后，骨折断端对位对线不良，见图10-11。于2018年2月28日在局麻下行左胫骨内固定装置去除术＋左胫骨死骨去除术＋窦道切排术，术后给予对症支持治疗后症状改善。2018年3月6日在硬膜外麻醉下行左胫骨死骨去除术＋水泥间隔置入术，术后给予冲洗、抗炎、抗凝、活血化瘀等对症治疗。出院诊断：左胫骨慢性骨髓炎伴引流窦道急性发作；左下肢取出内固定装置。

该院第三次出院记录（住院号：XXX03）如下。入院、出院时间分别为2018年9月10日和2018年9月28日。因"左胫骨骨髓炎病灶清除术后6个月以上"入院。查体：神志清楚，拄双拐缓步入诊室；左小腿前内侧中下段可见陈旧性手术瘢痕，呈移植皮瓣及移植皮肤术后表现。2018年9月11日复查左小腿X线片示：内固定物已取出，见图10-12。入院后完善相关检查，于2018年9月12日行左胫骨骨髓炎病灶、骨水泥清除术＋肌瓣填塞术＋冲洗引流术，术后给予抗感染、活血化瘀等药物治疗。出院诊断：左胫骨慢性骨髓炎。出院时情况：一般情况可，左小腿轻度肿胀，手术切口愈合可。

【影像学资料】

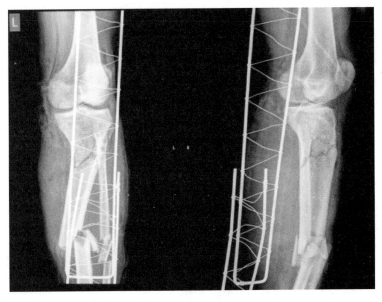

图10-10　2016年6月11日左小腿X线片

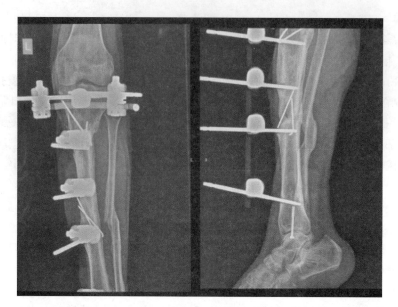

图 10-11　2018 年 2 月 27 日复查左小腿 X 线片

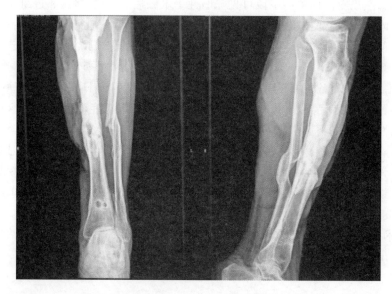

图 10-12　2018 年 9 月 11 日复查左小腿 X 线片

【提出问题】

1. 根据临床病历资料及影像片,被鉴定人涉及哪种类型损伤?具有哪些临床特点?
2. 胫腓骨骨折的常见原因及分类方法?其发生机制及临床表现如何?
3. 被鉴定人胫腓骨骨折的诊治经过及转归有何特点?
4. 本案例能否受理(鉴定时机是否成熟)?此类案件受理应注意哪些问题?如何防范鉴定风险?

【涉及要点】

1. 胫腓骨骨折案例的特点。
2. 结合骨科及影像学知识,复习胫腓骨骨折的常见原因、分类方法。
3. 胫腓骨骨折的临床症状、体征及影像学特点。
4. 胫腓骨骨折转归的影响因素,常见的并发症与后遗症。
5. 外伤性骨髓炎案例的法医学鉴定时机。

第 二 幕

简单回顾上一幕的案件内容,复习与案件相关的医学、法医学知识。

【法医学检查】

日期:2018年10月25日。

被鉴定人神志清楚,生命体征正常,左下肢轻度跛行进入鉴定室,检查合作。头面部、胸腹部、双上肢及右下肢未见异常;左膝关节内下方至左胫前中下段可见一长约30 cm、宽1.5~4.5 cm的不规则手术愈合瘢痕,左小腿中下段内侧可见19 cm×6 cm的凹陷瘢痕,上述瘢痕处感觉功能减退;左内踝可见一长约3 cm的手术瘢痕;左膝关节、左踝关节被动活动功能尚可;自诉仍感左下肢伤处胀痛不适,不能承重、下蹲及久行;余(一)。

被鉴定人2018年10月26日复查左小腿X线片,见图10-13。

【影像学资料】

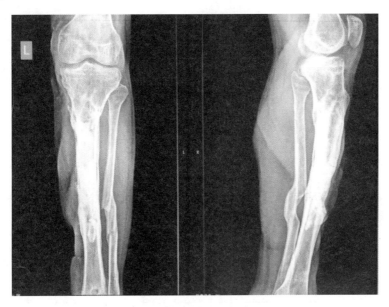

图10-13　2018年10月26日复查左小腿X线片

【提出问题】

1. 对被鉴定人进行法医学检查时应如何查体?主要包括哪些方面?

2. 被鉴定人胫腓骨骨折的主要并发症及后遗症是什么?

3. 对比被鉴定人受伤后及鉴定前2个月复查的左小腿X线片,有何异常影像学改变?被鉴定人诊断为慢性骨髓炎是否成立?

4. 外伤性骨髓炎的常见原因、临床表现是什么?法医学鉴定应注意哪些问题?

5. 被鉴定人的损伤程度和伤残等级该如何评定?

【涉及要点】

1. 胫腓骨骨折的法医学检查内容及查体要点。

2. 胫腓骨骨折的常见并发症及后遗症。

3. 外伤性骨髓炎的常见原因、临床表现及法医学鉴定要点。

4. 胫腓骨骨折的损伤程度及伤残等级鉴定的注意事项。

(朱方成)

第十一章 手足损伤

第一节 手指离断毁损伤

学习目标

掌握手外伤鉴定关于手指离断、缺失的判断和评定方法,手功能丧失的计算方法,手外伤的损伤程度和损伤致残程度分级的法医学鉴定原则。

学习要点

1. 法医学损伤、伤残鉴定标准中手指离断、缺失的含义,离断平面的判断依据。
2. 损伤程度鉴定、损伤致残程度分级标准中手功能丧失程度的计算方法。

时间分配

本节包括两幕(2学时),共90分钟,其中学生讨论时间为50分钟,学生分析总结发言25分钟,教师总结讲评15分钟。两次课间隔3~7天。

教学建议

在上课的前三天将案例资料及所提问题、学习要点以纸质或邮件形式发送给学生,请学生在课前预习案例资料,根据问题查找《法医临床学》《外科学》《法医影像学》等教材或文献、《法医临床检验规范》(SF/T 0111—2021)、《法医临床影像学检验实施规范》(SF/T 0112—2021)等资料。上课时依据学生数量进行分组(每组10~15人),以问题为导向的方式解读案例资料。

学生讨论时给予充分的自由空间,不干扰、不评论,讨论结束后由每组学生推选一名发言人进行每题的总结发言,教师在此过程中应认真评估学生掌握知识的深浅、分析问题思路的优点和不足,并逐一进行记录。每组同学在讨论过程中如提出新的问题,可进行团体讨论。各组回答结束后,由教师结合学生掌握的情况对学生缺乏的共性基础知识和鉴定思路进行讲解,对学生鉴定过程中存在的问题进行针对性点评和分析总结。

第 一 幕

案例 1

【基本案情】

2016年2月24日,被鉴定人李某(男,38岁)在武汉某工地工作时,不慎被钢筋弯曲机切伤右手,伤后被工友送至某人民医院治疗。出院后李某与工作单位因理赔问题发生争议,由人民法院委托对李某的损伤程度和伤残等级(根据《人体损伤致残程度分级》相关条款)进行法医学鉴定。

【病历摘要】

某人民医院出院记录(住院号:XXX)如下。入院、出院时间分别为2016年2月24日和2016年3月9日。入院情况:患者1小时前操作机器时不慎致右手外伤,疼痛难忍,环指、小指离断,流血不止,活动受限。门诊X线片检查示右手环指、小指末节指骨缺如,见图11-1。专科情况:右手背有一"M"形伤口,长约8 cm,环指、小指于远节指间关节处远端缺如,环指、小指中节背侧皮肤软组织挫伤并缺损,可见肌腱断端及骨质外露;示指、中指中节背侧各可见一斜行伤口,分别长约2.0 cm,拇指末节甲床处有一斜行伤口,甲床破裂,各伤口边缘不整齐,污染严重,活动性出血,末梢感觉血运差,余肢体未见明显异常。入院后完善必要检查,急诊在臂丛麻醉下行右手清创+肌腱探查修复+环指、小指残端修整+石膏外固定术,术中探查见右手示指、中指伸肌腱断裂,予以修复。术后予以抗破伤风、抗生素预防感染及对症处理。出院诊断为右手外伤:①右手环指、小指中节离断毁损伤;②右手示指、中指伸肌腱断裂;③右手拇指甲床破裂;④右手皮肤软组织挫裂伤。

【影像学资料】

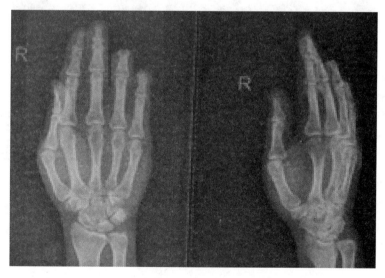

图 11-1 受伤当天(2016年2月24日)所摄X线片

案例 2

【基本案情】

2017年7月9日上午,被鉴定人杨某(女,40岁)在某工地的铲车边工作时左手不慎被铲车铲压受伤。经某市人民医院治疗后出院,杨某与用人单位就赔偿事宜发生争议。因人民法院审理案件需要,现委托对杨某的损伤程度和伤残程度进行法医学鉴定。

【病历摘要】

某市人民医院2017年7月9日的门急诊病历记载如下。主诉:左手机器砸伤6小时。现病史:6小时前左手被铲车砸伤后疼痛、出血。查体:神志清楚,表情痛苦,左拇指背侧指间关节处有一长2.5 cm环形伤口,创缘不整,伤口周围皮肤软组织挫伤严重,污染严重,关节囊撕裂,伸肌腱撕脱,创口以远指体脱垂，张力及温度较低。左中指、环指毁损，左手示指背侧见一长 5.0 cm 伤口，深及肌腱，左手中指、环指末节血运、感觉欠佳，左手小指末梢血运尚可，左手背肿胀。X 线片示左中、环指粉碎性骨折，左第 2、3 掌骨骨折，见图 11-2。处理：急诊行清创、血管神经肌腱探查术，左手中指、环指截指术。术后继续行抗炎、对症治疗。初步诊断：左手外伤，左拇指不全离断伤，左手示指、中指外伤伴伸肌腱断裂修补术后，左手中指、环指远节外伤缺如，左手小指外伤清创术后。

该院 2017 年 8 月 11 日的复诊病历记载如下。主诉：左手外伤 1 个多月。目前痂皮已脱落，局部无红热。左手拇指外固定中，末端血供及感觉可。诊断同前。处理：加强功能锻炼，行抗炎、对症等治疗。

该院 2018 年 7 月 7 日的复诊病历记载如下。主诉：左手外伤 12 个月。查体：左手拇指指间关节处见一陈旧性瘢痕，左手拇指活动受限，左手中指、环指缺如，左小指近侧指间关节僵直。

【影像学资料】

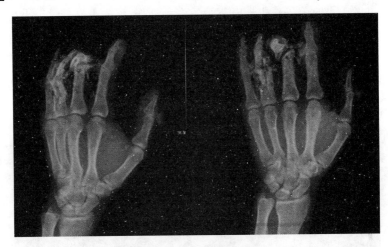

图 11-2　受伤当天 X 线片

【提出问题】

1. 案例 1 和案例 2 伤者的手外伤中涉及哪些类型损伤？

2. 案例 1 和案例 2 伤者损伤治愈后遗留的后果与损伤当时情况之间的关联性，是否需要考虑医疗因素对损害后果的影响？

3. 案例 1 和案例 2 的损伤程度鉴定和伤残程度鉴定的时机如何把握？受理时应注意哪些问题？

【涉及要点】

1. 手外伤后引起缺失、运动功能障碍的损伤特点和损伤病理学基础。

2. 手外伤中常见的原发性损伤表现、鉴定时机和原则。

3. 手外伤中引起运动、感觉功能障碍的常见原因，鉴定时机和鉴定原则。

第 二 幕

简单回顾上一幕的案件内容，复习与案件相关的医学、法医学知识。

案例 1

【法医学检查】

日期：2016 年 6 月 8 日。

被鉴定人自行步入诊室，一般情况可，神志清楚，语利，问答切题，检查合作。右手畸形，右手环指、小指自中节近段以远缺如，见图 11-3、彩图 11-1，残留部分活动正常；示指、中指背侧中节分别见长 3 cm、宽 3 cm 不规则条索状浅表性瘢痕，手背第 3、4 掌骨区见一长 6 cm 类"M"弧形条索状浅表性瘢痕，各手指活动正常。自诉有时感手指残端疼痛不适。

被鉴定人 2016 年 6 月 8 日鉴定时复查右手 X 线片，见图 11-4。

【影像学资料】

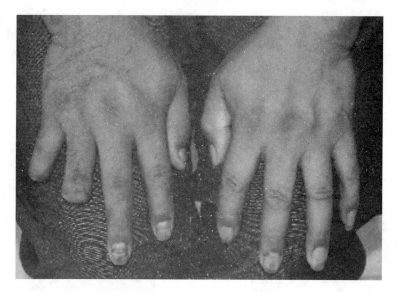

图 11-3　法医学检查(彩图 11-1)

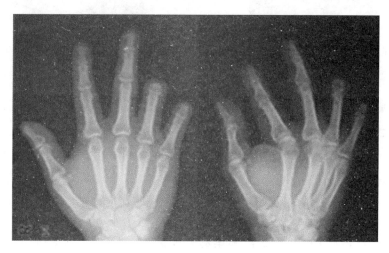

图 11-4　2016 年 6 月 8 日鉴定时复查右手 X 线片

案例 2

【法医学检查】

日期:2018 年 11 月 1 日。

被鉴定人自行步入诊室,一般情况可,神志清楚,语利,问答切题,检查合作。

左手大鱼际肌饱满。左手拇指对示指尚可,对小指不能,见图 11-5、彩图 11-2。左手拇指对掌、背伸、内收运动无明显受限,皮肤触痛觉明显减退。左手拇指近指间关节处见一长 2.0 cm 条形瘢痕,左手拇指指间关节活动受限:屈曲 10°,伸直 0°;右拇指指间关节活动度:屈曲 80°,伸直 0°。左拇指掌指关节活动无明显受限,双侧对称。

左手示指近侧指间关节处见一条长 3.0 cm 条状瘢痕,左手示指近侧指间关节活动严重受限:屈曲 30°,伸直−10°;左手示指远侧指间关节活动严重受限:屈曲 20°,伸直−10°;左手示指掌指关节活动明显受限:屈曲 40°,伸直 0°。右手示指近侧指间关节活动度:屈曲 100°,伸直 0°;右手示指远侧指间关节活动度:屈曲 70°,伸直 0°;右手示指掌指关节活动度:屈曲 90°,伸直 0°。

左手中指近侧指间关节以远缺如,残端见一条长 3.5 cm 条状瘢痕。左手中指掌指关节活动部分受限:屈曲 20°,伸直 0°。右手中指掌指关节活动度:屈曲 90°,伸直 0°。

左手环指近节基底部以远缺如,残端见一条长 2.5 cm 条状瘢痕。

左手小指近侧指间关节僵直(在屈曲 90°位);远侧指间关节被动活动严重受限:屈曲 20°,伸直 −10°;左手小指掌指关节活动严重受限:屈曲 20°,伸直 0°。右手小指近侧指间关节活动度:屈曲 90°,伸直 0°;右手小指远侧指间关节被动活动度:屈曲 80°,伸直 0°;右手小指掌指关节活动度:屈曲 90°,伸直 0°。

被鉴定人 2018 年 11 月 1 日复查左手 X 线片,见图 11-6。

【影像学资料】

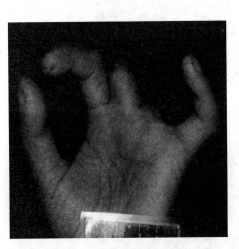

图 11-5 法医学检查(彩图 11-2)

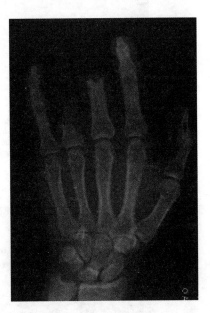

图 11-6 2018 年 11 月 1 日鉴定时复查左手 X 线片

【提出问题】

1. 审核手指损伤案例的送检材料时应重点关注哪些内容?

2. 如何测量两名被鉴定人的手功能丧失程度?手指离断伤时离断缺失条款与功能丧失程度(分值)条款相互冲突时应如何处理?

3. 根据送检病历材料及法医学检查结果,案例 1 和案例 2 被鉴定人的损伤程度和伤残等级该如何评定?

【涉及要点】

1. 手功能位、非功能位强直的含义。

2. 法医学鉴定标准(损伤、伤残)中手指离断、缺失的判断。

3. 损伤程度鉴定标准中手功能丧失程度的计算方法。

4. 损伤致残程度分级标准中手功能丧失程度(分值赋值法)的计算方法。

第二节 足部碾压伤

学习目标

掌握足的骨性结构,足弓的概念和结构以及测量方法,足损伤的评分方法,足外伤的损伤程度和伤残等级评定的法医学鉴定原则。

学习要点

1. 足的骨性结构、足弓的结构、足弓的概念及测量方法。
2. 足损伤的评分方法。
3. 足外伤的损伤程度和伤残等级的法医学鉴定原则。

时间分配

本节包括两幕(2学时),共90分钟,其中学生讨论时间为50分钟,学生分析总结发言25分钟,教师总结讲评15分钟。两次课间隔3~7天。

教学建议

在上课的前三天将案例资料及所提问题、学习要点以纸质或邮件形式发送给学生,请学生在课前预习案例资料,根据问题查找《法医临床学》《外科学》《人体解剖学》《法医影像学》《实用骨科学》等相关教材或文献、《法医临床检验规范》(SF/T 0111—2021)、《法医临床影像学检验实施规范》(SF/T 0112—2021)等资料。上课时依据学生数量进行分组(每组10~15人),以问题为导向的方式解读案例资料。

学生讨论时给予充分的自由空间,不干扰、不评论,讨论结束后由每组学生推选一名发言人进行每题的总结发言,教师在此过程中应认真评估学生掌握知识的深浅、分析问题思路的优点和不足,并逐一进行记录。每组同学在讨论过程中如提出新的问题,可进行团体讨论。各组回答结束后,由教师结合学生掌握的情况对学生缺乏的共性基础知识和鉴定思路进行讲解,对学生鉴定过程中存在的问题进行针对性点评和分析总结。

第 一 幕

案例1

【基本案情】

2018年8月16日,被鉴定人吴某(男,78岁)因步行过马路时被一辆小型面包车碾压右足,伤后在某市人民医院住院手术治疗,病情好转出院后要求被告承担赔偿责任。因审理案件需要,某法院委托对吴某的损伤程度和伤残等级进行法医学鉴定。

【病历摘要】

某市人民医院出院记录(住院号:XXX)记载如下。入院、出院时间分别为2018年8月16日和2018年10月31日。患者因"全身多处疼痛不适2小时"入院。查体:右足背可见一约15 cm不规则伤口,逆行撕脱的皮瓣色苍白,无毛细血管充盈反应,右足底可见一约12 cm不规则伤口,逆行撕脱的皮瓣色苍白,无毛细血管充盈反应,右足第2、3、4、5趾皮温低,毛细血管充盈反应迟缓,活动受限,浅感觉减退,踇趾活动及末梢循环可;右足第2趾骑跨第1趾,触压痛阴性。入院后进行X线片检查(图11-7),在急诊手术室腰麻下行右足神经血管肌腱探查+骨折复位内固定+皮肤撕脱修复术,术后转重症监护室治疗。8月23日行右足第2、3、4、5趾术后坏死组织清创+人工皮负压吸引等对症处理。9月1日行右足伤口清创扩创、残端修整、大腿取皮植皮术。10月8日在床边行右足清创,伤口愈合后出院。2018年10月30日复查右足X线片,见图11-8。出院诊断:右足第4、5跖骨开放性骨折,右足第2、3、4、5趾动脉及趾神经广泛挫伤,右足皮肤脱套伤,右足碾压伤,右足第2、3、4、5趾术后坏死,右足底皮肤部分缺损。

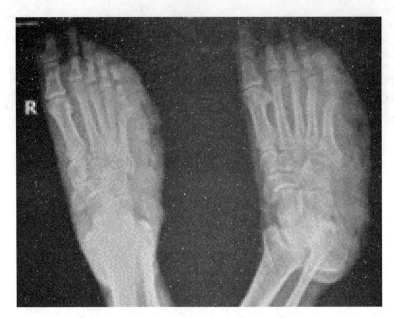

图11-7 2018年8月16日右足X线片

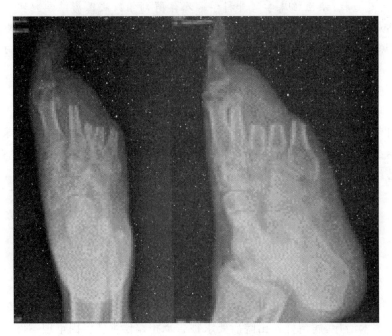

图11-8 2018年10月30日复查右足X线片

案例2

【基本案情】

2017年8月31日,被鉴定人李某(女,62岁)因发生交通事故左足部被碾压受伤。经治疗病情好转后出院,要求被告承担赔偿责任。因审理需要,委托对李某的损伤程度和伤残等级进行法医学鉴定。

【病历摘要】

某市总医院出院记录(住院号:XXX01)如下。入院、出院时间分别为2017年8月31日和2017年12月28日。因"车祸伤致左足疼痛、出血伴活动受限12小时"入院;2017年8月31日X线片示左足第1趾末节、2—5趾中节至末节趾骨骨质部分缺如,跟骨外前缘骨质可疑骨折(图11-9)。急诊在全麻下行左足清创+血管神经肌腱探查+VSD覆盖引流术。探查见:左足自内踝尖上6.5厘米左右平面以远皮肤软组织脱套缺失,血管神经肌腱外露,肌肉等软组织颜色尚红润,大量活动性出血,局部污染严重。术中探查:足底趾短屈肌、踇展肌、小趾展肌部分断裂,大隐静脉断裂,腓浅神经分支断裂,趾长屈肌、趾长伸肌等肌腱连续性尚完整,足背动脉、胫后动脉搏动可触及,第1趾末节、2—5趾中节至末节趾骨骨质部分缺如。术后查体:左足VSD敷料紧密无松动,负压引流通畅。术后给予预防感染、消肿、止痛、预防应激性溃疡等处理。分别于2017年9月7日、2017年9月18日在CSEA下行左足清创+VSD覆盖引流术。患者病情平稳,伤口肉芽组织生长后于2017年9月27日在CSEA下行左足皮肤缺损清创+右大腿股前外侧皮瓣修复术,术后继续给予预防感染、消肿、止痛、预防应激性溃疡等处理,适时换药,右大腿取皮区域愈合良好,左足背植皮全部成活,左足底皮瓣血液循环较好,感觉存在,伤口愈合良好。出院诊断:①左足大面积皮肤软组织套状撕脱伤并骨外露;②左足第1—5趾骨折并骨质缺损;③左侧跟骨骨折;④左侧足背动脉、大隐静脉断裂;⑤左足背神经断裂、屈伸趾肌肉肌腱断裂。

该医院第二次出院记录(住院号:XXX02)如下。入院、出院时间分别为2019年6月25日和2019年7月15日。因"左足外伤术后流水8个多月"入院。专科情况:左足背植皮区域存活可,左足底皮瓣存活可,左足踇趾残端处可见少许分泌物及渗出。入院后完善相关检查,于2019年7月3日行左足慢性骨髓炎清创+残端修整,术后给予消肿、止痛、止血等治疗,伤口定期换药。术后复查:左足骨质密度不均匀降低;左足第1—5(趾)近节趾骨中远段大部及远端趾骨缺如,并相应软组织缺如,呈术后改变;左跟骨见骨赘形成;所示关节关系及间隙大致正常;左足部软组织肿胀。出院诊断:①左足外伤术后感染;②左足慢性骨髓炎。出院时情况:患者一般情况可,创面恢复后出院。

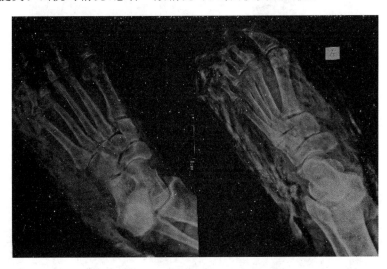

图11-9　2017年8月31日左足X线片

【提出问题】

1. 从机械性损伤的角度来看,本组案例中足损伤具有哪些特点?试分析其损伤机制。

2. 从足功能丧失方面来看,本组案例中被鉴定人足损伤如何评分?

3. 从足弓结构破坏方面来看,如何评估本组案例中足弓结构破坏程度?

4. 足损伤后对其足结构和功能有哪些影响?在足结构缺失和功能障碍时,损伤程度、残疾等级鉴定时的基本原则有哪些?

5. 被鉴定人何时可以申请法医学鉴定?受理足损伤案件时,要注意哪些问题?

【涉及要点】

1. 足的解剖结构特点及趾骨、跖骨、跗骨、跟骨分别在足功能中的作用。

2. 足弓的构成,足弓破坏的损伤病理学基础。

3. 涉及周围神经损伤的足功能障碍的特点。

第 二 幕

简单回顾上一幕的案件内容,复习与案件相关的医学、法医学知识。

案例 1

【法医学检查】

时间：2019 年 3 月 17 日。

被鉴定人吴某跛行步入诊室，神清语利，对答切题，检查合作。右足背至右足底见 20 cm×6 cm 不规则瘢痕，右足第 2、3、4、5 趾完全缺失并足外侧部分组织缺失；右足第 1 趾不能主动活动，被动活动时可轻微活动（踇趾趾间关节伸屈 0°～5°，跖趾关节屈伸 -10°～10°）；右踝关节活动可，见图 11-10、彩图 11-3。自诉目前仍感右足伤处肿痛不适，不能久行。

被鉴定人 2019 年 3 月 17 日复查右足 X 线片，见图 11-11。

【影像学资料】

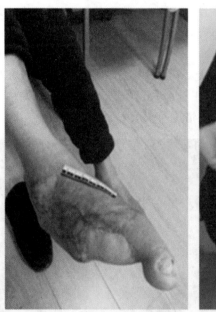
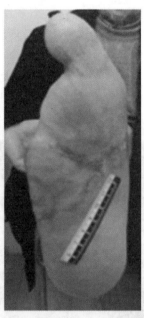

图 11-10　右足体检照片（彩图 11-3）

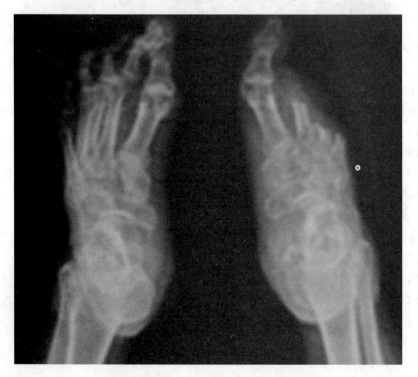

图 11-11　2019 年 3 月 17 日复查 X 线片

案例 2

【法医学检查】

时间:2019 年 11 月 7 日。

被鉴定人李某神志清楚,跛行入室,检查合作。左足畸形,外观臃肿,第 1—5(趾)近节趾骨中远段大部及远端趾骨缺如,残端皮肤可见片状瘢痕形成,部分增生,左踝关节活动无明显异常,见图 11-12、彩图 11-4。四肢肌力、肌张力正常。自诉左足不能负重及久行。

2019 年 11 月 7 日嘱被鉴定人复查左足 X 线片,见图 11-13。

【影像学资料】

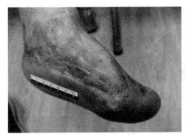 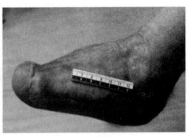

图 11-12 左足体检照片(彩图 11-4)

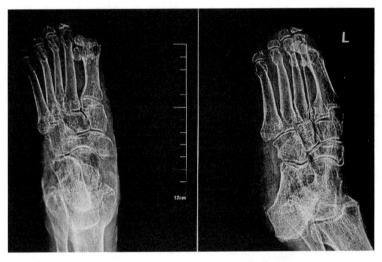

图 11-13 2019 年 11 月 7 日左足 X 线片

【提出问题】

1. 案例 1 中足损伤特点是什么?损伤程度如何评定?损伤致残程度评定时分别用足缺失或功能丧失评分、足弓结构破坏的结果有何异同?

2. 案例 2 中足损伤特点是什么?损伤致残程度评定方法(结构缺失、足弓破坏、足功能丧失)是什么?

3. 足损伤法医学鉴定时如何辩证看待结构破坏和功能障碍的关系?

【涉及要点】

1. 足的骨性结构、足弓的概念及其结构特点。

2. 足弓结构的损伤机制、足弓结构破坏程度的评定方法,足弓的测量方法。

3. 足的离断、结构缺失的评定方法,足功能障碍的评定方法。

4. 对损伤导致的足的结构缺失、功能障碍及足弓结构破坏进行鉴定时,引用相应鉴定标准的注意事项。

(何方刚)

第十二章 周围神经损伤

第一节 桡神经损伤

学习目标

掌握桡神经损伤(radial nerve injury)的原因和机制、临床表现及法医学鉴定原则。

学习要点

1. 桡神经的解剖走行及功能。
2. 桡神经损伤的原因和机制。
3. 桡神经损伤的临床表现和转归。
4. 桡神经损伤的肌电图特点及判读方法。
5. 桡神经损伤法医学鉴定原则。

时间分配

本节包括两幕(2学时),共90分钟,其中学生讨论时间为50分钟,学生分析总结发言25分钟,教师总结讲评15分钟。两次课间隔3~7天。

教学建议

在上课的前三天将案例资料及所提问题、学习要点以纸质或邮件形式发送给学生,请学生在课前预习案例资料,根据问题查找《法医临床学》《外科学》《局部解剖学》《实用肌电图学》等教材,《法医临床检验规范》(SF/T 0111—2021)、《周围神经损伤鉴定实施规范》(SF/Z JD0103005—2014)、《法医临床影像学检验实施规范》(SF/T 0112—2021)等行业规范及文献、指南。上课时依据学生数量进行分组(每组10~15人),以问题为导向的方式解读案例资料。

学生讨论时给予充分的自由空间,不干扰、不评论,讨论结束后由每组学生推选一名发言人进行每题的总结发言,教师在此过程中应认真评估学生掌握知识的深浅、分析问题思路的优点和不足,并逐一进行记录。每组同学在讨论过程中如提出新的问题,可进行团体讨论。各组回答结束后,由教师结合学生掌握的情况对学生缺乏的共性基础知识和鉴定思路进行讲解,对学生鉴定过程中存在的问题进行针对性点评和分析总结。

第 一 幕

【基本案情】

2017年4月20日上午,被鉴定人陈某(男,56岁)步行过马路时,被一辆轻型货车撞倒致伤左上肢,被送至某大学附属医院手术治疗,目前已出院。现由某市公安局交通警察大队委托,根据《人体损伤致残程度分级》对被鉴定人的伤残等级进行法医学鉴定。

【病历摘要】

某大学附属医院出院记录(住院号:XXX01)如下。入院、出院日期分别为2017年4月20日和2018年1月10日。因"车祸后致左上臂疼痛、活动受限4小时"入院。患者于4小时前不慎被一辆轻型货车撞倒,即感左上臂疼痛并活动受限,伴胸闷、气促。查体:神志清楚,颅神经征(-),心肺腹(-)。专科检查:左上臂部、肘关节上1/3处肿痛、畸形,局部压痛剧烈,可闻及骨擦音,扪及骨擦感,肩关节活动可,左桡动脉搏动良好,肢端血运、感觉及腕部活动良好。左肩胛骨处、腰背部压痛不明显,其余肢体无异常。2017年4月20日X线片(图12-1)示左肱骨中下1/3段横形骨折,给予活血化瘀、消肿止痛药物治疗及小夹板外固定,2017年4月30日在神经丛阻滞麻醉下行左肱骨横形骨折开放整复内固定术,术后抗炎对症治疗。出院诊断:左肱骨横形骨折;左桡神经损伤;左肩胛骨陈旧性骨折;T_7、T_8椎体陈旧性压缩性骨折。出院情况:患者一般情况可,左腕抬腕、手指上翘明显改善,手背、手指感觉可、血运可,左上肢肌力Ⅱ级。

该院2017年6月14日针极肌电图检查报告如下。诊断意见:左侧桡神经运动神经M波未引出,感觉神经传导正常;左侧正中、尺神经运动、感觉神经传导正常;左侧肌皮、腋神经运动神经传导正常;左侧指总伸肌、肱三头肌可见自发电位,肌肉主动收缩无力;左侧拇短展肌、左侧小指展肌、左侧三角肌、左侧肱二头肌肌电图未见异常。检查提示左侧桡神经损害。具体检测值见表12-1、表12-2。

该院2018年10月18日针极肌电图检查报告如下。诊断意见:所检左侧桡神经运动传导潜伏期延长,复合肌肉动作电位(compound muscle action potential,CMAP)上臂刺激幅值降低;所检左侧尺神经运动传导正常,CMAP幅值、运动神经传导速度(motor nerve conduction velocity,MCV)在正常范围;所检左侧正中神经运动传导未见明显异常;所检双侧肌皮神经、腋神经运动传导CMAP幅值无明显差异;所检左侧尺神经感觉传导潜伏期延长,传导速度减慢;所检左侧桡神经感觉传导潜伏期延长,感觉神经传导动作电位(sensory nerve action potential SNAP)幅值降低,传导速度减慢;所检左侧正中神经感觉神经传导SNAP幅值降低,传导速度减慢;所检左侧正中神经F波潜伏期、检出率未见明显异常;所检左侧指总伸肌、示指伸肌可见自发电位,肌肉主动收缩乏力;左侧肱二头肌、三角肌内侧头肌电图静息期未见自发电位,大力募集减少;所检左侧拇短展肌、左侧小指展肌肌电图静息期未见自发电位,无自主收缩。检查提示:左侧尺神经、桡神经、正中神经感觉传导损害电生理表现,左侧桡神经运动传导损害电生理表现。具体检测值见表12-3、表12-4。

表12-1 2017年6月14日针极肌电图检查

被检肌肉	左/右	放松(静息)		轻收缩		强收缩	
		纤颤	正尖	时限/ms	波幅/mV	募集相	峰值电压/mV
指总伸肌	左	+	+			无MUP	
肱三头肌	左	+	+			偶见MUP	
拇短展肌	左	-	-	9.6		混合相	1.0
小指展肌	左	-	-	9.5		混合相	1.0
肱二头肌	左	-	-	11.6		混合相	1.2
三角肌	左	-	-	11.8		混合相	1.0

表 12-2　2017 年 6 月 14 日神经传导速度测定

检查神经	刺激	记录	潜伏期/ms		波幅/(mV 或 μV)		距离/mm		速度/(m/s)	
			左	右	左	右	左	右	左	右
桡神经	上臂	示指伸肌	—		—					
		指总伸肌	—		—					
桡浅神经(感觉)	前臂	拇长伸肌腱	2.3		3.3		120		52.3	
正中神经	腕-肘	拇短展肌	3.1		9.1				56.1	
尺神经	腕-肘上	小指展肌	2.6		17.4				53.3	
肌皮神经	Erb	肱二头肌	4.1		13.7		260			
腋神经	Erb	三角肌	3.2		14.1		180			
正中神经(感觉)	指 1	腕	2.2		15.1		112		51.1	
尺神经(感觉)	指 5	腕	2.1		13.2		105		50.2	

注：运动神经传导检测的波幅单位为 mV，感觉神经传导检测的波幅单位为 μV。

表 12-3　2018 年 10 月 18 日针极肌电图检查

被检肌肉	左/右	放松(静息)		轻收缩		强收缩	
		纤颤	正尖	时限/ms	波幅/mV	募集相	峰值电压/mV
指总伸肌	左	+	+			偶见 MUP	
示指伸肌	左	+	+			偶见 MUP	
肱二头肌	左	—	—	11.5		单纯混合相	0.8
三角肌(内)	左	—	—	11.8		单纯混合相	1.0
拇短展肌	左	—	—	9.4		偶见 MUP	0.8
小指展肌	左	—	—	9.4		偶见 MUP	0.8

表 12-4　2018 年 10 月 18 日神经传导速度测定

检查神经	刺激	记录	潜伏期/ms		波幅/(mV 或 μV)		距离/mm		速度/(m/s)	
			左	右	左	右	左	右	左	右
桡神经	上臂	示指伸肌	4.2		1.2				22.3	
正中神经	腕-肘	拇短展肌	3.5		10.3				54.4	
尺神经	腕-肘	小指展肌	3.0		16.8				51.5	
肌皮神经	Erb	肱二头肌	4.3	4.2	15.3	16.0	260	260		
腋神经	Erb	三角肌	3.2	3.2	13.7	14.3	180	180		
尺神经(感觉)	指 5	腕	2.3		6.1		110		44.3	
正中神经(感觉)	指 1	腕	2.5		7.2		120		43.1	
桡浅神经(感觉)	前臂	拇长伸肌腱	2.7		3.2		110		40.1	

注：运动神经传导检测的波幅单位为 mV，感觉神经传导检测的波幅单位为 μV。

【影像学检查】

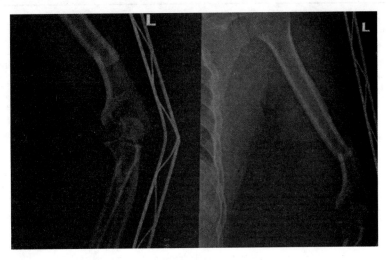

图 12-1　2017 年 4 月 20 日 X 线片

【提出问题】
1. 简述桡神经的走行分布及功能。
2. 简述桡神经损伤的常见部位和临床表现。
3. 简述周围神经的分类和功能。
4. 简述肌电图学的基本原理。
5. 如何准确进行肌电图报告的解读?
6. 该类案件受理时应注意哪些问题?

【涉及要点】
1. 结合神经病学及肌电图学知识复习周围神经损伤分类方法。
2. 桡神经损伤的临床症状特征。
3. 桡神经肌电图检查结果的判读方法。
4. 桡神经损伤案例法医学鉴定时需要注意的事项。

第 二 幕

简单回顾上一幕的案件内容,复习与案件相关的医学、法医学知识。

【法医学检查】

检查日期:2019 年 3 月 11 日。

1. 被鉴定人陈某神清,自行入室,对答切题,言语流利,检查合作。左上臂中段至肘部背侧见 13 cm 长纵行条状手术瘢痕,见图 12-2、彩图 12-1,左上臂未见明显肌肉萎缩,左前臂伸肌可见轻度肌肉萎缩;左前臂旋前、旋后尚可;左腕关节背伸稍受限,呈垂腕状,掌屈可;左腕关节被动活动可,主动活动部分受限(背伸 45°,掌屈 40°,桡偏 15°,尺偏 30°)。健侧腕关节主、被动活动度:背伸 75°,掌屈 40°,桡偏 25°,尺偏 40°)。左手手指不能完全伸直,握拳可,分、并指可,左手拇指对指、对掌、内收、外展可。左前臂伸肌肌力 3+级。左上肢肌力、肌张力尚可。自诉左上肢皮肤感觉麻木,左手伸指受限。

2. 2019 年 3 月 12 日鉴定中心针极肌电图检查报告如下。诊断意见:左桡神经运动、感觉神经传导速度均减慢,波幅降低;左腋神经、肌皮神经、正中神经、尺神经运动神经传导速度和波幅正常;左正中神经感觉神经传导速度正常;左指总伸肌、拇短伸肌可见失神经电位,左三角肌、肱二头肌、肱三头肌、拇短展肌、小指展肌未见失神经电位。检查提示:左桡神经支配肌呈部分失神经损害。具体检查数值见表 12-5、表 12-6 及图 12-3。

3. 嘱被鉴定人复查左肘部 X 线片,结果见图 12-4。

表 12-5　2019 年 3 月 12 日针极肌电图检查

被检肌肉	左/右	放松（静息）		轻收缩		强收缩	
		纤颤	正尖	时限/ms	波幅/mV	募集相	峰值电压/mV
肱三头肌	左	−	−	12.1		单纯混合相	0.8
指总伸肌	左	++	+	19.3		单纯混合相	0.5
拇短伸肌	左	++	++	15.3		单纯相	0.3
拇短展肌	左	−	−	9.5		混合相	0.8
小指展肌	左	−	−	9.5		混合相	0.8
肱二头肌	左			11.6		混合相	1.0
三角肌	左			11.7		混合相	1.2

表 12-6　2019 年 3 月 12 日神经传导速度测定

检查神经	刺激	记录	潜伏期/ms		波幅/(mV 或 μV)		距离/mm		速度/(m/s)	
			左	右	左	右	左	右	左	右
桡神经	上臂	示指伸肌	3.9	1.8	2.2	8.2			38.7	60.2
正中神经	腕-肘	拇短展肌	3.3		10.9				55.2	
尺神经	腕-肘上	小指展肌	2.6		11.7				54.9	
肌皮神经	Erb	肱二头肌	4.3		10.8		260			
腋神经	Erb	三角肌	3.3		14.7		180			
桡浅神经（感觉）	前臂	拇长伸肌腱	2.7		3.6		110		41.3	
正中神经（感觉）	指 1	腕	2.1		12.2		106		50.3	

注：运动神经传导检测的波幅单位为 mV，感觉神经传导检测的波幅单位为 μV。

【影像学检查】

图 12-2　被鉴定人左上臂的手术瘢痕（彩图 12-1）

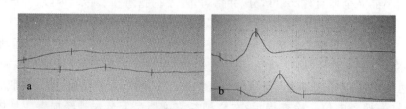

图 12-3　双侧桡神经运动神经传导速度

a. 左侧桡神经 MCV（运动神经传导速度减慢，波幅明显降低）；b. 右侧桡神经 MCV（正常）

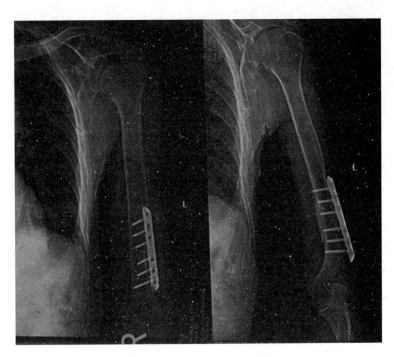

图 12-4　鉴定时复查 X 线片

【提出问题】
1. 对被鉴定人的桡神经损伤进行法医学检查时应如何查体,主要包括哪些方面?
2. 结合针极肌电图检查结果,被鉴定人桡神经损伤程度和部位如何判定?
3. 影响周围神经损伤功能恢复的因素有哪些?
4. 被鉴定人伤残等级鉴定应考虑哪些方面?如需鉴定损伤程度,应如何评定?

【涉及要点】
1. 桡神经损伤的法医学检查内容及查体要点。
2. 桡神经损伤鉴定时机,评定原则及鉴别诊断。
3. 桡神经损伤的损伤程度、部位及伤残等级鉴定的注意事项。
4. 肌电图的基本原理。
5. 肌电图检测的一般原则。

第二节　尺神经损伤

掌握尺神经损伤(ulnar nerve injury)的概念、损伤原因和机制、临床表现及法医学鉴定原则。

1. 尺神经的解剖走行及功能。
2. 尺神经损伤的常见原因和损伤机制。
3. 尺神经损伤的临床表现、治疗原则与转归。
4. 尺神经损伤法医学鉴定原则。

时间分配

本节包括两幕(2学时),共90分钟,其中学生讨论时间为50分钟,学生分析总结发言25分钟,教师总结讲评15分钟。两次课间隔3~7天。

教学建议

在上课的前三天将案例资料及所提问题、学习要点以纸质或邮件形式发送给学生,请学生在课前预习案例资料,根据问题查找《法医临床学》《外科学》《局部解剖学》《实用肌电图学》等教材,《法医临床检验规范》(SF/T 0111—2021)、《周围神经损伤鉴定实施规范》(SF/Z JD0103005—2014)、《法医临床影像学检验实施规范》(SF/T 0112—2021)等行业规范及文献等资料。上课时依据学生数量进行分组(每组10~15人),以问题为导向的方式解读案例资料。

学生讨论时给予充分的自由空间,不干扰、不评论,讨论结束后由每组学生推选一名发言人进行每题的总结发言,教师在此过程中应认真评估学生掌握知识的深浅、分析问题思路的优点和不足,并逐一进行记录。每组同学在讨论过程中如提出新的问题,可进行团体讨论。各组回答结束后,由教师结合学生掌握的情况对学生缺乏的共性基础知识和鉴定思路进行讲解,对学生鉴定过程中存在的问题进行针对性点评和分析总结。

第 一 幕

【基本案情】

被鉴定人李某(男,37岁)于2017年12月1日因交通事故致伤左上肢肘部,伤后就诊某骨科医院,已出院。因理赔需要,由某市人民法院委托对被鉴定人的伤残等级进行法医学鉴定。

【病历摘要】

某骨科医院第一次出院记录(住院号:XXX01)如下。入院、出院日期分别为2017年12月1日和2017年12月12日。因"左臂部外伤后疼痛、出血伴活动功能受限5小时"急诊入院,查体:神志清楚,表情痛苦,心肺腹未见明显异常,左臂部下段后外侧见一长约2 cm伤口,少量渗血,左臂部下段畸形明显,可触及骨擦感,局部压痛明显,轻度肿胀,左手末梢肤色红润血运好,感觉功能正常,左肘关节活动受限,左手活动正常。左肘关节正、侧位片提示左肱骨髁骨折,见图12-5。完善相关术前检查后,在急诊局部浸润麻醉下行左臂部清创缝合术,术后抗感染对症治疗及伤口换药,于12月5日在左臂丛麻醉下行左肱骨髁骨折切开复位+钢板螺钉内固定术+尺神经探查修复术,术后抗感染对症治疗。出院诊断:左肱骨髁骨折,尺神经损伤,左臂部皮肤裂伤。出院情况:患者精神好,食欲好,睡眠好,大小便正常。未诉不适,左肘关节石膏托外固定,左臂部伤口敷料包扎干燥,伤口无红肿及分泌物,左臂部轻度肿胀,左肱骨钢板螺钉内固定,左肘关节活动部分受限,左手末梢肤色红润,血运好,左手环指、小指感觉功能减退。伤口未拆线。复查左肱骨正侧位片,检查结果:左肱骨远端内固定对位对线好。

该院第二次出院记录(住院号:XXX02)如下。入院、出院日期分别为2019年2月25日和2019年3月4日。因"左肘部外伤术后1年,要求取出内固物"入院,查体:神志清楚,表情自如,心肺腹未见明显异常,左肘关节后侧至臂部后侧见一长约20 cm手术瘢痕,左肘关节活动功能正常,左手末梢肤色红润血运好,环指、小指感觉功能减退,余各指感觉功能正常,左手活动功能受限。左肘关节正、侧位片提示:左肱骨髁骨折钢板螺钉内固定术后,骨折愈合,内固定钢板螺钉在位,见图12-6。完善相关术前检查,于2019年2月26日在左臂丛神经阻滞麻醉下行左肱骨髁内固定钢板螺钉取出术。术后伤口换药、康复理疗及对症处理。出院诊断:左肱骨髁骨折术后愈合。出院情况:患者精神好,食欲好,睡眠好,大小便正常,未诉其他不适。查体:左肘部敷料包扎干燥、活动轻度受限,左手各指末梢肤色红润血运好,伤口干燥,无红肿及分泌物,伤口未拆线。

【影像学资料】

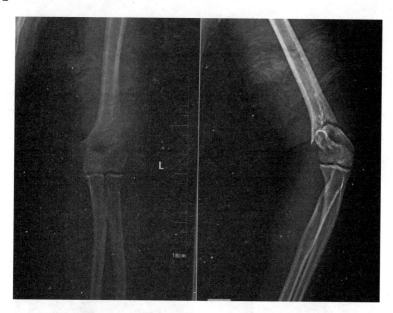

图 12-5　2017 年 12 月 1 日左肘部 X 线片

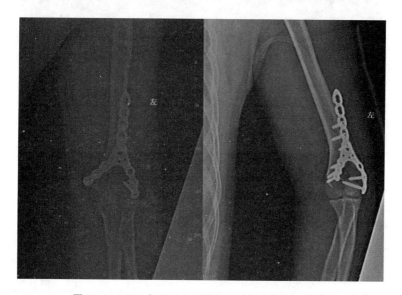

图 12-6　2019 年 2 月 25 日术后复查左肘部 X 线片

【提出问题】
1. 试述尺神经的解剖分布及功能。
2. 尺神经损伤的常见损伤部位及临床表现是什么?
3. 被鉴定人有哪些尺神经损伤的症状和体征?
4. 简述神经损伤的分类及电生理表现。
5. 该类案件受理时应注意哪些问题?

【涉及要点】
1. 结合外科学及影像学知识复习四肢与关节损伤的临床症状及影像学特征。
2. 复习教材中周围神经损伤的临床症状。
3. 结合神经病学的知识学习临床肌电图学及有关神经电生理内容。
4. 尺神经损伤案例法医学鉴定时审核送检材料的原则。

第 二 幕

简单回顾上一幕的案件内容,复习与案件相关的医学、法医学知识。

【法医学检查】

日期 2019 年 3 月 25 日。

1. 被鉴定人李某自行入室,神清,言语流利,对答切题,检查合作。左肘后侧见一长 13.5 cm 的纵行条状手术瘢痕。左肘关节活动部分受限:伸展 0°～5°,屈曲 0°～90°。右肘关节活动正常(伸展 0°,屈曲 0°～130°),见图 12-7、彩图 12-2。左手腕尺屈活动受限,左手各指分、并指功能活动受限,左手小鱼际肌、骨间背侧肌轻度萎缩;尺屈,分、并指等功能力量较弱,肌力 3+级;左手 1、2、3 指屈曲活动可,4、5 指屈曲欠佳;4、5 指皮肤感觉减退。

2. 2019 年 3 月 25 日针极肌电图检查报告如下。诊断意见:左尺神经运动神经传导速度明显减慢,波幅降低,左尺神经感觉神经传导速度减慢,波幅降低;右尺神经运动、感觉神经传导速度正常,波幅正常;左正中神经、桡神经运动神经传导速度正常,波幅正常;左尺侧腕屈肌、小指展肌可见自发电位,募集电位减少;左大鱼际肌、拇短伸肌呈电静息,募集电位正常。检查提示:左尺神经支配肌呈部分失神经损害。具体测量数值见表 12-7、表 12-8 及图 12-8。

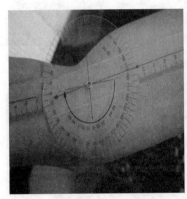
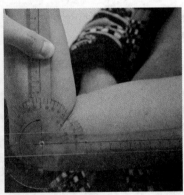

图 12-7　鉴定时肘部伸、屈活动度检查(彩图 12-2)

表 12-7　针极肌电图检查

被检肌肉	左/右	放松(静息)		轻收缩		强收缩	
		纤颤	正尖	时限/ms	波幅/mV	募集相	峰值电压/mV
尺侧腕屈肌	左	++	++	14.1		混合-单纯	0.6
小指展肌	左	+++	++	14.6		混合-单纯	0.5
大鱼际肌	左	−	−	9.3		混合相	1.0
拇短伸肌	左	−	−	9.1		混合相	1.0

表 12-8　神经传导速度测定

检查神经	刺激	记录	潜伏期/ms		波幅/(mV 或 μV)		距离/mm		速度/(m/s)	
			左	右	左	右	左	右	左	右
尺神经	腕-肘上	小指展肌	4.2	2.3	3.2	12.3			28.5	53.3
正中神经	腕-肘	拇短伸肌	3.0		8.6				56.8	
桡神经	前臂-上臂	示指伸肌	1.6		6.6				63.5	
尺神经(感觉)	指5	腕	3.6	2.2	4.3	13.4	118	114	33.0	51.6

注:运动神经传导检测的波幅单位为 mV,感觉神经传导检测的波幅单位为 μV。

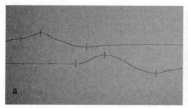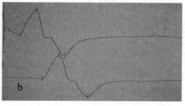

图 12-8 双侧尺神经运动神经传导速度

a.左侧尺神经 MCV(运动神经传导速度减慢,波幅明显降低);b.右侧尺神经 MCV(正常)

【提出问题】

1. 对被鉴定人的尺神经损伤进行法医学检查时应包括哪些方面?
2. 被鉴定人尺神经损伤程度如何评定?如何鉴别诊断?
3. 根据肌电图检测结果,如何判定被鉴定人尺神经损伤的部位?
4. 肌电图检测的一般原则是什么?
5. 被鉴定人的伤残等级该如何评定?如果被鉴定人为他人故意伤害造成尺神经损伤,该如何评定其损伤程度?

【涉及要点】

1. 尺神经损伤的法医学检查内容及查体要点。
2. 尺神经损伤的程度与伤残等级评定原则。
3. 尺神经损伤的法医学鉴定时机及鉴别诊断。

第三节 臂丛神经损伤

掌握臂丛神经损伤(brachial plexus injury)的概念、损伤原因和机制、临床表现及法医学鉴定原则。

1. 臂丛神经损伤的解剖分布及功能。
2. 臂丛神经损伤的常见原因和机制。
3. 臂丛神经损伤的临床表现、治疗原则与转归。
4. 臂丛神经损伤法医学鉴定原则。

本节包括两幕(2学时),共90分钟,其中学生讨论时间为50分钟,学生分析总结发言25分钟,教师总结讲评15分钟。两次课间隔3~7天。

教学建议

在上课的前三天将案例资料及所提问题、学习要点以纸质或邮件形式发送给学生,请学生在课前预习案例资料,根据问题查找《法医临床学》《外科学》《局部解剖学》《实用肌电图学》等教材,《法医临床检验规范》(SF/T 0111—2021)、《周围神经损伤鉴定实施规范》(SF/Z JD0103005—2014)、《法医临床影像学检验实施规范》(SF/T 0111—2021)等行业规范及文献指南等资料。上课时依据学生数量进行分组(每组10~15人),以问题为导向的方式解读案例资料。

学生讨论时给予充分的自由空间,不干扰、不评论,讨论结束后由每组学生推选一名发言人进行每题的总结发言,教师在此过程中应认真评估学生掌握知识的深浅、分析问题思路的优点和不足,并逐一进行记录。每组同学在讨论过程中如提出新的问题,可进行团体讨论。各组回答结束后,由教师结合学生掌握的情况对学生缺乏的共性基础知识和鉴定思路进行讲解,对学生鉴定过程中存在的问题进行针对性点评和分析总结。

第 一 幕

【基本案情】

2017年12月31日18时许,被鉴定人赵某(女,41岁)乘坐朋友的摩托车在城郊兜风时,与另一辆摩托车发生碰撞致伤颈部、胸部及左肩部等处,先后在某市人民医院及某大学附属医院住院治疗。因双方对赔偿事宜存在争议,由某市人民法院委托对被鉴定人的伤残等级进行法医学鉴定。

【病历摘要】

1. 某市人民医院出院记录(住院号:XXX01)如下。入院、出院日期分别为2017年12月31日和2018年1月9日。主诉:左肩部摔伤后疼痛3小时。查体:左肩部肿胀,有明显的触痛及按压痛,左锁骨可触及明显的骨擦感,左上肢及左手指感麻木,左上肢肌力0级,左手指血供正常,其余肢体感觉、血供、活动均正常。锁骨(正位轴位)片:左锁骨中段骨折,左肩胛骨裂隙性骨折,左8肋骨骨折;左肺外伤性湿肺可能大。2018年1月5日胸廓CT及三维重建片示:两上肺挫伤较前好转,双侧胸腔积液较前减少;左1、7、8肋骨骨折;胸2—5棘突骨折,胸1、2左侧横突骨折;左侧锁骨中段及左肩胛骨骨折,胸骨体中段裂隙性骨折,见图12-9。2018年1月6日颈椎MRI示:颈5—6段脊髓损伤,见图12-10;左肩关节肩袖损伤、关节囊积液;左锁骨、左肩胛骨骨折并邻近肌群损伤、水肿。入院完善相关检查,予以促进骨质生长、消肿、激素治疗、胸带外固定等对症支持治疗。出院诊断:左锁骨中段骨折;左臂丛神经损伤;左肩胛骨骨折;左1、7、8肋骨骨折;两上肺挫伤并双侧胸腔积液;胸2—5棘突骨折,胸1、2左侧横突骨折;胸骨体中段裂隙性骨折;左肩关节肩袖损伤、关节囊积液;颈5—6段脊髓损伤;头面部软组织挫裂伤。出院情况:诉左肩部疼痛较前稍减轻,感左上肢全部麻木,左上肢肌力0级。头面部伤口敷料干燥。

2. 某大学附属医院第一次出院记录(住院号:XXX02)如下。入院、出院日期分别为2018年1月9日和2018年1月23日。因"左肩部摔伤后伴疼痛9天"入院。查体:左肩肿胀,明显压痛及按压痛,左锁骨可触及明显骨擦感,左上肢及手指感麻木,左上肢肌力0级。入院后完善检查,予以抗炎对症治疗。2018年1月16日行左臂丛神经探查转位+锁骨骨折切开复位内固定术。出院诊断:左臂丛神经损伤;左锁骨中段骨折;左肩胛骨骨折;左1、7、8肋骨骨折;两肺挫伤伴双侧胸腔积液;胸5—6棘突骨折;左肩关节肩袖损伤、关节囊积液;颈5—6段脊髓损伤。出院情况:诉伤口处无明显疼痛,左上肢麻木,不能运动,颈椎僵硬,活动受限。切口敷料干燥,颈部运动障碍,颈部外固定可;左上肢及手指感觉麻木,左上肢肌力0级。

该医院2018年1月16日手术记录如下。左颈5—7神经根撕裂,其中颈6、7根性撕脱,颈5神经在上干近心端撕裂,神经断端呈鼠尾状。颈8神经拉伸屈曲,连续性存在。

该医院第二次出院记录(住院号:XXX03)如下。入院、出院日期分别为2018年3月27日和2018年4月3日。因"左上肢外伤术后伴左上肢不能活动3个多月"入院。专科查体:左肩关节内收外展不能,肘关节屈伸不能,左手腕、手指活动障碍,左上肢刺痛觉减退。入院后完善相关检查,2018年3月30日在全麻下行左侧健侧颈7移位术,术后予以消肿、止痛等对症支持治疗。出院诊断:左臂丛神经损伤(C_5—T_1完全)。

该医院2018年3月28日针极肌电图检查报告如下。肌电图检查:左臂丛神经支配肌见大量自发电位,主动募集电位反应均无肌肉动作电位。神经传导速度测定:左上肢臂丛神经各肌刺激均未引出复合肌肉动作电位,斜方肌引出复合肌肉动作电位,波幅可,膈肌复合肌肉动作电位较对侧偏低。体感诱发电位：C_5—T_1 无感觉神经动作电位。检查提示：左上肢臂丛神经根性损伤电生理表现（累及 C_5—T_1 完全），副神经功能可，膈神经损伤。具体检测数值见表 12-9 至表 12-11。

表 12-9　2018 年 3 月 28 日针极肌电图检查

被检肌肉	左/右	放松（静息）		轻收缩		强收缩	
		纤颤	正尖	时限/ms	波幅/mV	募集相	峰值电压/mV
三角肌	左	++++	++++			无 MUP	
肱二头肌	左	++++	++++			无 MUP	
指总伸肌	左	++++	++++			无 MUP	
拇短展肌	左	++++	++++			无 MUP	
小指展肌	左	++++	++++			无 MUP	
斜方肌	左	—	—	9.2		混合相	0.8

表 12-10　2018 年 3 月 28 日神经传导速度测定

检查神经	刺激	记录	潜伏期/ms		波幅/μV		距离/mm		速度/(m/s)	
			左	右	左	右	左	右	左	右
正中神经	腕、肘	拇短展肌							无 MUP	
尺神经	腕、肘	小指展肌							无 MUP	
桡神经	上臂	指总伸肌							无 MUP	
肌皮神经	Erb	肱二头肌							无 MUP	
腋神经	Erb	三角肌							无 MUP	
膈神经	Erb 内侧	7—8 肋间	7.0	7.1	226	268				
副神经	Erb 内侧	斜方肌	2.6		6.5 mV		160			

表 12-11　2018 年 3 月 28 日体感诱发电位测定

神经名称	范围	刺激	记录	潜伏期/ms	波幅/μV
左正中神经	中指皮层	中指	皮层	无	
左尺神经	小指皮层	小指	皮层	无	
桡浅神经		腕上 7.5 cm		无	

【影像学资料】

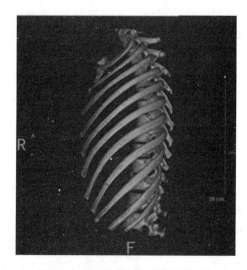

图 12-9　2018 年 1 月 5 日胸部 CT

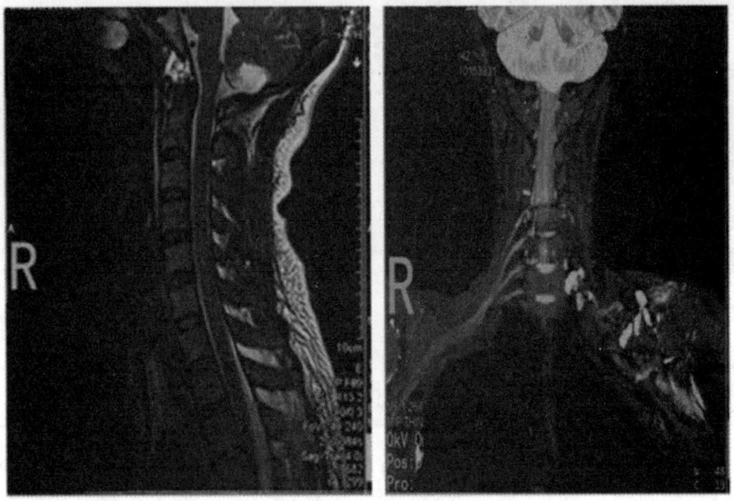

图 12-10　2018 年 1 月 6 日颈肩部 MRI 片

【提出问题】
1. 被鉴定人因道路交通事故造成哪些损伤？
2. 被鉴定人臂丛神经损伤的原因、部位及形成机制是什么？有哪些临床症状和体征？
3. 臂丛神经损伤进行肌电图及体感诱发电位检查的意义是什么？
4. 简述体感诱发电位的分类。
5. 该类案件在受理时应注意哪些问题？

【涉及要点】
1. 结合解剖学和外科学知识复习神经损伤分类标准。
2. 臂丛神经损伤的临床症状、体征及损伤机制。
3. 臂丛神经损伤案例法医学鉴定时审核送检材料的原则。

第 二 幕

简单回顾上一幕的案件内容，复习与案件相关的医学、法医学知识。

【法医学检查】

检查日期：2018 年 6 月 4 日。

1. 被鉴定人赵某自行入室，神志清楚，精神可，言语流利，对答切题，检查合作。双瞳（一），右侧头顶部见长 3.5 cm 的斜行条状瘢痕，枕部见 4 cm×2 cm 的片状瘢痕，下颌前方见长 2 cm 的弧形条状瘢痕。颈部活动可，左锁骨区及左肩部前侧见长 9～10 cm 的"T"形条状手术瘢痕，左上臂内侧经肘背至左前臂内侧见长 38 cm 的不规则条状手术瘢痕，左锁骨区见长 6.5 cm 斜行条状手术瘢痕。胸廓挤压征（一），双侧胸壁压痛（一）。左肩部呈方肩畸形，左侧肩周及上肢肌肉萎缩较明显。周径：左上臂 22 cm，左前臂 19 cm（健侧：上臂 25 cm，前臂 22 cm）。左上肢肌力 0 级，肌张力降低，腱反射未引出，左手呈偏瘫手改变，左手大、小鱼际肌较健侧萎缩明显，见图 12-11、彩图 12-3，余肢体肌力、肌张力正常。自诉左上肢无力，皮肤感觉降低。

2. 2018 年 6 月 4 日针极肌电图检查报告如下。诊断意见：左正中神经、尺神经、桡神经刺激未引出复合肌肉动作电位，无运动神经传导；左肌皮神经、腋神经运动神经传导速度明显减慢，波幅极低，波形较离散；左 C_6、C_7 脊旁肌、三角肌、肱二头肌、指总伸肌、拇短展肌及小指展肌均可见较多失神经电位，无自主收缩电位，仅三角肌见少许 CMAP，波幅低。检查提示：左臂丛神经支配肌呈重度失神经损害（根性损害）肌电图改变。具体检测数值见表 12-12、表 12-13 及图 12-12 至图 12-14。

表 12-12　2018 年 6 月 4 日针极肌电图检查

被检肌肉	左/右	放松(静息)		轻收缩		强收缩	
		纤颤	正尖	时限/ms	波幅/mV	募集相	峰值电压/mV
三角肌	左	++++	++++	18.3		单纯相	0.4
肱二头肌	左	++++	++++			无 MUP	
指总伸肌	左	++++	++++			无 MUP	
拇短展肌	左	++++	++++			无 MUP	
小指展肌	左	++++	++++			无 MUP	
C₆、C₇ 脊旁肌	左	++++	++++			无 MUP	

表 12-13　2018 年 6 月 4 日神经传导速度测定

检查神经	刺激	记录	潜伏期/ms		波幅/mV		距离/mm		速度/(m/s)	
			左	右	左	右	左	右	左	右
正中神经	腕、肘	拇短展肌							无 MUP	
尺神经	腕、肘	小指展肌							无 MUP	
桡神经	上臂	指总伸肌							无 MUP	
肌皮神经	Erb	肱二头肌	11.6	4.1	0.5	15.1	260	260		
腋神经	Erb	三角肌	6.9	3.4	0.9	16.2	180	180		

【影像学资料】

图 12-11　左上肢肌萎缩(彩图 12-3)

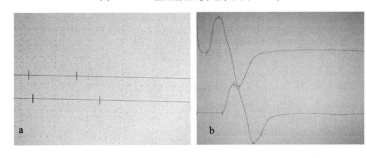

图 12-12　双侧正中神经 MCV

a. 左正中神经、尺神经及桡神经 MCV,无 CMAP;b. 右正中神经 MCV(正常)

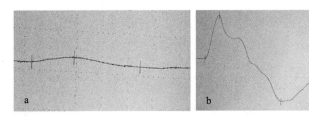

图 12-13　双侧肌皮神经传导速度

a. 左肌皮神经 MCV(潜伏期延长,波幅明显降低);b. 右肌皮神经 MCV(正常)

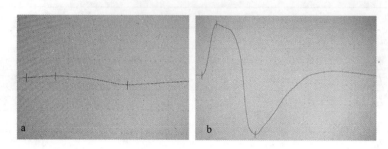

图 12-14 双侧腋神经传导速度

a. 左腋神经 MCV(潜伏期延长,波幅明显降低);b. 右腋神经 MCV(正常)

【提出问题】

1. 如何对臂丛神经损伤被鉴定人进行法医学查体？如何核实送检病历材料中记载的相关病情？
2. 臂丛神经损伤为什么会影响被鉴定人的肌力？该如何检查和评价？
3. 被鉴定人神经根损伤的转归如何？通过手术可以治愈吗？
4. 本案例被鉴定人是否符合鉴定时机要求？其伤残等级如何评定？

【涉及要点】

1. 臂丛神经损伤的法医学检查内容及查体要点。
2. 臂丛神经损伤的法医学鉴定时机及评定原则。
3. 臂丛神经损伤的伤残等级评定注意事项。

第四节 腓总神经损伤

学习目标

掌握腓总神经损伤(common peroneal nerve injury)的概念、损伤原因和机制、临床表现及法医学鉴定原则。

学习要点

1. 腓总神经的解剖分布及功能。
2. 腓总神经损伤的原因和机制。
3. 腓总神经损伤的临床表现、治疗原则和转归。
4. 腓总神经损伤的程度分级。
5. 腓总神经损伤的法医学鉴定原则。

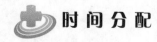

时间分配

本节包括两幕(2学时),共90分钟,其中学生讨论时间为50分钟,学生分析总结发言25分钟,教师总结讲评15分钟。两次课间隔3~7天。

第十二章 周围神经损伤

教 学 建 议

在上课的前三天将案例资料及所提问题、学习要点以纸质或邮件形式发送给学生,请学生在课前预习案例资料,根据问题查找《法医临床学》《外科学》《局部解剖学》《实用肌电图学》等教材,《法医临床检验规范》(SF/T 0111—2021)、《周围神经损伤鉴定实施规范》(SF/Z JD0103005—2014)、《法医临床影像学检验实施规范》(SF/T 0112—2021)等行业规范及文献等资料。上课时依据学生数量进行分组(每组10~15人),以问题为导向的方式解读案例资料。

学生讨论时给予充分的自由空间,不干扰、不评论,讨论结束后由每组学生推选一名发言人进行每题的总结发言,教师在此过程中应认真评估学生掌握知识的深浅、分析问题思路的优点和不足,并逐一进行记录。每组同学在讨论过程中如提出新的问题,可进行团体讨论。各组回答结束后,由教师结合学生掌握的情况对学生缺乏的共性基础知识和鉴定思路进行讲解,对学生鉴定过程中存在的问题进行针对性点评和分析总结。

第 一 幕

【基本案情】

2018年5月8日,被鉴定人王某(男,53岁)驾驶摩托车行至某十字路口转弯时,与一辆小型轿车发生碰撞,致伤左下肢等处。伤后在某县人民医院及某大学附属医院住院治疗,现病情稳定,由某市公安局交通警察中队委托,要求对被鉴定人的伤残等级进行法医学鉴定。

【病历摘要】

1. 某县人民医院出院记录(住院号:XXX01)如下。入院、出院日期分别为2018年5月8日和2018年6月5日。因"车祸伤致左膝肿痛伴活动受限"入院。专科情况:左侧眶周及左踝内侧见皮肤擦伤,左膝明显肿胀,压痛(+),伴膝关节活动功能受限,左足背有麻木感,左踝及左足踇趾背伸欠佳,伤肢末梢循环可。入院后行伤肢制动活血消肿治疗,完善术前检查,2018年5月8日左膝部X线片见图12-15,于2018年5月15日行左侧胫骨平台粉碎性骨折切开复位内固定术+取髂骨植骨术,术后给予抗炎、补液、活血、对症治疗。出院诊断:左胫骨平台骨折并伤口感染,左腓骨上段骨折,左侧半月板损伤,左腓总神经损伤?多处软组织损伤。出院情况:患者生命体征平稳,左小腿外侧伤口已拆开,伤口内可见钢板外露,创面内可见组织坏死及渗出,左踝关节及左足踇趾背伸欠佳,伤肢末梢循环及感觉功能尚可。

2. 某大学附属医院出院记录(住院号:XXX02)如下。入院、出院日期分别为2018年6月5日和2018年6月26日。主诉:左下肢外伤后1个多月。专科情况:患者左小腿可见多次手术伤口,缝线尚未拆除,中段胫前可见一约5 cm×5 cm大小的皮肤缺损,钢板外露,伤口有少许分泌物;患肢末端血运良好,足背感觉麻木,膝关节活动受限,左踝关节及足趾背伸差,跖屈尚可;余肢体活动感觉正常。入院后完善相关检查,于2018年6月8日行左小腿皮瓣移植+取皮植皮+PRP治疗+VSD负压引流术。术后给予抗感染等对症治疗。出院诊断:左下肢外伤术后,左小腿伤口感染,左胫、腓骨骨折术后,左小腿皮肤软组织缺损,左腓总神经损伤。出院情况:患者一般情况可,未诉不适。查体:生命体征平稳,心肺腹无阳性体征,VSD敷料已拆除,换药可见左小腿植皮大部分成活,皮瓣颜色及血运尚可,切口敷料干燥,有少许渗液,无红肿,无脓性分泌物,末梢循环可,感觉、运动差。

【提出问题】

1. 腓总神经损伤常见损伤部位及临床表现有哪些?
2. 被鉴定人有哪些临床症状和体征?临床诊断腓总神经损伤的依据是否充分?
3. 被鉴定人发生腓总神经损伤的原因和机制是什么?
4. 腓总神经肌电图检测的选择及结果分析的一般原则是什么?
5. 在受理腓总神经损伤案件时应注意哪些问题?

【影像学资料】

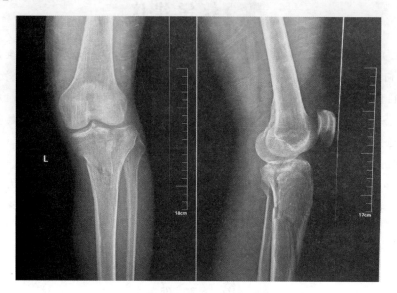

图 12-15　2018 年 5 月 8 日伤后左膝部 X 线片

【涉及要点】
1. 结合神经病学知识复习神经损伤分类方法。
2. 肌电图检测结果的判读。
3. 腓总神经损伤案例法医学鉴定送检材料的审核原则。

第 二 幕

简单回顾上一幕的案件内容,复习与案件相关的医学、法医学知识。

【法医学检查】

检查日期:2018 年 12 月 5 日。

1. 被鉴定人王某自行扶拐入诊室,神志清楚,语言流利,对答切题,查体合作。左大腿前侧中段见一 7 cm×4.5 cm 片状取皮后瘢痕,左膝部外侧至左膝下方见一 16 cm 长斜行条状手术瘢痕,左膝内侧至左小腿前侧中段见一 20 cm 长斜行条状手术瘢痕,左小腿外侧中段见一 5 cm×6.5 cm 片状瘢痕,见图 12-16、彩图 12-4。左小腿及左踝部肿胀明显。左膝关节活动部分受限:伸-10°,屈 100°;右膝关节活动可:伸 0°,屈 130°。左足背屈不能、外翻不能,左足趾下垂,伸肌肌力 3 级;左足各趾伸趾受限,左足趾跖屈可;小腿外侧及足背麻木。自诉:目前行走时,仍感左膝部疼痛不适,行走困难。其余各大关节活动正常,肌力、肌张力正常。生理反射存在,病理反射未引出。

2. 2018 年 12 月 5 日针极肌电图检查报告如下。诊断意见:左腓总神经运动神经传导速度明显减慢,波幅极低(0.2 mV),波形分化差;右腓总神经、左胫神经运动神经传导速度正常,波幅正常;左腓浅神经感觉神经传导未引出;右腓浅神经感觉神经传导速度正常,波幅正常;左胫前肌、趾短伸肌可见失神经电位,募集电位减少,左腓肠肌呈电静息,募集电位正常。意见:左腓总神经支配肌呈部分-重度失神经损害(远端重度)。具体检查数据见表 12-14、表 12-15 及图 12-17。

表 12-14　2018 年 12 月 5 日针极肌电图检查

被检肌肉	左/右	放松(静息)		轻收缩		强收缩	
		纤颤	正尖	时限/ms	波幅/(mV 或 μV)	募集相	峰值电压/mV
胫前肌	左	++	+	19.2		单纯-混合相	0.6
趾短伸肌	左	+++	++			无 MUP	
腓肠肌(内)	左	-	-	10.6		混合相	1.0
腓肠肌(外)	左	-	-	10.8		混合相	0.8

表 12-15　2018 年 12 月 5 日神经传导速度测定

检查神经	刺激	记录	潜伏期/ms 左	潜伏期/ms 右	波幅/(mV 或 μV) 左	波幅/(mV 或 μV) 右	距离/mm 左	距离/mm 右	速度/(m/s) 左	速度/(m/s) 右
腓总神经	踝	趾短伸肌	—	—						
	腓骨小头				—	0.2				
	腓骨小头	胫前肌	3.3	3.0	2.6	11.0	130	130		
腓浅神经(感觉)	腓骨旁中段	外踝上	—	2.6	—	7.0			—	48.5
胫神经	内踝下	ω展肌	3.5		17.4				44.3	
	腘窝		12.3		13.7					

注：运动神经传导检测的波幅单位为 mV，感觉神经传导检测的波幅单位为 μV。

【影像学资料】

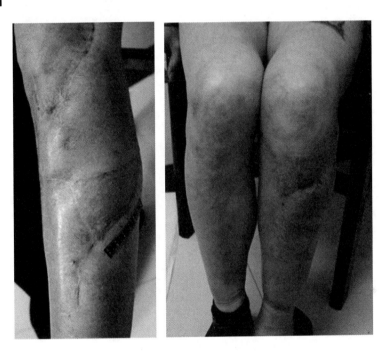

图 12-16　左膝部及左小腿多处手术瘢痕（彩图 12-4）

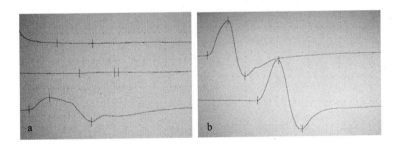

图 12-17　双侧腓总神经传导速度

a. 左腓总神经 MCV（远端无动作电位，近端运动传导潜伏期延长，波幅降低）；
b. 右腓总神经 MCV（正常）

【提出问题】

1. 如何判定被鉴定人腓总神经损伤程度？
2. 如何理解被鉴定人针极肌电图结果？
3. 如何对腓总神经损伤进行法医学检查？
4. 如何检查和评估被鉴定人的肌力？

5. 本案例被鉴定人损伤程度和伤残等级该如何评定？

【涉及要点】
1. 腓总神经损伤的法医学检查内容及查体要点。
2. 腓总神经损伤的部位、程度与伤残等级评定原则。
3. 腓总神经损伤的法医学鉴定时机及鉴别诊断。

(饶广勋)

第十三章　其他人体损伤

第一节　左下肢瘢痕的测量

学习目标

掌握皮肤瘢痕的概念、常见分类方法、各类瘢痕的病理特点、损伤原因和机制、法医学检查及瘢痕测量的方法、法医学鉴定原则。

学习要点

1. 皮肤瘢痕的概念。
2. 皮肤瘢痕的常见分类方法和病理特点。
3. 皮肤瘢痕的损伤原因和机制。
4. 皮肤瘢痕的检查与测量方法。
5. 皮肤瘢痕的法医学鉴定要点及原则。

时间分配

本节包括两幕(2学时)，共90分钟，其中学生讨论时间为50分钟，学生分析总结发言25分钟，教师总结讲评15分钟。两次课间隔3~7天。

教学建议

在上课的前三天将案例资料及所提问题、学习要点以纸质或邮件形式发送给学生，请学生在课前预习案例资料，根据问题查找《法医临床学》《外科学》《法医影像学》教材、《法医临床检验规范》(SF/T 0111—2021)、《法医临床影像学检验实施规范》(SF/T 0112—2021)等行业规范及其他相关的文献资料。上课时依据学生数量进行分组(每组10~15人)，以问题为导向的方式解读案例资料。

学生讨论时给予充分的自由空间，不干扰、不评论，讨论结束后由每组学生推选一名发言人进行每题的总结发言，教师在此过程中应认真评估学生掌握知识的深浅、分析问题思路的优点和不足，并逐一进行记录。每组同学在讨论过程中如提出新的问题,可进行团体讨论。各组回答结束后,由教师结合学生掌握的情况对学生缺乏的共性基础知识和鉴定思路进行讲解,对学生鉴定过程中存在的问题进行针对性点评和分析总结。

第 一 幕

【基本案情】

2017年10月7日17时许,被鉴定人丁某某(男,13岁)放学回家步行至某市便民菜市场门口的公交站附近时,因与同伴嬉戏打闹误入行车道,不慎被背后停靠过来的公交车撞倒,并卷入车下拖行约5米,致左下肢严重受伤。后被送至某市中心医院救治3个月,2019年再次住院取出内固定装置,现左大腿遗留大片瘢痕。因理赔处理工作需要,由某市公安局交通警察大队委托根据《人体损伤致残程度分级》对被鉴定人的伤残等级及后期治疗费用进行鉴定。

【病历摘要】

某市中心医院出院记录(住院号:XXX01)如下。入院、出院日期分别为2017年10月7日和2018年1月9日。因"车祸伤后左下肢疼痛、出血半小时余"入院。入院查体:血压86/56 mmHg,心律78次/分,神清,精神差,颜面及巩膜、唇部颜色苍白,四肢湿冷,左下肢自大腿下1/3段至踝上8 cm撕裂,全层皮肤脱套,肌肉裸露,污物残留,活动性出血,部分皮肤挫伤严重,肤色较暗,无明显骨擦音及骨擦感,左足背肿胀,畸形,跖趾关节处弹性固定,按压漂浮感,局部压痛,左下肢活动障碍,浅感觉减退,足背动脉搏动较弱。左足CT平扫+三维重建示左足第2、3楔骨骨折,第2楔骨半脱位,并周围软组织肿胀,左足第5跖骨基底部骨折,左侧胫、腓骨远端骨折,无明显移位,见图13-1。入院后急诊行左下肢伤口清创+原位植皮+人工皮覆盖术,术后给予抗感染、抗休克、预防破伤风、促骨折愈合、消肿、改善微循环等综合治疗。10月16日行左小腿伤口清创+更换人工皮覆盖术+左足第2、3楔骨骨折、脱位切开复位内固定术,术后予以预防感染治疗,复查左足X线片:左足第2、3楔骨骨折钢板内固定术后,骨折复位良好,内固定佳。10月24日行左下肢伤口清创术,术后予以伤口换药、抗感染治疗。出院诊断:失血性休克,左下肢皮肤脱套伤,左胫、腓骨远端骨折,左足第2、3楔骨骨折并脱位,左足第5跖骨基底部骨折。出院情况:患者左下肢各创面均已愈合,创面瘢痕增生明显,无明显分泌物,无异味,左足伤口敷料干燥,伤口清洁,皮肤不红,皮温不高,无明显异常分泌物,愈合良好,左下肢各关节屈伸活动可,左足末梢血运正常、左小腿浅感觉减退。出院医嘱:不适随诊,定期门诊复查,建议一年后来院取出内固定物。

该院第二次出院记录(住院号:XXX02)如下。入院、出院日期分别为2019年1月16日和2019年1月29日。因"左足楔骨骨折内固定术后15个多月"入院。查体:神清,左膝部及小腿见大片增生性瘢痕,左足背内侧可见纵行长约6 cm陈旧性手术瘢痕,局部无红肿、发热及破溃,左踝及左足各趾活动可,患肢末梢血循环、感觉及运动可。复查左足正斜位X线片示骨折已愈合,内固定良好,见图13-2。入院后完善相关检查,于2019年1月18日行左足楔骨内固定装置取出术,术后给予对症支持治疗。出院诊断:取出内固定装置(左足楔状骨骨折术后),左小腿瘢痕增生。出院情况:左足背伤口对合良好,局部无红肿热及积液,无渗血及渗液,无畸形及异常活动,左膝、左踝及左足各趾活动可,自诉左小腿多处瘢痕瘙痒不适。

该院2019年3月17日皮肤科门诊病历记载如下。左小腿车祸外伤后一年余,遗留大片瘢痕,伴瘙痒。查体:左大腿下段至左小腿见约30 cm×40 cm的片状增生瘢痕。初步诊断:外伤性瘢痕增生。处理:瘢痕灵,必要时,建议整形手术治疗,预计相关治疗费用156000元。

【影像学资料】

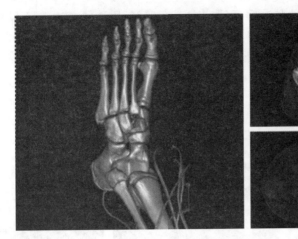

图 13-1　入院时左足部 CT 片

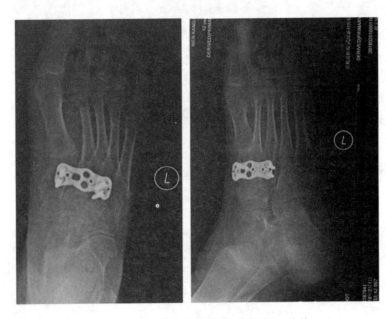

图 13-2　内固定复位术后复查左足部 X 线片

【提出问题】
1. 结合病历材料及影像资料，本案例涉及哪些损伤？
2. 体表皮肤瘢痕形成的机制是什么？请简述皮肤瘢痕的常见分类方法。
3. 请归纳各类皮肤瘢痕的病理特点及临床治疗原则。
4. 根据现有送检材料，本案例能否受理？这类案例受理时应注意哪些问题？

【涉及要点】
1. 骨折的影像学特征及判读，骨折及体表损伤的认定。
2. 体表瘢痕形成的机制及分类方法。
3. 各类皮肤瘢痕的病理特点。
4. 皮肤瘢痕的法医学鉴定时机及送检材料的审核原则。

第 二 幕

简单回顾上一幕的案件内容，复习与案件相关的医学、法医学知识。

【法医学检查】
日期：2019 年 7 月 4 日。

被鉴定人神清语晰，自行入室，检查合作。身高 176 cm，体重 53 kg，单掌面积 20 cm×10 cm，左大腿上段内侧见 5 cm×1.8 cm 斜行小块状瘢痕（取皮区），色暗红，质稍硬，左大腿下段至左小腿中下段见大片状瘢痕，范围为 43 cm×32.5 cm 至 43 cm×35.5 cm，挛缩、增生，触之质硬，色暗红，左足背见长 4 cm 纵向条状手术瘢痕，局部软组织轻度肿胀，见图 13-3、彩图 13-1。左膝关节、左踝关节活动在正常范围。经三维扫描测量左大腿下段至左小腿中下段瘢痕面积总和为 1223.0 cm²，见图 13-4、彩图 13-2。自述：左小腿麻木感。

嘱复查左足部 X 线片，结果见图 13-5。

【影像学资料】

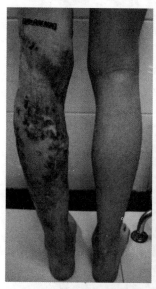
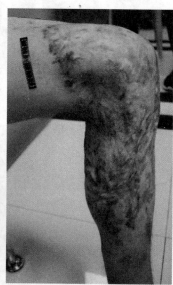
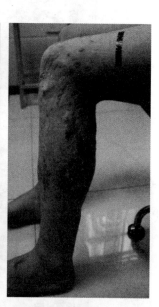

图 13-3　左大腿下段至左小腿中下段大片状瘢痕（彩图 13-1）

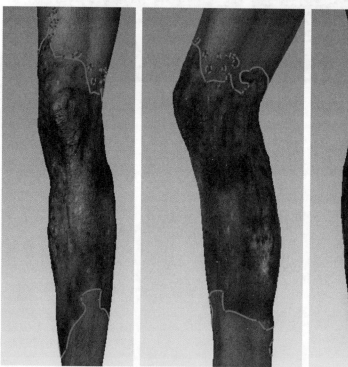
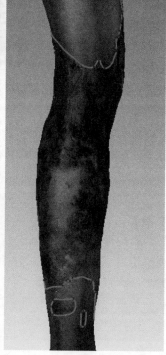

图 13-4　左下肢三维扫描重建模型（彩图 13-2）

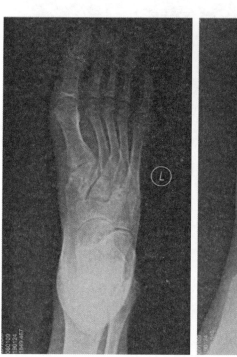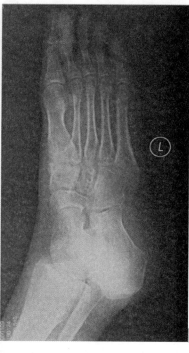

图 13-5　鉴定时复查左足部 X 线片

【提出问题】
1. 本案例涉及的法医学检查内容有哪些？有哪些注意事项？
2. 本案例哪些瘢痕可认定？简述该案例瘢痕的特点及瘢痕认定的原则。
3. 简述测量各类瘢痕面积或长度的基本方法。
4. 瘢痕面积占体表面积比例的计算方法有哪些？
5. 查阅相关书籍及文献资料，复杂瘢痕（如面积较大、形状不规则、表面曲率大或跨区域等情况）长度或面积的测量，有哪些方法和技术？简述这些方法的优缺点。
6. 被鉴定人的伤残等级该如何评定？

【涉及要点】
1. 骨折、关节活动度、体表瘢痕的法医学检查内容及查体要点。
2. 瘢痕认定的原则及伤病关系的判定。
3. 各种形状瘢痕的测量方法及操作要点，涉及复杂瘢痕的测量方法。
4. 瘢痕面积占体表面积比例的计算方法，成人与儿童计算方法的区别。
5. 体表瘢痕的伤残等级鉴定及注意事项。

第二节　耳廓缺损的测量

掌握耳廓的基本结构与功能，耳廓损伤的概念，耳廓损伤的原因与机制、临床表现、法医学检查方法，耳廓缺损面积的测量与计算，耳廓损伤法医学鉴定要点与原则。

学习要点

1. 耳廓的基本结构与功能。
2. 耳廓损伤的概念、原因、机制、临床表现。
3. 耳廓损伤涉及的法医学检查方法,耳廓缺损面积的测量与计算。
4. 耳廓损伤的法医学鉴定要点与原则。

时间分配

本节包括两幕(2学时),共90分钟,其中学生讨论时间为50分钟,学生分析总结发言为25分钟,教师总结讲评15分钟。两次课间隔3~7天。

教学建议

在上课的前三天将案例资料及所提问题、学习要点以纸质或邮件形式发送给学生,请学生在课前预习案例资料,根据问题查找《法医临床学》《耳鼻咽喉头颈外科学》等教材及《法医临床检验规范》(SF/T 0111—2021)或文献、指南等资料。上课时依据学生数量进行分组(每组10~15人),以问题为导向的方式解读案例资料。

学生讨论时给予充分的自由空间,不干扰、不评论,讨论结束后由每组学生推选一名发言人进行每题的总结发言,教师在此过程中应认真评估学生掌握知识的深浅、分析问题思路的优点和不足,并逐一进行记录。每组同学在讨论过程中如提出新的问题,可进行团体讨论。各组回答结束后,由教师结合学生掌握的情况对学生缺乏的共性基础知识和鉴定思路进行讲解,对学生鉴定过程中存在的问题进行针对性点评和分析总结。

第 一 幕

【基本案情】

2019年5月24日16时许,被鉴定人柯某某(男,54岁)在某餐饮店点餐时与王某某(男,51岁)夫妇发生口角纠纷及肢体冲突,被王某某的妻子张某某(女,50岁)咬伤左耳。2019年7月12日某鉴定所出具的鉴定意见为:被鉴定人左耳损伤评为轻微伤。被鉴定人对该鉴定意见不服,并反复向鉴定主管机关投诉,认为鉴定检查时鉴定人只是目测了一下受伤耳朵,就直接认定缺损面积不够轻伤标准,而未仔细测量其缺损耳廓,违反了鉴定检查规范。本次由某县公安局委托,要求根据《人体损伤程度鉴定标准》对被鉴定人的损伤程度进行重新鉴定。

【病历摘要】

某医院出院记录(住院号:XXX01)如下。入院、出院日期分别为2019年5月24日和2019年6月1日。因"左耳外伤后4小时余"入院。专科情况:左耳耳廓严重撕裂伤,部分皮肤及软骨缺如,软骨暴露,耳廓背部皮肤有裂伤,少许渗血,外耳道口可见血迹,未见活动性出血,鼓膜大致完整,色稍浑浊。入院后急诊完善相关检查,耳部CT示左耳软组织肿胀、积气。2019年5月25日行耳廓皮肤和皮下组织非切除性清创(左)+耳廓成形术(左),术后给予抗炎、改善循环及局部伤口换药等对症处理。出院诊断:左耳廓开放性损伤,左耳廓感染。出院情况:一般情况良好。查体:左耳外耳道口无狭窄,耳廓皮肤稍暗,创面愈合良好,缝线已拆除,耳廓无红肿、无渗液。

2019 年 5 月 24 日手术记录如下。手术经过：……检查见左耳耳廓上至耳轮下至耳垂皮肤及部分软骨呈月牙状缺如，长约 3 cm，耳廓背面皮肤有长约 1 cm 撕裂伤，软骨暴露。……仔细去除失活软骨与软组织，将耳廓撕裂伤口对齐间断缝合……

该院整形外科出具的证明材料记载如下。左耳廓部分缺损，如需再造改善外观，相关费用预计为 4.5 万元。

【提出问题】

1. 本案例涉及何种类型损伤？具有哪些临床特点？
2. 耳廓的基本结构与功能是什么？耳廓损伤有哪些临床表现？
3. 耳廓损伤的常见原因有哪些？请简述其损伤机制及转归。
4. 本案例能否受理？受理该类案件时需收集哪些材料，应注意哪些问题？

【涉及要点】

1. 耳廓损伤案例的特点。
2. 耳廓主要结构与功能，耳廓损伤的临床表现。
3. 耳廓损伤的原因与机制、转归。
4. 涉及耳廓损伤的案例进行法医学鉴定的时机及送检材料的审核原则。

第 二 幕

简单回顾上一幕的案件内容，复习与案件相关的医学、法医学知识。

【法医学检查】

日期：2019 年 8 月 13 日。

被鉴定人神清语晰，自行入室，检查合作。左右耳廓位置对称，右耳廓大小正常、形态完整，左耳廓中下部存在部分缺损，无挛缩畸形，残端可见一 5.2 cm 长细条状瘢痕，见图 13-6、彩图 13-3。Photoshop 像素法测量：左耳廓像素值为 285607，左耳廓标尺像素值为 15901，右耳廓像素值为 232356，右耳廓标尺像素值为 11558，见图 13-7、彩图 13-4。三维扫描测量：左耳廓面积 1776.23 mm^2，右耳廓面积 1998.13 mm^2，见图 13-8。被鉴定人自诉仍感伤耳牵扯不适。

【影像学资料】

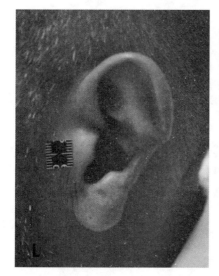
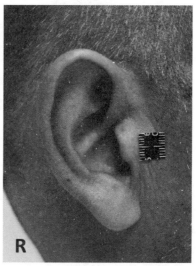

图 13-6　双侧耳廓照片（彩图 13-3）

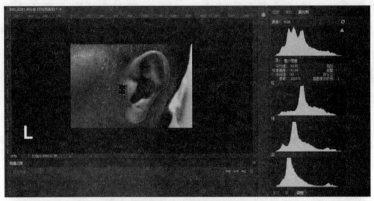

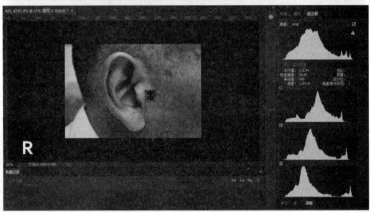

图13-7　双侧耳廓Photoshop像素法测量(彩图13-4)

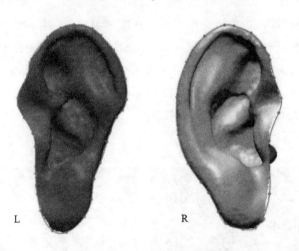

图13-8　双侧耳廓三维扫描重建图

【提出问题】

1. 被鉴定人需进行哪些方面的法医学检查？此类案例鉴定的要点有哪些？

2. 查阅相关书籍与文献资料，耳廓缺损面积的计算有哪些方法？请简述各种方法的优缺点及法医学价值。

3. 如何评定被鉴定人的损伤程度？

4. 被鉴定人的伤残等级该如何评定，被鉴定人提出后期需要行耳廓缺损区再造，其费用该如何合理评估？

【涉及要点】

1. 耳廓损伤的法医学检查及鉴定要点。

2. 耳廓缺损面积的计算方法及优缺点比较。

3. 耳廓损伤的损伤程度、伤残等级的法医学鉴定原则。

(阳紫倩 刘子龙)

第三节 汞 中 毒

学习目标

掌握重金属中毒的概念,急性、慢性汞中毒的临床表现、法医学鉴定原则。

学习要点

1. 汞中毒的常见入体途径及临床表现。
2. 急、慢性汞中毒的临床表现特点。
3. 汞中毒与临床易混淆疾病的鉴别要点。
4. 受理金属中毒案件时需要哪些材料,法医鉴定时查体的注意事项及鉴定时机的选择。

时间分配

本节包括两幕(2学时),共90分钟,其中学生讨论时间为50分钟,学生分析总结发言25分钟,教师总结讲评15分钟。两次课间隔3~7天。

教学建议

在上课的前三天将案例资料及所提问题、学习要点以纸质或邮件形式发送给学生,请学生在课前预习案例资料,根据问题查找《法医临床学》《法医毒理学》《内科学》等教材或《法医临床检验规范》(SF/T 0111—2021)、《法医临床影像学检验实施规范》(SF/T 0111—2021)或文献、指南等资料。上课时依据学生数量进行分组(每组10~15人),以问题为导向的方式解读案例资料。

学生讨论时给予充分的自由空间,不干扰、不评论,讨论结束后由每组学生推选一名发言人进行每题的总结发言,教师在此过程中应认真评估学生掌握知识的深浅、分析问题思路的优点和不足,并逐一进行记录。每组同学在讨论过程中如提出新的问题,可进行团体讨论。各组回答结束后,由教师结合学生掌握的情况对学生缺乏的共性基础知识和鉴定思路进行讲解,对学生鉴定过程中存在的问题进行针对性点评和分析总结。

第 一 幕

【简要案情】

2016年2月28日被鉴定人杜某(男,33岁,IT业高管)因间断发热、畏寒、咳嗽、咳血、全身酸痛、皮肤红肿、局部皮肤溃烂,就诊于某市中心医院,诊断为"右下肢丹毒、脓毒血症",对症治疗无效。因家属怀疑杜某被他人注射水银,故向公安机关报案。经公安依法侦查查明:投毒人许某某,与杜某系恋人关系,因杜某曾数次向许某某表示准备去另一个城市工作,欲与其分手。许某某认为两人关系无法维持,

2016年2月21日下午,许某某电话约杜某到某宾馆房间商谈分手事宜,期间留宿杜某,并在其睡前饮用的牛奶中加入安眠药,确认其昏睡不醒后,用注射器将约40 g水银(将提前购买的40支体温计打破,收集至注射器中)分两次从杜某的肘静脉和足背静脉注入。次日上午杜某返回单位,渐感不适,后陆续出现右侧足背阵发性肿痛、发热、畏寒、咳嗽、咳血等症状,先后于某市中心医院、某市人民医院、某解放军区医院治疗,明确诊断为"重金属(汞)中毒"。现由公安机关委托对杜某的损伤程度、伤残等级进行法医学鉴定。

【病历摘要】

1. 某市中心医院出院记录(住院号:XXX01)如下。入院、出院日期分别为2016年2月28日和2016年3月3日。因"右下肢痛并间断发热7天,加重12小时"入院。家属诉:患者7天前出现右足背阵发性肿痛,自行院外抗感染治疗无缓解。4天前,下肢疼痛转为持续性,间断发热,可自行减退。1天前转为持续性发热,体温最高39.5 ℃。自出现症状以来,患者精神饮食睡眠差,小便量少,大便偶解,体重体力较前明显下降。查体:右侧大腿根部触及肿大淋巴结,右足背见15 cm×6 cm皮疹,肿胀明显,局部皮温高,触痛(+)。右小腿胫前、躯干、胸腹前壁、腰、背见多处大小不等皮疹。入院诊断:右下肢丹毒? 脓毒血症? 入院后完善相关检查。2016年2月28日血细胞分析:白细胞计数 $13.31×10^9/L$,↑,中性粒细胞百分比79.94%,↑,中性粒细胞计数 $10.64×10^9/L$,↑,血红蛋白129 g/L,↓,血细胞比容39.1%,↓,超敏C反应蛋白超过5.0 mg/L,↑,C反应蛋白78.46 mg/L,↑。尿液检查示:隐血3+,↑,红细胞241.23个/μL,↑,白细胞53.3个/μL,↑,白细胞团2.42个/μL,↑。心肌酶谱:天门冬氨酸氨基转移酶67 U/L,↑;丙氨酸氨基转移酶181 U/L,↑;钠130.0 mmol/L,↓;钾3.088 mmol/L,↓;氯87.3 mmol/L,↓;肌酐115 μmol/L,↑;乳酸脱氢酶365 U/L,↑;α-羟丁酸脱氢酶264 U/L。肝功能检查:总蛋白55.9 g/L,↓;白蛋白30.9 g/L,↓;白球比1.2,↓。入院当天X线片示双肺弥漫性病变,考虑细支气管、肺泡内异物残留。入院后予以抗感染、局部外敷、补充电解质等对症治疗,治疗后发热和右下肢症状逐渐缓解。3月2日患者再次出现精神差、厌食、咳嗽咳痰明显频繁等症状。经家属提示,患者有被注射金属汞的可能。复查CT示双肺、心肌、心包、肝、胃、双肾、直肠、结肠、盆腔、椎管等部位多发异常密度影,见图13-9,告知患者家属病情后同意转上级医院治疗。出院情况:神清,精神一般,诉咳嗽咳痰,无明显胸闷、心慌等,夜间睡眠一般,全身皮疹明显消退,右足背肿胀减轻,皮温不高,无触痛,未见皮肤破溃,趾尖感觉血运正常。出院诊断:①金属(汞)中毒? ②合并症:低氯血症、低钠血症、低钾血症,肾功能不全,肝功能不全。

2. 某市人民医院出院记录(住院号:XXX02)如下。入院、出院日期分别为2016年3月3日和2016年3月7日。因"右下肢红肿伴间断发热、咳嗽十天"入院。曾于某市中心医院治疗,初步诊断为"右下肢丹毒",予以抗感染、局部外敷等治疗,治疗后症状略缓解。2016年3月2日患者再次出现精神差、厌食、咳嗽咳痰明显频繁等症状,经家属提示,患者有被注射金属汞的可能。当日行CT检查,见双肺、心肌、心包、肝、胃、双肾、直肠、结肠、盆腔、椎管等部位多发异常密度影,考虑金属(汞)中毒。因患者家属要求进一步诊治,转入我院。查体:血压108/64 mmHg,呼吸33次/分,脉搏99次/分。双肺呼吸音粗,可闻及散在啰音,皮肤巩膜无黄染,浅表淋巴结无肿大,全身见散在红色点状皮疹,压之褪色。右下肢肿胀明显,皮温高,可见片状红色丘疹,压之褪色,局部有破溃。入院后完善相关检查:2016年3月3日理化实验室尿汞检查报告示4828 μg/L(参考值0~10 μg/L);2016年3月4日血常规检查示白细胞计数16.99($10^9/L$),↑,中性粒细胞百分比85.51%,↑,血红蛋白111 g/L,↓。肝肾功能:谷丙转氨酶(ALT)84 U/L,↑;天门冬氨酸氨基转移酶(AST)84 U/L;白蛋白28 g/L;尿肌酐55.0 μmol/L;尿常规见微量白蛋白。2016年3月5日右足X线片示右小腿及右足背软组织致密影,见图13-10。入院后予以解毒排汞(二巯基丙磺酸钠针)、抗感染、护胃、消炎、维持电解质平衡、床边血液灌流等治疗。治疗后,患者生命体征渐平稳,因患者家属要求转院继续治疗,予以办理出院。出院诊断:重金属(汞)中毒。

3. 某解放军区医院记载(住院号:XXX03)如下。入院、出院日期分别为2016年3月7日和2016

年4月2日。因"右下肢红肿伴间断发热、咳嗽13天"入院。查体：神志清楚，精神差。双肺呼吸音粗，未闻及明显干湿啰音。右足背红肿，触之有明显疼痛感，红肿区皮温高于周围正常组织，红肿区见散在皮肤坏死，坏死区有少量脓性液体流出，右下肢胫前淤斑，右足各趾活动正常。入院后完善相关检查，3月8日血尿毒检示血汞浓度200 ng/mL，尿汞浓度980 ng/mg。3月10日患者在硬膜外麻醉下行右侧足背肿物切除术清创术＋负压引流术＋小皮片移植术＋右侧大腿内侧取皮术。并给予驱汞、抑酸、保护重要脏器、局部清除毒物等综合治疗。出院情况：患者一般情况可，夜间伤口处疼痛，偶有咳嗽，无痰。向患者交代病情复杂，随时可能出现病情变化，需住院治疗，患者家属表示理解，坚持出院休养，予以办理出院。出院诊断：①汞中毒；②低蛋白血症；③中毒性肝损伤；④中毒性肾损伤；⑤电解质紊乱；⑥右足背肿物清除术清创术后，负压引流术后，右足背清创小皮片移植术后，右小腿皮下结节切除术后。

该院第二次住院（住院号：XXX04）记录如下。入院、出院日期分别为2016年4月2日和2016年5月11日。患者因"发现体内汞过量1个多月"入院。查体：神志清楚、精神差。双肺呼吸音粗，未闻及明显干湿啰音。入院后完善相关检查。血常规示血红蛋白119 g/L。肝肾功能示白蛋白37 g/L、钠150 mmol/L、谷草转氨酶14 U/L、肌酸激酶210 U/L、超敏C反应蛋白7 mg/L、低密度脂蛋白1.57 mmol/L。出凝血功能示D-二聚体定量647 ng/mL。肺泡灌洗液细菌培养见草绿色链球菌生长。尿常规示尿潜血定性2＋。红细胞，高倍视野下9~10个。尿生化示尿肌酐16838 μmol/24 h，尿蛋白0.39 g/24 h、β_2微球蛋白0.32 mg/24 h，α_1-微球蛋白43.17 mg/24 h。肺泡灌洗液毒物检查示汞浓度0.11 μg/mL。4月10日左上臂X线片检查示左肱骨下段周围软组织多发金属致密影，见图13-11。左上臂异物涂片示纤维组织内见广泛脂肪坏死及化脓性炎症，伴组织细胞增生及小血管增生、充血、多灶间质出血，可见汞滴。于4月19日行肺泡灌洗术治疗，4月22日上午在臂丛神经阻滞麻醉下行左上臂异物取出术，并予以二巯基丙磺酸钠驱汞、营养神经、改善循环、抗感染等治疗。出院情况：患者仍有咳嗽，余无特殊不适。出院医嘱：①注意休息，避免再次接触毒物；②勤饮水，清淡低脂饮食；③伤口保持干燥，定期换药；④出院带药，二巯丁二酸胶囊、奥美拉唑肠溶片、甲钴胺、复方甘草酸苷片；⑤每周定期复查血常规、肝肾功能、血脂、尿生化；⑥一个月后再次住院行驱汞治疗；⑦不适随诊。

患者分别于2016年6月21日和7月20日，2016年8月17日和8月28日先后于该院住院行驱汞治疗。

【影像学资料】

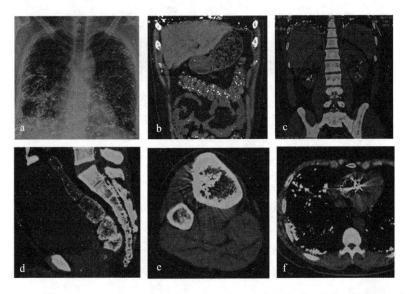

图13-9 体内各部位多发异常密度影（依次为肺、肝、胃肠道、肾、椎管、胫腓骨、心包）

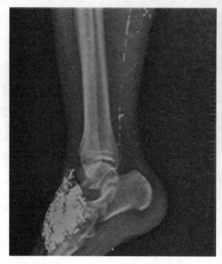
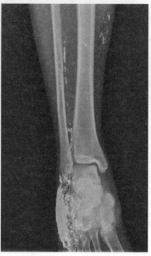

图 13-10　2016 年 3 月 5 日右小腿及右足背 X 线片

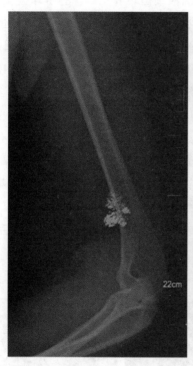
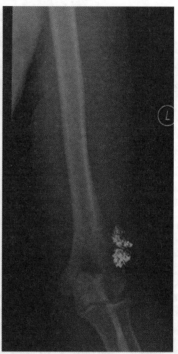

图 13-11　2016 年 4 月 10 日左上臂 X 线片

【提出问题】
1. 本案被鉴定人在早期为何被误诊为丹毒、脓毒血症？
2. 简述常见的汞中毒的入体途径，不同入体途径有何临床表现？
3. 简述汞中毒后疾病的转归与预后。
4. 该案件能否受理？若能受理，需提供哪些鉴定材料，鉴定时有哪些注意事项？

【涉及要点】
1. 重金属中毒与临床上易混淆疾病的鉴别诊断。
2. 重金属中毒的常见类型及临床表现。
3. 重金属中毒机制、转归及疾病预后。
4. 涉及重金属中毒的案例进行法医学鉴定时，鉴定时机、送检材料的审核原则及注意事项。

第 二 幕

简单回顾上一幕的案件内容,复习与案件相关的医学、法医学知识。

【法医学检查】

日期:2016 年 8 月 30 日。

被鉴定人神清,步行入室。查体:右足背部见 6 cm×3.5 cm 片状瘢痕,其间有部分皮肤瘢痕破溃未愈,见图 13-12、彩图 13-5;右小腿背侧中段分别见 2 cm×2 cm、1 cm×1 cm 的片状瘢痕及长 2 cm 的纵向条状瘢痕,右小腿远端见 2.5 cm 长纵行条状瘢痕,背侧中下段见长 4 cm 的纵向条状瘢痕,背侧中段见长 3 cm 的斜行条形瘢痕。左肘关节前侧见 3 cm×0.5 cm 纵行条状瘢痕。右足及踝关节稍肿胀,右踝关节活动尚可。自诉:目前感胸闷、咳嗽,时有手脚麻木。余无特殊不适。

【辅助检查】

某市职业病防治院 2016 年 9 月 9 日检验报告单如下。尿总汞 4294.5 μg/g,肌酐 35 μg/g(限值 35 μg/g)。某医院 2016 年 10 月 13 日肝肾功能检查报告单记载肝功能 9 项及肾功能 4 项测定结果均在正常范围。心脏超声报告单记载心脏形态结构及瓣膜活动未见明显异常。2016 年 10 月 13 日和 2016 年 10 月 19 日两次肺功能检查报告记载肺通气功能正常范围。

【影像学资料】

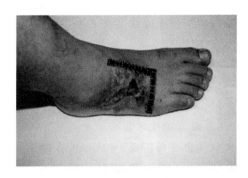

图 13-12　2016 年 8 月 30 日鉴定检查时见右足背皮肤破溃(彩图 13-5)

【提出问题】

1. 汞中毒案例在法医鉴定查体时注意事项有哪些?鉴定时机是什么?
2. 急性汞中毒和慢性汞中毒临床表现有何差异?
3. 被鉴定人损伤程度、伤残等级应如何评定,依据什么条款?
4. 被鉴定人急性汞中毒,目前状况如何,后续可能会遗留什么症状,法医鉴定时需要注意哪些事项?

【涉及要点】

1. 重金属中毒案例中,法医鉴定时查体要点及注意事项。
2. 重金属中毒的鉴定时机及评定原则(尤其注意重金属中毒案例中,被鉴定人预后)。
3. 急性汞中毒和慢性汞中毒临床表现差异。

第四节　铊　中　毒

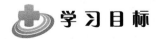

掌握铊中毒的概念,急性、慢性铊中毒临床表现、法医学鉴定原则。

学习要点

1. 铊中毒常见的入体途径、体内蓄积情况以及相应临床表现。
2. 急、慢性铊中毒的临床表现特点。
3. 铊中毒与临床易混淆疾病（急性感染性多发性神经炎、吉兰-巴雷综合征）之间的鉴别要点。
4. 受理铊中毒案例时需要什么材料，法医学鉴定查体时注意事项、鉴定时机该如何选择。

时间分配

本节包括两幕(2学时)，共90分钟，其中学生讨论时间为50分钟，学生分析总结发言25分钟，教师总结讲评15分钟。两次课间隔3~7天。

教学建议

在上课的前三天将案例资料及所提问题、学习要点以纸质或邮件形式发送给学生，请学生在课前预习案例资料，根据问题查找《法医临床学》《法医毒理学》《内科学》《实用肌电图学》等教材，《法医临床检验规范》(SF/T 0111—2021)、《周围神经损伤鉴定实施规范》(SF/Z JD 0103005—2014)、《法医临床影像学检验实施规范》(SF/T 0112—2021)等行业规范及文献、指南等资料。上课时依据学生数量进行分组(每组10~15人)，以问题为导向的方式解读案例资料。

学生讨论时给予充分的自由空间，不干扰、不评论，讨论结束后由每组学生推选一名发言人进行每题的总结发言，教师在此过程中应认真评估学生掌握知识的深浅、分析问题思路的优点和不足，并逐一进行记录。每组同学在讨论过程中如提出新的问题，可进行团体讨论。各组回答结束后，由教师结合学生的掌握情况对学生缺乏的共性基础知识和鉴定思路进行讲解，对学生鉴定过程中存在的问题进行针对性点评和分析总结。

第 一 幕

【基本案情】

被鉴定人周某(女，66岁)于2017年5月至2018年5月在家中间断食用购自某便利店、由一地下作坊制作的辣椒酱，渐出现双足疼痛、麻木及脱发增多现象，后发现同村十余名村民均出现类似情况，遂向公安机关报警，经检测，辣椒酱中含有重金属铊。因公安机关办案需要，委托对被鉴定人的损伤程度、伤残等级进行法医学鉴定。

【病例摘要】

某市职业病防治医院出院记录(住院号:XXX05)如下。入院、出院日期分别为2018年4月11日和2018年5月2日。因"双足疼痛、麻木16天，脱发2天"入院。查体:精神差，头发成片脱落，轻抹即随之而下。视野正常，口腔牙龈无红肿、流涎。双足部有脱皮及散在红色皮疹。口唇无发绀，咽不红，双侧扁桃体无肿大。双肺未闻及明显干湿啰音，心律齐，心音正常；腹未见胃肠型及蠕动波，触软，无压痛及反跳痛，肝脾肋下未触及，肝区无痛，肠鸣音可。四肢肌力、肌张力正常，伸手、伸舌无震颤，四肢痛觉正常，跟腱反射稍减退，膝反射正常，克氏征、布氏征、巴氏征阴性。入院后完善相关检查。4月12日血气分析:二氧化碳分压46.00 mmHg(↑)、标准碳酸氢盐25.40 mmol/L(↑)、二氧化碳总量28.00 mmol/L(↑)。电解质:钾3.85 mmol/L，随机葡萄糖8.52 mmol/L(↑)。肾功能:尿素10.2 mmol/L(↑)。糖化血红蛋白:5.00%。血常规、肝功能、血脂、心肌酶、凝血功能未见明显异常。4月13日实验室检查:血铊46.2 μg/L，尿铊5096.6 μg/g。脑电图呈边缘状态。神经肌电图:左上肢呈周围神经源性损害。入院后予以血液净化驱铊，口服普鲁士蓝胶囊、二巯丁二酸胶囊协助驱铊，硫辛酸、鼠神经因子营养神经,还原性谷胱甘肽清除氧自由基,规律监测及静脉、口服补钾,奥美拉唑抑酸护胃、防治感染等对症支持治疗。治疗后血铊 16.3 μg/L,尿铊 333.1 μg/g,肌酐 290.9 μg/g。患者病情好转出院,出院时情况:患者未诉明显双足疼痛、麻木,体力基本恢复。头发、胡须、体毛、阴毛目前无明显脱落,枕头上很少见脱发。无明显口周麻木、吞咽困难、味觉异常、腹痛等表现,无明显头痛、失眠。查体:头发稀疏,口腔牙龈无红肿、流涎,未见米氏纹。双肺未闻及明显干湿啰音,心律齐,心音正常。腹软,无压痛及反跳痛,肝脾肋下未触及,肝区无叩痛,移动性浊音阴性,肠鸣音可。跟腱反射正常,膝反射正常,四肢触痛觉正常。出院诊断:急性铊中毒;中毒性周围神经病。

该院第二次出院记录(住院号:XXX06)如下。入院、出院时间分别为 2019 年 9 月 5 日和 2019 年 9 月 20 日。因"四肢麻木、胀痛 1 年余入院"。查体:全身皮肤、巩膜未见黄染,全身皮肤未见出血点及淤斑;双肺呼吸音清,未闻及干湿啰音;心律齐,心音可;腹软,无压痛及反跳痛,肝脾肋下未及,肝区无叩痛;双下肢不肿;四肢肌力、肌张力正常,图形、位置觉正常,双上肢触痛觉正常,双下肢踝关节以下触痛觉减退;伸手、伸舌无震颤,指鼻试验、跟膝胫试验阴性,闭目难立征阴性,膝反射、跟腱反射正常,克氏征、布氏征、巴氏征阴性。入院后完善相关检查:肝肾功能、空腹血糖、心肌酶、电解质、血脂、尿常规、血常规未见明显。2019 年 9 月 7 日神经肌电图:左上肢呈周围神经源性损害;脑电图呈边缘状态。入院后予以营养神经等对症治疗。出院情况:患者诉四肢麻木、胀痛,但能忍受,无视物模糊等其他不适。查体:全身皮肤、巩膜未见黄染,全身皮肤未见出血点及瘀斑;双肺呼吸音清,未闻及干湿啰音;四肢肌力、肌张力正常,图形、位置觉正常,双上肢触痛觉正常,双下肢踝关节以下触痛觉减退,指鼻试验时伸手、伸舌无震颤,跟膝胫试验阴性,闭目难立征阴性。膝反射、跟腱反射正常,克氏征、布氏征、巴氏征阴性。出院诊断:①急性铊中毒;②中毒性周围神经病。

【讨论】
1. 被鉴定人的哪些临床症状提示铊中毒?
2. 急、慢性铊中毒的常见临床表现有哪些?可能的后遗症状是什么?
3. 本案是否能够受理?若能够受理,需要提供哪些材料?鉴定时有哪些注意事项?

【涉及要点】
1. 铊中毒的临床特点。
2. 急、慢性铊中毒的转归与预后。
3. 重金属中毒的法医学鉴定时机、送检材料的审核原则及注意事项。

第 二 幕

简单复习上节课内容。

【法医学检查】
检查日期:2019 年 10 月 26 日。
被鉴定人神清语晰,自行入室,检查合作。体表未见明显异常,四肢肌力、肌张力正常。生理反射正常,病理反射未引出。自诉:目前感四肢麻木不适。余无特殊。

【辅助检查】
某鉴定中心 2019 年 10 月 26 日肌电图报告如下。检查项目:左、右大小鱼际肌;左、右胫前肌、腓肠肌。意见:右腓总神经支配肌呈轻度失神经损害,具体见图 13-13 及表 13-1。

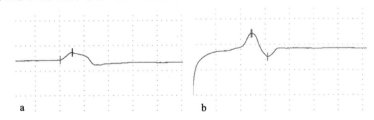

图 13-13 双侧腓总神经运动传导速度
a.右侧腓总神经 MCV(运动神经传导波幅明显降低);b.左侧腓总神经 MCV(正常)。

表 13-1 2019 年 10 月 26 日神经传导速度测定

检查神经	刺激	记录	潜伏期/ms		波幅/μV		距离/mm		速度/(m/s)	
			左	右	左	右	左	右	左	右
腓总神经	踝 腓骨小头	趾短伸肌	5.56	3.5	5.4	—				
	腓骨小头	胫前肌	12.21	10.1	4.6	3.0	130	130	48.3	48.3
胫神经	内踝下	趾短展肌	4.27	3.79	8.9	9.7				
	腘窝		12.01	11.3	5.6	5.8			45.3	45.3

【提出问题】

1. 铊中毒案例在法医学鉴定查体时的注意事项有哪些？鉴定时机是什么？
2. 被鉴定人周围神经症状和本次铊中毒是否直接相关？
3. 被鉴定人损伤程度和伤残等级应如何评定，依据什么条款？

【涉及要点】

1. 铊中毒的临床表现及预后。
2. 铊中毒的法医学查体要点、鉴定时机及注意事项。
3. 铊中毒评定原则及条款(需关注周围神经损伤遗留的症状)。

（杨欢欢　刘子龙）

第十四章　致伤物及致伤方式的法医学推断

第一节　颅脑损伤的成因推断

学习目标

掌握颅脑损伤（traumatic brain injury）的常见类型、损伤原因和成伤机制、临床表现及法医学致伤方式推断的基本原则。

学习要点

1. 颅脑损伤的常见分类方法。
2. 头皮损伤、颅骨骨折、脑损伤的类型、损伤原因、成伤机制及临床表现。
3. 颅脑损伤法医学致伤方式推断的方法和注意事项。

时间分配

本节包括两幕（2学时），共90分钟，其中学生讨论时间为50分钟，学生分析总结发言25分钟，教师总结讲评15分钟。两次课间隔3~7天。

教学建议

在上课的前三天将案例资料及所提问题、学习要点以纸质或邮件形式发送给学生，请学生在课前预习案例资料，根据问题查找《法医临床学》《外科学》《实用骨科学》《法医影像学》等教材或文献、《法医临床检验规范》(SF/T 0111—2021)、《法医临床影像学检验实施规范》(SF/T 0112—2021)、《道路交通事故涉案者交通行为方式鉴定》(SF/Z JD0101001—2016)等资料。上课时依据学生数量进行分组（每组10~15人），以问题为导向的方式解读案例资料。

学生讨论时给予充分的自由空间，不干扰、不评论，讨论结束后由每组学生推选一名发言人进行每题的总结发言，教师在此过程中应认真评估学生掌握知识的深浅、分析问题思路的优点和不足，并逐一进行记录。每组同学在讨论过程中如提出新的问题，可进行团体讨论。各组回答结束后，由教师结合学生的掌握情况对学生缺乏的共性基础知识和鉴定思路进行讲解，对学生鉴定过程中存在的问题进行针对性点评和分析总结。

第 一 幕

【基本案情】

2017年3月26日18时47分许,被鉴定人万某某(女,25岁)骑安琪儿牌电动车行至某市天仙公路交叉路口处,遇到两辆由北向南同向前后拖拽行驶的罐车,前一辆车(鄂D52XXX)的拖车牵引钩断裂,击损后一辆车(鄂D52YYY)的转向灯,钩子落地点距离电动车约3米远,被鉴定人随即倒地昏迷,之后二车均离开现场。当地交警部门为查明肇事车辆及被鉴定人的受伤原因,委托某司法鉴定中心对被鉴定人颅脑损伤的致伤方式进行法医学鉴定。

【病历摘要】

某市第一人民医院入院记录(住院号XXX)如下。入院日期:2017年3月26日。主诉:头部外伤昏迷2小时。现病史:患者约2小时前骑电动车摔倒在马路上(具体原因不详),伤及头部,当时昏迷,头部出血不止,被路人发现后呼叫120送入院。患者伤后昏迷,未进食,大小便未解。头部CT扫描结果:右颞枕叶多发脑挫裂伤;蛛网膜下腔出血;颅内多发积气;枕骨、右颞顶骨、左顶骨多发骨折;头皮血肿,见图14-1。专科情况:神志浅昏迷,呼吸平稳,GCS评分为5分,双侧瞳孔不等大,左侧D=3mm,右侧D=2mm,对光反射消失,双侧眼球左侧同向凝视,右侧外耳道见不凝血液流出。右枕部见头皮约7.0cm裂口,创缘不规则,可见骨片及脑组织,活动性出血。颈软,双肺呼吸音粗,胸廓对称,双侧胸廓压痛(一),腹部平软,无移动性浊音。四肢无明显骨折征,病理征未引出。初步诊断:脑干损伤,右颞枕叶多发脑挫裂伤,创伤性蛛网膜下腔出血,开放性多发性粉碎性颅骨骨折,脑脊液右耳漏,颅腔积气,头皮挫裂伤,头皮血肿。

【影像学资料】

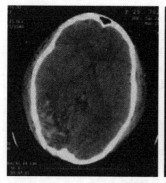
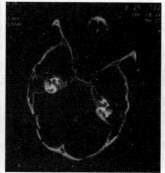
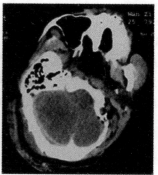

图14-1 2017年3月26日、27日颅脑CT片

【询问笔录摘要】

1. 肖某(鄂D52XXX罐车驾驶员)在2017年3月27日接受公安机关询问时称:……(事发当时)我在准备通过天仙公路交叉路口附近的红绿灯时,我后面的车一脚急刹,我感觉钢绳断了。我当时就停了下来,到处找,最后发现钢绳飞到后车的左边……钩子没有找到……

2. 杨某(鄂D52YYY罐车驾驶员)在2017年3月27日接受公安机关询问时称:……晚上六点四十几分,我开车行驶到天仙公路交叉路口时,在路口的西北近公路西边倒有一妇女和一辆电动车,路口有一临时交通指挥灯,我车和拖带我的车等到指挥灯绿灯时,前车起步带我车向左转弯,就听砰的一声响发现前车带我的钢绳断了,钢绳向我车的左侧弹回打坏了我车左转向灯,我立即按喇叭肖师傅才停车,之后我仔细一看发现肖师傅车的后挂钩断了,我们找了一会儿没找到挂钩……电动车和妇女在我车后面,横距5~6米或6~7米……

3. 万某(被鉴定人哥哥)在2017年3月28日接受公安机关询问时称:……我到现场时看到她(指被鉴定人)事发时所驾的两轮电动车头北尾南向左倒在东环线西边,距西边还有两米多远,电动车以西40~50cm间有一摊血迹,在电动车以北偏西3~5米处我捡到一牵引钩和一枚螺杆,该杆已断裂……当晚10时左右,我第二次去现场查看情况时,即在电动车(血迹)以北偏西3~5米处捡到车辆牵引钩和断裂的螺杆……

【痕迹鉴定摘要】

某司法鉴定中心2017年4月12日出具的鉴定意见如下。

1. 通过痕迹技术勘验,没有充分的证据证明鄂D52XXX重型特殊结构货车和鄂D52YYY重型特殊结构货车与安琪儿牌电动车发生过车体的接触。

2. 通过整体分离痕比对,认定"3·26"交通事故现场提取的一枚大型车辆牵引钩(含一枚折断的螺杆)系鄂D52XXX重型特殊结构货车的右纵梁后端外侧缺失的牵引钩。

3. 事故发生形态:鄂D52XXX重型特殊结构货车用钢绳牵引鄂D52YYY重型特殊结构货车由北向南行至事发路口左转,因在路口起步的拖拽中造成鄂D52XXX重型特殊结构货车右纵梁后端外侧缺失的牵引钩断脱(铆接螺杆折断),造成崩弹的牵引钩或钢绳击打路口由西向北左转的安琪儿牌电动车骑车人头部右侧,以致安琪儿牌电动车失衡左倒。期间,往左崩弹的钢丝绳还将鄂D52YYY重型特殊结构货车驾驶室左前角的转向灯击破。

【提出问题】

1. 根据现有病历和影像学材料,被鉴定人能认定哪些颅脑损伤?请分析头皮损伤、颅骨骨折、脑损伤的部位、特点、类型,哪些是冲击伤?哪些是对冲伤?

2. 被鉴定人颅脑损伤的临床表现是什么?需做哪些辅助检查才能明确诊断?

3. 交通事故致伤方式的鉴定需满足什么条件?委托单位应提供哪些材料?

【涉及要点】

1. 闭合性颅脑损伤案例的临床特点。

2. 不同类型颅骨骨折(线形骨折、粉碎性骨折、孔状骨折)的影像学特征。

3. 不同类型颅内血肿(硬膜外血肿、蛛网膜下腔出血、脑内血肿)的影像学特征。

4. 冲击性、中间性、对冲性脑挫伤的特点及影像学特征。

5. 头部冲击伤、头部对冲伤的概念和特点。

6. 交通事故后涉及颅脑损伤致伤方式鉴定的案件法医学鉴定时送检材料的审核原则。

第 二 幕

简单回顾上一幕的案件内容,复习与案件相关的医学、法医学知识。

【法医学检查】

检查日期:2017年4月11日。

鉴定检查时委托方、被鉴定人万某某家属均在场,确认送检病历、旁证材料及影像片无争议后,鉴定人详细告知鉴定有关程序并签署了鉴定风险告知书。

被鉴定人卧于病床上,神志淡漠,言语表达不清,检查欠合作,一般情况可。查体:右眼眶周紫红色皮下出血,右眼对光反射灵敏,左眼对光反射迟钝。右耳后可见青紫色皮下出血,外耳道见陈旧性血痂。右颞枕部见长6.0 cm、1.5 cm两处不规则条状瘢痕,右颈部见长6 cm纵行条状陈旧性擦挫伤,见图14-2、彩图14-1。心肺腹(一),四肢肌力、肌张力正常,病理征(一)。余无特殊。

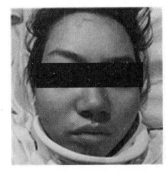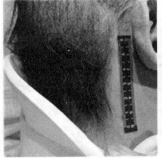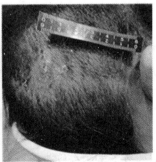

图14-2 鉴定时法医学活体检查所见(彩图14-1)

【提出问题】
1. 被鉴定人进行法医学检查时应重点检查哪些方面？
2. 根据头部影像学资料，判断被鉴定人的头皮损伤、颅骨骨折、脑损伤的部位、类型、形态特征，明确头部有无冲击伤和对冲伤，再根据生物力学原理分析被鉴定人各种颅脑损伤的损伤机制。
3. 结合案情调查材料和车辆痕迹鉴定意见，推断本案被鉴定人颅脑损伤的致伤方式。

【涉及要点】
1. 颅脑损伤致伤方式的法医学鉴定原则。
2. 头部冲击伤和对冲伤的原因和成伤机制。
3. 不同类型颅脑损伤影像学资料的评判要点。

第二节　肋骨骨折的致伤方式

学习目标

掌握肋骨骨折（fracture of rib）的类型、损伤原因、成伤机制、临床表现、常用检查方法及法医学致伤方式推断的原则。

学习要点

1. 肋骨骨折的常见分类与检查方法。
2. 不同类型肋骨骨折（直接肋骨骨折、间接肋骨骨折）的损伤原因、成伤机制及临床表现。
3. 不同类型肋骨骨折法医学致伤方式推断的方法和注意事项。

时间分配

本节包括两幕（2 学时），共 90 分钟，其中学生讨论时间为 50 分钟，学生分析总结发言 25 分钟，教师总结讲评 15 分钟。两次课间隔 3～7 天。

教学建议

在上课的前三天将案例资料及所提问题、学习要点以纸质或邮件形式发送给学生，请学生在课前预习案例资料，根据问题查找《法医临床学》《外科学》《法医影像学》《实用骨科学》教材或其他文献、《法医临床检验规范》（SF/T 0111—2021）、《法医临床影像学检验实施规范》（SF/T 0112—2021）等资料。上课时依据学生数量进行分组（每组 10～15 人），以问题为导向的方式解读案例资料。

学生讨论时给予充分的自由空间，不干扰、不评论，讨论结束后由每组学生推选一名发言人进行每题的总结发言，教师在此过程中应认真评估学生掌握知识的深浅、分析问题思路的优点和不足，并逐一进行记录。每组同学在讨论过程中如提出新的问题，可进行团体讨论。各组回答结束后，由教师结合学生的掌握情况对学生缺乏的共性基础知识和鉴定思路进行讲解，对学生鉴定过程中存在的问题进行针对性点评和分析总结。

第一幕

【基本案情】

2018年11月18日13时30分,被鉴定人王某(女,56岁)在某小区单元楼道内,因纠纷与胡某某发生肢体冲突,在冲突过程中王某摔倒在楼梯上(背部着地),后又被胡某某骑在身上用拳头打伤前胸部等处,入院后临床诊断为双侧多发性肋骨骨折,在当地鉴定损伤程度为轻伤一级。胡某某认为王某的双侧多发性肋骨骨折系自己摔伤而不是拳击所致,当地公安机关为查明案件性质,委托某鉴定中心对被鉴定人王某的肋骨骨折致伤方式进行法医学鉴定。

【病历摘要】

1. 某省立医院2018年11月18日14时30分的急诊病历记载如下。主诉:被人打伤1小时。现病史:患者自诉1小时前被人打伤,致头部、腹部及四肢多处疼痛不适,未呕吐。查体:神志清,精神尚可,双瞳等大等圆,对光反射灵敏,四肢活动受限。初步诊断:多发外伤。

该院2018年11月18日15时的急诊病历记载如下。病史同前。查体:左胸部压痛,自诉憋闷,腹部轻压痛,双髋部压痛,活动无明显受限,右膝部疼痛,活动未见异常,四肢见多处大面积皮下淤血斑,压痛明显。初步诊断:胸腹外伤,多发软组织损伤。

该院2018年11月18日15时30分的急诊病历记载如下。病史同前。胸片示右侧第4肋可疑骨折。

2. 某省医学影像学研究院2018年11月18日的X线检查报告书(XXX01号)记载如下。影像学表现:骨性胸廓对称,右侧第4前肋见斜行透光线,其余所示肋骨走行自然,未见明显骨折征象,纵隔及气管居中未见移位。肺门形态、大小、位置未见异常。两肺纹理走行自然,肺野清晰。心脏形态、大小未见异常。两膈光整,两肋膈角锐利。影像学诊断:可疑右侧第4肋骨骨折,建议进一步检查。

该院2018年11月21日CT检查报告书(XXX02号)记载如下。影像学表现:左侧第1肋骨局部骨皮质不连,断端不规则,双侧第5前肋局部外侧骨皮质略凹陷,形态欠规整,余肋骨未见明显骨折征象,见图14-3。双肺段胸膜下见多发微小结节灶,边界尚清晰,大约0.4 cm×0.5 cm;双肺纹理增多、紊乱,部分支气管壁增厚,管壁毛糙;段及段以上支气管通畅。纵隔未见明显肿大淋巴结。双侧胸膜未见明显增厚,未见胸腔积液。影像学诊断:①符合左侧第1肋骨骨折,双侧第5前肋可疑骨折CT表现,建议2周后复查CT进一步确诊;②双侧多发微小结节灶,符合纤维结节灶CT表现,建议随访;③符合支气管炎CT表现。

该院2018年12月25日CT检查报告书(XXX03号)记载如下。影像学表现:左侧第1、2、3肋骨,双侧第4、5前肋及右侧第10肋骨局部骨皮质欠连续,形态欠规整,局部骨痂形成,见图14-4。双肺段胸膜下见多发微小结节灶,边界尚清晰,大约0.4 cm×0.5 cm;左肺下叶外基底段见一结节状钙化灶。段及段以上支气管通畅。纵隔未见明显肿大淋巴结。双侧胸膜未见明显增厚,未见胸腔积液。影像学诊断:①双侧肋骨多发骨折;②双肺多发微小结节灶,符合纤维结节灶CT表现。

【提出问题】

1. 根据现有病历和影像材料,能认定被鉴定人有哪些肋骨骨折?分析其骨折部位、特点和骨折类型(直接骨折或间接骨折)。
2. 被鉴定人肋骨骨折的临床表现是什么?需做哪些辅助检查才能明确诊断?
3. 致伤方式的鉴定需满足什么条件?委托单位应提供哪些材料?

【涉及要点】

1. 闭合性肋骨骨折案例的临床特点。
2. 不同类型肋骨骨折(直接骨折或间接骨折)影像学特征,肋骨骨折影像学检查特点。
3. 肋骨骨折致伤方式的法医学鉴定,送检材料的审核原则。

【影像学资料】

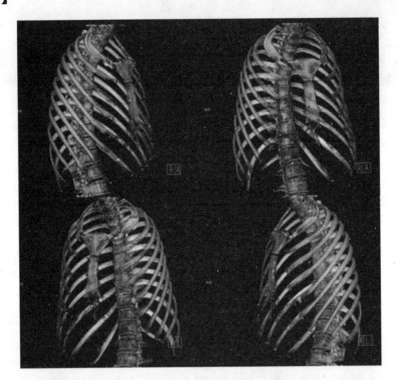

图14-3　2018年11月21日胸肋三维CT片

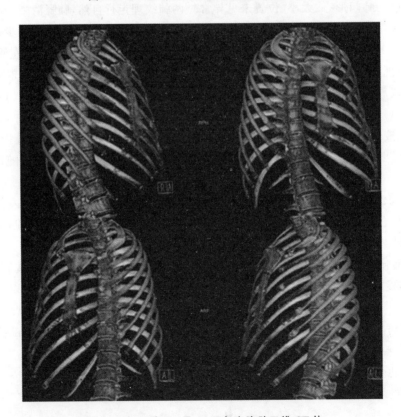

图14-4　2018年12月25日复查胸肋三维CT片

第 二 幕

简单回顾上一幕的案件内容，复习与案件相关的医学、法医学知识。

【法医学检查】

检查日期：2019 年 6 月 28 日。

鉴定检查时委托方、被鉴定人王某及嫌疑人家属代表三方均同时到场，确认送检病历材料及影像片无争议后，鉴定人详细告知鉴定有关程序并签署了鉴定风险告知书。

被鉴定人神志清楚，自行入室，检查合作，对答切题。体表未检见明显外伤痕，胸部外观未见明显畸形，胸廓挤压征（±），左胸上部及右胸下部局部压痛（＋），心肺腹（一），四肢活动自如，肌力、肌张力正常。自诉仍感胸部伤处不适。余无特殊。

【提出问题】

1. 被鉴定人进行法医学检查时应重点检查哪些方面？对案情的了解与其他类型的法医鉴定有何不同？

2. 根据胸部影像学资料，判断被鉴定人的肋骨骨折的部位、骨折类型、形态特征，再根据生物力学原理分析肋骨骨折的损伤机制。

3. 结合案情调查材料提供的两种致伤方式，推断本案被鉴定人肋骨骨折的致伤方式。

【涉及要点】

1. 推断肋骨骨折致伤方式的法医学原则。

2. 不同部位、不同类型肋骨骨折（直接骨折或间接骨折）的原因和成伤机制。

3. 不同类型肋骨骨折影像学资料的评定要点。

第三节　掌骨骨折的成因推断

掌握掌骨骨折（fracture of metacarpal bones）的类型、损伤原因和成伤机制、临床表现、检查方法及法医学致伤方式推断的原则。

1. 掌骨骨折的常见分类方法。

2. 不同部位（头、颈、干、基底部）和不同类型掌骨骨折（横行或粉碎性骨折、斜行或螺旋形骨折）的损伤原因、成伤机制及临床表现和检查方法。

3. 不同类型掌骨骨折法医学致伤方式推断的方法和注意事项。

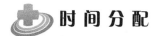

本节包括两幕（2 学时），共 90 分钟，其中学生讨论时间为 50 分钟，学生分析总结发言 25 分钟，教师总结讲评 15 分钟。两次课间隔 3～7 天。

在上课的前三天将案例资料及所提问题、学习要点以纸质或邮件形式发送给学生，请学生在课前预

习案例资料,根据问题查找《法医临床学》《外科学》《实用骨科学》《法医影像学》教材或其他文献、《法医临床检验规范》(SF/T 0111—2021)、《法医临床影像学检验实施规范》(SF/T 0112—2021)等资料。上课时依据学生数量进行分组(每组10~15人),以问题为导向的方式解读案例资料。

学生讨论时给予充分的自由空间,不干扰、不评论,讨论结束后由每组学生推选一名发言人进行每题的总结发言,教师在此过程中应认真评估学生掌握知识的深浅、分析问题思路的优点和不足,并逐一进行记录。每组同学在讨论过程中如提出新的问题,可进行团体讨论。各组回答结束后,由教师结合学生的掌握情况对学生缺乏的共性基础知识和鉴定思路进行讲解,对学生鉴定过程中存在的问题进行针对性点评和分析总结。

第 一 幕

【基本案情】

2019年4月5日8时许,在某村附近的一座山上,被鉴定人叶某(男,43岁)的父亲因纠纷与他人发生肢体冲突,叶某在劝架过程中,右手背被他人挥舞的锄头柄击打一下,当时即感右手疼痛,后伴有肿痛,于14时许到当地中心卫生院拍片检查发现右手第5掌骨骨折,后向公安机关报案,在当地鉴定损伤程度为轻伤二级。

嫌疑人胡某某在接受公安机关讯问时称:在冲突开始时自己就将锄头扔在一旁,在整个冲突过程中未使用工具,自己不清楚被鉴定人叶某右手第5掌骨骨折是如何形成的,认为叶某的右手第5掌骨骨折是他自己摔倒或其他意外情况所致。现受当地公安局委托,要求对被鉴定人右手第5掌骨骨折的致伤方式(是被锄头柄击打所致还是自己摔倒或其他意外情况所致)进行法医学鉴定。

【病历摘要】

1. 某镇中心卫生院2019年4月5日门诊病历记载如下。主诉:右手部肿痛7小时。现病史:患者7小时前出现右手部肿痛,伴活动受限。查体:神清,右手背部肿痛,压痛,伴活动受限。初步诊断:右手部外伤。

该院2019年4月5日右手X线检查报告(影像号:XX958)如下。检查所见:右手第5掌骨基底部骨皮质不连续,余诸组成骨骨质完整,关节在位,间隙可,周围软组织未见明显异常密度影,见图14-5。诊断意见:右手第5掌骨基底部骨折。

2. 某市人民医院2019年4月5日门诊病历记载如下。外伤致右手肿痛10小时。查体:右手部肿胀,压痛。诊断:右手第5掌骨骨折。

该院2019年4月5日右手X线医学影像诊断计算机图文报告(检查号:XX513)如下。检查所见:右手各掌指骨未见明确移位性骨折征象,诸关节在位,关节间隙如常,其周围软组织未见明显异常。诊断意见:右手掌诸骨未见明确骨折及脱位。

3. 某市第二医院2019年4月11日CT诊断报告单记载如下。影像所见:右手第5掌骨基底段局部骨皮质欠连续,可见透亮骨折线影,断端对位尚可,周边未见游离骨碎片影,周边软组织略肿胀;余所见右手诸组成骨未见明显骨折及脱位征象,见图14-6。诊断意见:考虑右第5掌骨基底段骨折。

4. 某市第六医院2019年4月19日X线检查报告(检查编号:LY070)如下。检查所见:右手第5掌骨近端骨折石膏托外固定,断端略移位,邻近软组织肿胀,余所见各骨未见明显移位性骨折,各关节在位。诊断:右手第5掌骨近端骨折石膏托外固定。

【询问笔录摘要】

1. 某公安局2019年4月5日对被鉴定人叶某的询问笔录如下。

问:你把事情经过说一下?

答:好的,今天早上八点多,我和我家人在某市三七市镇石步村橘子场上面的一座山里挖竹笋,这座山是我和我们村里一个叫XXX的人共有的,但是一直没有具体划分,我们去挖竹笋的时候就看到XXX在山上用锄头挖,我爸就和他说这个山我们也有份,叫他不要乱挖,然后他就拿锄头追着我爸打,追到我爸面前就用锄头打我爸。我看到我爸倒在地上,我就跑上去劝架说不要打了,结果他也拿锄头直接打在我右手的手背上了。

问:对方是怎么打你的?

答：对方是用锄头打了我的右手手背，就打一下。

问：对方有无使用工具？

答：有的，对方用锄头打了一下我的右手手背。

问：工具从何而来？现在何处？

答：我今天就看见对方拿着锄头了，具体哪里来的我不知道，现在在哪里我也不清楚。

问：你的伤势如何？

答：我今天去检查医生说右手骨头移位，医生说需要动手术。

2. 某公安局2019年4月5日对嫌疑人胡某某的讯问笔录如下。

问：你把事情详细经过说一下？

答：好的，今天早上7点多我去某镇石步村橘子场上面的山上挖笋，这座山我和对方都有份的，到了8点多，他们一家也上来挖笋了，他看见我在挖笋，就说我乱挖他的山，我说你才乱挖我的山，然后我们就吵起来了，这时候还没有打架，后来他儿子看见我们两个争起来了，就冲过来帮他，然后我们三个人就吵吵着打起来了，打的过程中我和对方两个人还一起摔倒在地上了，后来下午的时候对方就报警了，我就被你们民警带到所里来了。

问：参与动手的有几人？

答：我和对方父子俩，一共三个人。

问：你是如何动手的？

答：我也是用拳头打对方的，打在对方两个人的身体上，具体哪些部位我记不清了，打了几下我也不知道了，当时场面很混乱。

【影像学资料】

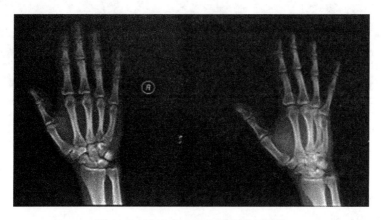

图14-5　2019年4月5日右手X线片

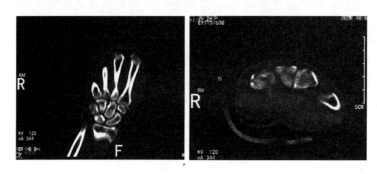

图14-6　2019年4月11日右手CT片

【提出问题】

1. 根据现有病历材料及影像学资料，被鉴定人能认定有哪些损伤？分析其骨折部位、骨折类型。
2. 被鉴定人掌骨骨折的临床表现是什么？需做哪些检查才能明确诊断？
3. 致伤方式的鉴定需满足什么条件？委托单位应提供哪些材料？
4. 现有送检笔录中哪些信息会影响推断被鉴定人的致伤原因？

【涉及要点】
1. 闭合性掌骨骨折案例的临床特点。
2. 不同类型掌骨骨折(横行或粉碎性骨折、斜行或螺旋形骨折)影像学特征。
3. 掌骨骨折案例致伤方式法医学鉴定送检材料的审核原则。

第 二 幕

简单回顾上一幕的案件内容,复习与案件相关的医学、法医学知识。

【法医学检查】

检查日期:2019 年 11 月 6 日。

鉴定检查时委托方、被鉴定人叶某及嫌疑人家属代表三方均同时到场,确认送检病历材料及影像片无争议后,鉴定人详细告知鉴定有关程序并签署了鉴定风险告知书。

被鉴定人叶某神志清楚,自行入室,检查合作,对答切题。体表未检见明显损伤征象。右手第 5 掌骨基底部处稍隆起,按压时无明显压痛,右手各指活动在正常范围(与左手比较),见图 14-7、彩图 14-2。余无特殊。

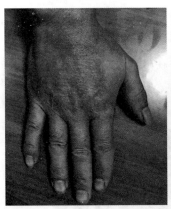
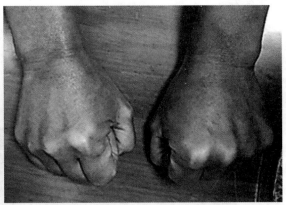

图 14-7　鉴定检查时所见右手外观及双手功能状况(彩图 14-2)

【提出问题】
1. 被鉴定人进行法医学检查时应重点检查哪些方面?
2. 对掌骨骨折的致伤方式进行鉴定时,应着重了解核实案情经过的哪些方面?
3. 根据手部影像学资料,判断被鉴定人的掌骨骨折的部位、骨折类型、形态特征,再根据生物力学原理分析掌骨骨折的损伤机制。
4. 结合案情调查材料提供的两种致伤方式,推断本案例被鉴定人掌骨骨折的致伤方式。

【涉及要点】
1. 掌骨骨折致伤方式的法医学鉴定原则。
2. 不同部位、不同类型掌骨骨折的原因和成伤机制。
3. 不同类型掌骨骨折影像学资料的评判要点。

第四节　胫腓骨双骨折的成因推断

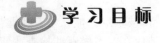

掌握胫腓骨骨折(fracture of tibia and fibula)的类型、损伤原因、成伤机制、临床表现、常用检查方法及法医学致伤方式推断的原则。

第十四章 致伤物及致伤方式的法医学推断

学习要点

1. 胫腓骨骨折的常见分类方法。
2. 不同部位（上、中、下段）和不同类型胫腓骨骨折（横行或粉碎性骨折、斜行或螺旋形骨折）的损伤原因、成伤机制、临床表现及常用检查方法。
3. 不同类型胫腓骨骨折法医学致伤方式推断的方法和原则。

时间分配

本节包括两幕（2学时），共90分钟，其中学生讨论时间为50分钟，学生分析总结发言25分钟，教师总结讲评15分钟。两次课间隔3～7天。

教学建议

在上课的前三天将案例资料及所提问题、学习要点以纸质或邮件形式发送给学生，请学生在课前预习案例资料，根据问题查找《法医临床学》《外科学》《实用骨科学》《法医影像学》教材或文献、《法医临床检验规范》(SF/T 0111—2021)、《法医临床影像学检验实施规范》(SF/T 0112—2021)等资料。上课时依据学生数量进行分组（每组10～15人），以问题为导向的方式解读案例资料。

学生讨论时给予充分的自由空间，不干扰、不评论，讨论结束后由每组学生推选一名发言人进行每题的总结发言，教师在此过程中应认真评估学生掌握知识的深浅、分析问题思路的优点和不足，并逐一进行记录。每组同学在讨论过程中如提出新的问题，可进行团体讨论。各组回答结束后，由教师结合学生的掌握情况对学生缺乏的共性基础知识和鉴定思路进行讲解，对学生鉴定过程中存在的问题进行针对性点评和分析总结。

第 一 幕

【基本案情】

2018年7月22日，被鉴定人卢某某（男，52岁）在自家门前与张某某（男，49岁）发生纠纷，后报案称其左小腿遭张某某脚踹而受伤，在当地公安机关鉴定损伤程度为轻伤一级，嫌疑人张某某否认用脚踹过卢某某，声称卢某某是在被打倒后站起来的过程中自伤的。现受当地公安机关的委托，要求对被鉴定人卢某某左下肢骨折的致伤方式进行法医学鉴定，明确其骨折是被人用脚踹伤的还是自己在站起的过程中自伤的。

【病历摘要】

某县人民医院出院记录（住院号：XXX）如下。入院、出院日期分别为2018年7月22日和2018年9月28日。因"被人打伤致全身多处疼痛、肿胀、活动受限1小时"入院。查体：神志清楚，双侧瞳孔等大等圆，对光反射灵敏。颜面及嘴唇明显肿胀，下唇可见多处小面积挫裂伤，颈部红肿明显，有指痕，左小腿肿胀畸形明显，压痛剧烈，可扪及明显骨擦感，足背动脉搏动可，远端血运、感觉、运动可，全身多处压痛，红肿。门诊X线及CT检查示左胫腓骨中远段螺旋形骨折，且远折端均向左后方移位，左后踝骨折，见图14-8。入院后予以抬高患肢、消肿止痛处理，患者出现左小腿张力性水疱，待小腿肿胀减轻，于7月31日在CSEA下行左侧胫腓骨切开复位、植骨内固定术，术后给予抗炎、消肿、活血祛瘀等对症治疗，并指导功能锻炼，术后复查X线示内固定位置满意，但切口张力较大，出现愈合欠佳，经多次二期缝合，病情逐渐好转。出院诊断：左胫骨中下段螺旋形骨折，左腓骨下段粉碎性骨折，左后踝骨折，全身多处软组织挫伤。出院情况：患者一般情况可，左小腿疼痛肿胀缓解，切口处仍未痊愈。

【询问笔录摘要】

1. 2018年7月23日张某某在接受公安机关询问时称：卢某某一拳朝我眼部打了过来，当时我本能地避了一下，他的拳头在我脸部打了一下，同时我抓住他的双臂，我们两人就扭打在一起，在扭打的过程中，卢某某倒在沙堆上，我也摔倒在他身上，顺势用拳头在他的脸部打了两拳，在我与卢某某扭打的同时，卢某某的妻子李某某用手抓住我妻子的头发，将我妻子扯倒在地，这时派出所的民警就过来将我们拉开了……卢某某他说腿断了，因为整个扭打过程中，我一直未与他的腿部有接触，所以我认为他是装的，在120救护车来了之后，我才注意到他的腿部有点变化（肿），我才重视，但是我回想整个过程，我一直未接触过他的腿部，所以百思不得其解。后来通过认真观看他人拍的视频，很可能是卢某某摔倒在沙堆上，然后我摔倒在他身上时，某旁观人上前拉我时不小心踩到了卢某某的腿部。

2. 2018年8月5日目击证人肖某某在接受公安机关询问时称：……有个人抓把沙子撒向卢某某身上，然后双方就打了起来，一个身穿蓝色短袖衣服、深蓝色长裤子、黑色皮鞋的中年男子掐住卢某某的脖子，将卢某某推向旁边的沙堆处，卢某某用手朝对方打了几下。有两个年轻男子在旁拉扯，因为当时场面较混乱，我没看清楚他们拉扯谁，在卢某某身体倾斜将要倒地的时候，一个身穿红色衣服、红色短裤、运动鞋的中年男子在卢某某的左脚上踩一脚，卢某某就倒在了沙堆上，然后对方就散开了没打了，这时卢某某说他站不起来了。

3. 2018年8月5日目击证人李某某在接受公安机关的陈述询问时称：……四名男子把卢某某拦住了，一名穿天蓝色衬衫衣服的男子抓住卢某某的脖子，一名20岁左右的男子拉住卢某某的手，另一名20岁左右的男子拉扯住卢某某的衣服，还有一名穿红色运动装的男子就用脚在卢某某的左小腿上踹了一下，当时卢某某就倒在了沙堆上。

【影像学资料】

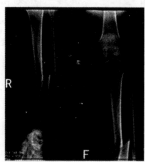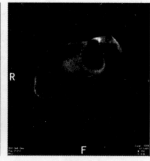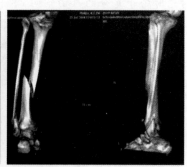

图14-8 2018年7月22左下肢X线片及CT片

【提出问题】

1. 根据现有病历材料及影像学资料，被鉴定人能认定有哪些损伤？分析其骨折部位、骨折类型。
2. 被鉴定人胫腓骨骨折的临床表现是什么？需做哪些检查才能明确诊断？
3. 根据询问笔录摘录，被鉴定人胫腓骨骨折形成有哪些可能原因？
4. 致伤方式的法医学鉴定需满足什么条件？委托单位应提供哪些材料？如何避免潜在的鉴定风险？

【涉及要点】

1. 闭合性胫腓骨骨折案例的损伤机制、临床特点。
2. 不同类型胫腓骨骨折（横行或粉碎性骨折、斜行或螺旋形骨折）影像学特征。
3. 胫腓骨骨折案例致伤方式进行法医学鉴定时送检材料的审核原则及防范潜在鉴定风险的策略。

第 二 幕

简单回顾上一幕的案件内容，复习与案件相关的医学、法医学知识。

【法医学检查】

检查日期：2019年5月17日。

鉴定检查时委托方、被鉴定人卢某某及嫌疑人家属代表三方均同时到场,确认送检病历材料及影像片无争议后,鉴定人详细告知鉴定有关程序并签署了鉴定风险告知书。

鉴定时与委托方共同审阅补充送检的纠纷发生时围观者用手机拍摄的现场视频:纠纷发生刚开始时卢某某步态正常,受围观人群遮挡及手机晃动影响,双方发生扭打的细节无法辨认,后卢某某坐在地上,喊左腿站不起来,在120救护车到达现场后被人抬上车。

被鉴定人卢某某神志清楚,扶拐入室,检查合作,对答切题。左小腿前侧见长8cm纵行条状手术瘢痕,左内踝处见长5.5cm弧形条状手术瘢痕,左外踝处见长11cm纵行条状手术瘢痕,瘢痕末端见一结痂伤口,未见渗出,左踝关节活动部分受限。自诉左下肢无力,不能行走,左下肢时感疼痛,变天时加重。

嘱复查左小腿X线正侧位片,结果见图14-9。

【影像学资料】

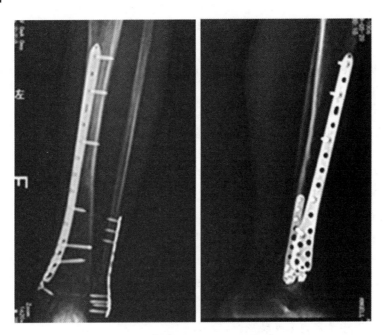

图14-9 2019年5月17日左下肢复查X线片

【提出问题】

1. 对下肢长骨骨折的致伤方式进行鉴定时,应着重了解核实案情经过的哪些方面?

2. 根据小腿影像学资料,判断被鉴定人的胫腓骨骨折的部位、骨折类型、形态特征,再根据生物力学原理分析胫腓骨骨折的损伤机制。

3. 结合案情调查材料提供的两种致伤方式及相关文献资料,推断本案被鉴定人胫腓骨骨折的致伤方式。

【涉及要点】

1. 胫腓骨骨折致伤方式的法医学鉴定的原则。
2. 不同部位、不同类型胫腓骨骨折的原因和成伤机制。
3. 不同类型胫腓骨骨折影像学资料的评判要点。

(赵小红)

第十五章 医疗纠纷的法医学鉴定

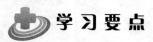

1. 熟悉医疗纠纷(medical tangle)、医疗事故(medical malpractice)、医疗损害(medical damage)的概念及法医学鉴定内容。
2. 熟悉临床诊疗适应证、并发症、医疗意外、医源性损伤的含义。
3. 熟悉《中华人民共和国民法典》中医疗行为合理性、知情同意权、治疗方案的知情选择权、注意义务的含义。了解《中华人民共和国执业医师法》中医师的权利和义务。
4. 了解门诊及住院医疗行为、病历管理的相关规定及病历资料审核的方法。
5. 熟悉医疗纠纷法医学鉴定的特点、处理流程及处理原则。
6. 了解临床各专业常见医疗损害案件的法医学鉴定注意事项。
7. 了解医疗行为与疾病或损害后果之间的因果关系及参与度分析方法和判定原则。

1. 医疗纠纷的法医学鉴定内容及特点。
2. 医疗纠纷的法医学鉴定基本原则。
3. 医疗纠纷的过错判断、损害后果法医学认定原则。
4. 医疗行为与疾病或损害后果之间的因果关系及参与度的分析与判定原则。
5. 医疗纠纷损害后果的伤残程度鉴定原则。

本节可分为2学时,第一次课熟悉病历资料和医患双方争议焦点,第二次课熟悉法医学鉴定相关环节并进行讨论,共90分钟,其中学生讨论时间为50分钟,学生分析总结发言25分钟,教师总结讲评15分钟。两次课间隔3~7天。

教学建议

在上课的前三天将医疗纠纷鉴定涉及的病历资料、医患双方争议焦点及所提问题、学习要点以纸质或邮件形式发送给学生,请学生在课前预习案例资料,根据医患双方的争议焦点及提出的问题查找《法医临床学》《内科学》《外科学》等教材或其他文献资料,《法医临床检验规范》(SF/T 0111—2021)、《法医临床影像学检验实施规范》(SF/T 0112—2021)、《医疗损害司法鉴定指南》(SF/T 0097—2021)、《人身损害与疾病因果关系判定指南》(SF/T 0095—2021)等资料。上课时依据学生数量进行分组(每组10~

15人),以问题为导向的方式解读病历及案例资料。

学生讨论时给予充分的自由空间,不干扰、不评论,讨论结束后由每组学生推选一名发言人进行每题的总结发言,教师在此过程中应认真评估学生掌握知识的深浅、分析问题思路的优点和不足,并逐一进行记录。每组同学在讨论过程中如提出新的问题,可进行团体讨论。各组回答结束后,由教师结合学生的掌握情况对学生缺乏的共性基础知识和鉴定思路进行讲解,对学生鉴定过程中存在的问题进行针对性点评和分析总结。

第一节 输血与丙肝的医疗纠纷

【基本案情】

患者王某(女,65岁)于1993年12月在某医院住院行胆囊切除术并在住院期间进行了输血治疗,血液制品系医院从当地中心血站获取。2009年王某在某大学附属医院进行体检时经基因检验发现丙型肝炎RNA呈阳性。王某认为中心血站提供的血液导致其感染丙肝,与血站产生纠纷,起诉至人民法院。法院因审理案件需要,特委托某鉴定机构进行医疗损害的法医学司法鉴定。

委托鉴定事项:①血站提供的用于输入患者体内的血液在采集过程中是否有违反当时血液管理法律法规的过错行为?②患者感染丙肝是否符合输血后感染丙肝的医学特征和规律?③当时的技术条件下,临床医学及采供部门对于采集血液窗口期、潜伏期情形是否可控?④血站提供血液与患者感染丙肝是否存在因果关系?如有关,其过错参与度为多少?

【资料摘要】

1. 某医院住院病历(住院号:XXX)记录如下。入院、出院时间分别为1993年11月29日和1994年1月3日。手术时间:1993年12月19日。手术名称:胆囊切除术。血型:B型。出院诊断:胆囊结石并急性胆囊炎。

12月2日检验单:血液检验HBsAg阴性。

12月18日检验报告:血型B型。12月18日备血300 mL,手术时用。

12月18日血液交叉配合试验报告单如下。献血员姓名:刘某。献血员血型:B型。血量:300 mL。

2. 某中心血站采血登记本(1993年12月18日)如下。

编号	姓名	性别	年龄	血型	血液比重	血型	ALT	HBsAg	HCV	HIV	梅毒	疟原虫	备注
***	刘某	女	25	B型	正常	正常	正常	阴性	阴性	阴性	阴性	阴性	

3. 2009年6月23日某大学附属医院检验报告如下。丙型肝炎RNA检查结果:4.90×10^6 IU/mL(检查下限:$<1 \times 10^3$ IU/mL)。肝功能检验报告:正常范围。肝超声检查:肝实质质地均匀,实质和胆管系统未见异常回声。

4. 法院送检的某中心血站的调查笔录如下。

问:采血登记本上的编号是什么意思?

答:采血登记本上的编号是在当时采取的集中采血方式下产生的,所谓集中采血是指当时将整村或整乡献血人集中到一起采集,因此,采血登记本上的数字不是血瓶号,是献血员的序号,主要是为了对血液进行检测时使用。

【鉴定过程】

1. 简要过程如下。接受鉴定委托后,鉴定人对送检材料进行了文证审查,2012年9月6日组织医患双方当事人参加听证及专家咨询会,会上向医患双方告知了本案鉴定人员及鉴定相关事项及风险,医患双方陈述了各自意见,并回答了鉴定人员及临床专家的提问。

2. 医患双方观点

(1) 患方陈述：①某中心血站未对提供的血液进行丙肝抗体检测。②王某系输血感染丙肝病毒：王某接受医院输血治疗与其发现患有丙型肝炎时，虽时间跨度大，但二者之间存在因果关系的可能；王某在医院住院期间，临床未发现有肝炎的症状和体征，血液检查时未发现有肝功能损害的指标，因此接受输血治疗时已感染丙肝的盖然性较小；王某家庭成员均未感染丙肝，因此通过日常生活密切接触感染丙肝的盖然性较小；其他传播途径盖然性亦极小。综上所述，血站不能提供供血者血液丙肝抗体检测报告，证明血站所供血液未进行检查，因此王某通过输血感染丙肝的可能性大。

(2) 某中心血站陈述：(中心血站)自身采集血液行为符合当时的管理规范，没有过错，且患者病情不符合输血感染丙肝规律，患者感染丙肝与中心血站提供血液没有因果关系。

3. 法医学检查结果如下。被鉴定人神志清楚，对答切题，营养状况可。头颅外观正常，颅神经征(一)，心肺(一)，上腹部可见陈旧性手术瘢痕，腹软，无明显压痛及反跳痛，四肢肌力、肌张力正常。

4. 辅助检查结果如下。2012年9月7日某大学附属医院检验报告如下。丙型肝炎RNA：3.70×10^6 IU/mL(下限：$<1 \times 10^3$ IU/mL)。肝功能：正常范围。肝超声：未见异常。

【提出问题】

1. 被鉴定人王某1993年接受被告医院输血治疗与其2009年发现患有丙型肝炎之间是否存在因果关系？
2. 结合献血的相关法律法规，判断该血站采血是否合法、规范？
3. 被鉴定人王某何时感染丙型肝炎？感染的可能来源是什么？
4. 如被告医院存在过错，试分析与损害后果的参与度。

【涉及要点】

1. 输血后丙型肝炎的诊断标准。
2. 丙型肝炎感染的时间和途径。
3. 血站采血资质、程序、操作规范性。

第二节　胆石症术后的医疗纠纷

【基本案情】

被鉴定人杨某某(女，56岁)于2010年11月10日因"低热一周，腹痛5小时"入住某市第一人民医院，经检查诊断为"胆总管结石，急性化脓性梗阻性胆管炎，肝硬化，门静脉高压，食管胃底静脉曲张"。于11月18日行胆囊切除＋胆总管切开取石＋T管引流＋门、奇静脉阻断术治疗，此后出现胃穿孔等并发症，多次手术治疗。患方认为某市第一人民医院在诊治过程中存在医疗过错，与院方产生医疗纠纷并起诉至某市人民法院。法院因审理案件需要，特委托本鉴定机构进行医疗损害法医学鉴定，委托事项：①某市第一人民医院的医疗行为是否存在过错；②医疗行为与损害后果间有无因果关系及责任程度；③杨某某的伤残等级。

【资料摘要】

1. 某市第一人民医院第一次住院病历(住院号：XXX01)记录如下。入院、出院日期分别为2010年11月10日和2010年12月22日。2010年11月10日首次病程记录如下。主诉：低热一周，腹痛5小时。既往史：有脾切除手术史20余年，1999年因食管胃底静脉曲张破裂出血行手术治疗，有肝硬化、门静脉高压、上消化道出血病史。查体：体温38.2℃，脉搏80次/分，血压130/100 mmHg，神清，急性病容，皮肤巩膜无黄染，腹平软，上腹部可见一15 cm手术瘢痕，右上腹压痛(＋)，墨菲征(＋)，移动性浊音(一)。辅助检查：2010年9月24日我院胃镜示食管胃底静脉曲张；2010年10月2日血常规(Blood-Rt)示Hb 76 g/L；2010年10月24日我院B超示肝硬化、胆总管结石。初步诊断：①胆总管结石，急性化脓性梗阻性胆管炎;②肝硬化,门静脉高压,食管胃底静脉曲张。

2010年11月17日21时30分手术知情同意书记录如下。拟行手术名称:胆囊切除+胆总管切开取石+T管引流+门奇阻断术。

2010年11月18日手术记录如下。……③钝性+锐性分离左膈下,游离出胃体、胃底,见胃底静脉曲张成团,直径0.5~0.6 cm,分离钳扎胃底血管,胃左血管直径0.3~0.4 cm,钳扎胃左血管胃支、食管支,0号丝线间断包埋胃体、底浆肌层。④清理术野,无活动性出血,但创面渗血较明显,清点器械纱布无误,于左膈下、肝下分别置橡胶引流管一根。⑤术中出血量约800 mL,输A型浓缩红细胞8单位,血浆1200 mL,术毕尿量约1200 mL。

2010年11月18日20:00病程记录如下。患者目前血压90/55 mmHg,心率80次/分上下。查体:胃管引流出绿色胃液约30 mL,温氏孔引流管引流出血性液体约200 mL,左膈下引流出血性液体约150 mL,T管引流出褐色胆汁100 mL。患者目前血压监测低至75/40 mmHg,考虑出血较多所致。

2010年11月19日8:30术后第一天病程记录如下。……肛门未排气排便……胃管引流出褐色胃液体约50 mL,温氏孔引流管引流出血性液体约500 mL,左膈下引流出血性液体约250 mL,T管引流出褐色胆汁500 mL。患者昨日至今晨尿量1180 mL,血压在85/50 mmHg上下。

2010年11月20日9:00术后第二天病程记录如下。……肛门未排气排便……胃管引流出黄色胃液少许,温氏孔引流管引流出血性液体约1000 mL,左膈下引流出血性液体约100 mL,T管引流出褐色胆汁400 mL。患者昨日至今晨24小时尿量1600 mL,目前血压趋于稳定,患者右肝下引流量虽增多,但颜色较前变浅,考虑为渗血合并腹腔积液。

2010年11月21日9:00术后第三天病程记录如下。……肛门未排气排便……胃管引流出胃液少许,温氏孔引流管引流出血性液体400 mL,左膈下引流出血性液体约30 mL,T管引流出褐色胆汁500 mL。

2010年11月22日10:00术后第四天病程记录如下。患者诉大便已解,为褐色稀便,昨日午后出血发热,体温达38.7 ℃,无恶心呕吐。查体:下腹膨隆,胃管无液体引流出,温氏孔引流管引流出血性液体约100 mL,左膈下引流出血性液体约200 mL,T管引流出褐色胆汁500 mL。发热考虑为术后吸收热……拔除胃管。

2010年11月23日9:00术后第五天病程记录如下。患者诉感腹胀,昨小便量较少,约100 mL,午后发热,测体温达38.3 ℃,肛门未排气。查体:腹略膨隆,触诊肌软,温氏孔引流管引流出血性液体约450 mL,左膈下引流出血性液体约100 mL,T管引流出胆汁500 mL。腹部叩诊呈鼓音,鼓励患者床上多翻身,今日完善床边B超,了解腹腔积液量。

2010年11月24日9:30主任查房记录及病情告知记录如下。患者贫血貌,诉腹胀,低热,大便两次、黄稀、量不多,无黏冻血便,T管引流出黄色胆汁约350 mL,微浑,温氏孔引流管引流出淡红色液体约450 mL,浑浊,左膈下引流出暗红色黏稠液体约120 mL,浑浊。PE:脉搏98次/分,血压100/60 mmHg……昨日下午床边B超示双侧胸腔积液,腹腔积液。目前考虑:肝硬化腹腔积液并感染、双侧胸腔反应性积液……加强抗感染和支持治疗……。

2010年11月24日13:00腹穿记录如下。……取右下腹麦氏点为穿刺点……使用硬膜外导管自针头置入腹腔,导管接头接引流袋。

2010年11月25日9:00病程记录如下。……肛门未排气排便……温氏孔引流管引流出血性液体少许,T管引流出褐色胆汁150 mL,陶氏腔导管引流出淡红色液体少许,左膈下引流出暗红色血性液体少许。

2010年11月26日9:00病程记录如下。……肛门未排气排便……温氏孔引流管引流出血性液体少许,T管引流出褐色胆汁400 mL,硬膜外导管引流出暗红色血性液体约400 mL,左膈下引流出暗红色血性液体200 mL,移动性浊音(±)。

2010年11月27日9:00病程记录如下。肛门未排气,使用开塞露后解出褐色软便少许……温氏孔引流管引流出血性液体少许,T管引流出褐色胆汁300 mL,硬膜外导管引流出淡红色液体250 mL,左膈下引流出血性液体 150 mL,移动性浊音(一)。

2010 年 11 月 29 日 8:00 病程记录如下。肛门未排气,仍诉时感腹胀……T 管引流出胆汁 300 mL,左膈下引流出血性液体 200 mL,陶氏腔导管引流出淡红色腹腔积液 700 mL。

2010 年 11 月 30 日 10:00 科内会诊记录如下。……目前诊断:迟发性胃穿孔(2010 年 11 月 30 日 9:00 口服美兰 1 mL,9:30 从左膈下引流管内流出蓝色液体),从目前保守治疗情况来看,疗效不明显,须急诊剖腹探查。

2010 年 11 月 30 日 15:30 术后首次病程记录如下。今日中午在全麻下行胃穿孔修补、胃造瘘、空肠置营养管、腹腔引流术;术中见左膈下有暗红色黏稠液体约 500 mL,胃底近贲门左侧可见直径 2 cm 穿孔,周围胃壁增厚,未见黏膜外翻,腹腔肠管附着脓苔,大量腹腔积液,约 1500 mL,淡黄色浑浊。

2010 年 12 月 3 日 9:00 病程记录如下。……肛门已排气未排便……左中下肺可闻及少许湿啰音……T 管引流出胆汁约 300 mL,胃造瘘管引流出胃液 50 mL,左膈下引流出血性液体 100 mL,陶氏腔导管引流出血性液体少许。

2010 年 12 月 13 日 9:00 病程记录如下。患者诉时感腹胀,今解黄色稀便二次,量约 100 g……T 管引流出褐色胆汁约 250 mL,胃造瘘管引流出黄色浑浊液体约 300 mL,左膈下引流出黄色浑浊液体约 20 mL……从左膈下予生理盐水+12 万单位庆大霉素冲洗出浑浊脓性液体约 120 mL……脓液送培养+药敏。

2010 年 12 月 19 日 10:00 病程记录如下。患者诉滴注空肠营养液后时感腹胀不适,肛门排气多次……胃造瘘管引流出浑浊胃液 120 mL,左膈下无液体引流出,昨胃液送涂片示白细胞(+++)、脓细胞少许,考虑为原穿孔处未愈。昨复查床边 B 超示左侧胸腔积液、积液前后径 2.0 cm,较前吸收,腹腔、盆腔、左膈下未见明显液性暗区。目前仍予以更换切口敷料,一日二次,予抗感染、支持治疗。

2010 年 12 月 22 日病程记录如下。……家属同意转某大学附属医院,予以办理出院手续。

长期医嘱:

11 月 18 日 15:20 普外术后常规护理、Ⅱ级护理,禁食水,胃肠减压,T 管接袋,肝下、左膈下引流管接袋。

11 月 22 日 8:00 重整医嘱:普外术后常规护理、Ⅱ级护理,禁食水,T 管接袋,肝下、左膈下引流管接袋。

11 月 24 日 9:00 重整医嘱:普外术后常规护理、Ⅱ级护理,禁食水,持续胃肠减压,T 管接袋,温氏孔、左膈下引流管接袋。

临时医嘱:

11 月 17 日 8:00 术前置胃管。

11 月 30 日 10:30 术前置胃管。

辅助检查:

2010 年 9 月 24 日电子内窥镜检查报告单(编号:27201)如下。内镜所见:食管中下段见三条蓝色曲张静脉,呈蚯蚓状,部分呈结节状。胃内见咖啡样内容物附壁,胃底见团状静脉,蠕动可。十二指肠球部正常。镜检结论:胃底食管静脉曲张。

2010 年 11 月 10 日血生化检验报告单:总胆红素 24.8 μmol/L(参考范围 2~20.5 μmol/L);总蛋白 60 g/L(参考范围 60~82 g/L),白蛋白 32 g/L(参考范围 35~50 g/L),球蛋白 28 g/L(参考范围 22~35 g/L),白蛋白:球蛋白=1.14(参考范围 1.25~2.5),谷草转氨酶 360 U/L(参考范围 0~40 U/L),谷丙转氨酶 105 U/L(参考范围 0~40 U/L),谷草转氨酶:谷丙转氨酶=3.43(参考范围 0.8~1.4)。

2010 年 11 月 16 日血生化检验报告单:总胆红素 9.0 μmol/L(参考范围 2~20.5 μmol/L);总蛋白 56 g/L(参考范围 60~82 g/L),白蛋白 26 g/L(参考范围 35~50 g/L),球蛋白 30 g/L(参考范围 22~35 g/L),白蛋白:球蛋白=0.87(参考范围 1.25~2.5),谷草转氨酶 60 U/L(参考范围 0~40 U/L),谷丙转氨酶 36 U/L(参考范围 0~40 U/L),谷草转氨酶:谷丙转氨酶=1.67(参考范围 0.8~1.4)。

该院第二次出院记录(住院号:XXX02)如下。入院、出院日期分别为 2011 年 1 月 11 日和 2012 年

4月23日。因"胆石症、门静脉高压术后2个月、胃瘘"入院,入院后完善相关检查,予补液、抗炎、营养、支持治疗,期间瘘口迁延不愈。2012年3月31日请某大学附属医院胃肠外科教授行窦道切除＋胃修补术,手术经过:……沿窦道置入金属探条,沿探条切除窦道组织,显露窦道内口(直径约1 cm),切除内口周围瘢痕组织,见窦道内口位于胃体前壁,消毒后,"0"号可吸收线横行连续缝合全层内口胃壁组织,1号丝线间断包埋满意……。术后加强抗炎、支持治疗,4月9日行碘油造影示胃前壁一小瘘口,考虑再次胃瘘,予胃肠减压、营养支持治疗,4月23日与患者家属协商转某大学附属医院胃肠外科继续治疗。出院诊断:门静脉高压、胆石症术后;胃瘘。

该院第三次出院记录(住院号:XXX03)如下。入院、出院日期分别为2012年8月31日和2012年9月13日。因"胃瘘术后4月伴高热一天"入院,入院诊断:胆系感染,败血症？查体:生命体征平稳,神志清楚,心肺(一),腹部瘘口愈合可。查血常规(Blood-Rt):白细胞18.4、中性粒细胞95.2%、血红蛋白87 g/L,B超示肝右叶胆管内异常回声。入院后抗炎、支持治疗,好转出院。出院诊断:胆系感染。

该院第四次出院记录(住院号:XXX04)如下。入院、出院日期分别为2012年9月30日和2012年10月8日。因"腹胀、发热二天"入院,查体:腹平软,无压痛及反跳痛,腹部见多处手术瘢痕。腹部彩超示:肝内外胆管扩张、肝内外胆管异常回声,陶氏腔积液。入院后予以抗炎、护肝治疗,现病情好转。出院诊断:胆系感染。

该院第五次出院记录(住院号:XXX05)如下。入院、出院日期分别为2013年4月9日和2013年4月13日。因"胃瘘术后瘘道感染3天"入院,查体:生命体征平稳,神志清,心肺(一),腹部见瘘管红肿、少许分泌物,余可。入院后予以抗炎、对症治疗,好转出院。出院诊断:腹壁窦道感染,上呼吸道感染,门静脉高压症,肝硬化,晚期血吸虫。

2. 某大学附属医院第一次出院记录(住院号:YYY01)如下。入院、出院日期分别为2010年12月22日和2011年1月11日。入院情况及诊疗经过如下。查体:神清,全身皮肤巩膜无黄染,腹软,腹正中"人"字切口未愈合,有咖啡色胃液流出,引流管四根。下腹部深压痛,无反跳痛,肝脾肋下未及。入院经积极完善相关检查,给予肠内肠外营养支持,对症、预防感染,维持电解质平衡,保持引流通畅,好转出院。出院诊断:胆囊切除术后,门静脉、奇静脉阻断术后,胃瘘。出院情况:患者自诉无腹痛、发热等特殊不适,一般情况良好,腹部伤口干燥,腹平软,无明显压痛,未触及包块,腹腔引流通畅。

该院第二次出院记录(住院号:YYY02)如下。入院、出院日期分别为2012年4月23日和2012年6月25日。因"胃瘘术后发现胃瘘16个月"入院。查体:生命体征平稳,全身皮肤巩膜无黄染,可见患者鼻内胃管、鼻肠营养管各一根,腹部平坦,腹正中可见一长约20 cm手术切口,未拆线,上覆干燥纱布,左侧肋下区一腹腔引流管,全腹无压痛、反跳痛,肝脾肋下未及,腹水征阴性,肠鸣音可。2012年4月23日省人民医院胃镜检查示:胃大弯侧直径约3.0 cm瘘口,窦道远端见2个较小瘘口。入院后给予肠外营养、通畅引流,现患者近上腹部正中一小瘘口,每日引流量极少,予以办理出院。出院诊断:门静脉高压术后胃瘘。

【鉴定过程】

(一) 简要过程

接受鉴定委托后,鉴定人对送检材料进行了文证审查,2017年1月23日组织医患双方当事人参加听证及专家咨询会,会上向医患双方报告了本案鉴定人员及鉴定相关事项及风险,医患双方陈述了各自意见,并回答了鉴定人员及临床专家的提问。

(二) 医患双方观点

(1) 患方陈述:①在没有手术指征的情况下明知不宜做贲门周围血管离断术,医生却草率地扩大了手术范围;②术前医生没有采取必要的措施,如改善患者营养状况,纠正低蛋白血症和贫血,改善肝功能;③胃穿孔是医生手术操作不当导致胃壁缺血坏死所致,术中没有插鼻胃管,使胃胀气导致结扎处破裂发生胃瘘;④术后管理疏忽,术后第4天发现引流管有殷红的液体,医生没做任何检查措施,直到第10天才施行胃修补术,延误了手术的最佳时间;⑤患者体弱多病,体质非常差,手术中失血多,不宜同时做两个大型手术。

(2) 医方认为：①手术方式不违反医疗护理常规，且有患者家属术前签名的手术知情同意书；②术后胃瘘不可能是手术失败所致，医方考虑为迟发性胃穿孔，患者术后并发迟发性胃穿孔、腹膜炎是患者本身体质差、多次手术所致的不可避免的术后并发症。

（三）法医学检查

被鉴定人自行步入诊室，一般情况尚可，体型显消瘦，神清语利，问答切题，检查合作。皮肤巩膜无黄染，浅表淋巴结未及肿大。腹平，尚软，剑突下腹部敷料包盖，敷料上见少许黄色渗液，腹壁见一约米粒大小瘘口、有淡黄色渗液，局部压痛（＋）。腹壁见长 25.0 cm 不规则条索状浅表性瘢痕。四肢活动自如。自诉常有腹胀不适。余无明显异常。

【提出问题】

1. 患者第一次就诊的主要疾病是什么？需要处理的主要问题是什么？
2. 患者第一次住院期间的治疗方案是否合理？如果不合理，合理的方案应该是什么？
3. 急性化脓性梗阻胆管炎的诊疗原则？胆管结石的诊疗原则？患者合并肝硬化、门静脉高压症并发生食道静脉曲张时，术前准备要注意哪些问题？
4. 患者术后血压状态、引流情况如何？
5. 患者胃穿孔、胃瘘、腹壁瘘是怎么形成的？
6. 院方存在哪些过错？院方的过错参与度及被鉴定人损害后果的伤残鉴定。

【涉及要点】

1. 胆管疾病的诊疗原则，围手术期处理。
2. 术后出血的诊疗方案。
3. 医疗损害鉴定案件的伤残鉴定原则。

第三节　颈部包块穿刺术后的医疗纠纷

【基本案情】

被鉴定人刘某某(女,47岁)于2017年8月21日因"颈部肿块十余天"到某大学附属医院门诊就诊，2017年8月23日，门诊给予颈部包块细胞学穿刺检查，穿刺时刘某某自感左上肢疼痛麻木、左肩部疼痛；2017年9月3日到当地医院住院治疗5天；2017年9月8日因左上肢不适转入行穿刺手术的医院继续治疗，2017年10月25日行左臂丛神经探查修复术。

患方认为某大学附属医院在诊治过程中存在医疗过错，起诉至某市人民法院。法院因审理案件需要，委托本鉴定所进行医疗损害司法鉴定。鉴定事项：①某医院的医疗行为是否存在过错；②医疗行为与损害后果间有无因果关系及责任程度；③损害后果的伤残等级。

【资料摘要】

某大学附属医院2017年8月21日的门诊病历记录如下。主诉：颈部肿块十余天。彩超提示左侧颈部可探及少许淋巴结，未见明显肿大。8月23日行穿刺细胞学检查，细胞病理学诊断示两次穿刺镜检见部分血液成分及纤维成分。术后患者诉左上肢疼痛、麻木，伴左上肢活动受限。处理：抗感染、止痛对症治疗。

该院9月3日CT检查：①C4～5、C5～6、C6～7椎间盘突出；②颈椎骨质增生；③左肩关节未见明显异常；④左肱骨未见明显异常；⑤左臂丛神经内侧束、外侧束、后束与左侧腋动脉之间脂肪间隙模糊，考虑局部炎症可能。

该医院出院记录(住院号：XXX)如下。入院、出院日期分别为2017年9月8日和2017年12月14日。因"左上肢麻木、疼痛17天"入院。查体：左上肢肌力4级，感觉减退，右上肢肌力5级，左下肢肌力4级，右下肢肌力5级，双病理征（—）。入院后给予营养神经、激素等对症治疗。9月10日臂丛神经成像报告示:左侧锁骨上窝异常信号,考虑为局部软组织肿胀;左臂丛神经中近端 C7、C8 神经根信号改变及远段形态、信号改变。10 月 15 日颈部 MR 示:左臂丛干、股部略显增粗、毛糙,左臂丛神经内侧束、尺神经明显增粗,桡神经、正中神经增粗,右臂丛神经未见明显异常;左侧肩关节积液。10 月 20 日肌电图报告示神经源性病损。10 月 25 日行左臂丛神经探查修复术。出院诊断:左臂丛神经损伤。

2018 年 3 月 28 日上海某医院肌电图检查报告记载:左臂丛神经部分损伤累及上中下干,尤以中下干损伤为重;副神经、膈神经功能可。

【鉴定过程】

(一) 简要过程

接受鉴定委托后,鉴定人对送检材料进行了文证审查,2019 年 3 月 21 日组织医患双方当事人参加听证及专家咨询会,会上向医患双方报告了本案鉴定人员及鉴定相关事项及风险,医患双方陈述了各自意见,并回答了鉴定人员及临床专家的提问。

(二) 医患双方观点

1. 患方认为:①颈部穿刺未告知、未签知情同意书。②由于颈部结构复杂,重要血管、神经及脏器组织富集,进行相关操作时应在有影像技术辅助的手术室进行。医方门诊行左侧颈部肿块穿刺活检存在违反医疗常规和未尽到基本注意义务的过错。③医方在门诊行左侧颈部肿块穿刺活检后,就应当判断发生了神经损伤,但门诊医生未予以重视,未如实告知患者实际情况,也未转住院进一步抢救治疗;多次肌电图检查报告证实存在左臂丛神经损伤的损害。

2. 医方认为:①患者因颈部肿块就诊,有穿刺指征,有病变基础;②严格按照操作程序进行穿刺;③细胞学穿刺属于微创手术,未见引起臂丛神经损伤的文献报道;穿刺不太可能引起如此严重的后果;患者目前的症状是其自身的基础病变,也可能与患者在院外的治疗有一定的关系;④知情同意书签了,但目前已无,我们不做长期保存。

(三) 法医学检查

被鉴定人神志清楚,自行入诊室,对答切题,一般情况可。左锁骨上窝处见一 8 cm 手术瘢痕;左锁骨上窝处有一约 2 cm×3 cm 包块,质地较硬,无活动度;按压包块时感左手发麻,左上肢肌力 4 级;左手握拳活动稍受限;左肩关节活动度为能屈 90°,伸 10°,外展 30°,内收 0°,外旋 90°,内旋 30°;右肩关节活动度为能屈 135°,伸 75°,外展 120°,内收 45°,外旋 90°,内旋 75°。诉左手麻木、疼痛和左肩关节活动受限。

【提出问题】

1. 简述颈部重要解剖结构(颈总动脉、颈外动脉、颈外静脉、锁骨下动脉、臂丛)的体表投影及常用穿刺点。

2. 颈部包块的可能原因是什么?包块穿刺可能会引起哪些损伤?

3. 上肢周围神经损伤的诊疗原则是什么?

4. 被鉴定人左上肢麻木的原因有哪些?是否与穿刺有关?现有材料中的证据是什么?如院方存在过错,试分析与被鉴定人损害后果的参与度。

5. 对被鉴定人进行伤残评定时,是应该按照单肢瘫、四肢重要神经至肌群肌力下降评定,还是按照肩关节功能丧失程度评定?

【涉及要点】

1. 颈部包块诊疗的临床路径。

2. 周围神经损伤的诊断和治疗原则。

3. 周围神经损伤的伤残评定。

第四节 鼻炎术后斜视引起的医疗纠纷

【基本案情】

2017年11月13日被鉴定人江某(男,38岁)因"双侧渐进性鼻塞伴脓涕、嗅觉下降3年"入住某市人民医院,诊断为"慢性鼻炎-鼻窦炎(双),鼻中隔偏曲",2017年11月15日行手术治疗。2017年12月12日被鉴定人因"发现右眼视物重影一个多月"入住某大学附属医院,12月19日在全麻鼻内镜下行手术治疗,因手术遇到困难而终止手术。2018年4月20日在某大学人民医院行斜视矫正术。

患方认为某市人民医院在诊治过程中存在医疗过错,起诉至某市人民法院。法院因审理案件需要,委托本鉴定所进行医疗损害司法鉴定。鉴定事项:①某市人民医院的医疗行为是否存在过错;②医疗行为与损害后果间有无因果关系及责任程度;③伤残等级。

【资料摘要】

1. 某市人民医院住院病历(住院号:XXX)如下。入院日期:2017年11月13日。因"双侧渐进性鼻塞伴脓涕、嗅觉下降3年"入院。既往无特殊病史。查体:体温36.6 ℃,脉搏72次/分,呼吸18次/分,血压120/80 mmHg,双侧鼻腔黏膜慢性充血,鼻中隔向右偏曲,双侧中总鼻道有灰白色荔枝状新生物,表面光滑,双侧下鼻甲肥大。11月13日CT检查示双侧额窦、筛窦、上颌窦、右侧蝶窦内见低密度影,鼻中隔向右侧弯曲。诊断意见:双侧额窦、筛窦、上颌窦、右侧蝶窦内炎症;鼻中隔向右侧弯曲。2017年11月13日过敏原皮肤点刺未见明显异常。结合患者病史、症状及检查,诊断为:①慢性鼻炎-鼻窦炎(双);②鼻中隔偏曲。

2017年11月13日治疗方案知情同意书如下。相关治疗方案:①择期在全麻下行"鼻中隔矫正+双侧功能性内窥镜鼻窦手术";②择期在局麻下分次行"鼻中隔矫正+双侧功能性内窥镜鼻窦手术";③转上级医院治疗。医师推荐治疗方案①。患者(代理人)签名:胡XX。

2017年11月15日手术记录如下。手术名称:双侧鼻息肉切除+双侧功能性内窥镜鼻窦手术+双侧中鼻甲部分切除+双侧下鼻甲骨折外移术。麻醉方法:全麻。手术经过:①患者取仰卧位,待全麻插管成功后垫肩,常规消毒铺中。②取肾上腺素生理盐水纱条收缩双侧鼻腔黏膜,共3次,间隔5分钟。③0°内镜下检查见双侧中鼻道有灰白色荔枝状新生物,表面光滑,鼻中隔向右偏曲,双侧中下鼻甲肥大,双侧中鼻甲部分息肉样变,鼻咽部未见明显异常。④取10 mL生理盐水加1‰肾上腺素2滴做左侧中总鼻道新生物及钩突切口处局部注射。⑤切除左侧中总鼻道新生物、左侧钩突、筛泡及中鼻甲基板,开放左侧全组筛窦及蝶窦,清除左侧额隐窝及上颌窦窦口处病变,开放左侧额窦及上颌窦,术中见左侧筛窦黏膜息肉样变,左侧筛窦、额突、蝶窦及上颌窦内有脓性分泌物,吸除分泌物后检查左侧上颌窦、额窦及蝶窦,见黏膜肥厚,未见明显息肉样变。将左侧中鼻甲息肉样变部分切除后检查左侧术腔及鼻腔未见病变残留。⑥同上法行右侧功能性内窥镜鼻窦手术及右侧中鼻甲部分切除术,术中见右侧筛窦黏膜息肉样变,右侧筛窦及上颌窦内有脓性分泌物,清除所有病变后检查右侧上颌窦及额窦黏膜肥厚,未见明显息肉样变,右侧筛骨纸板部分缺如。⑦取10 mL生理盐水加1‰肾上腺素2滴进行双侧下鼻甲局部注射,将双侧下鼻甲骨折外移后检查,见双侧中总鼻道通畅。⑧膨胀海绵填塞双侧术腔及鼻腔。待患者全麻苏醒拔管后送麻醉恢复。术后抗炎、止血、对症处理。

2017年11月17日病理诊断报告如下。①(双鼻腔)炎性息肉伴潴留囊肿伴中量嗜酸性粒细胞浸润。②(双鼻窦)黏膜呈慢性炎症伴中量嗜酸性粒细胞浸润。

该院出院记录如下。患者自觉症状明显改善,于2017年11月22日出院。出院诊断:①慢性鼻炎-鼻窦炎(双);②鼻中隔偏曲。出院情况:患者诉双侧鼻腔通气明显改善,无双侧鼻腔出血、复视、视力下降、头痛等症状。出院医嘱:①出院健康教育;②院外抗炎对症处理;③不适随诊。

2. 某大学附属医院住院病历(住院号:YYY)如下。入院、出院日期分别为2017年12月12日和

2017年12月27日。因"发现右眼视物重影一个多月"入院。查体:一般情况可,生命体征平稳。视力双眼1.2;右眼固定性外斜视,Kappa角+15°;右眼结膜无充血,角膜透明,PACD=1T,瞳孔圆,直径3 mm,对光反射灵敏,晶体皮质未见明显混浊;左眼结膜无充血,角膜透明,PACD=1CT,瞳孔圆,直径3 mm,对光反射灵敏,晶体皮质未见明显混浊。2017年12月6日门诊眼眶MRI示:①右侧鼻息肉术后改变;②右侧内直肌显示欠连续,肌腹局部变细,信号不均匀;③右眼眶内侧壁骨质欠光整;④全组副鼻窦炎,鼻中隔偏细,双下鼻甲肥厚。入院诊断:右眼固定性外斜视,右侧鼻息肉切除术后。12月19日在全麻鼻内镜下行手术治疗,因困难而终止手术。术后予以局部及全身抗炎,预防感染,营养神经,祛痰等对症支持治疗,患者目前病情稳定,办理出院,于院外继续诊疗。出院诊断:右眼内直肌断裂,右侧鼻窦术后改变,鼻中隔偏曲。出院时情况:视力双眼1.2;右眼外斜视,较前好转;右眼结膜鼻侧充血,缝线在位,角膜透明,PACD=1CT,瞳孔圆,直径3 mm,对光反射灵敏,晶体皮质未见明显混浊。左眼未见明显异常。

2017年12月19日手术记录如下。①经口气管插管全身麻醉成功后,患者仰卧位,肩下垫枕,常规面部消毒铺巾。连接调试导航系统良好。②纱条收缩双侧鼻腔黏膜,鼻内镜下见鼻中隔显著右偏,右侧鼻道狭窄,难以进入,左侧鼻腔内术后改变,中鼻甲基板残缘,双下鼻甲肿大,鼻腔少许黏涕,鼻腔、鼻咽部未见明显新生物。先行鼻中隔成形术:注射用水加少许肾上腺素注入双侧鼻中隔黏膜下,取左侧鼻中隔皮肤黏膜交界处做一纵行切口,分离左侧鼻中隔黏软骨膜及黏骨膜,于偏曲处切开软骨,分离对侧黏软骨膜及黏骨膜,去除偏曲之四方软骨、筛骨垂直板,咬出上颌骨鼻嵴。复位后见黏膜完整,基本居中。缝合鼻中隔切口。③探查右侧鼻腔术后改变,右侧筛窦内较多水泡形成。小心分离鼻窦外侧壁软组织,检查见眶纸板部分缺损大约1.5 cm×1.5 cm,骨质破坏,局部脂肪暴露。缺损骨质后缘接近眶尖,后缘处见内直肌远端,组织脆弱,触之易出血,内直肌近端显示不清。④开睑器撑开右眼睑,泪阜部沿半月皱襞剪开结膜,暴露内直肌肌止点,牵拉内直肌,阻力较大,眼球未过中线。联合鼻内镜下探查内直肌近端断端,发现断端与眶板缺损部周围骨质粘连较紧,分离时易出血,游离困难。因断端位置较深,暴露不佳,与眶尖视神经位置接近,术中损伤视神经风险较大,且内直肌两断端游离缝合困难,遂终止手术。

3. 某大学人民医院出院记录(住院号:ZZZ)如下。入院、出院日期分别为2018年4月14日和2018年4月24日。因"右眼球向外偏斜4个多月"入院。查体:视力右眼1.0,左眼1.2;右眼鼻侧球结膜充血,左眼结膜无充血,双眼角膜透明、瞳孔等大等圆、对光反射可、晶体透明。眼球运动情况:右眼固定外斜位,不过中线,内转不能,外转受限;左眼眼球运动可。2017年12月6日外院眼眶MRI示:①右侧鼻息肉术后改变;②右侧内直肌显示欠连续,肌腹局部变细,信号不均匀;③右眼眶内侧壁骨质欠光整;④全组副鼻窦炎,鼻中隔偏细,双下鼻甲肥厚。入院后完善检查,于2018年4月20日在局麻下行"斜视矫正术",术后抗炎止血对症治疗。出院诊断:①固定性外斜视;②右眼内直肌损伤;③右侧鼻息肉切除术后。出院情况:患者一般情况可,未诉特殊不适。查体:右眼第一眼位基本正位,眼球运动:外转、内转受限,内转不过中线,结膜稍充血,伤口对合好,缝线在位,角膜透明,前房可,瞳孔圆,对光反射可,晶体透明。左眼结膜无充血,角膜透明,瞳孔圆,对光反射可,晶体透明,眼球运动可。

【鉴定过程】

(一)简要过程

接受鉴定委托后,鉴定人对送检材料进行了文证审查,2019年6月12日组织医患双方当事人参加听证及专家咨询会,会上向医患双方报告了本案鉴定人员及鉴定相关事项及风险,医患双方陈述了各自意见,并回答了鉴定人员及临床专家的提问。

(二)医患双方观点

(1)患方认为:①医方以签过治疗方案知情同意书来推卸责任,没有依据。②医方明明知道手术把握不大,可以选择不做,但仍坚持手术。③医方疏忽,盲目自信,导致耽误了最佳治疗期,造成眼睛永久性伤残。

(2)医方认为:患者由于解剖异常,手术中难以避免损伤右眼内直肌,双侧鼻息肉鼻窦炎术后右眼运动障碍及斜视是不可规避的术后并发症。我院尽到了与当地医疗机构相适应的合理的诊疗与告知义务,并协助患者与多家医院联系会诊,使患者得到了及时治疗。

(三)法医学检查

被鉴定人神志清楚,自行步入诊室,检查合作。头颅无畸形,双侧瞳孔等大等圆,对光反射存在,角膜透明,前房深浅正常,晶体透明。眼球运动情况:右眼第一眼位基本正位,右眼球外转、内转部分受限,内转不过中线。心肺腹(一),四肢肌力、肌张力正常。

【提出问题】

1. 慢性鼻炎、鼻窦炎会引起鼻内什么改变？鼻中隔偏曲的诊疗原则是什么？
2. 鼻内的解剖结构有何特殊性？鼻与眼的毗邻关系是什么？
3. 被鉴定人术后发生斜视的原因有哪些？现有鉴定材料中有哪些证据？
4. 根据现有材料,某市人民医院的诊疗行为是否存在过错？该如何界定术中损伤和难以避免的并发症？院方如存在过错,其参与度为多少？
5. 被鉴定人的伤残等级评定主要涉及哪些内容？如何进行检查和评定？

【涉及要点】

1. 鼻和眼的解剖、毗邻关系,该部位手术的常见并发症。
2. 手术并发症和操作失误的认定原则。
3. 外伤性斜视的法医学鉴定原则。

(何方刚)

第五节　术后导尿管取出引起的医疗纠纷

【简要案情】

2015年6月28日,被鉴定人庞某(男,57岁)因痔疮复发,入住某区医院诊治。入院后行DPL超声多普勒痔动脉结扎术和内痔注射术。术后取出导尿管后,出现尿道出血。后转至其他医院诊治,诊断为尿道撕裂,并进行止血治疗。现患方认为,某区医院在治疗过程中存在操作不当,导致其尿道撕裂,现仍有排尿困难和泌尿系统感染等情况。现由人民法院委托鉴定,委托事项:①某区医院的诊疗行为是否存在过错？②如存在过错,院方的过错参与度为多少？③庞某的伤残等级(按《人体损伤致残程度分级》标准相关条款评定)是哪一级？

【病历摘要】

(一)某区医院门诊病历

2015年6月28日8:40。主诉:肛门血块脱出伴间断便血1年多。现病史:患者于1年前出现肛门血块脱出,不能还纳,伴有便血……大便正常,今来就诊。既往史:腰椎受伤17年,曾行2次痔疮手术。查体:一般情况可,心肺(一),坐轮椅来院。截石位肛周可见环状外痔,3点、7点、11点位可见内痔,局部黏膜糜烂。指诊:肛门括约肌收缩无力,未及肿物,指套无血染。初步诊断:混合痔伴出血;肛门括约肌失禁(神经损伤导致)。处置:①完善术前检查;②请某主任会诊。患者因外伤导致肛门括约肌收缩无力,暂不行外痔手术。本次手术只行超声多普勒痔动脉结扎术(DPL)+内痔注射术,解决出血问题,已向患者及家属交代清楚(有患者签字同意)。

2015年6月28日15:00。患者今日在局麻下行超声多普勒痔动脉结扎术(DPL)+内痔注射术。术中过程顺利,术后患者安全返回。术后行抗炎、局部光动力照射等治疗。如出现尿潴留,可以导尿处置,密切观察。

2015年6月28日19:00。患者自诉腹胀,排尿困难。即行导尿术,常规消毒铺巾,沿尿道外口置入18F气囊双腔导尿管,插入约20 cm,球囊注水20 mL,流出淡红色尿液约300 mL,未再见尿液流出后,拔除尿管,患者感下腹部不适,尿道口有血液渗出。考虑可能是尿道炎和膀胱炎,导尿管刺激所致。请示上级医师后,建议转某01部队医院诊治。

(二)某肛肠医院门诊病历

2015年6月29日15:00。患者于某01部队医院行留置导尿,保留导尿管后来本院门诊留观,检查创面:肛门外观正常,无渗血及水肿,大便未排。……观察导尿管尿液颜色正常,无血尿。给予尿道口护理,局部消毒。检验报告单记载:白细胞计数$5.7\times10^9/L$(参考值$(4\sim10)\times10^9/L$)。

2016年6月30日9:00。术后第2天,诉活动后尿道口有少量鲜血渗出,观察导尿管内尿液无血尿,导尿管引流通畅,给予导尿管护理、肥皂水灌肠一次。

2015年7月1日8:30。……观察导尿管通畅,渗血较前减少,嘱其夹闭导尿管,待有尿意后开放,患者要求自行护理导尿管。

2015年7月2日8:40。观察导尿管通畅,尿道口周围未见渗血,尿液正常,无血尿。

2015年7月3日8:30。检查尿道口无异常,给予更换尿袋。尿液正常,无血尿。今日复查血常规,白细胞及中性粒细胞正常。

2015年7月4日8:25。检查尿道口正常,无渗血,尿袋内尿液颜色正常,导尿管夹闭,膀胱充盈后再放开,患者自行导尿管护理。

2015年7月5日8:30。诉尿道口周围纱布有淡红色血,量不多,今晨出现。尿液正常,无血尿。

2015年7月6日9:00。尿道口未见渗血,尿袋内尿液正常,无血尿。

2015年7月7日8:50。导尿管通畅,尿道口无渗血,尿液颜色正常。

2015年7月8日8:40。尿道口无渗血,导尿管通畅,尿液颜色正常。

2015年7月13日8:40。尿道口无出血,导尿管通畅,尿液无血尿。

2015年7月15日8:30。尿道口无异常,导尿管通畅。

2015年7月17日8:40。导尿管通畅,尿道口无水肿及出血,尿液正常。

2015年7月19日8:30。尿道口通畅,无渗血。定于20日去某01部队医院拔除尿管。

(三)某01部队医院门诊病历

2015年6月28日21:42门诊病历记录如下。主诉:尿道口出血1小时。现病史:1小时外院下尿管拔出后出现尿道口流鲜血,无腹痛,伴腹胀,请泌尿外科会诊。查体:阴茎尿道口未见明显伤口,尿道口可见鲜血流出。辅助检查:双侧睾丸、附睾超声未见异常。双肾大小形态如常,皮质回声均匀。双侧输尿管未见扩张。膀胱充盈好,壁不厚。前列腺体积增大。诊断:尿道口出血原因待查;尿道损伤?

该院2015年6月29日12:40门诊病历记录如下。患者1998年伤后无法自主排尿,既往患者靠外力挤压膀胱排尿。昨日在外院行导尿术失败后,尿道持续出血,伴排尿困难。行导尿术:常规消毒铺巾后,沿尿道外口置入18F气囊双腔导尿管,引流尿液通畅,球囊注水20 mL,术毕。

该院2015年7月21日门诊病历记录如下。主诉:留置导尿管后,排尿困难,尿线细。检验提示泌尿系统感染(白细胞计数$(20\sim25)\times10^9/L$)。诊断:留置导尿管术后;泌尿系统感染。处置:予以抗感染治疗,适量多饮水,间断尿道扩张。门诊复诊随诊。

该院2016年11月17日门诊病历记录如下。主诉:尿道外伤后排尿困难。查体:顺利完成尿道造影,可见后尿道狭窄(图15-1)。生化报告单如下。尿素5.86 mmol/L(正常值1.8~7.5 mmol/L);肌酐52.4 μmol/L(正常值30~110 μmol/L)。诊断:后尿道狭窄。处置:建议行尿道狭窄手术。

【鉴定过程】

(一)简要过程

接受鉴定委托后,鉴定人对送检材料进行了文证审查,2016年11月15日组织医患双方当事人参加听证及专家咨询会,会上向医患双方报告了本案鉴定人员及鉴定相关事项及风险,医患双方陈述了各自意见,并回答了鉴定人员及临床专家的提问。

(二)医患双方观点

1. 患方认为:院方实施导尿术的操作流程错误,导尿失败,导致尿痛、尿失禁和泌尿系统感染。

2. 医方认为：患者由于截瘫伴膀胱麻痹，排尿需外力挤压或行导尿术，反复导尿可以造成尿道炎性反应，在导尿操作刺激后可以有出血现象。我院导尿操作方法及流程正确。

(三) 活体检查

被鉴定人庞某乘坐轮椅进入诊室，神志清楚，对答切题。一般情况可，查体合作。尿道口未见血性及炎性渗出，阴茎腹侧未见尿瘘及窦道形成。

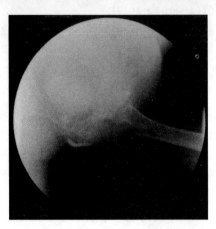

图15-1　2016年11月17日尿道造影

(四) 阅片意见

2016年11月17日行尿道造影检查：后尿道未见造影剂充盈，见图15-1。

【提出问题】

1. 被鉴定人的尿道出血是否系尿道损伤所致？
2. 被告医院是否存在对患者导尿操作不当的行为，并导致尿道损伤？
3. 被鉴定人的损害后果是什么，能否认定"尿道狭窄"的诊断？该如何评定伤残等级？
4. 若该医院的诊疗行为存在过错，与被鉴定人的损害后果之间是否存在因果关系及参与度是多少？

【涉及要点】

1. 医疗纠纷的因果关系的判定。
2. 医疗纠纷的损害后果的责任评价。

第六节　骨折术后过早锻炼引起的医疗纠纷

【简要案情】

2016年3月2日，被鉴定人何某（男，35岁）因右肱骨远端骨折入住某州立医院诊治，入院后于3月4日行内固定术，3月14日行康复功能锻炼后，出现切口疼痛并伴发热。3月15日再次行康复功能锻炼，导致肱三头肌肌腱移行部分断裂，断端分离约为1.5 cm，被迫行第二次手术，将肱三头肌移行部分严密缝合。术后，病情没有得到控制，又分别在3月17日、3月23日进行手术治疗。患方认为，被告医院的医疗行为存在过错，并给其造成严重损害。现由人民法院委托鉴定，委托事项：①某州立医院的诊疗行为是否存在过错？②如存在过错，院方的过错参与度为多少？③何某的伤残等级（按《人体损伤致残程度分级》标准相关条款评定）是哪一级？

【病历摘要】

某州立医院住院病案（病案号XXX）记录如下。入院日期2016年3月2日。主诉：摔伤致右肘关节疼痛，活动障碍2小时。现病史：患者2小时前下台阶时不慎自行摔伤，右肘关节着地，当时即感右肘关节肿痛，活动不能。专科检查：右肘关节及右前臂肿胀明显，未见明显皮肤破损，未见明显张力性水泡。右肱骨髁间处可及明显压痛、叩击痛，可触及骨擦感及异常活动。右肘关节自主屈伸活动受限。辅助检查：2016年3月1日本院右肘关节正侧位示右肱骨髁间骨折，断端分离移位明显，呈粉碎性。CT+三维重建结果回报：右肱骨远端粉碎性骨折，右桡骨头及尺骨冠状突骨折。初步诊断（西医诊断）：右肱骨髁间粉碎性骨折，右肱骨干骨折。

2016年3月3日术前讨论：患者诉右肘关节疼痛较前无明显缓解，无手指麻木感……患者右肘关节髁间粉碎性骨折，骨折端累及关节面，保守治疗石膏外固定难以解剖复位，有肘关节畸形愈合、关节功能丧失的巨大风险，考虑到患者年纪轻，无明显手术禁忌证，手术治疗为目前最佳治疗方案，有利于早期功能活动,但仍有遗留肘关节功能障碍、创伤性关节炎的风险,应积极与患者及家属交代相关手术风险。手术时需注意保护周围软组织,尽量减少周围软组织的剥离,防止术后缺血性坏死和缺血性肌挛缩,术中注意保护尺神经,避免强力牵拉造成尺神经损伤,引发尺神经麻痹或坏死,造成肌力及感觉丧失。术中应减少手术时间,术前及术后抗生素预防感染,拟定于明日在臂丛麻醉下行切开复位钢板螺钉内固定术。

2016年3月3日手术治疗知情同意书如下。拟行手术名称:切开复位钢板螺钉内固定术……术中损伤神经、血管及邻近器官,如运动神经损伤致相应肌肉功能失支配,引起肢体功能障碍甚至残疾;皮神经损伤致相应部位麻木疼痛;血管损伤导致大出血,严重者可致休克,肢体缺血性挛缩甚至危及生命……并发症:出血、血肿、裂开、不愈合或延迟愈合、脂肪液化、感染、瘘管及窦道形成;各种原因伤口不能一期闭合,需植皮、皮瓣移植或延迟关闭等;术后切口或创口部瘢痕形成,甚至可能形成增殖性瘢痕或瘢痕疙瘩,影响功能及美观。患者及家属表示知情同意,同意手术治疗,并签署手术知情同意书。

2016年3月4日手术记录如下。手术名称:右肱骨髁间粉碎性骨折切开复位钢板螺钉内固定术,尺神经松解前置术。手术经过……逐层切开皮肤、皮下、深筋膜,将尺神经自尺神经沟游离,用皮片将尺神经悬吊一旁加以保护。将肱三头肌肌腱、肌腹移行部倒舌形切开后脱位肘关节,显露鹰嘴窝及肱骨滑车、肱骨小头,见肱骨小头呈粉碎状,游离前臂屈伸肌腱在肱骨内外上髁的起点,解剖复位肱骨滑车、肱骨小头,分别用2枚空心螺钉固定肱骨滑车及肱骨小头,1枚皮质骨螺钉固定肱骨鹰嘴窝,预弯肱骨远端外侧及肱骨远端内侧锁定解剖钢板各一块,使其与肱骨相贴,分别钻孔、测深拧入相应的锁定螺钉共10枚,2枚皮质骨螺钉。复位肘关节,被动屈伸肘关节无阻挡,将尺神经置于肱骨内上髁后,两枚锚钉重建肱骨远端内、外上髁屈、伸总肌腱起点,松止血带彻底止血,冲洗切口,清点器械纱布无误;使用7号丝线用kesller法将肱三头肌移行部严密吻合,术中被动屈伸肘关节数次,无肌腱松动,逆行逐层缝合……患者安全返回病房,右上肢血运良好,右手各指内收外展自如,拇指背伸正常。

2016年3月5日病程记录如下。患者诉伤口肿胀疼痛,尚可忍受,手指无麻木感……体温38.1 ℃……换药见伤口敷料包扎良好,伤口略红肿,无指下波动感,无异常分泌物。实验室检查报告:白细胞计数$10.26×10^9$/L,中性粒细胞百分比82.91%,淋巴细胞百分比9.22%。肝肾系列报告:葡萄糖6.66 mmol/L,直接胆红素8.40 μmol/L,总蛋白64.00 g/L。患者术后体温略高,考虑为术后热吸收;白细胞升高,血糖略高,考虑为术后应激反应,考虑到患者手术时间较长,即刻继续静点头孢呋辛钠1.5 g以预防感染,注意观察伤口愈合情况,视伤口愈合情况可适当扩大抗生素应用时间,密切关注患者末梢血运及感觉情况。

2016年3月6日病程记录如下。患者诉伤口肿胀疼痛较前缓解,手指无麻木感……体温36.5 ℃……换药见伤口敷料包扎良好,伤口略红肿,无指下波动感,无异常分泌物……患者肱骨髁间粉碎性骨折,术中尺神经挫伤水肿严重,且手术时间较长,需注意伤口感染以及神经水肿引起手指麻木感,因此继续予以甲强龙减轻神经根水肿,嘱患者继续前臂托悬吊,适当功能活动,继续目前治疗,密切关注患者末梢血运及感觉情况。右肘关节X线片报告:内固定位置可,骨折对位对线良好,周围软组织肿胀。

2016年3月7日至2016年3月13日三次病程记录内容基本一致:患者未诉伤口肿胀疼痛,手指无麻木感,生命体征平稳。伤口敷料包扎良好,伤口干燥无渗出,皮缘对齐愈合良好,无指下波动感,无异常分泌物。继续目前治疗,密切关注患者伤口愈合及末梢血运及感觉情况。

2016年3月14日病程记录如下。患者诉切口上段及肘关节下段肿胀疼痛,尚可忍受,无手指麻木感,体温38.2 ℃,其他生命体征平稳。伤口敷料包扎良好,无渗出,皮缘对齐愈合良好,无指下波动感,无异常分泌物。今日下午2:00—2:30做康复功能锻炼一次。

2016年3月15日病程记录如下。今日下午2:00—2:30做康复功能锻炼一次。

2016年3月16日病程记录如下。患者诉切口上段及肘关节下段肿胀疼痛较昨日略有缓解,尚可忍受……昨日下午体温38.1 ℃,其他生命体征平稳。伤口敷料包扎良好,干燥无渗出,皮缘对齐愈合良好,切口指下波动感,并可见前臂偏桡侧皮下瘀青斑点,无异常分泌物……患者近两日表现为下午及晚上体温较高,考虑为皮下血肿吸收热所致,故立即予以穿刺抽吸瘀血,共约抽吸鲜红色血液20 mL,并立即予以加压包扎,嘱患者禁止功能活动。

2016年3月17日病程记录如下。患者诉切口上段及肘关节下段肿胀疼痛较昨日无继续缓解……

体温36.2℃,其他生命体征平稳。今晨实验室检查结果如下。白细胞计数$7.66\times10^9/L$,红细胞计数$3.91\times10^9/L$,血红蛋白120 g/L,红细胞比容0.366%,中性粒细胞百分比66.84%,单核细胞计数$0.71\times10^9/L$。余项无明显异常。血沉55.00 mm/h,C反应蛋白117.00 mg/L,伤口敷料包扎良好,伤口干燥无渗出,皮缘对齐愈合良好,切口指下波动感,并可见前臂偏桡侧皮下淤青斑点,无异常分泌物……今日术后第14天,伤口愈合良好,可予以拆线,患者手术切口侧肿胀疼痛,并可见皮下淤青,考虑为肌间渗血,立即予以彩超以明确。彩超结果如下:右肘上切口两侧筋膜下积液,立即再次予以右肘关节穿刺探查,见积液较多,并行普通细菌培养,考虑为肘部积血,完善相关检查,积极与家属交代病情。拟定于今日在急诊手术室在臂丛麻醉下行右肘术后血肿清创缝合术,术中注意探查神经血管,积极止血、清除血肿,术后予以抗生素预防感染,前臂石膏托防止肘关节不当屈伸活动。

2016年3月17日手术记录如下。手术名称:右肱骨髁间骨折术后血肿清除术,清创缝合术。手术经过:……逐层切开皮肤、皮下,见肱三头肌肌腱、肌腹移行部部分断裂,断端分离移位约1.5 cm,断端间有大量血凝块,量约15 mL,血凝块周围有大量脂肪液化颗粒,淡黄白色,量约15 mL,取出撕脱线头5个,清创前取分泌物进行培养,大量3%双氧水浸泡创面1分钟后,1000 mL稀释碘伏生理盐水反复冲洗断端,最后用0.9%盐水1500 mL再次冲洗创面至洁净,清创后再次取创面物质进行培养。去除不健康组织,使用7号丝线反复用kesller法将肱三头肌移行部严密吻合,术中被动屈伸肘关节数次,肌腱移行部无开裂。逆行缝合各层。于肱骨远端最低点戳一孔,置一橡皮片引流,伤口用75%酒精棉纱湿敷,外盖无菌敷料,加压包扎;屈肘45°石膏托外固定,绷带悬吊患肢。

2016年3月18日至3月20日病程记录内容基本一致。患者诉平卧时左肘部疼痛减轻,夜间活动时切口处仍有疼痛,为胀痛及牵涉痛感,无明显手指麻木,无明显手指活动障碍……体温36.6℃,切口敷料包扎良好,外层敷料有少量淡红色血性物渗出。换药见内层敷料少量渗血(约10 mL),引流管畅通,切口周围仍有轻度红肿,未触及明显皮下波动感,切口皮缘对合整齐无开裂,未见明显黏稠样脓性分泌物,大量过氧化氢、碘伏、生理盐水及高渗盐水消毒后无菌敷料包扎。继续石膏外固定。

2016年3月21日病程记录如下。患者诉左肘部仍有疼痛不适,体温36.8℃,切口清创前、后细菌培养结果如下:为表皮葡萄球菌生长,对头孢类耐药,对万古霉素及左氧氟沙星敏感……考虑切口感染。根据药敏试验今日起停用头孢呋辛,改用甲磺酸左氧氟沙星0.4静点(每日一次)抗感染治疗。

2016年3月22日疑难病例讨论记录如下。……换药见无菌敷料包扎良好,外层敷料无明显渗出,切口处软组织轻度红肿,局部压痛,未触及明显皮下波动感,引流管孔处仍可挤出少量暗红色渗血……术后复查X线片可见骨折复位良好,内固定物满意,手术效果良好,但3月2日术后12天出现发热、切口红肿疼痛,应为切口感染,为表皮葡萄球菌感染,考虑与手术复杂、时间长、切口暴露时间长,空气中或其他物体表面细菌种植,术后患者抵抗力下降等有关。目前给予敏感抗生素治疗,但仍有切口红肿及渗出,半管引流已拔除,应该再次给予清创术及留置引流管,持续引流,以利于渗出液持续排出,促进切口愈合……治疗方式首先需要左氧氟沙星及利福平联合抗感染治疗,尽快控制细菌生长,避免造成多重耐药,其次,积极清创治疗,首选持续负压引流(VSD)植入术治疗,以利于畅通引流,减少渗液,促进切口愈合……治疗上同意给予持续负压引流术……但应向患者详细交代病情,可能需要多次VSD植入术,每周更换一次。

2016年3月23日手术治疗知情同意书如下。拟行手术名称:右肱骨髁间粉碎性骨折术后切口感染清创术,一次性持续负压引流植入术……②手术副损伤,切口周围软组织损伤,神经血管损伤,相应血管神经支配区感觉、血运、运动障碍的可能……⑦术后需要多次行VSD植入术或清创手术的可能,皮瓣转移术、植皮手术的可能……⑨术后肘关节屈伸活动功能恢复不良,上肢功能恢复不理想,严重时肘关节及上肢功能障碍的可能。必要时再次行松解手术治疗。

2016年3月23日手术记录如下。手术名称:右肱骨髁间粉碎性骨折术后切口感染清创术,一次性持续负压引流植入术。手术经过:……逐层切开皮肤、皮下,见肱三头肌肌腱、肌腹移行部部分断裂,断端分离移位约3 cm,肱三头肌肌腱部分坏死,取出撕脱线头数个,去除不健康组织,清创前取分泌物进行培养,大量3%双氧水浸泡创面1分钟后,1000 mL稀释碘伏生理盐水反复冲洗断端,最后用0.9%盐水 1000 mL 再次冲洗创面至洁净,清创后再次取创面物质进行培养。于创面最底层植入 VSD,并缝合固定,贴半透膜,接负压吸引,海绵干瘪,外盖无菌敷料,加压包扎;屈肘 30°石膏托外固定。

2016 年 3 月 24 日病程记录如下。……手术切口处无菌敷料包扎良好,无移动无渗血,负压引流管通畅,维持负压良好,昨日至今晨引流约 50 mL,为淡红色血性液体。各手指无明显青紫麻木,活动尚可。维持伸肘位石膏外固定,松紧适度……患者 VSD 术后,注意观察负压维持情况及贴膜密闭情况,避免漏气。注意观察引流量及色泽变化。

2016 年 3 月 28 日病程记录如下。生命体征平稳,近 4 日来体温正常,无发热……负压引流管通畅,密闭性良好,昨日至今晨引流约 10 mL,为淡红色血性液体。各手指无明显青紫麻木,活动尚可。维持伸肘位石膏外固定,松紧适度……注意观察 VSD 气密性,避免漏气,注意观察引流量变化。负压引流一周后可拆除负压吸引,如切口肉芽生长良好可缝合,如生长欠佳需要继续更换 VSD 维持负压吸引。

2016 年 3 月 30 日病程记录如下。术后至今体温正常无发热……负压引流管通畅,密闭性良好,昨日至今晨无明显新增引流……复查血常规:白细胞计数 $5.57×10^9/L$,血红蛋白 125 g/L。肝肾功能正常,C 反应蛋白 13.2 mg/L,红细胞沉降率 31 mm/h。炎性指标较前均明显改善。术中取培养,其中两部位仍有表皮葡萄球菌生长,深层培养无细菌生长……近一周来无发热,引流量基本消失。VSD 治疗及抗感染治疗应有良好效果。目前 VSD 术后 7 天,明日可于手术室在臂丛麻醉下行 VSD 拆除术,如切口肉芽生长良好可缝合,如生长欠佳需要继续更换 VSD 维持负压吸引。

2016 年 5 月 25 日病程记录如下。患者手术切口愈合良好,无红肿及异常分泌物。目前肘关节屈伸活动度为 15°～95°,较前明显改善。继续指导患者在非负重下行肘关节屈伸活动锻炼,密切观察切口敷料变化,末梢血运及感觉变化。

2016 年 6 月 1 日出院记录如下。出院时情况:患者病情好转,无明显不适主诉,食纳可,二便调,夜寐安。生命体征平稳,心肺腹未见明显异常,手术切口愈合良好,未见明显红肿及异常分泌物。各手指无明显青紫麻木,活动良好。右肘屈伸活动度恢复良好,活动度为 10°～95°。嘱适当进行功能锻炼,定期门诊复查。

【鉴定过程】

(一)简要过程

接受鉴定委托后,鉴定人对送检材料进行了文证审查,2017 年 11 月 27 日组织医患双方当事人参加听证及专家咨询会,会上向医患双方报告了本案鉴定人员及鉴定相关事项,医患双方分别陈述了各自意见,并回答了鉴定人员及临床专家的提问。2018 年 4 月 23 日委托方补齐相关材料。

(二)听证意见

1. 患方认为:整个住院过程中,原告严格按照被告医生的要求进行治疗,在其严格监护下出现感染、肱三头肌肌腱断裂,被告对此次事故负有不可推卸的责任。

2. 医方认为:对患者积极治疗,并未对患肢功能及骨折愈合带来不利影响,手术并发症与康复锻炼无关,不应承担任何责任。

(三)活体检查

被鉴定人何某步入诊室,神清语利。右肘后可见纵行 18.0 cm×(0.5～1.0) cm 手术瘢痕。肘上瘢痕下软组织缺失。鹰嘴尖张力未触及,右肘关节被动活动可,伸肘肌力 4 级。

(四)影像学资料审阅

2016 年 3 月 1 日右肘关节 X 线片示:右肱骨远端髁间骨折,骨折呈粉碎性,明显分离移位,见图 15-2。

2016 年 3 月 7 日右肘关节 X 线片示:右肱骨远端髁间骨折内固定术后,内固定在位,骨折断端对位、对线可,见图 15-3。

2018 年 2 月 8 日右肘关节 X 线片示:右肱骨远端髁间骨折内固定术后,内固定在位,与前片比较,内固定物位置未见改变,见图 15-4。

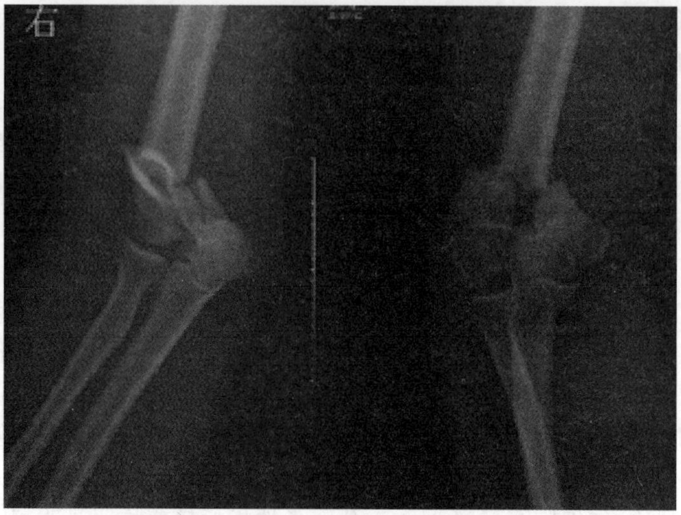

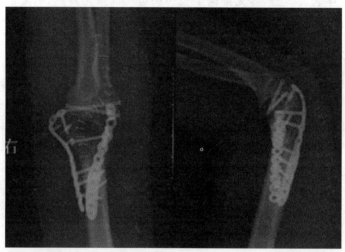

图 15-2　2016 年 3 月 1 日伤后右肘关节 X 线片

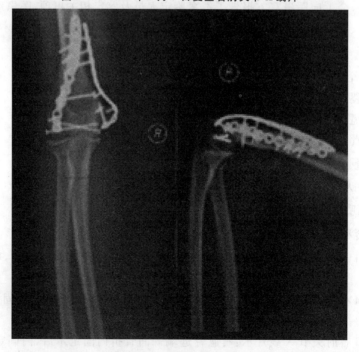

图 15-3　2016 年 3 月 7 日复查右肘关节 X 线片

图 15-4　2018 年 2 月 8 日复查右肘关节 X 线片

Note

【提出问题】
1. 右肱骨髁间粉碎性骨折的术后功能锻炼时机是以什么作为标准的?
2. 本案例被告医院在对患者施行术后功能锻炼的时机是否恰当?
3. 患者的损害后果是什么?患者后期多次手术是原始损伤的必要治疗,还是因被告医院的诊疗行为不当造成的?
4. 本案例原始损伤为"右肱骨髁间粉碎性骨折",在损害后果所占比例如何认定?
5. 若医院的诊疗行为存在过错,与患者的损害后果之间是否存在因果关系及其参与度?

【涉及要点】
1. 医疗纠纷因果关系的判定。
2. 医疗纠纷的损害后果的责任评价。

第七节 漏诊尺神经损伤引起的医疗纠纷

【简要案情】
2017年5月29日,被鉴定人司某(男,28岁)因左前臂玻璃割伤到被告某中心医院诊治,门诊诊断为"左前臂及手背开放性损伤,伸指肌腱断裂伤,神经损伤待排除外伤性异物",给予清创缝合及肌腱吻合术,石膏托外固定,注射破伤风、补液抗炎、定期换药等治疗。后经外院超声检查诊断为左前臂远端尺神经断裂。9月18日经行左前臂尺神经、尺动脉、尺侧腕屈肌腱探查、修复术。现遗有左手环指、小指感觉受限,分并指受限等不良后果。患方认为医方存在医疗过错,由某市医患纠纷人民调解委员会委托鉴定,委托事项:①某中心医院的诊疗行为是否存在过错?②如存在过错,院方的过错参与度为多少?

【病历摘要】
1. 某中心医院2017年5月29日门诊病历记录如下。患者30分钟前不慎被玻璃切割伤左前臂、手背及手指多处伴流血、活动障碍、疼痛。查体:左前臂有二处皮肤裂伤口,各长约10 cm、3 cm,深达肌层,尺侧腕屈肌腱部分损伤,活动功能受限,小指感知觉差;伤口边缘不整,污染严重,左小指背部有3 cm的伤口,伸指肌腱断裂伤,伤口内异物(玻璃样)。初步诊断:左前臂及手背开放性损伤,伸指肌腱断裂伤,神经损伤待排除外伤性异物。处置:给予清创缝合及肌腱吻合术,石膏托外固定,注射破伤风,补液抗炎,定期换药。
2. 某地区医院2017年9月12日超声检查报告单如下。左前臂至腕部扫查,尺神经可见两处瘤样膨大,近端位于近端切口处,大小约1.5 cm×1.1 cm×0.8 cm,远端位于远端切口处,大小约0.9 cm×0.6 cm×0.5 cm,两端结构杂乱、扭曲,与周围组织分界不清,两端间距约2.1 cm。超声提示:左前臂远端尺神经断裂。
3. 某中西医结合医院出院记录(病案号:XXX)如下。入院、出院日期分别为2017年9月15日和2017年9月26日。主诉:左前臂切割伤术后环指、小指麻木伴活动受限近3个多月。症见:左手环指、小指麻木,活动受限。专科情况:左前臂尺侧及左手背分别可见一约5 cm、2 cm、1 cm瘢痕,愈合良好,无异常分泌物,左手尺侧皮温较健侧低,皮肤颜色红润,环指尺侧及小指皮肤浅感觉迟钝,两点辨别觉均为15 mm,毛细血管充盈试验较缓,左手小指屈伸活动受限,余指屈伸活动正常,示指、中指、环指、小指分并指活动受限,环指、小指屈指深肌肌力3级,瘢痕处Tinel征阳性,放射至左小指,环指、小指夹纸试验阳性,左腕部屈伸活动受限。尺动脉未触及搏动,桡动脉搏动正常。余未查及明显异常。入院后完善相关检查,2017年9月18日行左前臂尺神经、尺动脉、尺侧腕屈肌腱探查、修复术,术后对症治疗。出院诊断如下。前臂切割伤术后(左):①尺神经损伤(左),②尺动脉损伤(左),③尺侧腕屈肌腱断裂(左),④前臂肌腱粘连(左)。出院情况:一般情况好,查体:左上肢及右下肢敷料包扎完好,左上肢石膏固定在位,左手各指皮温正常,皮肤颜色红润,环指尺侧及小指皮肤浅感觉迟钝,较术前减轻,各指毛细血管充盈试验正常,尺、桡动脉搏动正常,右足背腓侧皮肤麻木,足背动脉搏动良好,踝关节及各趾活动不受限。

该院2017年9月18日手术记录如下。手术名称:左前臂尺神经、尺动脉、尺侧腕屈肌腱探查、修复,取对侧腓肠神经、血管移植、桥接术。手术经过:①依次切开皮肤、皮下组织及筋膜,见皮下大量瘢痕组织粘连,适量切除粘连组织,小心分离,探查见尺神经、尺动脉及尺侧腕屈肌完全断裂。尺神经两端呈瘤样膨大,断端缺损约2 cm。尺动脉两端均栓塞,断端缺损约4 cm。尺侧腕屈肌腱两端呈马尾状,缺损约5 cm。彻底松解尺神经、尺动脉及尺侧腕屈肌腱。切除神经两端膨大神经瘤,完全显露神经纤维束,再次测量尺神经缺损约4 cm。切除尺动脉两端栓塞血管,修剪动脉达正常管壁,见远、近端血管喷血良好,测量血管缺损约6 cm。修剪尺侧腕屈肌腱达正常组织后,远、近端牵拉肌腱及肌肉无弹性及张力,断端缺损约8 cm,术中决定暂不修复。②于对侧小腿外踝尖与跟腱中间向近端延伸做一约15 cm手术切口,依次切开皮肤、皮下组织及筋膜,小心分离,完全显露腓肠神经及伴行静脉,切取腓肠神经12 cm、伴行静脉7 cm(移植)……置入引流皮片,无菌包扎。③显微镜下修剪切取神经、血管,神经平均分成3束,每束长约4 cm,8-0普里灵线缝合成1束,移植血管注射器冲洗管腔见通水良好。④准备好神经、血管(血管翻转)移植于左前臂缺损处,显微镜下8-0普里灵线无张力吻合动脉、神经……松止血带,见动脉通血良好,远、近端搏动明显,环指、小指血运良好,皮温恢复,毛细血管充盈试验灵敏……置入引流皮片,无菌包扎,石膏外固定(屈腕),术毕。术后对症治疗。

该院2017年11月9日门诊病历记录如下。左腕部外伤术后2个月。查体:左腕部切口愈合良好。左手环指、小指感觉受限,分并指受限。初步诊断:左腕部尺神经、屈指肌腱断裂术后。建议:加强锻炼,随诊。

【鉴定过程】

(一)简要过程

接受鉴定委托后,鉴定人员对送检材料进行了文证审查,于2019年10月21日组织医患双方当事人参加听证及专家咨询会,会上向医患双方告知了本案鉴定人员及鉴定相关事项,医患双方分别陈述了各自意见,并回答了鉴定人员及临床专家的提问。

(二)听证意见

1. 患方认为:①医院在诊断伤情前存在虚假宣传,夸大医疗水平,欺骗患者就诊,主观上存在过错。②医院在手术过程中,手术操作不规范,且手术后仍然有玻璃残渣未完全清理干净,属于医疗事故。③术后医院没有妥善写明医嘱,虽然在诊断证明中写了"神经损伤待排除"的诊断,但是治疗的医生在后期并没有向患者告知还需要进一步去别的医院检查是否存在神经损伤,而且在患者复查时,医生明确向患者强调"神经没有受损"的错误结论。总之,医院的错误导致患者后续手术治疗,并遗留不可逆的伤残后果,被告医院应当承担相应的治疗费用以及其他一切损失。

2. 医方认为:本院在对患者的急救救治过程中,经治医生尽到了救治义务,清创缝合止血未造成大量出血,针对污染伤口抗感染有效,患者伤口如期愈合,未出现破伤风感染,并口头告知神经损伤待排除(病历中已说明),院方的上述医疗措施无明显过错。

(三)活体检查

被鉴定人司某步行进入检查室,一般情况良好,神清语利,查体合作。头颅外观(一),颅神经检查(一),双侧转颈、耸肩力可。左腕偏尺屈侧可见一处近似"L"形伤口,纵向的5.0 cm×(0.2~0.4)cm,斜向的6.0 cm×(0.1~0.5)cm,周围缝针痕明显;左腕偏桡侧可见一处(1.3+1.0)cm×0.05 cm的皮肤瘢痕。左手第五掌骨头可见一处2.0 cm×0.05 cm的皮肤瘢痕。右小腿中下段后侧可见一处17.0 cm×(0.2~0.5)cm的手术瘢痕。左手分并指力弱,夹纸试验(+),左手环指、小指肌力4级,环指掌侧感觉减退(S4),小指掌侧、背侧感觉均有减退(S4),左手余手指活动自如,肌力正常。余常规检查未见明显异常。自诉目前左手环指、小指活动仍受限。

(四)辅助检查

2019年10月21日某鉴定机构针极肌电图检查报告示:左侧尺神经不全受损,见表15-1至表15-3。

表 15-1　2019 年 10 月 21 日针极肌电图

所检肌肉	静息			轻收缩			重收缩	
	插入	纤颤	正相	时限/ms	波幅/μV	多相/(%)	募集相	峰值电压/mV
左拇短伸肌	−	−	−	正常运动单位电位			干扰相	4.5
左第一骨间肌	−	+	+	时限宽、电压高			单纯相	7.5
左小指展肌	−	−	−	时限宽、电压高			单纯相	3.3

表 15-2　2019 年 10 月 21 日运动神经传导速度

所检神经	刺激-记录点	潜伏期/ms	波幅/mV	距离/cm	传播速度/(m/s)
正中神经	肘-拇短展肌	8.4	16.1	22.0	50.0
	腕-拇短展肌	4.0	16.6		
左尺神经	肘-小指展肌	10.0	9.7	31.0	46.9
	腕-小指展肌	3.4	13.5		
右尺神经	肘-小指展肌	8.8	11.5	31.0	52.5
	腕-小指展肌	2.9	14.0		
左桡神经	肘-伸指总肌	5.0	13.5	20.0	55.5
	腕-伸指总肌	1.4	14.0		

表 15-3　2019 年 10 月 21 日感觉神经传导速度

所检神经	刺激-记录点	潜伏期/ms	波幅/μV	距离/cm	传播速度/(m/s)
左正中神经	示指-腕	3.1	10.9	15.5	50.0
左尺神经	小指-腕	未引出反应			
左尺神经	小指-腕	2.4	7.1	12.0	50.8
左桡神经	蹞趾-腕	2.2	6.2	10.5	47.7

（五）影像学资料审阅

2017 年 5 月 29 日左手 X 线片示：左手诸骨骨质结构连续性完整，未见明确骨折征象，左手略尺偏，呈外固定状态。

2017 年 9 月 15 日左腕 X 线片示：左腕部诸组成骨骨质结构连续性完整，未见明确骨折征象，左腕关节间隙良好。

【提出问题】

1. 神经损伤早期认定的依据有哪些？被鉴定人在损伤早期是否具备初步诊断神经损伤的基础？
2. 被告医院在针对患者的神经损伤上是否尽到谨慎注意义务，是否存在延误治疗？
3. 被鉴定人的损害后果是否为原始损伤的必然结果，还是延误治疗的后果，抑或是两者的共同作用？
4. 被告医院的诊疗行为是否存在过错？如存在过错，试分析其过错在被鉴定人目前后果中的参与度。

【涉及要点】

1. 医疗纠纷因果关系的法医学判定原则。
2. 医疗纠纷的损害后果的认定及参与度划分。

（杨天潼）

推荐阅读的参考文献

[1] 董卫国. 临床医学 PBL 教程: 学生版[M]. 2 版. 北京: 人民卫生出版社, 2015.
[2] 苗懿德, 郑蓉, 褚琳, 等. 全科医学临床思维训练与 PBL/CBL 教程[M]. 北京: 人民卫生出版社, 2015.
[3] 刘技辉. 法医临床学[M]. 5 版. 北京: 人民卫生出版社, 2016.
[4] 刘兴本. 法医临床学实验指导[M]. 2 版. 北京: 人民卫生出版社, 2016.
[5] 丛斌. 法医病理学[M]. 5 版. 北京: 人民卫生出版社, 2016.
[6] 胡泽卿. 法医精神病学[M]. 4 版. 北京: 人民卫生出版社, 2016.
[7] 邓振华. 法医影像学[M]. 北京: 人民卫生出版社, 2018.
[8] 最高人民法院, 最高人民检察院, 公安部, 国家安全部, 司法部. 人体损伤程度鉴定标准[M]. 北京: 法律出版社, 2013.
[9] 最高人民法院, 最高人民检察院, 公安部, 国家安全部, 司法部. 人体损伤致残程度分级[M]. 北京: 法律出版社, 2016.
[10] 陈祥民, 刘增胜. 颅面部损伤影像诊断与司法鉴定[M]. 北京: 人民卫生出版社, 2012.
[11] 王云钊. 法医影像诊断与鉴定[M]. 北京: 人民卫生出版社, 2013.
[12] 王珏. 肌电图在司法鉴定中的应用[M]. 北京: 人民卫生出版社, 2014.
[13] 葛均波, 徐永健, 王辰. 内科学[M]. 9 版. 北京: 人民卫生出版社, 2018.
[14] 陈孝平, 汪建平, 赵继宗. 外科学[M]. 9 版. 北京: 人民卫生出版社, 2018.
[15] 谢幸, 孔北华, 段涛. 妇产科学[M]. 9 版. 北京: 人民卫生出版社, 2018.
[16] 王卫平, 孙锟, 常立文. 儿科学[M]. 9 版. 北京: 人民卫生出版社, 2018.
[17] 贾建平, 陈生弟. 神经病学[M]. 8 版. 北京: 人民卫生出版社, 2018.
[18] 郝伟, 陆林. 精神病学[M]. 8 版. 北京: 人民卫生出版社, 2018.
[19] 杨培增, 范先群. 眼科学[M]. 8 版. 北京: 人民卫生出版社, 2018.
[20] 孙虹, 张罗. 耳鼻咽喉头颈外科学[M]. 9 版. 北京: 人民卫生出版社, 2018.
[21] 张志愿. 口腔科学[M]. 9 版. 北京: 人民卫生出版社, 2018.
[22] 丁文龙, 刘学政. 系统解剖学[M]. 9 版. 北京: 人民卫生出版社, 2018.
[23] 崔慧先, 李瑞锡. 局部解剖学[M]. 9 版. 北京: 人民卫生出版社, 2018.
[24] 徐克, 龚启勇, 韩萍. 医学影像学[M]. 8 版. 北京: 人民卫生出版社, 2018.
[25] 黄晓琳, 燕铁斌. 康复医学[M]. 6 版. 北京: 人民卫生出版社, 2018.
[26] 胥少汀, 葛宝丰, 卢世璧. 实用骨科学[M]. 4 版. 郑州: 河南科学技术出版社, 2019.
[27] 司法部司法鉴定科学技术研究所, 上海市法医学重点实验室. 医疗纠纷的鉴定与防范[M]. 北京: 科学出版社, 2015.
[28] 范利华, 吴军, 牛伟新. 损伤与疾病[M]. 上海: 复旦大学出版社, 2014.
[29] 王旭. 医疗过失技术鉴定研究[M]. 北京: 中国人民公安大学出版社, 2009.
[30] 李冬. 侵权责任法之医疗损害责任三方解读[M]. 北京: 中国政法大学出版社, 2015.
[31] 夏文涛, 邓振华. 眼外伤的法医学鉴定[M]. 北京: 中国检察出版社, 2008.

[32] 王萌,夏文涛,王旭.视觉功能检查及客观评定的法医学原则与方法[M].北京:科学出版社,2015.

[33] 王元兴,陆士恒.法医临床学实用眼外伤检查诊断方法[M].北京:科学出版社,2016.

[34] 李建华,王建.表面肌电图诊断技术临床应用[M].杭州:浙江大学出版社,2015.

[35] 陈芳,杨小萍,刘霞,等.24例外伤后鼓膜穿孔法医学鉴定的回顾性分析[J].法医学杂志,2018,34(4):51-54.

[36] 朱世峰,李守英,吕孟杰,等.造作性鼓膜穿孔鉴别确认方法的研究[J].中国法医学杂志,2018,33(6):600-603.

[37] 吴永波,武斌,李阳,等.气胸肺压缩程度测量软件的研制及其法医学应用[J].法医学杂志,2018,34(3):260-263.

[38] 王蕾,李庆云,许娟,等.三线法在计算气胸肺压缩程度中的应用[J].诊断学理论与实践,2007,6(4):347-349.

[39] 胡天明,刘兰.85例急性主动脉夹层患者的CT诊断及疗效评估[J].医疗装备,2021,34(4):123-124.

[40] 吴华栋,焦利东.CT血管成像与超声造影在DeBakeyⅢ型主动脉夹层介入术后随访中的应用[J].中国医学工程,2021,29(2):102-105.

[41] 艾芳,李进.神经肌电图在周围神经损伤诊断中的应用价值[J].现代电生理学杂志,2020,27(4):235-237.

[42] 柳三凤,李炳钻,庄智勇,等.肌电图在53例桡神经损伤患者中的定位诊断价值[J].现代电生理学杂志,2018,25(1):21-23.

[43] Fu J Q,Yang Z Q,Liu Z L,et al. Measurement of Scars Using Structured-Light 3D Scanning in Forensic Practice[J]. Fa Yi Xue Za Zhi,2020,36(3):311-315.

[44] Zhan G,Han L,Li Z,et al. Identification and Documentation of Auricle Defects using Three-dimensional Optical Measurements[J]. Sci Rep,2018,8(1):2869.

[45] 付佳旗,阳紫倩,刘子龙,等.结构光三维扫描技术测量损伤瘢痕的法医学应用[J].法医学杂志,2020,36(3):311-315.

[46] 冉聃,李婉娟,孙全刚,等.不同方法测量不规则瘢痕面积的比较[J].法医学杂志,2016,32(5):338-341.

[47] 曹磊,马文静,张玲莉,等.应用Pixel法测量平面内非直线长度的法医学研究[J].中国法医学杂志,2018,33(2):177-179.

[48] Lu Q,Liu Z,Chen X. Mercury poisoning through intravenous administration:Two case reports with literature review[J]. Medicine(Baltimore),2017,96(46):e8643.

[49] Da Broi U,Moreschi C,Colatutto A,et al. Medico legal aspects of self-injection of metallic mercury in cases of suicide or self-h arming[J]. J Forensic Leg Med,2017,50:12-19.

[50] Jackson A C. Chronic Neurological Disease Due to Methylmercury Poisoning[J]. Can J Neurol Sci,2018,45(6):620-623.

[51] Johnson-Arbor K,Tefera E,Farrell J,Jr. Characteristics and treatment of elemental mercury intoxication:A case series[J]. Health Sci Rep,2021,4(2):e293.

[52] Lin G,Yuan L,Peng X,et al. Clinical characteristics and treatment of thallium poisoning in patients with delayed admission in China[J]. Medicine(Baltimore),2019,98(29):e16471.

[53] Liu H,Liao G. Long-term misdiagnosis and neurologic outcomes of thallium poisoning:A case report and literature review[J]. Brain Behav,2021,11(3):e02032.

[54] 文浩,倪娜娜,兰娟,等.12例铊中毒患者临床和电生理特征与治疗[J].中国神经精神疾病杂志,2018,44(11):651-656.

[55] 高艳霞,孙沛,李毅,等.14例家族性铊中毒患者9年后随访分析[J].中华急诊医学杂志,2020,29(3):360-364.

[56] 崇雨田,林潮双,赵志新,等.输血后丙型肝炎患者的临床特点及自然病程[J].中华肝脏病杂志,2006(3):199-201.

[57] 王星华,方国恩,戚中田.输血感染与输血安全[J].中国实用外科杂志,2009,29(4):323-326.

[58] 中华医学会外科学分会胆道外科学组.急性胆道系统感染的诊断和治疗指南[J].中华消化外科杂志,2011,10(1):9-13.

[59] 刘鑫,马千惠.医疗损害鉴定面临的挑战与对策[J].中国法医学杂志,2018,33(1):1-5.

[60] 刘炫麟.论我国医疗损害鉴定的基本原则[J].证据科学,2018,26(4):429-440.

[61] 刘鑫,鲍冠一.医疗过错认定的基本原则和要求[J].中国法医学杂志,2018,33(3):215-220.

[62] 张纯兵,杜志淳.医疗损害司法鉴定因果关系分析及参与度判定[J].中国司法鉴定,2015(5):100-104.

附录一 《人体损伤程度鉴定标准》

（由最高人民法院、最高人民检察院、公安部、国家安全部、司法部发布，2014年1月1日起施行）

1 范 围

本标准规定了人体损伤程度鉴定的原则、方法、内容和等级划分。

本标准适用于《中华人民共和国刑法》及其他法律、法规所涉及的人体损伤程度鉴定。

2 规范性引用文件

下列文件对于本文件的应用是必不可少的。本标准引用文件的最新版本适用于本标准。

GB18667 道路交通事故受伤人员伤残评定

GB/T16180 劳动能力鉴定职工工伤与职业病致残等级

GB/T26341—2010 残疾人残疾分类和分级

3 术语和定义

3.1 重伤

使人肢体残废、毁人容貌、丧失听觉、丧失视觉、丧失其他器官功能或者其他对于人身健康有重大伤害的损伤，包括重伤一级和重伤二级。

3.2 轻伤

使人肢体或者容貌损害，听觉、视觉或者其他器官功能部分障碍或者其他对于人身健康有中度伤害的损伤，包括轻伤一级和轻伤二级。

3.3 轻微伤

各种致伤因素所致的原发性损伤，造成组织器官结构轻微损害或者轻微功能障碍。

4 总　　则

4.1 鉴定原则

4.1.1 遵循实事求是的原则,坚持以致伤因素对人体直接造成的原发性损伤及由损伤引起的并发症或者后遗症为依据,全面分析,综合鉴定。

4.1.2 对于以原发性损伤及其并发症作为鉴定依据的,鉴定时应以损伤当时伤情为主,损伤的后果为辅,综合鉴定。

4.1.3 对于以容貌损害或者组织器官功能障碍作为鉴定依据的,鉴定时应以损伤的后果为主,损伤当时伤情为辅,综合鉴定。

4.2 鉴定时机

4.2.1 以原发性损伤为主要鉴定依据的,伤后即可进行鉴定;以损伤所致的并发症为主要鉴定依据的,在伤情稳定后进行鉴定。

4.2.2 以容貌损害或者组织器官功能障碍为主要鉴定依据的,在损伤 90 日后进行鉴定;在特殊情况下可以根据原发性损伤及其并发症出具鉴定意见,但须对有可能出现的后遗症加以说明,必要时应进行复检并予以补充鉴定。

4.2.3 疑难、复杂的损伤,在临床治疗终结或者伤情稳定后进行鉴定。

4.3 伤病关系处理原则

4.3.1 损伤为主要作用的,既往伤/病为次要或者轻微作用的,应依据本标准相应条款进行鉴定。

4.3.2 损伤与既往伤/病共同作用的,即二者作用相当的,应依据本标准相应条款适度降低损伤程度等级,即等级为重伤一级和重伤二级的,可视具体情况鉴定为轻伤一级或者轻伤二级,等级为轻伤一级和轻伤二级的,均鉴定为轻微伤。

4.3.3 既往伤/病为主要作用的,即损伤为次要或者轻微作用的,不宜进行损伤程度鉴定,只说明因果关系。

5　损伤程度分级

5.1　颅脑、脊髓损伤

5.1.1　重伤一级

a)植物生存状态。
b)四肢瘫(三肢以上肌力 3 级以下)。
c)偏瘫、截瘫(肌力 2 级以下),伴大便、小便失禁。
d)非肢体瘫的运动障碍(重度)。
e)重度智能减退或者器质性精神障碍,生活完全不能自理。

5.1.2　重伤二级

a)头皮缺损面积累计 75.0 cm² 以上。

b) 开放性颅骨骨折伴硬脑膜破裂。
c) 颅骨凹陷性或者粉碎性骨折,出现脑受压症状和体征,须手术治疗。
d) 颅底骨折,伴脑脊液漏持续 4 周以上。
e) 颅底骨折,伴面神经或者听神经损伤引起相应神经功能障碍。
f) 外伤性蛛网膜下腔出血,伴神经系统症状和体征。
g) 脑挫(裂)伤,伴神经系统症状和体征。
h) 颅内出血,伴脑受压症状和体征。
i) 外伤性脑梗死,伴神经系统症状和体征。
j) 外伤性脑脓肿。
k) 外伤性脑动脉瘤,须手术治疗。
l) 外伤性迟发性癫痫。
m) 外伤性脑积水,须手术治疗。
n) 外伤性颈动脉海绵窦瘘。
o) 外伤性下丘脑综合征。
p) 外伤性尿崩症。
q) 单肢瘫(肌力 3 级以下)。
r) 脊髓损伤致重度肛门失禁或者重度排尿障碍。

5.1.3 轻伤一级

a) 头皮创口或者瘢痕长度累计 20.0 cm 以上。
b) 头皮撕脱伤面积累计 50.0 cm² 以上;头皮缺损面积累计 24.0 cm² 以上。
c) 颅骨凹陷性或者粉碎性骨折。
d) 颅底骨折伴脑脊液漏。
e) 脑挫(裂)伤;颅内出血;慢性颅内血肿;外伤性硬脑膜下积液。
f) 外伤性脑积水;外伤性颅内动脉瘤;外伤性脑梗死;外伤性颅内低压综合征。
g) 脊髓损伤致排便或者排尿功能障碍(轻度)。
h) 脊髓挫裂伤。

5.1.4 轻伤二级

a) 头皮创口或者瘢痕长度累计 8.0 cm 以上。
b) 头皮撕脱伤面积累计 20.0 cm² 以上;头皮缺损面积累计 10.0 cm² 以上。
c) 帽状腱膜下血肿范围 50.0 cm² 以上。
d) 颅骨骨折。
e) 外伤性蛛网膜下腔出血。
f) 脑神经损伤引起相应神经功能障碍。

5.1.5 轻微伤

a) 头部外伤后伴有神经症状。
b) 头皮擦伤面积 5.0 cm² 以上;头皮挫伤;头皮下血肿。
c) 头皮创口或者瘢痕。

5.2 面部、耳廓损伤

5.2.1 重伤一级

a) 容貌毁损(重度)。

5.2.2 重伤二级

a) 面部条状瘢痕(50%以上位于中心区),单条长度 10.0 cm 以上,或者两条以上长度累计 15.0 cm

以上。

b) 面部块状瘢痕(50%以上位于中心区)，单块面积 6.0 cm² 以上，或者两块以上面积累计 10.0 cm² 以上。

c) 面部片状细小瘢痕或者显著色素异常，面积累计达面部 30%。

d) 一侧眼球萎缩或者缺失。

e) 眼睑缺失相当于一侧上眼睑 1/2 以上。

f) 一侧眼睑重度外翻或者双侧眼睑中度外翻。

g) 一侧上睑下垂完全覆盖瞳孔。

h) 一侧眼眶骨折致眼球内陷 0.5 cm 以上。

i) 一侧鼻泪管和内眦韧带断裂。

j) 鼻部离断或者缺损 30%以上。

k) 耳廓离断、缺损或者挛缩畸形累计相当于一侧耳廓面积 50%以上。

l) 口唇离断或者缺损致牙齿外露 3 枚以上。

m) 舌体离断或者缺损达舌系带。

n) 牙齿脱落或者牙折共 7 枚以上。

o) 损伤致张口困难Ⅲ度。

p) 面神经损伤致一侧面肌大部分瘫痪，遗留眼睑闭合不全和口角歪斜。

q) 容貌毁损(轻度)。

5.2.3　轻伤一级

a) 面部单个创口或者瘢痕长度 6.0 cm 以上；多个创口或者瘢痕长度累计 10.0 cm 以上。

b) 面部块状瘢痕，单块面积 4.0 cm² 以上；多块面积累计 7.0 cm² 以上。

c) 面部片状细小瘢痕或者明显色素异常，面积累计 30.0 cm² 以上。

d) 眼睑缺失相当于一侧上眼睑 1/4 以上。

e) 一侧眼睑中度外翻；双侧眼睑轻度外翻。

f) 一侧上眼睑下垂覆盖瞳孔超过 1/2。

g) 两处以上不同眶壁骨折；一侧眶壁骨折致眼球内陷 0.2 cm 以上。

h) 双侧泪器损伤伴溢泪。

i) 一侧鼻泪管断裂；一侧内眦韧带断裂。

j) 耳廓离断、缺损或者挛缩畸形累计相当于一侧耳廓面积 30%以上。

k) 鼻部离断或者缺损 15%以上。

l) 口唇离断或者缺损致牙齿外露 1 枚以上。

m) 牙齿脱落或者牙折共 4 枚以上。

n) 损伤致张口困难Ⅱ度。

o) 腮腺总导管完全断裂。

p) 面神经损伤致一侧面肌部分瘫痪，遗留眼睑闭合不全或者口角歪斜。

5.2.4　轻伤二级

a) 面部单个创口或者瘢痕长度 4.5 cm 以上；多个创口或者瘢痕长度累计 6.0 cm 以上。

b) 面颊穿透创，皮肤创口或者瘢痕长度 1.0 cm 以上。

c) 口唇全层裂创，皮肤创口或者瘢痕长度 1.0 cm 以上。

d) 面部块状瘢痕，单块面积 3.0 cm² 以上或多块面积累计 5.0 cm² 以上。

e) 面部片状细小瘢痕或者色素异常，面积累计 8.0 cm² 以上。

f) 眶壁骨折(单纯眶内壁骨折除外)。

g) 眼睑缺损。

h) 一侧眼睑轻度外翻。

i)一侧上眼睑下垂覆盖瞳孔。
j)一侧眼睑闭合不全。
k)一侧泪器损伤伴溢泪。
l)耳廓创口或者瘢痕长度累计6.0 cm以上。
m)耳廓离断、缺损或者挛缩畸形累计相当于一侧耳廓面积15%以上。
n)鼻尖或者一侧鼻翼缺损。
o)鼻骨粉碎性骨折;双侧鼻骨骨折;鼻骨骨折合并上颌骨额突骨折;鼻骨骨折合并鼻中隔骨折;双侧上颌骨额突骨折。
p)舌缺损。
q)牙齿脱落或者牙折2枚以上。
r)腮腺、颌下腺或者舌下腺实质性损伤。
s)损伤致张口困难Ⅰ度。
t)颌骨骨折(牙槽突骨折及一侧上颌骨额突骨折除外)。
u)颧骨骨折。

5.2.5 轻微伤

a)面部软组织创。
b)面部损伤留有瘢痕或者色素改变。
c)面部皮肤擦伤,面积2.0 cm²以上;面部软组织挫伤;面部划伤4.0 cm以上。
d)眶内壁骨折。
e)眼部挫伤;眼部外伤后影响外观。
f)耳廓创。
g)鼻骨骨折;鼻出血。
h)上颌骨额突骨折。
i)口腔黏膜破损;舌损伤。
j)牙齿脱落或者缺损;牙槽突骨折;牙齿松动2枚以上或者Ⅲ度松动1枚以上。

5.3 听器听力损伤

5.3.1 重伤一级

a)双耳听力障碍(≥91 dBHL)。

5.3.2 重伤二级

a)一耳听力障碍(≥91 dBHL)。
b)一耳听力障碍(≥81 dBHL),另一耳听力障碍(≥41 dBHL)。
c)一耳听力障碍(≥81 dBHL),伴同侧前庭平衡功能障碍。
d)双耳听力障碍(≥61 dBHL)。
e)双侧前庭平衡功能丧失,睁眼行走困难,不能并足站立。

5.3.3 轻伤一级

a)双耳听力障碍(≥41 dBHL)。
b)双耳外耳道闭锁。

5.3.4 轻伤二级

a)外伤性鼓膜穿孔6周不能自行愈合。
b)听骨骨折或者脱位;听骨链固定。
c)一耳听力障碍(≥41 dBHL)。
d)一侧前庭平衡功能障碍,伴同侧听力减退。

e)一耳外耳道横截面 1/2 以上狭窄。

5.3.5 轻微伤

a)外伤性鼓膜穿孔。
b)鼓室积血。
c)外伤后听力减退。

5.4 视器视力损伤

5.4.1 重伤一级

a)一眼眼球萎缩或者缺失,另一眼盲目 3 级。
b)一眼视野完全缺损,另一眼视野半径 20°以下(视野有效值 32%以下)。
c)双眼盲目 4 级。

5.4.2 重伤二级

a)一眼盲目 3 级。
b)一眼重度视力损害,另一眼中度视力损害。
c)一眼视野半径 10°以下(视野有效值 16%以下)。
d)双眼偏盲;双眼残留视野半径 30°以下(视野有效值 48%以下)。

5.4.3 轻伤一级

a)外伤性青光眼,经治疗难以控制眼压。
b)一眼虹膜完全缺损。
c)一眼重度视力损害;双眼中度视力损害。
d)一眼视野半径 30°以下(视野有效值 48%以下);双眼视野半径 50°以下(视野有效值 80%以下)。

5.4.4 轻伤二级

a)眼球穿通伤或者眼球破裂伤;前房出血须手术治疗;房角后退;虹膜根部离断或者虹膜缺损超过 1 个象限;睫状体脱离;晶状体脱位;玻璃体积血;外伤性视网膜脱离;外伤性视网膜出血;外伤性黄斑裂孔;外伤性脉络膜脱离。
b)角膜斑翳或者血管翳;外伤性白内障;外伤性低眼压;外伤性青光眼。
c)瞳孔括约肌损伤致瞳孔显著变形或者瞳孔散大(直径 0.6 cm 以上)。
d)斜视;复视。
e)睑球粘连。
f)一眼矫正视力减退至 0.5 以下(或者较伤前视力下降 0.3 以上);双眼矫正视力减退至 0.7 以下(或者较伤前视力下降 0.2 以上);原单眼中度以上视力损害者,伤后视力降低一个级别。
g)一眼视野半径 50°以下(视野有效值 80%以下)。

5.4.5 轻微伤

a)眼球损伤影响视力。

5.5 颈部损伤

5.5.1 重伤一级

a)颈部大血管破裂。
b)咽喉部广泛毁损,呼吸完全依赖气管套管或者造口。
c)咽或者食管广泛毁损,进食完全依赖胃管或者造口。

5.5.2 重伤二级

a)甲状旁腺功能低下(重度)。

b)甲状腺功能低下,药物依赖。
c)咽部、咽后区、喉或者气管穿孔。
d)咽喉或者颈部气管损伤,遗留呼吸困难(3级)。
e)咽或者食管损伤,遗留吞咽功能障碍(只能进流食)。
f)喉损伤遗留发声障碍(重度)。
g)颈内动脉血栓形成,血管腔狭窄(50%以上)。
h)颈总动脉血栓形成,血管腔狭窄(25%以上)。
i)颈前三角区增生瘢痕,面积累计30.0 cm² 以上。

5.5.3　轻伤一级

a)颈前部单个创口或者瘢痕长度10.0 cm以上;多个创口或者瘢痕长度累计16.0 cm以上。
b)颈前三角区瘢痕,单块面积10.0 cm² 以上;多块面积累计12.0 cm² 以上。
c)咽喉部损伤遗留发声或者构音障碍。
d)咽或者食管损伤,遗留吞咽功能障碍(只能进半流食)。
e)颈总动脉血栓形成;颈内动脉血栓形成;颈外动脉血栓形成;椎动脉血栓形成。

5.5.4　轻伤二级

a)颈前部单个创口或者瘢痕长度5.0 cm以上;多个创口或者瘢痕长度累计8.0 cm以上。
b)颈前部瘢痕,单块面积4.0 cm² 以上,或者两块以上面积累计6.0 cm² 以上。
c)甲状腺挫裂伤。
d)咽喉软骨骨折。
e)喉或者气管损伤。
f)舌骨骨折。
g)膈神经损伤。
h)颈部损伤出现窒息征象。

5.5.5　轻微伤

a)颈部创口或者瘢痕长度1.0 cm以上。
b)颈部擦伤面积4.0 cm² 以上。
c)颈部挫伤面积2.0 cm² 以上。
d)颈部划伤长度5.0 cm以上。

5.6　胸部损伤

5.6.1　重伤一级

a)心脏损伤,遗留心功能不全(心功能Ⅳ级)。
b)肺损伤致一侧全肺切除或者双肺三肺叶切除。

5.6.2　重伤二级

a)心脏损伤,遗留心功能不全(心功能Ⅲ级)。
b)心脏破裂;心包破裂。
c)女性双侧乳房损伤,完全丧失哺乳功能;女性一侧乳房大部分缺失。
d)纵隔血肿或者气肿,须手术治疗。
e)气管或者支气管破裂,须手术治疗。
f)肺破裂,须手术治疗。
g)血胸、气胸或者血气胸,伴一侧肺萎陷70%以上,或者双侧肺萎陷均在50%以上。
h)食管穿孔或者全层破裂,须手术治疗。
i)脓胸或者肺脓肿;乳糜胸;支气管胸膜瘘;食管胸膜瘘;食管支气管瘘。

j)胸腔大血管破裂。

k)膈肌破裂。

5.6.3 轻伤一级

a)心脏挫伤致心包积血。

b)女性一侧乳房损伤,丧失哺乳功能。

c)肋骨骨折6处以上。

d)纵隔血肿;纵隔气肿。

e)血胸、气胸或者血气胸,伴一侧肺萎陷30%以上,或者双侧肺萎陷均在20%以上。

f)食管挫裂伤。

5.6.4 轻伤二级

a)女性一侧乳房部分缺失或者乳腺导管损伤。

b)肋骨骨折2处以上。

c)胸骨骨折;锁骨骨折;肩胛骨骨折。

d)胸锁关节脱位;肩锁关节脱位。

e)胸部损伤,致皮下气肿1周不能自行吸收。

f)胸腔积血;胸腔积气。

g)胸壁穿透创。

h)胸部挤压出现窒息征象。

5.6.5 轻微伤

a)肋骨骨折;肋软骨骨折。

b)女性乳房擦挫伤。

5.7 腹部损伤

5.7.1 重伤一级

a)肝功能损害(重度)。

b)胃肠道损伤致消化吸收功能严重障碍,依赖肠外营养。

c)肾功能不全(尿毒症期)。

5.7.2 重伤二级

a)腹腔大血管破裂。

b)胃、肠、胆囊或者胆道全层破裂,须手术治疗。

c)肝、脾、胰或者肾破裂,须手术治疗。

d)输尿管损伤致尿外渗,须手术治疗。

e)腹部损伤致肠瘘或者尿瘘。

f)腹部损伤引起弥漫性腹膜炎或者感染性休克。

g)肾周血肿或者肾包膜下血肿,须手术治疗。

h)肾功能不全(失代偿期)。

i)肾损伤致肾性高血压。

j)外伤性肾积水;外伤性肾动脉瘤;外伤性肾动静脉瘘。

k)腹腔积血或者腹膜后血肿,须手术治疗。

5.7.3 轻伤一级

a)胃、肠、胆囊或者胆道非全层破裂。

b)肝包膜破裂;肝脏实质内血肿直径2.0 cm以上。

c)脾包膜破裂;脾实质内血肿直径2.0 cm以上。
d)胰腺包膜破裂。
e)肾功能不全(代偿期)。

5.7.4 轻伤二级

a)胃、肠、胆囊或者胆道挫伤。
b)肝包膜下或者实质内出血。
c)脾包膜下或者实质内出血。
d)胰腺挫伤。
e)肾包膜下或者实质内出血。
f)肝功能损害(轻度)。
g)急性肾功能障碍(可恢复)。
h)腹腔积血或者腹膜后血肿。
i)腹壁穿透创。

5.7.5 轻微伤

a)外伤性血尿。

5.8 盆部及会阴损伤

5.8.1 重伤一级

a)阴茎及睾丸全部缺失。
b)子宫及卵巢全部缺失。

5.8.2 重伤二级

a)骨盆骨折畸形愈合,致双下肢相对长度相差5.0 cm以上。
b)骨盆不稳定性骨折,须手术治疗。
c)直肠破裂,须手术治疗。
d)肛管损伤致大便失禁或者肛管重度狭窄,须手术治疗。
e)膀胱破裂,须手术治疗。
f)后尿道破裂,须手术治疗。
g)尿道损伤致重度狭窄。
h)损伤致早产或者死胎;损伤致胎盘早期剥离或者流产,合并轻度休克。
i)子宫破裂,须手术治疗。
j)卵巢或者输卵管破裂,须手术治疗。
k)阴道重度狭窄。
l)幼女阴道Ⅱ度撕裂伤。
m)女性会阴或者阴道Ⅲ度撕裂伤。
n)龟头缺失达冠状沟。
o)阴囊皮肤撕脱伤面积占阴囊皮肤面积50%以上。
p)双侧睾丸损伤,丧失生育能力。
q)双侧附睾或者输精管损伤,丧失生育能力。
r)直肠阴道瘘;膀胱阴道瘘;直肠膀胱瘘。
s)重度排尿障碍。

5.8.3 轻伤一级

a)骨盆2处以上骨折;骨盆骨折畸形愈合;髋臼骨折。
b)前尿道破裂,须手术治疗。

c) 输尿管狭窄。

d) 一侧卵巢缺失或者萎缩。

e) 阴道轻度狭窄。

f) 龟头缺失1/2以上。

g) 阴囊皮肤撕脱伤面积占阴囊皮肤面积30%以上。

h) 一侧睾丸或者附睾缺失;一侧睾丸或者附睾萎缩。

5.8.4 轻伤二级

a) 骨盆骨折。

b) 直肠或者肛管挫裂伤。

c) 一侧输尿管挫裂伤;膀胱挫裂伤;尿道挫裂伤。

d) 子宫挫裂伤;一侧卵巢或者输卵管挫裂伤。

e) 阴道撕裂伤。

f) 女性外阴皮肤创口或者瘢痕长度累计4.0 cm以上。

g) 龟头部分缺损。

h) 阴茎撕脱伤;阴茎皮肤创口或者瘢痕长度2.0 cm以上;阴茎海绵体出血并形成硬结。

i) 阴囊壁贯通创;阴囊皮肤创口或者瘢痕长度累计4.0 cm以上;阴囊内积血,2周内未完全吸收。

j) 一侧睾丸破裂、血肿、脱位或者扭转。

k) 一侧输精管破裂。

l) 轻度肛门失禁或者轻度肛门狭窄。

m) 轻度排尿障碍。

n) 外伤性难免流产;外伤性胎盘早剥。

5.8.5 轻微伤

a) 会阴部软组织挫伤。

b) 会阴创;阴囊创;阴茎创。

c) 阴囊皮肤挫伤。

d) 睾丸或者阴茎挫伤。

e) 外伤性先兆流产。

5.9 脊柱四肢损伤

5.9.1 重伤一级

a) 二肢以上离断或者缺失(上肢腕关节以上、下肢踝关节以上)。

b) 二肢六大关节功能完全丧失。

5.9.2 重伤二级

a) 四肢任一大关节强直畸形或者功能丧失50%以上。

b) 臂丛神经干性或者束性损伤,遗留肌瘫(肌力3级以下)。

c) 正中神经肘部以上损伤,遗留肌瘫(肌力3级以下)。

d) 桡神经肘部以上损伤,遗留肌瘫(肌力3级以下)。

e) 尺神经肘部以上损伤,遗留肌瘫(肌力3级以下)。

f) 骶丛神经或者坐骨神经损伤,遗留肌瘫(肌力3级以下)。

g) 股骨干骨折缩短5.0 cm以上、成角畸形30°以上或者严重旋转畸形。

h) 胫腓骨骨折缩短5.0 cm以上、成角畸形30°以上或者严重旋转畸形。

i) 膝关节挛缩畸形屈曲30°以上。

j) 一侧膝关节交叉韧带完全断裂遗留旋转不稳。

k)股骨颈骨折或者髋关节脱位,致股骨头坏死。
l)四肢长骨骨折不愈合或者假关节形成;四肢长骨骨折并发慢性骨髓炎。
m)一足离断或者缺失50%以上;足跟离断或者缺失50%以上。
n)一足的第一趾和其余任何二趾离断或者缺失;一足除第一趾外,离断或者缺失4趾。
o)两足5个以上足趾离断或者缺失。
p)一足第一趾及其相连的跖骨离断或者缺失。
q)一足除第一趾外,任何三趾及其相连的跖骨离断或者缺失。

5.9.3 轻伤一级

a)四肢任一大关节功能丧失25%以上。
b)一节椎体压缩骨折超过1/3以上;二节以上椎体骨折;三处以上横突、棘突或者椎弓骨折。
c)膝关节韧带断裂伴半月板破裂。
d)四肢长骨骨折畸形愈合。
e)四肢长骨粉碎性骨折或者两处以上骨折。
f)四肢长骨骨折累及关节面。
g)股骨颈骨折未见股骨头坏死,已行假体置换。
h)髌板断裂。
i)一足离断或者缺失10%以上;足跟离断或者缺失20%以上。
j)一足的第一趾离断或者缺失;一足除第一趾外的任何二趾离断或者缺失。
k)三个以上足趾离断或者缺失。
l)除第一趾外任何一趾及其相连的跖骨离断或者缺失。
m)肢体皮肤创口或者瘢痕长度累计45.0 cm以上。

5.9.4 轻伤二级

a)四肢任一大关节功能丧失10%以上。
b)四肢重要神经损伤。
c)四肢重要血管破裂。
d)椎骨骨折或者脊椎脱位(尾椎脱位不影响功能的除外);外伤性椎间盘突出。
e)肢体大关节韧带断裂;半月板破裂。
f)四肢长骨骨折;髌骨骨折。
g)骨骺分离。
h)损伤致肢体大关节脱位。
i)第一趾缺失超过趾间关节;除第一趾外,任何二趾缺失超过趾间关节;一趾缺失。
j)两节趾骨骨折;一节趾骨骨折合并一跖骨骨折。
k)两跖骨骨折或者一跖骨完全骨折;距骨、跟骨、骰骨、楔骨或者足舟骨骨折;跖跗关节脱位。
l)肢体皮肤一处创口或者瘢痕长度10.0 cm以上;两处以上创口或者瘢痕长度累计15.0 cm以上。

5.9.5 轻微伤

a)肢体一处创口或者瘢痕长度1.0 cm以上;两处以上创口或者瘢痕长度累计1.5 cm以上;刺创深达肌层。
b)肢体关节、肌腱或者韧带损伤。
c)骨挫伤。
d)足骨骨折。
e)外伤致趾甲脱落,甲床暴露;甲床出血。
f)尾椎脱位。

5.10 手损伤

5.10.1 重伤一级
a)双手离断、缺失或者功能完全丧失。

5.10.2 重伤二级
a)手功能丧失累计达一手功能36%。
b)一手拇指挛缩畸形不能对指和握物。
c)一手除拇指外,其余任何三指挛缩畸形,不能对指和握物。
d)一手拇指离断或者缺失超过指间关节。
e)一手示指和中指全部离断或者缺失。
f)一手除拇指外的任何三指离断或者缺失均超过近侧指间关节。

5.10.3 轻伤一级
a)手功能丧失累计达一手功能16%。
b)一手拇指离断或者缺失未超过指间关节。
c)一手除拇指外示指和中指离断或者缺失均超过远侧指间关节。
d)一手除拇指外的环指和小指离断或者缺失均超过近侧指间关节。

5.10.4 轻伤二级
a)手功能丧失累计达一手功能4%。
b)除拇指外的一个指节离断或者缺失。
c)两节指骨线性骨折或者一节指骨粉碎性骨折(不含第2至5指末节)。
d)舟骨骨折、月骨脱位或者掌骨完全性骨折。

5.10.5 轻微伤
a)手擦伤面积10.0 cm² 以上或者挫伤面积6.0 cm² 以上。
b)手一处创口或者瘢痕长度1.0 cm 以上;两处以上创口或者瘢痕长度累计1.5 cm 以上;刺伤深达肌层。
c)手关节或者肌腱损伤。
d)腕骨、掌骨或者指骨骨折。
e)外伤致指甲脱落,甲床暴露;甲床出血。

5.11 体表损伤

5.11.1 重伤二级
a)挫伤面积累计达体表面积30%。
b)创口或者瘢痕长度累计200.0 cm 以上。

5.11.2 轻伤一级
a)挫伤面积累计达体表面积10%。
b)创口或者瘢痕长度累计40.0 cm 以上。
c)撕脱伤面积100.0 cm² 以上。
d)皮肤缺损30.0 cm² 以上。

5.11.3 轻伤二级
a)挫伤面积达体表面积6%。
b)单个创口或者瘢痕长度10.0 cm 以上;多个创口或者瘢痕长度累计15.0 cm 以上。
c)撕脱伤面积50.0 cm² 以上。

d)皮肤缺损 6.0 cm² 以上。

5.11.4　轻微伤

a)擦伤面积 20.0 cm² 以上或者挫伤面积 15.0 cm² 以上。

b)一处创口或者瘢痕长度 1.0 cm 以上;两处以上创口或者瘢痕长度累计 1.5 cm 以上;刺创深达肌层。

c)咬伤致皮肤破损。

5.12　其他损伤

5.12.1　重伤一级

a)深Ⅱ度以上烧烫伤面积达体表面积 70％或者Ⅲ度面积达 30％。

5.12.2　重伤二级

a)Ⅱ度以上烧烫伤面积达体表面积 30％或者Ⅲ度面积达 10％;面积低于上述程度但合并吸入有毒气体中毒或者严重呼吸道烧烫伤。

b)枪弹创,创道长度累计 180.0 cm。

c)各种损伤引起脑水肿(脑肿胀),脑疝形成。

d)各种损伤引起休克(中度)。

e)挤压综合征(Ⅱ级)。

f)损伤引起脂肪栓塞综合征(完全型)。

g)各种损伤致急性呼吸窘迫综合征(重度)。

h)电击伤(Ⅱ度)。

i)溺水(中度)。

j)脑内异物存留;心脏异物存留。

k)器质性阴茎勃起障碍(重度)。

5.12.3　轻伤一级

a)Ⅱ度以上烧烫伤面积达体表面积 20％或者Ⅲ度面积达 5％。

b)损伤引起脂肪栓塞综合征(不完全型)。

c)器质性阴茎勃起障碍(中度)。

5.12.4　轻伤二级

a)Ⅱ度以上烧烫伤面积达体表面积 5％或者Ⅲ度面积达 0.5％。

b)呼吸道烧伤。

c)挤压综合征(Ⅰ级)。

d)电击伤(Ⅰ度)。

e)溺水(轻度)。

f)各种损伤引起的休克(轻度)。

g)呼吸功能障碍,出现窒息征象。

h)面部异物存留;眶内异物存留;鼻窦异物存留。

i)胸腔内异物存留;腹腔内异物存留;盆腔内异物存留。

j)深部组织内异物存留。

k)骨折内固定物损坏需要手术更换或者修复。

l)各种置入式假体装置损坏需要手术更换或者修复。

m)器质性阴茎勃起障碍(轻度)。

5.12.5　轻微伤

a)身体各部位骨皮质的砍(刺)痕;轻微撕脱性骨折,无功能障碍。

b) 面部Ⅰ度烧烫伤面积 10.0 cm² 以上；浅Ⅱ度烧烫伤。
c) 颈部Ⅰ度烧烫伤面积 15.0 cm² 以上；浅Ⅱ度烧烫伤面积 2.0 cm² 以上。
d) 体表Ⅰ度烧烫伤面积 20.0 cm² 以上；浅Ⅱ度烧烫伤面积 4.0 cm² 以上；深Ⅱ度烧烫伤。

6 附　　则

6.1　伤后因其他原因死亡的个体，其生前损伤比照本标准相关条款综合鉴定。

6.2　未列入本标准中的物理性、化学性和生物性等致伤因素造成的人体损伤，比照本标准中的相应条款综合鉴定。

6.3　本标准所称的损伤是指各种致伤因素所引起的人体组织器官结构破坏或者功能障碍。反应性精神病、癔症等，均为内源性疾病，不宜鉴定损伤程度。

6.4　本标准未作具体规定的损伤，可以遵循损伤程度等级划分原则，比照本标准相近条款进行损伤程度鉴定。

6.5　盲管创、贯通创，其创道长度可视为皮肤创口长度，并参照皮肤创口长度相应条款鉴定损伤程度。

6.6　牙折包括冠折、根折和根冠折，冠折须暴露髓腔。

6.7　骨皮质的砍（刺）痕或者轻微撕脱性骨折（无功能障碍）的，不构成本标准所指的轻伤。

6.8　本标准所称大血管是指胸主动脉、主动脉弓分支、肺动脉、肺静脉、上腔静脉和下腔静脉，腹主动脉、髂总动脉、髂外动脉、髂外静脉。

6.9　本标准四肢大关节是指肩、肘、腕、髋、膝、踝等六大关节。

6.10　本标准四肢重要神经是指臂丛及其分支神经（包括正中神经、尺神经、桡神经和肌皮神经等）和腰骶丛及其分支神经（包括坐骨神经、腓总神经、腓浅神经和胫神经等）。

6.11　本标准四肢重要血管是指与四肢重要神经伴行的同名动、静脉。

6.12　本标准幼女或者儿童是指年龄不满 14 周岁的个体。

6.13　本标准所称的假体是指植入体内替代组织器官功能的装置，如颅骨修补材料、人工晶体、义眼座、固定义齿（种植牙）、阴茎假体、人工关节、起搏器、支架等，但可摘式义眼、义齿等除外。

6.14　移植器官损伤参照相应条款综合鉴定。

6.15　本标准所称组织器官包括再植或者再造成活的。

6.16　组织器官缺失是指损伤当时完全离体或者仅有少量皮肤和皮下组织相连，或者因损伤经手术切除的。器官离断（包括牙齿脱落），经再植、再造手术成功的，按损伤当时情形鉴定损伤程度。

6.17　对于两个部位以上同类损伤可以累加，比照相关部位数值规定高的条款进行评定。

6.18　本标准所涉及的体表损伤数值，0～6 岁按 50% 计算，7～10 岁按 60% 计算，11～14 岁按 80% 计算。

6.19　本标准中出现的数字均含本数。

附录 A
（规范性附录）
损伤程度等级划分原则

A.1 重伤一级

各种致伤因素所致的原发性损伤或者由原发性损伤引起的并发症,严重危及生命;遗留肢体严重残废或者重度容貌毁损;严重丧失听觉、视觉或者其他重要器官功能。

A.2 重伤二级

各种致伤因素所致的原发性损伤或者由原发性损伤引起的并发症,危及生命;遗留肢体残废或者轻度容貌毁损;丧失听觉、视觉或者其他重要器官功能。

A.3 轻伤一级

各种致伤因素所致的原发性损伤或者由原发性损伤引起的并发症,未危及生命;遗留组织器官结构、功能中度损害或者明显影响容貌。

A.4 轻伤二级

各种致伤因素所致的原发性损伤或者由原发性损伤引起的并发症,未危及生命;遗留组织器官结构、功能轻度损害或者影响容貌。

A.5 轻微伤

各种致伤因素所致的原发性损伤,造成组织器官结构轻微损害或者轻微功能障碍。

A.6 等级限度

重伤二级是重伤的下限,与重伤一级相衔接,重伤一级的上限是致人死亡;轻伤二级是轻伤的下限,与轻伤一级相衔接,轻伤一级的上限与重伤二级相衔接;轻微伤的上限与轻伤二级相衔接,未达轻微伤标准的,不鉴定为轻微伤。

附录 B
（规范性附录）
功能损害判定基准和使用说明

B.1 颅脑损伤

B.1.1 智能(IQ)减退

极重度智能减退:IQ 低于 25;语言功能丧失;生活完全不能自理。

重度智能减退:IQ 25～39 之间;语言功能严重受损,不能进行有效的语言交流;生活大部分不能自理。

中度智能减退:IQ 40~54 之间;能掌握日常生活用语,但词汇贫乏,对周围环境辨别能力差,只能以简单的方式与人交往;生活部分不能自理,能做简单劳动。

轻度智能减退:IQ 55~69 之间;无明显语言障碍,对周围环境有较好的辨别能力,能比较恰当的与人交往;生活能自理,能做一般非技术性工作。

边缘智能状态:IQ 70~84 之间;抽象思维能力或者思维广度、深度机敏性显示不良;不能完成高级复杂的脑力劳动。

B.1.2 器质性精神障碍

有明确的颅脑损伤伴不同程度的意识障碍病史,并且精神障碍发生和病程与颅脑损伤相关。症状表现为:意识障碍;遗忘综合征;痴呆;器质性人格改变;精神病性症状;神经症样症状;现实检验能力或者社会功能减退。

B.1.3 生活自理能力

生活自理能力主要包括以下五项。

（1）进食。
（2）翻身。
（3）大、小便。
（4）穿衣、洗漱。
（5）自主行动。

生活完全不能自理:是指上述五项均需依赖护理者。

生活大部分不能自理:是指上述五项中三项以上需依赖护理者。

生活部分不能自理:是指上述五项中一项以上需依赖护理者。

B.1.4 肌瘫（肌力）

0 级:肌肉完全瘫痪,毫无收缩。
1 级:可看到或者触及肌肉轻微收缩,但不能产生动作。
2 级:肌肉在不受重力影响下,可进行运动,即肢体能在床面上移动,但不能抬高。
3 级:在和地心引力相反的方向中尚能完成其动作,但不能对抗外加的阻力。
4 级:能对抗一定的阻力,但较正常人为低。
5 级:正常肌力。

B.1.5 非肢体瘫的运动障碍

非肢体瘫的运动障碍包括肌张力增高,共济失调,不自主运动或者震颤等。根据其对生活自理影响的程度划分为轻、中、重三度。

重度:不能自行进食,大小便,洗漱,翻身和穿衣,需要他人护理。
中度:上述动作困难,但在他人帮助下可以完成。
轻度:完成上述动作虽有一些困难,但基本可以自理。

B.1.6 外伤性迟发性癫痫应具备的条件

（1）确证的头部外伤史。
（2）头部外伤 90 日后仍被证实有癫痫的临床表现。
（3）脑电图检查（包括常规清醒脑电图检查、睡眠脑电图检查或者较长时间连续同步录像脑电图检查等）显示异常脑电图。
（4）影像学检查确证颅脑器质性损伤。

B.1.7 肛门失禁

重度:大便不能控制;肛门括约肌收缩力很弱或者丧失;肛门括约肌收缩反射很弱或者消失;直肠内压测定,肛门注水法<20 cmH$_2$O。

轻度:稀便不能控制;肛门括约肌收缩力较弱;肛门括约肌收缩反射较弱;直肠内压测定,肛门注水法 20~30 cmH$_2$O。

B.1.8 排尿障碍

重度:出现真性重度尿失禁或者尿潴留残余尿≥50 mL。

轻度:出现真性轻度尿失禁或者尿潴留残余尿<50 mL。

B.2 头面部损伤

B.2.1 眼睑外翻

重度外翻:睑结膜严重外翻,穹隆部消失。

中度外翻:睑结膜和睑板结膜外翻。

轻度外翻:睑结膜与眼球分离,泪点脱离泪阜。

B.2.2 容貌毁损

重度:面部瘢痕畸形,并有以下六项中四项者。(1)眉毛缺失;(2)双睑外翻或者缺失;(3)外耳缺失;(4)鼻缺失;(5)上、下唇外翻或者小口畸形;(6)颈颏粘连。

中度:具有以下六项中三项者。(1)眉毛部分缺失;(2)眼睑外翻或者部分缺失;(3)耳廓部分缺失;(4)鼻翼部分缺失;(5)唇外翻或者小口畸形;(6)颈部瘢痕畸形。

轻度:含中度畸形六项中二项者。

B.2.3 面部及中心区

面部的范围是指前额发际下,两耳屏前与下颌下缘之间的区域,包括额部、眶部、鼻部、口唇部、颏部、颧部、颊部、腮腺咬肌部。

面部中心区:以眉弓水平线为上横线,以下唇唇红缘中点处作水平线为下横线,以双侧外眦处作两条垂直线,上述四条线围绕的中央部分为中心区。

B.2.4 面瘫(面神经麻痹)

本标准涉及的面瘫主要是指外周性(核下性)面神经损伤所致。

完全性面瘫:是指面神经5个分支(颞支、颧支、颊支、下颌缘支和颈支)支配的全部颜面肌肉瘫痪,表现为:额纹消失,不能皱眉;眼睑不能充分闭合,鼻唇沟变浅;口角下垂,不能示齿,鼓腮,吹口哨,饮食时汤水流逸。

不完全性面瘫:是指面神经颧支、下颌支或者颞支和颊支损伤出现部分上述症状和体征。

B.2.5 张口困难分级

张口困难Ⅰ度:大张口时,只能垂直置入示指和中指。

张口困难Ⅱ度:大张口时,只能垂直置入示指。

张口困难Ⅲ度:大张口时,上、下切牙间距小于示指之横径。

B.3 听器听力损伤

听力损失计算应按照世界卫生组织推荐的听力减退分级的频率范围,取 0.5、1、2、4 kHz 四个频率气导听阈级的平均值。如所得均值不是整数,则小数点后之尾数采用 4 舍 5 入法进为整数。

纯音听阈级测试时,如某一频率纯音气导最大声输出仍无反应时,以最大声输出值作为该频率听阈级。

听觉诱发电位测试时,若最大输出声强仍引不出反应波形的,以最大输出声强为反应阈值。在听阈评估时,听力学单位一律使用听力级(dBHL)。一般情况下,受试者听觉诱发电位反应阈要比其行为听阈高 10~20 dB(该差值又称"校正值"),即受试者的行为听阈等于其听觉诱发电位反应阈减去"校正值"。听觉诱发电位检测实验室应建立自己的"校正值",如果没有自己的"校正值",则取平均值(15 dB)

作为"较正值"。

纯音气导听阈级应考虑年龄因素,按照《纯音气导阈的年龄修正值》(GB7582-87)(表B-1)听阈级偏差的中值(50%)进行修正,其中4000 Hz的修正值参考2000 Hz的数值。

表 B-1 纯音气导阈值的年龄修正值(GB7582-87)

年龄	男			女		
	500 Hz	1000 Hz	2000 Hz	500 Hz	1000 Hz	2000 Hz
30	1	1	1	1	1	1
40	2	2	3	2	2	3
50	4	4	7	4	4	6
60	6	7	12	6	7	11
70	10	11	19	10	11	16

B.4 视觉器官损伤

B.4.1 盲及视力损害分级

见表 B-2。

表 B-2 盲及视力损害分级标准(2003年,WHO)

分类	远视力低于	远视力等于或优于
轻度或无视力损害		0.3
中度视力损害(视力损害1级)	0.3	0.1
重度视力损害(视力损害2级)	0.1	0.05
盲(盲目3级)	0.05	0.02
盲(盲目4级)	0.02	光感
盲(盲目5级)		无光感

B.4.2 视野缺损

视野有效值(表B-3)计算公式:

$$\text{实测视野有效值}(\%) = \frac{8\text{条子午线实测视野值的总和}}{500}$$

表 B-3 视野有效值与视野半径的换算

视野有效值/(%)	视野度数(半径)
8	5°
16	10°
24	15°
32	20°
40	25°
48	30°
56	35°
64	40°
72	45°

续表

视野有效值/(%)	视野度数(半径)
80	50°
88	55°
96	60°

B.5 颈部损伤

B.5.1 甲状腺功能低下

重度：临床症状严重；T_3、T_4 或者 FT_3、FT_4 低于正常值，TSH>50 μU/L。

中度：临床症状较重；T_3、T_4 或者 FT_3、FT_4 正常，TSH>50 μU/L。

轻度：临床症状较轻；T_3、T_4 或者 FT_3、FT_4 正常，TSH，轻度增高但<50 μU/L。

B.5.2 甲状旁腺功能低下(以下分级需结合临床症状分析)

重度：空腹血钙<6 mg/dL。

中度：空腹血钙 6～7 mg/dL。

轻度：空腹血钙 7.1～8 mg/dL。

B.5.3 发声功能障碍

重度：声哑、不能出声。

轻度：发音过弱、声嘶、低调、粗糙、带鼻音。

B.5.4 构音障碍

严重构音障碍：表现为发音不分明，语不成句，难以听懂，甚至完全不能说话。

轻度构音障碍：表现为发音不准，吐字不清，语调速度、节律等异常，鼻音过重。

B.6 胸部损伤

B.6.1 心功能分级

Ⅰ级：体力活动不受限，日常活动不引起过度的乏力、呼吸困难或者心悸。即心功能代偿期。

Ⅱ级：体力活动轻度受限，休息时无症状，日常活动即可引起乏力、心悸、呼吸困难或者心绞痛。亦称Ⅰ度或者轻度心衰。

Ⅲ级：体力活动明显受限，休息时无症状，轻于日常的活动即可引起上述症状。亦称Ⅱ度或者中度心衰。

Ⅳ级：不能从事任何体力活动，休息时亦有充血性心衰或心绞痛症状，任何体力活动后加重。亦称Ⅲ度或者重度心衰。

B.6.2 呼吸困难

1级：与同年龄健康者在平地一同步行无气短，但登山或者上楼时呈气短。

2级：平路步行 1000 m 无气短，但不能与同龄健康者保持同样速度，平路快步行走呈现气短，登山或者上楼时气短明显。

3级：平路步行 100 m 即有气短。

4级：稍活动(如穿衣、谈话)即气短。

B.6.3 窒息征象

临床表现为面、颈、上胸部皮肤出现针尖大小的出血点，以面部与眼眶部为明显；球睑结膜下出现出血斑点。

B.7 腹部损伤

B.7.1 肝功能损害

见表 B-4。

表 B-4 肝功能损害分度

程　度	血清清蛋白	血清总胆红素	腹　水	脑　症	凝血酶原时间
重度	<2.5 g/dL	>3.0 mg/dL	顽固性	明显	明显延长（较对照组大于9秒）
中度	2.5～3.0 g/dL	2.0～3.0 mg/dL	无或者少量，治疗后消失	无或者轻度	延长（较对照组超过6秒）
轻度	3.1～3.5 g/dL	1.5～2.0 mg/dL	无	无	稍延长（较对照组超过3秒）

B.7.2 肾功能不全

见表 B-5。

表 B-5 肾功能不全分期

分　期	内生肌酐清除率	血尿素氮浓度	血肌酐浓度	临　床　症　状
代偿期	降至正常的50% 50～70 mL/min	正常	正常	通常无明显临床症状
失代偿期	25～49 mL/min		177～450 μmol/L（2～5 mg/dL）	无明显临床症状，可有轻度贫血；夜尿、多尿
尿毒症期	<25 mL/min	>21.4 mmol/L（60 mg/dL）	450～707 μmol/L（5～8 mg/dL）	常伴有酸中毒和严重尿毒症临床症状

B.7.3 会阴及阴道撕裂

Ⅰ度：会阴部黏膜、阴唇系带、前庭黏膜、阴道黏膜等处有撕裂，但未累及肌层及筋膜。
Ⅱ度：撕裂伤累及盆底肌肉筋膜，但未累及肛门括约肌。
Ⅲ度：肛门括约肌全部或者部分撕裂，甚至直肠前壁亦被撕裂。

B.8 其他损伤

B.8.1 烧烫伤分度

见表 B-6。

表 B-6 烧伤深度分度

程度		损伤组织	烧伤部位特点	愈后情况
Ⅰ度		表皮	皮肤红肿，有热、痛感，无水疱，干燥，局部温度稍有增高	不留瘢痕
Ⅱ度	浅Ⅱ度	真皮浅层	剧痛，表皮有大而薄的水疱，疱底有组织充血和明显水肿；组织坏死仅限于皮肤的真皮层，局部温度明显增高	不留瘢痕
	深Ⅱ度	真皮深层	痛，损伤已达真皮深层，水疱较小，表皮和真皮层大部分凝固和坏死。将已分离的表皮揭去，可见基底微湿，色泽苍白上有红出血点，局部温度较低	可留下瘢痕
Ⅲ度		全层皮肤或者皮下组织、肌肉、骨骼	不痛，皮肤全层坏死，干燥如皮革样，不起水疱，蜡白或者焦黄，炭化，知觉丧失，脂肪层的大静脉全部坏死，局部温度低，发凉	需自体皮肤移植，有瘢痕或者畸形

B.8.2 电击伤

Ⅰ度:全身症状轻微,只有轻度心悸。触电肢体麻木,全身无力,如极短时间内脱离电源,稍休息可恢复正常。

Ⅱ度:触电肢体麻木,面色苍白,心跳、呼吸增快,甚至昏厥、意识丧失,但瞳孔不散大。对光反射存在。

Ⅲ度:呼吸浅而弱、不规则,甚至呼吸骤停。心律不齐,有室颤或者心搏骤停。

B.8.3 溺水

重度:落水后3~4分钟,神志昏迷,呼吸不规则,上腹部膨胀,心音减弱或者心跳、呼吸停止。淹溺到死亡的时间一般为5~6分钟。

中度:落水后1~2分钟,神志模糊,呼吸不规则或者表浅,血压下降,心跳减慢,反射减弱。

轻度:刚落水片刻,神志清,血压升高,心率、呼吸增快。

B.8.4 挤压综合征

系人体肌肉丰富的四肢与躯干部位因长时间受压(例如暴力挤压)或者其他原因造成局部循环障碍,结果引起肌肉缺血性坏死,出现肢体明显肿胀、肌红蛋白尿及高血钾等为特征的急性肾功能衰竭。

Ⅰ级:肌红蛋白尿试验阳性,肌酸磷酸激酶(CPK)增高,而无肾衰等周身反应者。

Ⅱ级:肌红蛋白尿试验阳性,肌酸磷酸激酶(CPK)明显升高,血肌酐和尿素氮增高,少尿,有明显血浆渗入组织间隙,致有效血容量丢失,出现低血压者。

Ⅲ级:肌红蛋白尿试验阳性,肌酸磷酸激酶(CPK)显著升高,少尿或者尿闭,休克,代谢性酸中毒以及高血钾者。

B.8.5 急性呼吸窘迫综合征

急性呼吸窘迫综合征(ARDS)须具备以下条件。

(1)有发病的高危因素。

(2)急性起病,呼吸频率数和/或呼吸窘迫。

(3)低氧血症,$PaO_2/FiO_2 \leq 200$ mmHg。

(4)胸部X线检查两肺浸润影。

(5)肺毛细血管楔压(PCWP)≤18 mmHg,或者临床上排除心源性肺水肿。

凡符合以上5项可诊断为急性呼吸窘迫综合征。其分度见表B-7。

表B-7 急性呼吸窘迫综合征分度

程度	临床分级			血气分析分级	
	呼吸频率	临床表现	X线示	吸空气	吸纯氧15分钟后
轻度	>35次/分	无发绀	无异常或者纹理增多,边缘模糊	氧分压<8.0 kPa 二氧化碳分压<4.7 kPa	氧分压<46.7 kPa Qs/Qt>10%
中度	>40次/分	发绀,肺部有异常体征	斑片状阴影或者呈磨玻璃样改变,可见支气管气相	氧分压<6.7 kPa 二氧化碳分压<5.3 kPa	氧分压<20.0 kPa Qs/Qt>20%
重度	呼吸极度窘迫	发绀进行性加重,肺广泛湿啰音或者实变	双肺大部分密度普遍增高,支气管气相明显	氧分压<5.3 kPa (40 mmHg) 二氧化碳分压>6.0 kPa	氧分压<13.3 kPa Qs/Qt>30%

B.8.6 脂肪栓塞综合征

不完全型(或者称部分症候群型):伤者骨折后出现胸部疼痛,咳呛震痛,胸闷气急,痰中带血,神疲身软,面色无华,皮肤出现淤血点,上肢无力举,脉多细涩。实验室检查有明显低氧血症,预后一般良好。

完全型（或者称典型症候群型）：伤者创伤骨折后出现神志恍惚，严重呼吸困难，口唇发绀，胸闷欲绝，脉细涩。本型初起表现为呼吸和心动过速、高热等非特异症状。此后出现呼吸窘迫、神志不清甚至昏迷等神经系统症状，在眼结膜及肩、胸皮下可见散在淤血点，实验室检查可见血色素降低，血小板减少，血沉增快以及出现低氧血症。肺部X线检查可见多变的进行性的肺部斑片状阴影改变和右心扩大。

B.8.7 休克分度

见表 B-8。

表 B-8 休克分度

程　度	血压（收缩压）	脉搏/（次/分）	全　身　状　况
轻度	12～13.3 kPa（90～100 mmHg）	90～100	尚好
中度	10～12 kPa（75～90 mmHg）	110～130	抑制、苍白、皮肤冷
重度	<10 kPa（75 mmHg）	120～160	明显抑制
垂危	0		呼吸障碍、意识模糊

B.8.8 器质性阴茎勃起障碍

重度：阴茎无勃起反应，阴茎硬度及周径均无改变。

中度：阴茎勃起时，0＜最大硬度＜40%，每次勃起持续时间＜10分钟。

轻度：阴茎勃起时，40%≤最大硬度＜60%，每次勃起持续时间＜10分钟。

附录 C
（资料性附录）
人体损伤程度鉴定常用技术

C.1 视力障碍检查

视力记录可采用小数记录或者5分记录两种方式。视力（指远距视力）经用镜片（包括接触镜，针孔镜等），纠正达到正常视力范围（0.8以上）或者接近正常视力范围（0.4～0.8）的都不属视力障碍范围。

中心视力好而视野缩小，以注视点为中心，视野半径小于10度而大于5度者为盲目3级，如半径小于5度者为盲目4级。

周边视野检查：视野缩小是指因损伤致眼球注视前方而不转动所能看到的空间范围缩窄，以致难以从事正常工作、学习或者其他活动。

对视野检查要求：视标颜色为白色，视标大小为5 mm，检查距离为330 mm，视野背景亮度为31.5 asb。

视力障碍检查：具体方法参考《视觉功能障碍法医鉴定指南》（SF/Z JD0103004）。

C.2 听力障碍检查

听力障碍检查应符合《听力障碍的法医学评定》（GA/T914）。

C.3 前庭平衡功能检查

本标准所指的前庭平衡功能丧失及前庭平衡功能减退，是指外力作用于颅脑或者耳部，造成前庭系统的损伤。伤后出现前庭平衡功能障碍的临床表现，自发性前庭体征检查法和诱发性前庭功能检查法等有阳性发现者,可结合听力检查和神经系统检查,以及影像学检查综合判定,确定前庭平衡功能是丧失,还是减退。

C.4 阴茎勃起功能检测

阴茎勃起功能检测应满足阴茎勃起障碍法医学鉴定的基本要求,具体方法参考《男子性功能障碍法医学鉴定规范》(SF/Z JD0103002)。

C.5 体表面积计算

九分估算法:成人体表面积视为100%,将总体表面积划分为11个9%等面积区域,即头(面)颈部占一个9%,双上肢占二个9%,躯干前后及会阴部占三个9%,臀部及双下肢占五个9%+1%(表C-1)。

表 C-1 体表面积的九分估算法

部位	面积/(%)	按九分法面积/(%)
头	6	(1×9)=9
颈	3	
前躯	13	
后躯	13	(3×9)=27
会阴	1	
双上臂	7	
双前臂	6	(2×9)=18
双手	5	
臀	5	
双大腿	21	(5×9+1)=46
双小腿	13	
双足	7	
全身合计	100	(11×9+1)=100

注:12岁以下儿童体表面积:头颈部=9+(12-年龄),双下肢=46-(12-年龄)。
手掌法:受检者五指并拢,一掌面相当其自身体表面积的1%。
公式计算法:体表面积(m^2)=0.0061×身长(cm)+0.0128×体重(kg)-0.1529。

C.6 肢体关节功能丧失程度评价

肢体关节功能评价使用说明(适用于四肢大关节功能评定)如下。

1. 各关节功能丧失程度等于相应关节所有轴位(如腕关节有两个轴位)和所有方位(如腕关节有四个方位)功能丧失值之和再除以相应关节活动的方位数之和。

2. 当关节活动受限于某一方位时,其同一轴位的另一方位功能丧失值以100%计。

3. 对疑有关节病变(如退行性变)并影响关节功能时,伤侧关节功能丧失值应与对侧进行比较,即同时用查表法分别求出伤侧和对侧关节功能丧失值,并用伤侧关节功能丧失值减去对侧关节功能丧失值即为伤侧关节功能实际丧失值。

4. 由于本标准对于关节功能的评定已经考虑到肌力减退对于关节功能的影响,故在测量关节运动活动度时,应以关节被动活动度为准。

C.6.1 肩关节功能丧失程度评定

见表 C-2。

表 C-2 肩关节功能丧失程度(%)

关节运动活动度		肌 力				
		≤M1	M2	M3	M4	M5
前屈	≥171	100	75	50	25	0
	151~170	100	77	55	32	10
	131~150	100	80	60	40	20
	111~130	100	82	65	47	30
	91~110	100	85	70	55	40
	71~90	100	87	75	62	50
	51~70	100	90	80	70	60
	31~50	100	92	85	77	70
	≤30	100	95	90	85	80
后伸	≥41	100	75	50	25	0
	31~40	100	80	60	40	20
	21~30	100	85	70	55	40
	11~20	100	90	80	70	60
	≤10	100	95	90	85	80
外展	≥171	100	75	50	25	0
	151~170	100	77	55	32	10
	131~150	100	80	60	40	20
	111~130	100	82	65	47	30
	91~110	100	85	70	55	40
	71~90	100	87	75	62	50
	51~70	100	90	80	70	60
	31~50	100	92	85	77	70
	≤30	100	95	90	85	80
内收	≥41	100	75	50	25	0
	31~40	100	80	60	40	20
	21~30	100	85	70	55	40
	11~20	100	90	80	70	60
	≤10	100	95	90	85	80
内旋	≥81	100	75	50	25	0
	71~80	100	77	55	32	10
	61~70	100	80	60	40	20
	51~60	100	82	65	47	30
	41~50	100	85	70	55	40
	31~40	100	87	75	62	50
	21~30	100	90	80	70	60
	11~20	100	92	85	77	70
	≤10	100	95	90	85	80

续表

	关节运动活动度	肌力				
		≤M1	M2	M3	M4	M5
外旋	≥81	100	75	50	25	0
	71~80	100	77	55	32	10
	61~70	100	80	60	40	20
	51~60	100	82	65	47	30
	41~50	100	85	70	55	40
	31~40	100	87	75	62	50
	21~30	100	90	80	70	60
	11~20	100	92	85	77	70
	≤10	100	95	90	85	80

C.6.2 肘关节功能丧失程度评定

见表 C-3。

表 C-3 肘关节功能丧失程度(%)

	关节运动活动度	肌力				
		≤M1	M2	M3	M4	M5
屈曲	≥41	100	75	50	25	0
	36~40	100	77	55	32	10
	31~35	100	80	60	40	20
	26~30	100	82	65	47	30
	21~25	100	85	70	55	40
	16~20	100	87	75	62	50
	11~15	100	90	80	70	60
	6~10	100	92	85	77	70
	≤5	100	95	90	85	80
伸展	81~90	100	75	50	25	0
	71~80	100	77	55	32	10
	61~70	100	80	60	40	20
	51~60	100	82	65	47	30
	41~50	100	85	70	55	40
	31~40	100	87	75	62	50
	21~30	100	90	8	70	60
	11~20	100	92	85	77	70
	≤10	100	95	90	85	80

注：为方便肘关节功能计算，此处规定肘关节以屈曲 90°为中立位 0°。

C.6.3 腕关节功能丧失程度评定

见表 C-4。

表 C-4 腕关节功能丧失程度(%)

关节运动活动度		≤M1	M2	M3	M4	M5
				肌 力		
掌屈	≥61	100	75	50	25	0
	51~60	100	77	55	32	10
	41~50	100	80	60	40	20
	31~40	100	82	65	47	30
	26~30	100	85	70	55	40
	21~25	100	87	75	62	50
	16~20	100	90	80	70	60
	11~15	100	92	85	77	70
	≤10	100	95	90	85	80
背屈	≥61	100	75	50	25	0
	51~60	100	77	55	32	10
	41~50	100	80	60	40	20
	31~40	100	82	65	47	30
	26~30	100	85	70	55	40
	21~25	100	87	75	62	50
	16~20	100	90	80	70	60
	11~15	100	92	85	77	70
	≤10	100	95	90	85	80
桡屈	≥21	100	75	50	25	0
	16~20	100	80	60	40	20
	11~15	100	85	70	55	40
	6~10	100	90	80	70	60
	≤5	100	95	90	85	80
尺屈	≥41	100	75	50	25	0
	31~40	100	80	60	40	20
	21~30	100	85	70	55	40
	11~20	100	90	80	70	60
	≤10	100	95	90	85	80

C.6.4 髋关节功能丧失程度评定

见表 C-5。

表 C-5 髋关节功能丧失程度(%)

关节运动活动度		≤M1	M2	M3	M4	M5
				肌 力		
前屈	≥121	100	75	50	25	0
	106~120	100	77	55	32	10
	91~105	100	80	60	40	20

续表

关节运动活动度		肌　力				
		≤M1	M2	M3	M4	M5
前屈	76～90	100	82	65	47	30
	61～75	100	85	70	55	40
	46～60	100	87	75	62	50
	31～45	100	90	80	70	60
	16～30	100	92	85	77	70
	≤15	100	95	90	85	80
后伸	≥11	100	75	50	25	0
	6～10	100	85	70	55	20
	1～5	100	90	80	70	50
	0	100	95	90	85	80
外展	≥41	100	75	50	25	0
	31～40	100	80	60	40	20
	21～30	100	85	70	55	40
	11～20	100	90	80	70	60
	≤10	100	95	90	85	80
内收	≥16	100	75	50	25	0
	11～15	100	80	60	40	20
	6～10	100	85	70	55	40
	1～5	100	90	80	70	60
	0	100	95	90	85	80
外旋	≥41	100	75	50	25	0
	31～40	100	80	60	40	20
	21～30	100	85	70	55	40
	11～20	100	90	80	70	60
	≤10	100	95	90	85	80
内旋	≥41	100	75	50	25	0
	31～40	100	80	60	0	20
	21～30	100	85	70	55	40
	11～20	100	90	80	70	60
	≤10	100	95	90	85	80

注：表中前屈指屈膝位前屈。

C.6.5　膝关节功能丧失程度评定

见表 C-6。

表 C-6　膝关节功能丧失程度(%)

关节运动活动度		肌　力				
		≤M1	M2	M3	M4	M5
屈曲	≥130	100	75	50	25	0
	116～129	100	77	55	32	10

续表

关节运动活动度		肌　力				
		≤M1	M2	M3	M4	M5
屈曲	101～115	100	80	60	40	20
	86～100	100	82	65	47	30
	71～85	100	85	70	55	40
	61～70	100	87	75	62	50
	46～60	100	90	80	70	60
	31～45	100	92	85	77	70
	≤30	100	95	90	85	80
伸展	≥-5	100	75	50	25	0
	-6～-10	100	77	55	32	10
	-11～-20	100	80	60	40	20
	-21～-25	100	82	65	47	30
	-26～-30	100	85	70	55	40
	-31～-35	100	87	75	62	50
	-36～-40	100	90	80	70	60
	-41～-45	100	92	85	77	70
	≤-46	100	95	90	85	80

注：表中负值表示膝关节伸展时到达功能位（直立位）所差的度数。

使用说明：考虑到膝关节同一轴位屈伸活动相互重叠，膝关节功能丧失程度的计算方法与其他关节略有不同，即根据关节屈曲与伸展运动活动度查表得出相应功能丧失程度，再求和即为膝关节功能丧失程度。当二者之和大于100%时，以100%计算。

C.6.6　踝关节功能丧失程度评定

见表 C-7。

表 C-7　踝关节功能丧失程度（%）

关节运动活动度		肌　力				
		≤M1	M2	M3	M4	M5
背曲	≥16	100	75	50	25	0
	11～15	100	80	60	40	20
	6～10	100	85	70	55	40
	1～5	100	90	80	70	60
	0	100	95	90	85	80
跖屈	≥41	100	75	50	25	0
	31～40	100	80	60	40	20
	21～30	100	85	70	55	40
	11～20	100	90	80	70	60
	≤10	100	95	90	85	80

C.7 手功能计算

C.7.1 手缺失和丧失功能的计算

一手拇指占一手功能的36%,其中末节和近节指节各占18%;示指、中指各占一手功能的18%,其中末节指节占8%,中节指节占7%,近节指节占3%;无名指和小指各占一手功能的9%,其中末节指节占4%,中节指节占3%,近节指节占2%。一手掌占一手功能的10%,其中第一掌骨占4%,第二、第三掌骨各占2%,第四、第五掌骨各占1%。本标准中,双手缺失或丧失功能的程度是按前面方法累加计算的结果。

C.7.2 手感觉丧失功能的计算

手感觉丧失功能是指因事故损伤所致手的掌侧感觉功能的丧失。手感觉丧失功能的计算按相应手功能丧失程度的50%计算。

(杨欢欢　整理)

附录二 《人体损伤致残程度分级》

(2016年4月18日,由最高人民法院、最高人民检察院、公安部、国家安全部、司法部联合发布,于2017年1月1日起施行)

1 范　　围

本标准规定了人体损伤致残程度分级的原则、方法、内容和等级划分。

本标准适用于人身损害致残程度等级鉴定。

2 规范性引用文件

下列文件对本标准的应用是必不可少的。凡是注日期的引用文件,仅注日期的版本适用于本标准;凡是不注日期的引用文件,其最新版本(包括所有的修改单)适用于本标准。

GB/T 16180—2014 劳动能力鉴定　职工工伤与职业病致残等级

GB/T 31147 人身损害护理依赖程度评定

3 术语和定义

3.1 损伤

各种因素造成的人体组织器官结构破坏和/或功能障碍。

3.2 残疾

人体组织器官结构破坏或者功能障碍,以及个体在现代临床医疗条件下难以恢复的生活、工作、社会活动能力不同程度的降低或者丧失。

4 总则

4.1 鉴定原则

应以损伤治疗后果或者结局为依据,客观评价组织器官缺失和/或功能障碍程度,科学分析损伤与残疾之间的因果关系,实事求是地进行鉴定。

受伤人员符合两处以上致残程度等级者,鉴定意见中应该分别写明各处的致残程度等级。

4.2 鉴定时机

应在原发性损伤及其与之确有关联的并发症治疗终结或者临床治疗效果稳定后进行鉴定。

4.3 伤病关系处理

当损伤与原有伤、病共存时,应分析损伤与残疾后果之间的因果关系。根据损伤在残疾后果中的作用力大小确定因果关系的不同形式,可依次分别表述为:完全作用、主要作用、同等作用、次要作用、轻微作用、没有作用。

除损伤"没有作用"之外,均应按照实际残情鉴定致残程度等级,同时说明损伤与残疾后果之间的因果关系;判定损伤"没有作用"的,不应进行致残程度鉴定。

4.4 致残等级划分

本标准将人体损伤致残程度划分为 10 个等级,从一级(人体致残率 100%)到十级(人体致残率 10%),每级致残率相差 10%。致残程度等级划分依据见附录 A。

4.5 判断依据

依据人体组织器官结构破坏、功能障碍及其对医疗、护理的依赖程度,适当考虑由于残疾引起的社会交往和心理因素影响,综合判定致残程度等级。

5 致残程度分级

5.1 一级

5.1.1 颅脑、脊髓及周围神经损伤

1)持续性植物生存状态。
2)精神障碍或者极重度智能减退,日常生活完全不能自理。
3)四肢瘫(肌力 3 级以下)或者三肢瘫(肌力 2 级以下)。
4)截瘫(肌力 2 级以下)伴重度排便功能障碍与重度排尿功能障碍。

5.1.2 颈部及胸部损伤

1)心功能不全,心功能Ⅳ级。
2)严重器质性心律失常,心功能Ⅲ级。
3)心脏移植术后,心功能Ⅲ级。

4) 心肺联合移植术后。

5) 肺移植术后呼吸困难(极重度)。

5.1.3 腹部损伤

1) 原位肝移植术后肝衰竭晚期。

2) 双肾切除术后或者孤肾切除术后,需透析治疗维持生命;肾移植术后肾衰竭。

5.1.4 脊柱、骨盆及四肢损伤

1) 三肢缺失(上肢肘关节以上,下肢膝关节以上)。

2) 二肢缺失(上肢肘关节以上,下肢膝关节以上),第三肢各大关节功能丧失均达75%。

3) 二肢缺失(上肢肘关节以上,下肢膝关节以上),第三肢任二大关节均强直固定或者功能丧失均达90%。

5.2 二级

5.2.1 颅脑、脊髓及周围神经损伤

1) 精神障碍或者重度智能减退,日常生活随时需有人帮助。

2) 三肢瘫(肌力3级以下)。

3) 偏瘫(肌力2级以下)。

4) 截瘫(肌力2级以下)。

5) 非肢体瘫运动障碍(重度)。

5.2.2 头面部损伤

1) 容貌毁损(重度)。

2) 上颌骨或者下颌骨完全缺损。

3) 双眼球缺失或者萎缩。

4) 双眼盲目5级。

5) 双侧眼睑严重畸形(或者眼睑重度下垂,遮盖全部瞳孔),伴双眼盲目3级以上。

5.2.3 颈部及胸部损伤

1) 呼吸困难(极重度)。

2) 心脏移植术后。

3) 肺移植术后。

5.2.4 腹部损伤

1) 肝衰竭晚期。

2) 肾衰竭。

3) 小肠大部分切除术后,消化吸收功能丧失,完全依赖肠外营养。

5.2.5 脊柱、骨盆及四肢损伤

1) 双上肢肘关节以上缺失,或者一上肢肘关节以上缺失伴一下肢膝关节以上缺失。

2) 一肢缺失(上肢肘关节以上,下肢膝关节以上),其余任二肢体各有二大关节功能丧失均达75%。

3) 双上肢各大关节均强直固定或者功能丧失均达90%。

5.2.6 体表及其他损伤

1) 皮肤瘢痕形成达体表面积90%。

2) 重型再生障碍性贫血。

5.3 三级

5.3.1 颅脑、脊髓及周围神经损伤

1) 精神障碍或者重度智能减退,不能完全独立生活,需经常有人监护。
2) 完全感觉性失语或者混合性失语。
3) 截瘫(肌力3级以下)伴排便或者排尿功能障碍。
4) 双手全肌瘫(肌力2级以下),伴双腕关节功能丧失均达75%。
5) 重度排便功能障碍伴重度排尿功能障碍。

5.3.2 头面部损伤

1) 一眼球缺失、萎缩或者盲目5级,另一眼盲目3级。
2) 双眼盲目4级。
3) 双眼视野接近完全缺损,视野有效值≤4%(直径≤5°)。
4) 吞咽功能障碍,完全依赖胃管进食。

5.3.3 颈部及胸部损伤

1) 食管闭锁或者切除术后,摄食依赖胃造口或者空肠造口。
2) 心功能不全,心功能Ⅲ级。

5.3.4 腹部损伤

1) 全胰缺失。
2) 一侧肾切除术后,另一侧肾功能重度下降。
3) 小肠大部分切除术后,消化吸收功能严重障碍,大部分依赖肠外营养。

5.3.5 盆部及会阴部损伤

1) 未成年人双侧卵巢缺失或者萎缩,完全丧失功能。
2) 未成年人双侧睾丸缺失或者萎缩,完全丧失功能。
3) 阴茎接近完全缺失(残留长度≤1.0 cm)。

5.3.6 脊柱、骨盆及四肢损伤

1) 二肢缺失(上肢腕关节以上,下肢膝关节以上)。
2) 一肢缺失(上肢腕关节以上,下肢膝关节以上),另一肢各大关节均强直固定或者功能丧失均达90%。
3) 双上肢各大关节功能丧失均达75%;双下肢各大关节均强直固定或者功能丧失均达90%。一上肢与一下肢各大关节均强直固定或者功能丧失均达90%。

5.4 四级

5.4.1 颅脑、脊髓及周围神经损伤

1) 精神障碍或者中度智能减退,日常生活能力严重受限,间或需要帮助。
2) 外伤性癫痫(重度)。
3) 偏瘫(肌力3级以下)。
4) 截瘫(肌力3级以下)。
5) 阴茎器质性勃起障碍(重度)。

5.4.2 头面部损伤

1) 符合容貌毁损(重度)标准之三项者。
2) 上颌骨或者下颌骨缺损达1/2。
3) 一眼球缺失、萎缩或者盲目5级,另一眼重度视力损害。

4）双眼盲目3级。

5）双眼视野极度缺损,视野有效值≤8%(直径≤10°)。

6）双耳听力障碍≥91 dBHL。

5.4.3 颈部及胸部损伤

1）严重器质性心律失常,心功能Ⅱ级。

2）一侧全肺切除术后。

3）呼吸困难(重度)。

5.4.4 腹部损伤

1）肝切除2/3以上。

2）肝衰竭中期。

3）胰腺大部分切除,胰岛素依赖。

4）肾功能重度下降。

5）双侧肾上腺缺失。

6）永久性回肠造口。

5.4.5 盆部及会阴部损伤

1）膀胱完全缺失或者切除术后,行永久性输尿管腹壁造瘘或者肠代膀胱并永久性造口。

5.4.6 脊柱、骨盆及四肢损伤

1）一上肢腕关节以上缺失伴一下肢踝关节以上缺失,或者双下肢踝关节以上缺失。

2）双下肢各大关节功能丧失均达75%；一上肢与一下肢各大关节功能丧失均达75%。

3）手功能丧失分值达150分。

5.4.7 体表及其他损伤

1）皮肤瘢痕形成达体表面积70%。

2）放射性皮肤癌。

5.5 五级

5.5.1 颅脑、脊髓及周围神经损伤

1）精神障碍或者中度智能减退,日常生活能力明显受限,需要指导。

2）完全运动性失语。

3）完全性失用、失写、失读或者失认等。

4）双侧完全性面瘫。

5）四肢瘫(肌力4级以下)。

6）单肢瘫(肌力2级以下)。

7）非肢体瘫运动障碍(中度)。

8）双手大部分肌瘫(肌力2级以下)。

9）双足全肌瘫(肌力2级以下)。

10）排便伴排尿功能障碍,其中一项达重度。

5.5.2 头面部损伤

1）符合容貌毁损(重度)标准之二项者。

2）一眼球缺失、萎缩或者盲目5级,另一眼中度视力损害。

3）双眼重度视力损害。

4）双眼视野重度缺损,视野有效值≤16%(直径≤20°)。

5）一侧眼睑严重畸形(或者眼睑重度下垂,遮盖全部瞳孔),伴另一眼盲目3级以上。

6) 双耳听力障碍≥81 dBHL。
7) 一耳听力障碍≥91 dBHL,另一耳听力障碍≥61 dBHL。
8) 舌根大部分缺损。
9) 咽或者咽后区损伤遗留吞咽功能障碍,只能吞咽流质食物。

5.5.3　颈部及胸部损伤

1) 未成年人甲状腺损伤致功能减退,药物依赖。
2) 甲状旁腺功能损害(重度)。
3) 食管狭窄,仅能进流质食物。
4) 食管损伤,肠代食管术后。

5.5.4　腹部损伤

1) 胰头合并十二指肠切除术后。
2) 一侧肾切除术后,另一侧肾功能中度下降。
3) 肾移植术后,肾功能基本正常。
4) 肾上腺皮质功能明显减退。
5) 全胃切除术后。
6) 小肠部分切除术后,消化吸收功能障碍,部分依赖肠外营养。
7) 全结肠缺失。

5.5.5　盆部及会阴部损伤

1) 永久性输尿管腹壁造口。
2) 尿瘘难以修复。
3) 直肠阴道瘘难以修复。
4) 阴道严重狭窄(仅可容纳一中指)。
5) 双侧睾丸缺失或者完全萎缩,丧失生殖功能。
6) 阴茎大部分缺失(残留长度≤3.0 cm)。

5.5.6　脊柱、骨盆及四肢损伤

1) 一上肢肘关节以上缺失。
2) 一肢缺失(上肢腕关节以上,下肢膝关节以上),另一肢各大关节功能丧失均达50%或者其余肢体任二大关节功能丧失均达75%。
3) 手功能丧失分值≥120分。

5.6　六级

5.6.1　颅脑、脊髓及周围神经损伤

1) 精神障碍或者中度智能减退,日常生活能力部分受限,但能部分代偿,部分日常生活需要帮助。
2) 外伤性癫痫(中度)。
3) 尿崩症(重度)。
4) 一侧完全性面瘫。
5) 三肢瘫(肌力4级以下)。
6) 截瘫(肌力4级以下)伴排便或者排尿功能障碍。
7) 双手部分肌瘫(肌力3级以下)。
8) 一手全肌瘫(肌力2级以下),伴相应腕关节功能丧失75%以上。
9) 双足全肌瘫(肌力3级以下)。
10) 阴茎器质性勃起障碍(中度)。

5.6.2 头面部损伤

1) 符合容貌毁损(中度)标准之四项者。
2) 面部中心区条状瘢痕形成(宽度达 0.3 cm),累计长度达 20.0 cm。
3) 面部片状细小瘢痕形成或者色素显著异常,累计达面部面积的 80%。
4) 双侧眼睑严重畸形。
5) 一眼球缺失、萎缩或者盲目 5 级,另一眼视力≤0.5。
6) 一眼重度视力损害,另一眼中度视力损害。
7) 双眼视野中度缺损,视野有效值≤48%(直径≤60°)。
8) 双侧前庭平衡功能丧失,睁眼行走困难,不能并足站立。
9) 唇缺损或者畸形,累计相当于上唇 2/3 以上。

5.6.3 颈部及胸部损伤

1) 双侧喉返神经损伤,影响功能。
2) 一侧胸廓成形术后,切除 6 根以上肋骨。
3) 女性双侧乳房完全缺失。
4) 心脏瓣膜置换术后,心功能不全。
5) 心功能不全,心功能Ⅱ级。
6) 器质性心律失常安装永久性起搏器后。
7) 严重器质性心律失常。
8) 两肺叶切除术后。

5.6.4 腹部损伤

1) 肝切除 1/2 以上。
2) 肝衰竭早期。
3) 胰腺部分切除术后伴功能障碍,需药物治疗。
4) 肾功能中度下降。
5) 小肠部分切除术后,影响消化吸收功能,完全依赖肠内营养。

5.6.5 盆部及会阴部损伤

1) 双侧卵巢缺失或者萎缩,完全丧失功能。
2) 未成年人双侧卵巢萎缩,部分丧失功能。
3) 未成年人双侧睾丸萎缩,部分丧失功能。
4) 会阴部瘢痕挛缩伴阴道狭窄。
5) 睾丸或者附睾损伤,生殖功能重度损害。
6) 双侧输精管损伤难以修复。
7) 阴茎严重畸形,不能实施性交行为。

5.6.6 脊柱、骨盆及四肢损伤

1) 脊柱骨折后遗留 30°以上侧弯或者后凸畸形。
2) 一肢缺失(上肢腕关节以上,下肢膝关节以上)。
3) 双足跖跗关节以上缺失。
4) 手或者足功能丧失分值≥90 分。

5.6.7 体表及其他损伤

1) 皮肤瘢痕形成达体表面积 50%。
2) 非重型再生障碍性贫血。

5.7 七级

5.7.1 颅脑、脊髓及周围神经损伤

1）精神障碍或者轻度智能减退，日常生活有关的活动能力极重度受限。
2）不完全感觉性失语。
3）双侧大部分面瘫。
4）偏瘫（肌力4级以下）。
5）截瘫（肌力4级以下）。
6）单肢瘫（肌力3级以下）。
7）一手大部分肌瘫（肌力2级以下）。
8）一足全肌瘫（肌力2级以下）。
9）重度排便功能障碍或者重度排尿功能障碍。

5.7.2 头面部损伤

1）面部中心区条状瘢痕形成（宽度达0.3 cm），累计长度达15.0 cm。
2）面部片状细小瘢痕形成或者色素显著异常，累计达面部面积的50%。
3）双侧眼睑重度下垂，遮盖全部瞳孔。
4）一眼球缺失或者萎缩。
5）双眼中度视力损害。
6）一眼盲目3级，另一眼视力≤0.5。
7）双眼偏盲。
8）一侧眼睑严重畸形（或者眼睑重度下垂，遮盖全部瞳孔）合并该眼盲目3级以上。
9）一耳听力障碍≥81 dBHL，另一耳听力障碍≥61 dBHL。
10）咽或者咽后区损伤遗留吞咽功能障碍，只能吞咽半流质食物。
11）上颌骨或者下颌骨缺损达1/4。
12）上颌骨或者下颌骨部分缺损伴牙齿缺失14枚以上。
13）颌面部软组织缺损，伴发涎漏。

5.7.3 颈部及胸部损伤

1）甲状腺功能损害（重度）。
2）甲状旁腺功能损害（中度）。
3）食管狭窄，仅能进半流质食物；食管重建术后并发反流性食管炎。
4）颏颈粘连（中度）。
5）女性双侧乳房大部分缺失或者严重畸形。
6）未成年或者育龄女性双侧乳头完全缺失。
7）胸廓畸形，胸式呼吸受限。
8）一肺叶切除，并肺段或者肺组织楔形切除术后。

5.7.4 腹部损伤

1）肝切除1/3以上。
2）一侧肾切除术后。
3）胆道损伤胆肠吻合术后，反复发作逆行性胆道感染。
4）未成年人脾切除术后。
5）小肠部分（包括回盲部）切除术后。
6）永久性结肠造口。
7）肠瘘长期不愈（1年以上）。

5.7.5 盆部及会阴部损伤

1) 永久性膀胱造口。
2) 膀胱部分切除术后合并轻度排尿功能障碍。
3) 原位肠代膀胱术后。
4) 子宫大部分切除术后。
5) 睾丸损伤,血睾酮降低,需药物替代治疗。
6) 未成年人一侧睾丸缺失或者严重萎缩。
7) 阴茎畸形,难以实施性交行为。
8) 尿道狭窄(重度)或者成形术后。
9) 肛管或者直肠损伤,排便功能重度障碍或者肛门失禁(重度)。
10) 会阴部瘢痕挛缩致肛门闭锁,结肠造口术后。

5.7.6 脊柱、骨盆及四肢损伤

1) 双下肢长度相差 8.0 cm 以上。
2) 一下肢踝关节以上缺失。
3) 四肢任一大关节(踝关节除外)强直固定于非功能位。
4) 四肢任二大关节(踝关节除外)功能丧失均达 75%。
5) 一手除拇指外,余四指完全缺失。
6) 双足足弓结构完全破坏。
7) 手或者足功能丧失分值≥60 分。

5.8 八级

5.8.1 颅脑、脊髓及周围神经损伤

1) 精神障碍或者轻度智能减退,日常生活有关的活动能力重度受限。
2) 不完全运动性失语;不完全性失用、失写、失读或者失认。
3) 尿崩症(中度)。
4) 一侧大部分面瘫,遗留眼睑闭合不全和口角歪斜。
5) 单肢瘫(肌力 4 级以下)。
6) 非肢体瘫运动障碍(轻度)。
7) 一手大部分肌瘫(肌力 3 级以下)。
8) 一足全肌瘫(肌力 3 级以下)。
9) 阴茎器质性勃起障碍(轻度)。

5.8.2 头面部损伤

1) 容貌毁损(中度)。
2) 符合容貌毁损(重度)标准之一项者。
3) 头皮完全缺损,难以修复。
4) 面部条状瘢痕形成,累计长度达 30.0 cm;面部中心区条状瘢痕形成(宽度达 0.2 cm),累计长度达 15.0 cm。
5) 面部块状增生性瘢痕形成,累计面积达 15.0 cm²;面部中心区块状增生性瘢痕形成,单块面积达 7.0 cm² 或者多块累计面积达 9.0 cm²。
6) 面部片状细小瘢痕形成或者色素异常,累计面积达 100.0 cm²。
7) 一眼盲目 4 级。
8) 一眼视野接近完全缺损,视野有效值≤4%(直径≤5°)。
9) 双眼外伤性青光眼,经手术治疗。

10）一侧眼睑严重畸形（或者眼睑重度下垂，遮盖全部瞳孔）合并该眼重度视力损害。

11）一耳听力障碍≥91 dBHL。

12）双耳听力障碍≥61 dBHL。

13）双侧鼻翼大部分缺损，或者鼻尖大部分缺损合并一侧鼻翼大部分缺损。

14）舌体缺损达舌系带。

15）唇缺损或者畸形，累计相当于上唇 1/2 以上。

16）脑脊液漏经手术治疗后持续不愈。

17）张口受限Ⅲ度。

18）发声功能或者构音功能障碍（重度）。

19）咽成形术后咽下运动异常。

5.8.3 颈部及胸部损伤

1）甲状腺功能损害（中度）。

2）颈总动脉或者颈内动脉严重狭窄支架置入或者血管移植术后。

3）食管部分切除术后，并后遗胸腔胃。

4）女性一侧乳房完全缺失；女性双侧乳房缺失或者毁损，累计范围相当于一侧乳房 3/4 以上。

5）女性双侧乳头完全缺失。

6）肋骨骨折 12 根以上并后遗 6 处畸形愈合。

7）心脏或者大血管修补术后。

8）一肺叶切除术后。

9）胸廓成形术后，影响呼吸功能。

10）呼吸困难（中度）。

5.8.4 腹部损伤

1）腹壁缺损≥腹壁的 1/4。

2）成年人脾切除术后。

3）胰腺部分切除术后。

4）胃大部分切除术后。

5）肠部分切除术后，影响消化吸收功能。

6）胆道损伤，胆肠吻合术后。

7）损伤致肾性高血压。

8）肾功能轻度下降。

9）一侧肾上腺缺失。

10）肾上腺皮质功能轻度减退。

5.8.5 盆部及会阴部损伤

1）输尿管损伤行代替术或者改道术后。

2）膀胱大部分切除术后。

3）一侧输卵管和卵巢缺失。

4）阴道狭窄。

5）一侧睾丸缺失。

6）睾丸或者附睾损伤，生殖功能轻度损害。

7）阴茎冠状沟以上缺失。

8）阴茎皮肤瘢痕形成，严重影响性交行为。

5.8.6 脊柱、骨盆及四肢损伤

1）二椎体压缩性骨折（压缩程度均达 1/3）。

2) 三个以上椎体骨折,经手术治疗后。
3) 女性骨盆骨折致骨产道变形,不能自然分娩。
4) 股骨头缺血性坏死,难以行关节假体置换术。
5) 四肢长骨开放性骨折并发慢性骨髓炎、大块死骨形成,长期不愈(1年以上)。
6) 双上肢长度相差 8.0 cm 以上。
7) 双下肢长度相差 6.0 cm 以上。
8) 四肢任一大关节(踝关节除外)功能丧失 75% 以上。
9) 一踝关节强直固定于非功能位。
10) 一肢体各大关节功能丧失均达 50%。
11) 一手拇指缺失达近节指骨 1/2 以上并相应掌指关节强直固定。
12) 一足足弓结构完全破坏,另一足足弓结构部分破坏。
13) 手或者足功能丧失分值≥40分。

5.8.7 体表及其他损伤

1) 皮肤瘢痕形成达体表面积 30%。

5.9 九级

5.9.1 颅脑、脊髓及周围神经损伤

1) 精神障碍或者轻度智能减退,日常生活有关的活动能力中度受限。
2) 外伤性癫痫(轻度)。
3) 脑叶部分切除术后。
4) 一侧部分面瘫,遗留眼睑闭合不全或者口角歪斜。
5) 一手部分肌瘫(肌力 3 级以下)。
6) 一足大部分肌瘫(肌力 3 级以下)。
7) 四肢重要神经损伤(上肢肘关节以上,下肢膝关节以上),遗留相应肌群肌力 3 级以下。
8) 严重影响阴茎勃起功能。
9) 轻度排便或者排尿功能障碍。

5.9.2 头面部损伤

1) 头皮瘢痕形成或者无毛发,达头皮面积 50%。
2) 颅骨缺损 25.0 cm² 以上,不宜或者无法手术修补。
3) 容貌毁损(轻度)。
4) 面部条状瘢痕形成,累计长度达 20.0 cm;面部条状瘢痕形成(宽度达 0.2 cm),累计长度达 10.0 cm,其中至少 5.0 cm 以上位于面部中心区。
5) 面部块状瘢痕形成,单块面积达 7.0 cm²,或者多块累计面积达 9.0 cm²。
6) 面部片状细小瘢痕形成或者色素异常,累计面积达 30.0 cm²。
7) 一侧眼睑严重畸形;一侧眼睑重度下垂,遮盖全部瞳孔;双侧眼睑轻度畸形;双侧眼睑下垂,遮盖部分瞳孔。
8) 双眼泪器损伤均后遗溢泪。
9) 双眼角膜斑翳或者血管翳,累及瞳孔区;双眼角膜移植术后。
10) 双眼外伤性白内障;儿童人工晶体植入术后。
11) 一眼盲目 3 级。
12) 一眼重度视力损害,另一眼视力≤0.5。
13) 一眼视野极度缺损,视野有效值≤8%(直径≤10°)。
14) 双眼象限性视野缺损。

15）一侧眼睑轻度畸形（或者眼睑下垂，遮盖部分瞳孔）合并该眼中度视力损害。
16）一眼眶骨折后遗眼球内陷 5 mm 以上。
17）耳廓缺损或者畸形，累计相当于一侧耳廓。
18）一耳听力障碍≥81 dBHL。
19）一耳听力障碍≥61 dBHL，另一耳听力障碍≥41 dBHL。
20）一侧鼻翼或者鼻尖大部分缺损或者严重畸形。
21）唇缺损或者畸形，露齿 3 枚以上（其中 1 枚露齿达 1/2）。
22）颌骨骨折，经牵引或者固定治疗后遗留功能障碍。
23）上颌骨或者下颌骨部分缺损伴牙齿缺失或者折断 7 枚以上。
24）张口受限Ⅱ度。
25）发声功能或者构音功能障碍（轻度）。

5.9.3 颈部及胸部损伤

1）颈前三角区瘢痕形成，累计面积达 50.0 cm^2。
2）甲状腺功能损害（轻度）。
3）甲状旁腺功能损害（轻度）。
4）气管或者支气管成形术后。
5）食管吻合术后。
6）食管腔内支架置入术后。
7）食管损伤，影响吞咽功能。
8）女性双侧乳房缺失或者毁损，累计范围相当于一侧乳房 1/2 以上。
9）女性一侧乳房大部分缺失或者严重畸形。
10）女性一侧乳头完全缺失或者双侧乳头部分缺失（或者畸形）。
11）肋骨骨折 12 根以上，或者肋骨部分缺损 4 根以上；肋骨骨折 8 根以上并后遗 4 处畸形愈合。
12）心功能不全，心功能Ⅰ级。
13）冠状动脉移植术后。
14）心脏室壁瘤。
15）心脏异物存留或者取出术后。
16）缩窄性心包炎。
17）胸导管损伤。
18）肺段或者肺组织楔形切除术后。
19）肺脏异物存留或者取出术后。

5.9.4 腹部损伤

1）肝部分切除术后。
2）脾部分切除术后。
3）外伤性胰腺假性囊肿术后。
4）一侧肾部分切除术后。
5）胃部分切除术后。
6）肠部分切除术后。
7）胆道损伤胆管外引流术后。
8）胆囊切除术后。
9）肠梗阻反复发作。
10）膈肌修补术后遗留功能障碍（如膈肌麻痹或者膈疝）。

5.9.5 盆部及会阴部损伤

1）膀胱部分切除术后。

2) 输尿管狭窄成形术后。
3) 输尿管狭窄行腔内扩张术或者腔内支架置入术后。
4) 一侧卵巢缺失或者丧失功能。
5) 一侧输卵管缺失或者丧失功能。
6) 子宫部分切除术后。
7) 一侧附睾缺失。
8) 一侧输精管损伤难以修复。
9) 尿道狭窄(轻度)。
10) 肛管或者直肠损伤,排便功能轻度障碍或者肛门失禁(轻度)。

5.9.6 脊柱、骨盆及四肢损伤

1) 一椎体粉碎性骨折,椎管内骨性占位。
2) 一椎体并相应附件骨折,经手术治疗后;二椎体压缩性骨折。
3) 骨盆两处以上骨折或者粉碎性骨折,严重畸形愈合。
4) 青少年四肢长骨骨骺粉碎性或者压缩性骨折。
5) 四肢任一大关节行关节假体置换术后。
6) 双上肢前臂旋转功能丧失均达75%。
7) 双上肢长度相差6.0 cm以上。
8) 双下肢长度相差4.0 cm以上。
9) 四肢任一大关节(踝关节除外)功能丧失50%以上。
10) 一踝关节功能丧失75%以上。
11) 一肢体各大关节功能丧失均达25%。
12) 双足踇趾功能丧失均达75%;一足5趾功能均完全丧失。
13) 双足跟骨粉碎性骨折畸形愈合。
14) 双足足弓结构部分破坏;一足足弓结构完全破坏。
15) 手或者足功能丧失分值≥25分。

5.9.7 体表及其他损伤

1) 皮肤瘢痕形成达体表面积10%。

5.10 十级

5.10.1 颅脑、脊髓及周围神经损伤

1) 精神障碍或者轻度智能减退,与日常生活有关的活动能力轻度受限。
2) 颅脑损伤后遗脑软化灶形成,伴有神经系统症状或者体征。
3) 一侧部分面瘫。
4) 嗅觉功能完全丧失。
5) 尿崩症(轻度)。
6) 四肢重要神经损伤,遗留相应肌群肌力4级以下。
7) 影响阴茎勃起功能。
8) 开颅术后。

5.10.2 头面部损伤

1) 面颅骨部分缺损或者畸形,影响面容。
2) 头皮瘢痕形成或者无毛发,面积达40.0 cm²。
3) 面部条状瘢痕形成(宽度达0.2 cm),累计长度达6.0 cm,其中至少3.0 cm位于面部中心区。
4) 面部条状瘢痕形成,累计长度达10.0 cm。

5) 面部块状瘢痕形成,单块面积达 3.0 cm²,或者多块累计面积达 5.0 cm²。
6) 面部片状细小瘢痕形成或者色素异常,累计面积达 10.0 cm²。
7) 一侧眼睑下垂,遮盖部分瞳孔;一侧眼睑轻度畸形;一侧睑球粘连影响眼球运动。
8) 一眼泪器损伤后遗溢泪。
9) 一眼眶骨折后遗眼球内陷 2 mm 以上。
10) 复视或者斜视。
11) 一眼角膜斑翳或者血管翳,累及瞳孔区;一眼角膜移植术后。
12) 一眼外伤性青光眼,经手术治疗;一眼外伤性低眼压。
13) 一眼外伤后无虹膜。
14) 一眼外伤性白内障;一眼无晶体或者人工晶体植入术后。
15) 一眼中度视力损害。
16) 双眼视力≤0.5。
17) 一眼视野中度缺损,视野有效值≤48%(直径≤60°)。
18) 一耳听力障碍≥61 dBHL。
19) 双耳听力障碍≥41 dBHL。
20) 一侧前庭平衡功能丧失,伴听力减退。
21) 耳廓缺损或者畸形,累计相当于一侧耳廓的 30%。
22) 鼻尖或者鼻翼部分缺损深达软骨。
23) 唇外翻或者小口畸形。
24) 唇缺损或者畸形,致露齿。
25) 舌部分缺损。
26) 牙齿缺失或者折断 7 枚以上;牙槽骨部分缺损,合并牙齿缺失或者折断 4 枚以上。
27) 张口受限Ⅰ度。
28) 咽或者咽后区损伤影响吞咽功能。

5.10.3　颈部及胸部损伤

1) 颏颈粘连畸形松解术后。
2) 颈前三角区瘢痕形成,累计面积达 25.0 cm²。
3) 一侧喉返神经损伤,影响功能。
4) 器质性声音嘶哑。
5) 食管修补术后。
6) 女性一侧乳房部分缺失或者畸形。
7) 肋骨骨折 6 根以上,或者肋骨部分缺失 2 根以上;肋骨骨折 4 根以上并后遗 2 处畸形愈合。
8) 肺修补术后。
9) 呼吸困难(轻度)。

5.10.4　腹部损伤

1) 腹壁疝,难以手术修补。
2) 肝、脾或者胰腺修补术后。
3) 胃、肠或者胆道修补术后。
4) 膈肌修补术后。

5.10.5　盆部及会阴部损伤

1) 肾、输尿管或者膀胱修补术后。
2) 子宫或者卵巢修补术后。
3) 外阴或者阴道修补术后。

4) 睾丸破裂修补术后。

5) 一侧输精管破裂修复术后。

6) 尿道修补术后。

7) 会阴部瘢痕挛缩,肛管狭窄。

8) 阴茎头部分缺失。

5.10.6 脊柱、骨盆及四肢损伤

1) 枢椎齿状突骨折,影响功能。

2) 一椎体压缩性骨折(压缩程度达1/3)或者粉碎性骨折;一椎体骨折经手术治疗后。

3) 四处以上横突、棘突或者椎弓根骨折,影响功能。

4) 骨盆两处以上骨折或者粉碎性骨折,畸形愈合。

5) 一侧髌骨切除。

6) 一侧膝关节交叉韧带、半月板伴侧副韧带撕裂伤经手术治疗后,影响功能。

7) 青少年四肢长骨骨折累及骨骺。

8) 一上肢前臂旋转功能丧失75%以上。

9) 双上肢长度相差4.0 cm以上。

10) 双下肢长度相差2.0 cm以上。

11) 四肢任一大关节(踝关节除外)功能丧失25%以上。

12) 一踝关节功能丧失50%以上。

13) 下肢任一大关节骨折后遗创伤性关节炎。

14) 肢体重要血管循环障碍,影响功能。

15) 一手小指完全缺失并第5掌骨部分缺损。

16) 一足踇趾功能丧失75%以上;一足5趾功能丧失均达50%;双足踇趾功能丧失均达50%。双足除踇趾外任何4趾功能均完全丧失。

17) 一足跟骨粉碎性骨折畸形愈合。

18) 一足足弓结构部分破坏。

19) 手或者足功能丧失分值≥10分。

5.10.7 体表及其他损伤

1) 手部皮肤瘢痕形成或者植皮术后,范围达一手掌面积50%。

2) 皮肤瘢痕形成达体表面积4%。

3) 皮肤创面长期不愈超过1年,范围达体表面积1%。

6 附　　则

6.1 遇有本标准致残程度分级系列中未列入的致残情形,可根据残疾的实际情况,依据本标准附录A的规定,并比照最相似等级的条款,确定其致残程度等级。

6.2 同一部位和性质的残疾,不应采用本标准条款两条以上或者同一条款两次以上进行鉴定。

6.3 本标准中四肢大关节是指肩、肘、腕、髋、膝、踝等六大关节。

6.4 本标准中牙齿折断是指冠折1/2以上,或者牙齿部分缺失致牙髓腔暴露。

6.5 移植、再植或者再造成活组织器官的损伤应根据实际后遗功能障碍程度参照相应分级条款进行致残程度等级鉴定。

6.6 永久性植入式假体(如颅骨修补材料、种植牙、人工支架等)损坏引起的功能障碍可参照相应分级条款进行致残程度等级鉴定。

6.7　本标准中四肢重要神经是指臂丛及其分支神经(包括正中神经、尺神经、桡神经和肌皮神经等)和腰骶丛及其分支神经(包括坐骨神经、腓总神经和胫神经等)。

6.8　本标准中四肢重要血管是指与四肢重要神经伴行的同名动、静脉。

6.9　精神分裂症或者心境障碍等内源性疾病不是外界致伤因素直接作用所致,不宜作为致残程度等级鉴定的依据,但应对外界致伤因素与疾病之间的因果关系进行说明。

6.10　本标准所指未成年人是指年龄未满18周岁者。

6.11　本标准中涉及面部瘢痕致残程度需测量长度或者面积的数值时,0～6周岁者按标准规定值50%计,7～14周岁者按80%计。

6.12　本标准中凡涉及数量、部位规定时,注明"以上""以下"者,均包含本数(有特别说明的除外)。

附录 A
（规范性附录）
致残程度等级划分依据

A.1 一级残疾的划分依据

a)组织器官缺失或者功能完全丧失，其他器官不能代偿。
b)存在特殊医疗依赖。
c)意识丧失。
d)日常生活完全不能自理。
e)社会交往完全丧失。

A.2 二级残疾的划分依据

a)组织器官严重缺损或者畸形，有严重功能障碍，其他器官难以代偿。
b)存在特殊医疗依赖。
c)日常生活大部分不能自理。
d)各种活动严重受限，仅限于床上或者椅子上的活动。
e)社会交往基本丧失。

A.3 三级残疾的划分依据

a)组织器官严重缺损或者畸形，有严重功能障碍。
b)存在特殊医疗依赖。
c)日常生活大部分或者部分不能自理。
d)各种活动严重受限，仅限于室内的活动。
e)社会交往极度困难。

A.4 四级残疾的划分依据

a)组织器官严重缺损或者畸形，有重度功能障碍。
b)存在特殊医疗依赖或者一般医疗依赖。
c)日常生活能力严重受限，间或需要帮助。
d)各种活动严重受限，仅限于居住范围内的活动。
e)社会交往困难。

A.5 五级残疾的划分依据

a)组织器官大部分缺损或者明显畸形，有中度(偏重)功能障碍。
b)存在一般医疗依赖。
c)日常生活能力部分受限，偶尔需要帮助。
d)各种活动中度受限，仅限于就近的活动。
e)社会交往严重受限。

A.6 六级残疾的划分依据

a)组织器官大部分缺损或者明显畸形，有中度功能障碍。

b）存在一般医疗依赖。
c）日常生活能力部分受限，但能部分代偿，条件性需要帮助。
d）各种活动中度受限，活动能力降低。
e）社会交往贫乏或者狭窄。

A.7 七级残疾的划分依据

a）组织器官大部分缺损或者明显畸形，有中度（偏轻）功能障碍。
b）存在一般医疗依赖，无护理依赖。
c）日常生活有关的活动能力极重度受限。
d）各种活动中度受限，短暂活动不受限，长时间活动受限。
e）社会交往能力降低。

A.8 八级残疾的划分依据

a）组织器官部分缺损或者畸形，有轻度功能障碍，并造成明显影响。
b）存在一般医疗依赖，无护理依赖。
c）日常生活有关的活动能力重度受限。
d）各种活动轻度受限，远距离活动受限。
e）社会交往受约束。

A.9 九级残疾的划分依据

a）组织器官部分缺损或者畸形，有轻度功能障碍，并造成较明显影响。
b）无医疗依赖或者存在一般医疗依赖，无护理依赖。
c）日常生活有关的活动能力中度受限。
d）工作与学习能力下降。
e）社会交往能力部分受限。

A.10 十级残疾的划分依据

a）组织器官部分缺损或者畸形，有轻度功能障碍，并造成一定影响。
b）无医疗依赖或者存在一般医疗依赖，无护理依赖。
c）日常生活有关的活动能力轻度受限。
d）工作与学习能力受到一定影响。
e）社会交往能力轻度受限。

附录 B
（资料性附录）
器官功能分级判定基准及使用说明

B.1 持续性植物生存状态

植物生存状态可以是暂时的，也可以呈持续性。持续性植物生存状态是指严重颅脑损伤经治疗及必要的康复后仍缺乏意识活动，丧失语言，而仅保留无意识的姿态调整和运动功能的状态。机体虽能维持基本生命体征，但无意识和思维，缺乏对自身和周围环境的感知能力的生存状态。伤者有睡眠-觉醒周期,部分或全部保存下丘脑和脑干功能,但是缺乏任何适应性反应,缺乏任何接受和反映信息的功能性思维。

植物生存状态诊断标准:①认知功能丧失,无意识活动,不能执行指令;②保持自主呼吸和血压;③有睡眠-觉醒周期;④不能理解或表达语言;⑤自动睁眼或刺激下睁眼;⑥可有无目的性眼球跟踪运动;⑦丘脑下部及脑干功能基本保存。

持续性植物生存状态指脑损伤后上述表现至少持续6个月以上,且难以恢复。

注:反复发作性意识障碍,作为癫痫的一组症状或癫痫发作的一种形式时,不单独鉴定其致残程度。

B.2 精神障碍

B.2.1 症状标准

有下列表现之一者。

a)智能损害综合征。

b)遗忘综合征。

c)人格改变。

d)意识障碍。

e)精神病性症状(如幻觉、妄想、紧张综合征等)。

f)情感障碍综合征(如躁狂综合征、抑郁综合征等)。

g)解离(转换)综合征。

h)神经症样综合征(如焦虑综合征、情感脆弱综合征等)。

B.2.2 精神障碍的认定

a)精神障碍的发病基础需有颅脑损伤的存在。

b)精神障碍的起病时间需与颅脑损伤的发生相吻合。

c)精神障碍应随着颅脑损伤的改善而缓解。

d)无证据提示精神障碍的发病存在其他原因(如强阳性家族史)。

精神分裂症和躁郁症均为内源性疾病,发病主要取决于患者自身的生物学素质,不属于人身损害所致的精神障碍。

B.3 智能损害

B.3.1 智能损害的症状

a)记忆减退,最明显的是学习新事物的能力受损。

b)以思维和信息处理过程减退为特征的智能损害,如抽象概括能力减退,难以解释成语、谚语,掌握词汇量减少,不能理解抽象意义的语汇,难以概括同类事物的共同特征,或判断力减退。

c)情感障碍,如抑郁、淡漠,或敌意增加等。

d)意志减退,如懒散、主动性降低。

e)其他高级皮层功能受损,如失语、失认、失用或者人格改变等。

f)无意识障碍。

注:符合上述症状标准至少满6个月方可诊断。

B.3.2 智能损害分级

a)极重度智能减退 智商(IQ)<20;语言功能丧失;生活完全不能自理。

b)重度智能减退 IQ 20~34;语言功能严重受损,不能进行有效的交流;生活大部分不能自理。

c)中度智能减退 IQ 35~49;能掌握日常生活用语,但词汇贫乏,对周围环境辨别能力差,只能以简单的方式与人交往;生活部分不能自理,能做简单劳动。

d)轻度智能减退 IQ 50~69;无明显语言障碍,对周围环境有较好的辨别能力,能比较恰当地与人交往;生活能自理,能做一般非技术性工作。

e)边缘智能状态 IQ 70～84;抽象思维能力或者思维广度、深度及机敏性显示不良;不能完成高级或者复杂的脑力劳动。

B.4 生活自理能力

具体评价方法参考《人身损害护理依赖程度评定》(GB/T 31147)。

B.5 失语症

失语症是指由于中枢神经损伤导致抽象信号思维障碍而丧失口语、文字的表达和理解能力的临床症候群,失语症不包括由于意识障碍和普通的智力减退造成的语言症状,也不包括听觉、视觉、书写、发音等感觉和运动器官损害引起的语言、阅读和书写障碍。

失语症又可分为:完全运动性失语,不完全运动性失语;完全感觉性失语,不完全感觉性失语;混合性失语;完全性失用,不完全性失用;完全性失写,不完全性失写;完全性失读,不完全性失读;完全性失认,不完全性失认。

注:脑外伤后失语的认定应该符合以下几个方面的要求。①脑损伤的部位应该与语言功能有关;②病史材料应该有就诊记录并且有关于失语的描述;③有明确的临床诊断或者专家咨询意见。

B.6 外伤性癫痫分度

外伤性癫痫通常是指颅脑损伤3个月后发生的癫痫,可分为以下三度。

a)轻度 各种类型的癫痫发作,经系统服药治疗1年后能控制的。

b)中度 各种类型的癫痫发作,经系统服药治疗1年后,全身性强直-阵挛发作、单纯或复杂部分发作,伴自动症或精神症状(相当于大发作、精神运动性发作)平均每月1次或1次以下,失神发作和其他类型发作平均每周1次以下。

c)重度 各种类型的癫痫发作,经系统服药治疗1年后,全身性强直-阵挛发作、单纯或复杂部分发作,伴自动症或精神症状(相当于大发作、精神运动性发作)平均每月2次以上,失神发作和其他类型发作平均每周2次以上。

注:外伤性癫痫致残程度鉴定时应根据以下信息综合判断。①应有脑器质性损伤或中毒性脑病的病史;②应有一年来系统治疗的临床病史资料;③可能时,应提供其他有效资料,如脑电图检查、血药浓度测定结果等。其中,前两项是癫痫致残程度鉴定的必要条件。

B.7 肌力分级

肌力是指肌肉收缩时的力量,在临床上分为以下六级。

a)0级 肌肉完全瘫痪,毫无收缩。

b)1级 可看到或者触及肌肉轻微收缩,但不能产生动作。

c)2级 肌肉在不受重力影响下,可进行运动,即肢体能在床面上移动,但不能抬高。

d)3级 在和地心引力相反的方向中尚能完成其动作,但不能对抗外加阻力。

e)4级 能对抗一定的阻力,但较正常人降低。

f)5级 正常肌力。

注:肌力检查时应注意以下几点综合判断。①肌力减退多见于神经源性和肌源性,如神经系统损伤所致肌力减退,则应有相应的损伤基础;②肌力检查结果的可靠性依赖于检查者正确的检查方法和受检者的理解与配合,肌力检查结果的可靠性要结合伤者的配合程度而定;③必要时,应进行神经电生理等客观检查。

B.8 非肢体瘫运动障碍分度

非肢体瘫的运动障碍,包括肌张力增高、深感觉障碍和(或)小脑性共济失调、不自主运动或者震颤等。根据其对生活自理的影响程度划分为轻、中、重三度。

a) 重度　不能自行进食、大小便、洗漱、翻身和穿衣,需要他人护理。
b) 中度　完成上述动作困难,但在他人帮助下可以完成。
c) 轻度　完成上述动作虽有一定困难,但基本可以自理。

注:非肢体运动障碍程度的评定应注意以下几点进行综合判断。①有引起非肢体瘫运动障碍的损伤基础;②病史材料中有非肢体瘫运动障碍的诊疗记录和症状描述;③有相关生活自理能力受限的检查记录;④家属或者近亲属的代诉仅作为参考。

B.9　尿崩症分度

a) 重度　每日尿量在 10000 mL 以上。
b) 中度　每日尿量在 5001~9999 mL。
c) 轻度　每日尿量在 2500~5000 mL。

B.10　排便功能障碍(大便失禁)分度

a) 重度　大便不能控制,肛门括约肌收缩力很弱或者丧失,肛门括约肌收缩反射很弱或者消失,肛门注水法测定直肠内压<20 cmH$_2$O。
b) 轻度　稀便不能控制,肛门括约肌收缩力较弱,肛门括约肌收缩反射较弱,肛门注水法测定直肠内压 20~30 cmH$_2$O。

注:此处排便功能障碍是指脑、脊髓或者自主神经损伤致肛门括约肌功能障碍所引起的大便失禁。而肛门或者直肠损伤既可以遗留大便失禁,也可以遗留排便困难,应依据相应条款评定致残程度等级。

B.11　排尿功能障碍分度

a) 重度　出现真性重度尿失禁或者排尿困难且尿潴留残余尿≥50 mL 者。
b) 轻度　出现真性轻度尿失禁或者排尿困难且尿潴留残余尿≥10 mL 但小于 50 mL 者。

注:此处排尿功能障碍是指脑、脊髓或者自主神经损伤致膀胱括约肌功能障碍所引起的小便失禁或者尿潴留。当膀胱括约肌损伤遗留尿失禁或者尿潴留时,也可依据排尿功能障碍程度评定致残程度等级。

B.12　器质性阴茎勃起障碍分度

a) 重度　阴茎无勃起反应,阴茎硬度及周径均无改变。
b) 中度　阴茎勃起时最大硬度>0%但小于 40%。
c) 轻度　阴茎勃起时最大硬度≥40%但小于 60%,或者阴茎勃起时最大硬度虽达 60%,但持续时间<10 分钟。

注1:阴茎勃起正常值范围　最大硬度≥60%,持续时间≥10 分钟。
注2:器质性阴茎勃起障碍是指脑、脊髓或者周围神经(躯体神经或者自主神经)损伤所引起的。其他致伤因素所致的血管性、内分泌性或者药物性阴茎勃起障碍也可依此分度评定致残程度等级。

B.13　阴茎勃起功能影响程度分级

a) 严重影响阴茎勃起功能　连续监测三晚,阴茎夜间勃起平均每晚不超过 1 次。
b) 影响阴茎勃起功能　连续监测三晚,阴茎夜间勃起平均每晚不超过 3 次。

B.14　面部瘢痕分类

本标准规定的面部包括前额发际下,两耳根前与下颌下缘之间的区域,包括额部、眶部、鼻部、口唇部、颏部、颧部、颊部和腮腺咬肌部,不包括耳廓。以眉弓水平线为上横线,以下唇唇红缘中点处作水平线为下横线,以双侧外眦处作两条垂直线,上述四条线围绕的中央部分为面部中心区。

本标准将面部瘢痕分为以下类型。

a) 面部块状瘢痕 增生性瘢痕、瘢痕疙瘩、蹼状瘢痕等,不包括浅表瘢痕(外观多平坦,与四周皮肤表面平齐或者稍低,平滑光亮,色素减退,一般不引起功能障碍)。

b) 面部细小瘢痕(或者色素明显改变) 面部较密集散在瘢痕或者色素沉着(或者脱失),瘢痕呈网状或者斑片状,其间可见正常皮肤。

B.15 容貌毁损分度

B.15.1 重度

面部瘢痕畸形,并有以下六项中四项者。

a) 双侧眉毛完全缺失。

b) 双睑外翻或者完全缺失。

c) 双侧耳廓完全缺失。

d) 外鼻完全缺失。

e) 上、下唇外翻或者小口畸形。

f) 颏颈粘连(中度以上)。

B.15.2 中度

面部瘢痕畸形,并有以下六项中三项者。

a) 眉毛部分缺失(累计达一侧眉毛1/2)。

b) 眼睑外翻或者部分缺失。

c) 耳廓部分缺损(累计达一侧耳廓15%)。

d) 鼻部分缺损(鼻尖或者鼻翼缺损深达软骨)。

e) 唇外翻或者小口畸形。

f) 颏颈粘连(轻度)。

B.15.3 轻度

含中度畸形六项中二项者。

B.16 眼睑畸形分度

B.16.1 眼睑轻度畸形

a) 轻度眼睑外翻 睑结膜与眼球分离,泪点脱离泪阜。

b) 眼睑闭合不全 自然闭合及用力闭合时均不能使睑裂完全消失。

c) 轻度眼睑缺损 上睑和/或下睑软组织缺损,范围<一侧上睑的1/2。

B.16.2 眼睑严重畸形

a) 重度眼睑外翻 睑结膜严重外翻,穹隆部消失。

b) 重度眼睑缺损 上睑和/或下睑软组织缺损,范围≥一侧上睑的1/2。

B.17 张口受限分度

a) 张口受限Ⅰ度 尽力张口时,上、下切牙间仅可勉强置入垂直并列之示指和中指。

b) 张口受限Ⅱ度 尽力张口时,上、下切牙间仅可置入垂直之示指。

c) 张口受限Ⅲ度 尽力张口时,上、下切牙间距小于示指之横径。

B.18 面瘫(面神经麻痹)分级

a) 完全性面瘫 面神经5个分支(颞支、颧支、颊支、下颌缘支和颈支)支配的全部肌肉(包括颈部的颈阔肌)瘫痪。

b) 大部分面瘫 面神经5个分支中有3个分支支配的肌肉瘫痪。

c) 部分面瘫 面神经5个分支中有1个分支支配的肌肉瘫痪。

B.19 视力损害分级

盲及视力损害分级标准见表B-1。

表 B-1 盲及视力损害分级标准

分 类	远视力低于	远视力等于或优于
轻度或无视力损害		0.3
中度视力损害(视力损害1级)	0.3	0.1
重度视力损害(视力损害2级)	0.1	0.05
盲(盲目3级)	0.05	0.02
盲(盲目4级)	0.02	光感
盲(盲目5级)		无光感

B.20 颏颈粘连分度

a) 轻度 单纯的颈部瘢痕或者颈胸瘢痕。瘢痕位于颌颈角平面以下的颈胸部,颈部活动基本不受限制,饮食、吞咽等均无影响。

b) 中度 颏颈瘢痕粘连或者颏颈胸瘢痕粘连。颈部后仰及旋转受到限制,饮食、吞咽有所影响,不流涎,下唇前庭沟并不消失,能闭口。

c) 重度 唇颏颈瘢痕粘连。自下唇至颈前均为挛缩瘢痕,下唇、颏部和颈前区均粘连在一起,颈部处于强迫低头姿势。

B.21 甲状腺功能低下分度

a) 重度 临床症状严重,T_3、T_4 或者 FT_3、FT_4 低于正常值,TSH>50 μU/L。

b) 中度 临床症状较重,T_3、T_4 或者 FT_3、FT_4 正常,TSH>50 μU/L。

c) 轻度 临床症状较轻,T_3、T_4 或者 FT_3、FT_4 正常,TSH轻度增高,但小于 50 μU/L。

B.22 甲状旁腺功能低下分度

a) 重度 空腹血钙质量浓度<6 mg/dL。

b) 中度 空腹血钙质量浓度6~7 mg/dL。

c) 轻度 空腹血钙质量浓度7.1~8 mg/dL。

注:以上分级均需结合临床症状,必要时参考甲状旁腺激素水平综合判定。

B.23 发声功能障碍分度

a) 重度 声哑、不能出声。

b) 轻度 发音过弱、声嘶、低调、粗糙、带鼻音。

B.24 构音功能障碍分度

a) 重度 音不分明,语不成句,难以听懂,甚至完全不能说话。

b) 轻度 发音不准,吐字不清,语调速度、节律等异常,以及鼻音过重等。

B.25 呼吸困难分度(见表 B-2)

表 B-2 呼吸困难分度

程 度	临 床 表 现	阻塞性通气功能减退:一秒钟用力呼气量占预计值百分比	限制性通气功能减退:肺活量	血氧分压/mmHg
极重度	稍活动(如穿衣、谈话)即气短	<30%	<50%	<60
重度	平地步行 100 m 即有气短	30%～49%	50%～59%	60～87
中度	平地步行 1000 m 无气短,但不能与同龄健康者保持相同速度,快步行走出现气短,登山或上楼时气短明显	50%～79%	60%～69%	—
轻度	与同龄健康者在平地一同步行无气短,但登山或上楼时呈现气短	≥80%	70%	—

注:动脉血氧分压在 60～87 mmHg 时,需参考其他肺功能检验结果。

B.26 心功能分级

a) I 级 体力活动无明显受限,日常活动不易引起过度乏力、呼吸困难或者心悸等不适。亦称心功能代偿期。

b) II 级 体力活动轻度受限,休息时无明显不适症状,但日常活动即可引起乏力、心悸、呼吸困难或者心绞痛。亦称 I 度或者轻度心衰。

c) III 级 体力活动明显受限,休息时无症状,轻于日常的活动即可引起上述症状。亦称 II 度或者中度心衰。

d) IV 级 不能从事任何体力活动,休息时亦有充血性心衰或心绞痛症状,任何体力活动后加重。亦称 III 度或者重度心衰。

注:心功能评残时机应以损伤后心功能稳定 6 个月以上为宜,结合心功能客观检查结果,如 EF 值等。

B.27 肝衰竭分期

a) 早期 ①极度疲乏,并有厌食、呕吐和腹胀等严重消化道症状;②黄疸进行性加重(血清总胆红素≥171 μmol/L 或每日上升 17.1 μmol/L);③有出血倾向,30%<凝血酶原活动度(PTA)≤40%;未出现肝性脑病或明显腹水。

b) 中期 在肝衰竭早期表现的基础上,病情进一步进展,并出现以下情况之一者:①出现 II 度以上肝性脑病和(或)明显腹水;②出血倾向明显(出血点或瘀斑),且 20%<凝血酶原活动度(PTA)≤30%。

c) 晚期 在肝衰竭中期表现的基础上,病情进一步进展,并出现以下情况之一者:①有难治性并发症,例如肝肾综合征、上消化道出血、严重感染和难以纠正的电解质紊乱;②出现 III 度以上肝性脑病;③有严重出血倾向(注射部位淤斑等),凝血酶原活动度(PTA)≤20%。

B.28 肾功能损害分期

肾功能损害:①肾脏损伤(肾脏结构或功能异常)达到 3 个月,可以有或无肾小球滤过率(GFR)下降,临床上表现为病理学检查异常或者肾损伤(包括血、尿成分异常或影像学检查异常);②GFR 达到 60 mL/(min·1.73 m²)达 3 个月,有或无肾脏损伤证据。

慢性肾脏病(CKD)肾功能损害分期见表 B-3。

表 B-3 肾功能损害分期

CKD 分期	名称	诊断标准
1 期	肾功能正常	GFR≥90 mL/(min·1.73 m²)
2 期	肾功能轻度下降	GFR 60～89 mL/(min·1.73 m²)达 3 个月,有或无肾脏损伤证据
3 期	肾功能中度下降	GFR 30～59 mL/(min·1.73 m²)
4 期	肾功能重度下降	GFR 15～29 mL/(min·1.73 m²)
5 期	肾衰竭	GFR<15 mL/(min·1.73 m²)

B.29 肾上腺皮质功能减退分度

B.29.1 功能明显减退

a)乏力,消瘦,皮肤、黏膜色素沉着,白癜,血压降低,食欲不振。
b)24 h 尿中 17-羟类固醇<4 mg,17-酮类固醇<10 mg。
c)血浆皮质醇含量:早上 8 时,小于 9 mg/100 mL;下午 4 时,小于 3 mg/100 mL。
d)尿中皮质醇<5 mg/24 h。

B.29.2 功能轻度减退

a)具有功能明显减退之 b)、c)两项者。
b)无典型临床症状。

B.30 生殖功能损害分度

a)重度　精液中精子缺如。
b)轻度　精液中精子数<500 万/mL,或者异常精子达到 30%,或者死精子与运动能力很弱的精子达到 30%。

B.31 尿道狭窄分度

B.31.1 尿道重度狭窄

a)临床表现为尿不成线、滴沥,伴有尿急、尿不尽或者遗尿等症状。
b)尿道造影检查显示尿道明显狭窄,狭窄部位尿道内径小于正常管径的 1/3。
c)超声检查示膀胱残余尿阳性。
d)尿流动力学检查示严重排尿功能障碍。
e)经常行尿道扩张效果不佳,有尿道成形术适应证。

B.31.2 尿道轻度狭窄

a)临床表现为尿流变细、尿不尽等。
b)尿道造影检查示尿道狭窄,狭窄部位尿道内径小于正常管径的 2/3。
c)超声检查示膀胱残余尿阳性。
d)尿流动力学检查示排尿功能障碍。
e)有尿道扩张治疗适应证。

注:尿道狭窄应以尿道造影等客观检查为主,结合临床表现综合评判。

B.32 股骨头坏死分期

a)股骨头坏死 1 期(超微结构变异期)　X 线片显示股骨头承载系统中的骨小梁结构排列紊乱、断裂,出现股骨头边缘毛糙。临床上伴有或不伴有局限性轻微疼痛。
b)股骨头坏死 2 期(有感期)　X 线片显示股骨头内部出现小的囊变影,囊变区周围的环区密度不均,骨小梁结构紊乱、稀疏或模糊,也可出现细小的塌陷,塌陷面积可达 10%～30%。临床伴有疼痛明显、活动轻微受限等。

c)股骨头坏死 3 期(坏死期)　X 线片显示股骨头形态改变,可出现边缘不完整、虫蚀状或扁平等形状,部分骨小梁结构消失,骨密度很不均匀,髋臼与股骨头间隙增宽或变窄,也可有骨赘形成。临床表现为疼痛、间歇性跛行、关节活动受限以及患肢出现不同程度的缩短等。

d)股骨头坏死 4 期(致残期)　股骨头的形态、结构明显改变,出现大面积不规则塌陷或变平,骨小梁结构变异,髋臼与股骨头间隙消失等。临床表现为疼痛、功能障碍、僵直不能行走,出现髋关节脱位或半脱位,可致相应膝关节活动部分受限。

注:本标准股骨头坏死是指股骨头坏死 3 期或者 4 期。若股骨头坏死影像学表现尚未达股骨头坏死 3 期,但临床已行股骨头置换手术,则按四肢大关节人工关节置换术后鉴定致残程度等级。

B.33　再生障碍性贫血

B.33.1　再生障碍性贫血诊断标准

a)血常规检查　全血细胞减少,校正后的网织红细胞比例<1%,淋巴细胞比例增高。至少符合以下三项中的两项:Hb<100 g/L;BPC<50×10^9/L;中性粒细胞绝对值(ANC)<1.5×10^9/L。

b)骨髓穿刺　多部位(不同平面)骨髓增生减弱或几乎无增生;小粒空虚,非造血细胞(淋巴细胞、网状细胞、浆细胞、肥大细胞等)比例增高;巨核细胞明显减少或缺如;红系、粒系细胞均明显减少。

c)骨髓活检(髂骨)　全切片增生减弱,造血组织减少,脂肪组织和(或)非造血细胞增多,网硬蛋白不增加,无异常细胞。

d)排除性检查　必须排除先天性和其他获得性、继发性骨髓衰竭性疾病。

B.33.2　重型再生障碍性贫血

a)骨髓细胞增生程度<25%正常值;若 25%≤增生程度<50%,则残存造血细胞应小于 30%。

b)血常规需具备下列三项中的两项:ANC<0.5×10^9/L;校正的网织红细胞<1%或绝对值<20×10^9/L;BPC<20×10^9/L。

注:若 ANC<0.2×10^9/L 为极重型再生障碍性贫血。

B.33.3　非重型再生障碍性贫血

未达到重型标准的再生障碍性贫血。

附录 C
(资料性附录)
常用鉴定技术和方法

C.1　视力障碍检查

本标准所指的视力均指"矫正视力"。视力记录可采用小数记录或者 5 分记录两种方式。正常视力是指远距视力经矫正(包括接触镜、针孔镜等)达到 0.8 以上。

中心视力好而视野缩小,以注视点为中心,如视野半径小于 10 度而大于 5 度者相当于盲目 3 级,半径小于 5 度者相当于盲目 4 级。

周边视野检查要求:直径 5 mm 的白色视标,检查距离 330 mm,视野背景亮度为 31.5 asb。

视力障碍检查具体方法参考《视觉功能障碍法医鉴定指南》(SF/Z JD 0103004)。

C.2 视野有效值计算公式

$$实测视野有效值(\%) = \frac{8条子午线实测视野值的总和}{500}$$

视野有效值换算见表 C-1。

表 C-1 视野有效值与视野度数(半径)的换算

视野有效值/(%)	视野度数(半径)
8	5°
16	10°
24	15°
32	20°
40	25°
48	30°
56	35°
64	40°
72	45°

C.3 听力评估方法

听力障碍检查应符合《听力障碍的法医学评定》(GA/T 914)。听力损失计算应按照世界卫生组织推荐的听力减退分级的频率范围,取 0.5、1、2、4 kHz 四个频率气导听阈级的平均值。如所得均值不是整数,则小数点后之尾数采用四舍五入法修为整数。

纯音听阈级测试时,如某一频率纯音气导最大声输出仍无反应时,以最大声输出值作为该频率听阈级。

进行听觉诱发电位测试时,若最大输出声强仍引不出反应波形,则以最大输出声强为反应阈值。在听阈评估时,听力学单位一律使用听力级(dBHL)。一般情况下,受试者听觉诱发电位反应阈要比其行为听阈高 10~20 dB(该差值又称"校正值"),即受试者的行为听阈等于其听觉诱发电位反应阈减去"校正值"。实施听觉诱发电位检测的机构应建立本实验室的"校正值";若尚未建立,建议取参考平均值(15 dB)作为"校正值"。

纯音气导听阈级应考虑年龄因素,按照《声学 听阈与年龄关系的统计分布》(GB/T 7582)听阈级偏差的中值(50%)进行修正(表 C-2)。

表 C-2 耳科正常人随年龄增长超过的听阈偏差中值(GB/T 7582)

年龄	男				女			
	500	1000	2000	4000	500	1000	2000	4000
30~39	1	1	1	2	1	1	1	1
40~49	2	2	3	8	2	2	3	4
50~59	4	4	7	16	4	4	6	9
60~69	6	7	12	28	6	7	11	16
70~	9	11	19	43	9	11	16	24

C.4 前庭功能检查

本标准所指的前庭功能丧失及减退,是指外力作用于颅脑或者耳部,造成前庭系统的损伤,伤后出现前庭平衡功能障碍的临床表现,自发性前庭体征检查法和诱发性前庭功能检查法等有阳性发现(如眼震电图/眼震视图,静、动态平衡仪,前庭诱发电位等检查)。应结合听力检查与神经系统检查,以及影像学检查综合判定前庭功能障碍程度。

C.5 阴茎勃起功能评定

阴茎勃起功能应符合《男性性功能障碍法医学鉴定》(GA/T 1188)的要求。

C.6 体表面积计算

九分估算法:成人体表面积视为100%,将总体表面积划分为11个9%等面积区域。头(面)部与颈部共占1个9%,双上肢共占2个9%,躯干前后及会阴部共占3个9%,臀部及双下肢共占5个9%+1%(表C-3)。

表 C-3 体表面积的九分估算法

部 位	面积/(%)	按九分法面积/(%)
头	6	(1×9)=9
颈	3	
前躯	13	(3×9)=27
后躯	13	
会阴	1	
双上臂	7	(2×9)=18
双前臂	6	
双手	5	
臀	5	(5×9+1)=46
双大腿	21	
双小腿	13	
双足	7	
全身合计	100	(11×9+1)=100

手掌法:受检者五指并拢,一掌面约相当其自身体表面积的1%。

公式计算法:体表总面积$(m^2)=0.0061×$身长$(cm)+0.0128×$体重$(kg)-0.1529$。

注:12岁以下儿童体表面积,头颈部(%)=[9+(12-年龄)]/100;

双下肢(%)=[46-(12-年龄)]/100。

C.7 肢体关节功能评定

先根据受损关节活动度大小及关节肌群肌力等级直接查表(表C-4至表C-9)得出受损关节各方位功能丧失值,再将受损关节各方位功能丧失值累计求和后除以该关节活动方位数(如肩关节活动方位为6)即可得出受损关节功能丧失值。

注:①表C-4至表C-9仅适用于四肢大关节骨关节损伤后遗关节运动活动度受限合并周围神经损伤后遗相关肌群肌力下降所致关节功能障碍的情形。单纯中枢神经或者周围神经损伤所致关节功能障碍的情形应适用专门性条款。②当关节活动受限于某一方位时,同一轴位的另一方位功能丧失值以100%计。如腕关节掌屈和背屈,轴位相同,但方位不同。当腕关节活动限制在掌屈10°～50°之间,则掌屈以40°计(查表求得功能丧失值为30%),而背屈功能丧失值以100%计。③伤侧关节功能丧失值应与对(健)侧进行比较,即同时用查表法分别求出伤侧和对侧关节功能丧失值,并用伤侧关节功能丧失值减去对侧关节功能丧失值,其差值即为伤侧关节功能实际丧失值。④由于本方法对于关节功能的评定已经考虑到肌力减退对于关节功能的影响,故在测量关节运动活动度时,应以关节被动活动度为准。

C.7.1 肩关节功能丧失程度评定(表 C-4)

表 C-4 肩关节功能丧失程度(%)

关节运动活动度		肌 力				
		≤M1	M2	M3	M4	M5
前屈	≥171	100	75	50	25	0
	151~170	100	77	55	32	10
	131~150	100	80	60	40	20
	111~130	100	82	65	47	30
	91~110	100	85	70	55	40
	71~90	100	87	75	62	50
	51~70	100	90	80	70	60
	31~50	100	92	85	77	70
	≤30	100	95	90	85	80
后伸	≥41	100	75	50	25	0
	31~40	100	80	60	40	20
	21~30	100	85	70	55	40
	11~20	100	90	80	70	60
	≤10	100	95	90	85	80
外展	≥171	100	75	50	25	0
	151~170	100	77	55	32	10
	131~150	100	80	60	40	20
	111~130	100	82	65	47	30
	91~110	100	85	70	55	40
	71~90	100	87	75	62	50
	51~70	100	90	80	70	60
	31~50	100	92	85	77	70
	≤30	100	95	90	85	80
内收	≥41	100	75	50	25	0
	31~40	100	80	60	40	20
	21~30	100	85	70	55	40
	11~20	100	90	80	70	60
	≤10	100	95	90	85	80
内旋	≥81	100	75	50	25	0
	71~80	100	77	55	32	10
	61~70	100	80	60	40	20
	51~60	100	82	65	47	30
	41~50	100	85	70	55	40
	31~40	100	87	75	62	50
	21~30	100	90	80	70	60
	11~20	100	92	85	77	70
	≤10	100	95	90	85	80

续表

关节运动活动度		肌 力				
		≤M1	M2	M3	M4	M5
外旋	≥81	100	75	50	25	0
	71~80	100	77	55	32	10
	61~70	100	80	60	40	20
	51~60	100	82	65	47	30
	41~50	100	85	70	55	40
	31~40	100	87	75	62	50
	21~30	100	90	80	70	60
	11~20	100	92	85	77	70
	≤10	100	95	90	85	80

C.7.2 肘关节功能丧失程度评定(表C-5)

表C-5 肘关节功能丧失程度(%)

关节运动活动度		肌 力				
		≤M1	M2	M3	M4	M5
屈曲	≥41	100	75	50	25	0
	36~40	100	77	55	32	10
	31~35	100	80	60	40	20
	26~30	100	82	65	47	30
	21~25	100	85	70	55	40
	16~20	100	87	75	62	50
	11~15	100	90	80	70	60
	6~10	100	92	85	77	70
	≤5	100	95	90	85	80
伸展	81~90	100	75	50	25	0
	71~80	100	77	55	32	10
	61~70	100	80	60	40	20
	51~60	100	82	65	47	30
	41~50	100	85	70	55	40
	31~40	100	87	75	62	50
	21~30	100	90	8	70	60
	11~20	100	92	85	77	70
	≤10	100	95	90	85	80

注:为方便肘关节功能计算,此处规定肘关节以屈曲90°为中立位0°。

C.7.3 腕关节功能丧失程度评定(表C-6)

表C-6 腕关节功能丧失程度(%)

关节运动活动度		肌 力				
		≤M1	M2	M3	M4	M5
掌屈	≥61	100	75	50	25	0
	51~60	100	77	55	32	10
	41~50	100	80	60	40	20
	31~40	100	82	65	47	30
	26~30	100	85	70	55	40
	21~25	100	87	75	62	50
	16~20	100	90	80	70	60
	11~15	100	92	85	77	70
	≤10	100	95	90	85	80
背屈	≥61	100	75	50	25	0
	51~60	100	77	55	32	10
	41~50	100	80	60	40	20
	31~40	100	82	65	47	30
	26~30	100	85	70	55	40
	21~25	100	87	75	62	50
	16~20	100	90	80	70	60
	11~15	100	92	85	77	70
	≤10	100	95	90	85	80
桡屈	≥21	100	75	50	25	0
	16~20	100	80	60	40	20
	11~15	100	85	70	55	40
	6~10	100	90	80	70	60
	≤5	100	95	90	85	80
尺屈	≥41	100	75	50	25	0
	31~40	100	80	60	40	20
	21~30	100	85	70	55	40
	11~20	100	90	80	70	60
	≤10	100	95	90	85	80

C.7.4 髋关节功能丧失程度评定(表C-7)

表 C-7 髋关节功能丧失程度(%)

关节运动活动度		肌 力				
		≤M1	M2	M3	M4	M5
前屈	≥121	100	75	50	25	0
	106~120	100	77	55	32	10
	91~105	100	80	60	40	20
	76~90	100	82	65	47	30
	61~75	100	85	70	55	40
	46~60	100	87	75	62	50
	31~45	100	90	80	70	60
	16~30	100	92	85	77	70
	≤15	100	95	90	85	80
后伸	≥11	100	75	50	25	0
	6~10	100	85	70	55	20
	1~5	100	90	80	70	50
	0	100	95	90	85	80
外展	≥41	100	75	50	25	0
	31~40	100	80	60	40	20
	21~30	100	85	70	55	40
	11~20	100	90	80	70	60
	≤10	100	95	90	85	80
内收	≥16	100	75	50	25	0
	11~15	100	80	60	40	20
	6~10	100	85	70	55	40
	1~5	100	90	80	70	60
	0	100	95	90	85	80
外旋	≥41	100	75	50	25	0
	31~40	100	80	60	40	20
	21~30	100	85	70	55	40
	11~20	100	90	80	70	60
	≤10	100	95	90	85	80
内旋	≥41	100	75	50	25	0
	31~40	100	80	60	0	20
	21~30	100	85	70	55	40
	11~20	100	90	80	70	60
	≤10	100	95	90	85	80

注:表中前屈指屈膝位前屈。

C.7.5 膝关节功能丧失程度评定(表C-8)

表C-8 膝关节功能丧失程度(%)

关节运动活动度		肌力				
		≤M1	M2	M3	M4	M5
屈曲	≥130	100	75	50	25	0
	116~129	100	77	55	32	10
	101~115	100	80	60	40	20
	86~100	100	82	65	47	30
	71~85	100	85	70	55	40
	61~70	100	87	75	62	50
	46~60	100	90	80	70	60
	31~45	100	92	85	77	70
	≤30	100	95	90	85	80
伸展	≥-5	100	75	50	25	0
	-6~-10	100	77	55	32	10
	-11~-20	100	80	60	40	20
	-21~-25	100	82	65	47	30
	-26~-30	100	85	70	55	40
	-31~-35	100	87	75	62	50
	-36~-40	100	90	80	70	60
	-41~-45	100	92	85	77	70
	≤-46	100	95	90	85	80

注：表中负值表示膝关节伸展时到达功能位(直立位)所差的度数。考虑到膝关节同一轴位屈伸活动相互重叠，膝关节功能丧失程度的计算方法与其他关节略有不同，即根据关节屈曲与伸展运动活动度查表得出相应功能丧失程度，再求和即为膝关节功能丧失程度。当二者之和大于100%时，以100%计算。

C.7.6 踝关节功能丧失程度评定(表C-9)

表C-9 踝关节功能丧失程度(%)

关节运动活动度		肌力				
		≤M1	M2	M3	M4	M5
背曲	≥16	100	75	50	25	0
	11~15	100	80	60	40	20
	6~10	100	85	70	55	40
	1~5	100	90	80	70	60
	0	100	95	90	85	80

续表

关节运动活动度		肌力				
		≤M1	M2	M3	M4	M5
跖屈	≥41	100	75	50	25	0
	31～40	100	80	60	40	20
	21～30	100	85	70	55	40
	11～20	100	90	80	70	60
	≤10	100	95	90	85	80

C.8 手、足功能丧失程度评定

C.8.1 手、足缺失评分(图 C-1、图 C-2)

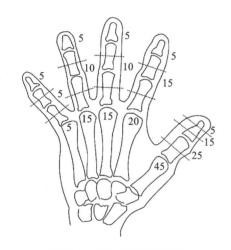

图 C-1 手缺失评分示意图

注:图中数字示手指缺失平面相当于手功能丧失的分值。

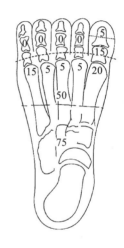

图 C-2 足缺失评分示意图

注:图中数字示足缺失平面相当于足功能丧失的分值。

C.8.2 手指关节功能障碍评分(表 C-10)

表 C-10 手指关节功能障碍相当于手功能丧失分值的评定

受累部位及情形		功能障碍程度及手功能丧失分值		
		非功能位强直	功能位强直或关节活动度≤1/2参考值	1/2参考值<关节活动度≤3/4参考值
拇指	第一掌腕、掌指、指间关节均受累	40	25	15
	掌指、指间关节均受累	30	20	10
	掌指、指间单一关节受累	20	5	5
示指	掌指、指间关节均受累	20	15	5
	掌指或近侧指间关节受累	15	10	0
	远侧指间关节受累	5	5	0
中指	掌指、指间关节均受累	15	5	5
	掌指或近侧指间关节受累	10	5	0
	远侧指间关节受累	5	0	0

续表

受累部位及情形		功能障碍程度及手功能丧失分值		
		非功能位强直	功能位强直或关节活动度≤1/2参考值	1/2参考值＜关节活动度≤3/4参考值
环指	掌指、指间关节均受累	10	5	5
	掌指或近侧指间关节受累	5	5	0
	远侧指间关节受累	5	0	0
小指	掌指、指间关节均受累	5	5	0
	掌指或近侧指间关节受累	5	5	0
	远侧指间关节受累	0	0	0
腕关节	手功能大部分丧失时腕关节受累	10	5	0

注1：单手、单足部分缺失及功能障碍定级说明：①手、足缺失及功能障碍量化图表不能代替标准具体残级条款，条款中有列举的伤情应优先依据相应条款确定残级，只有在现有残级条款未能列举具体致残程度等级的情况下，可以参照本图表量化评估定级；②图 C-1 中将每一手指划分为远、中、近三个区域，依据各部位功能重要性赋予不同分值。手部分缺失离断的各种情形可按不同区域分值累计相加，参考定级。图 C-2 使用方法同图 C-1；③表 C-10 按手指各关节及腕关节功能障碍的不同程度分别赋予不同分值，各种手功能障碍的情形或合并手部分缺失的致残程度情形均可按对应分值累计相加。

注2：双手部分缺失及功能障碍定级说明：双手功能损伤，按双手分值加权累计定级。设一手功能为100分，双手总分为200分。设分值较高一手分值为 A，分值较低一手分值为 B，最终双手计分为：A+B×(200－A)/200。

注3：双足部分缺失定级说明：双足功能损伤，按双足分值加权累计定级。设一足功能为75分，双足总分为150分。设分值较高一足分值为 A，分值较低一足分值为 B，最终双足计分为：A+B×(150－A)/150。

（杨欢欢　整理）

彩 图

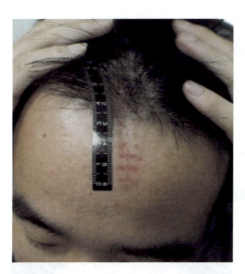

彩图 2-1　鉴定时体检所见头部瘢痕

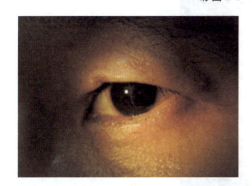

彩图 4-1　左眼部损伤瘢痕及角膜斑翳

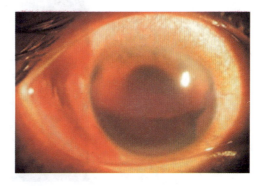

彩图 4-2　右眼外伤性前房积血及晶状体脱位

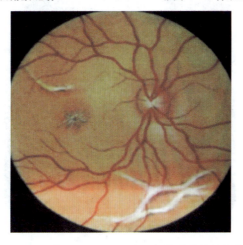

彩图 4-3　2019 年 6 月 14 日眼底照相视网膜黄白色索状物

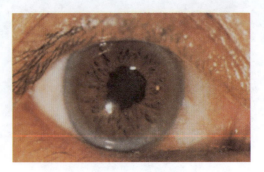

彩图 4-4　鉴定时见右眼瞳孔不规则

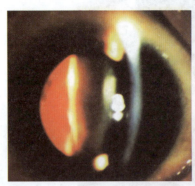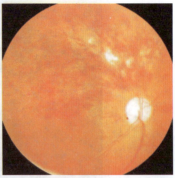

彩图 4-5　玻璃体积血及视网膜出血

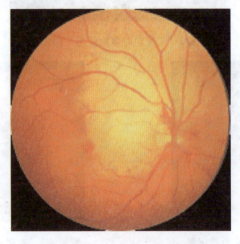

彩图 4-6　损伤早期视网膜挫伤水肿

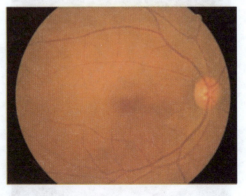

彩图 4-7　黄斑区色素不匀

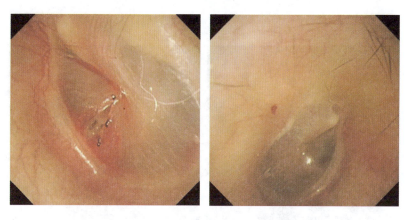

彩图 5-1　2019 年 6 月 20 日双侧鼓膜照相图片

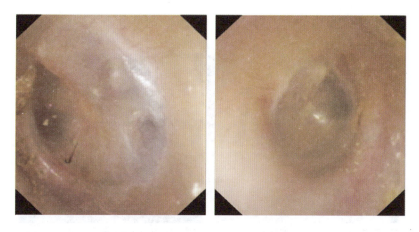

彩图 5-2　2019 年 7 月 31 日双侧鼓膜照相图片

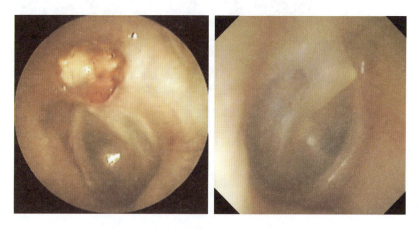

彩图 5-3　2019 年 4 月 20 日双侧鼓膜照相图片

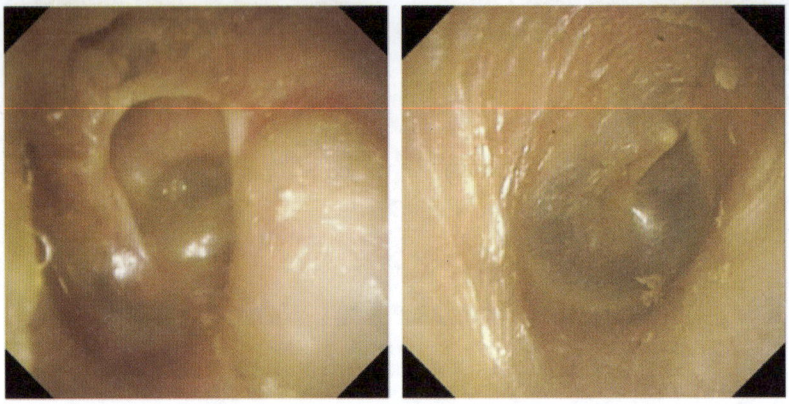

彩图 5-4　2019 年 7 月 31 日双侧鼓膜照相图片

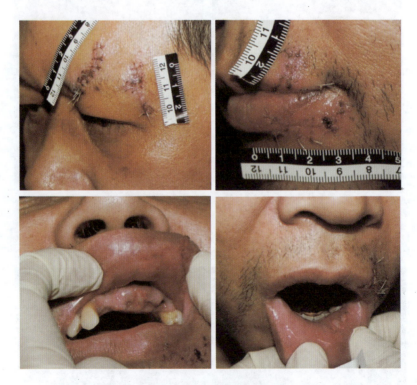

彩图 6-1　法医学体检时照片

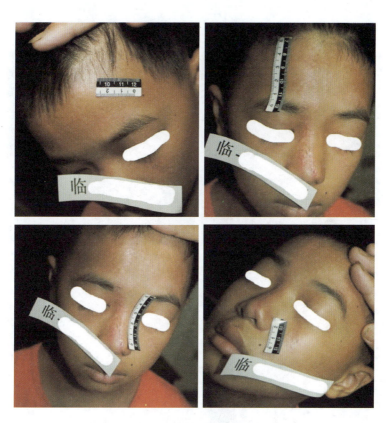

彩图 6-2　法医查体时照片

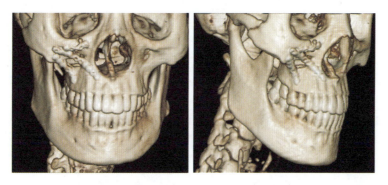

彩图 6-3　骨折复位内固定术后复查 CT 片

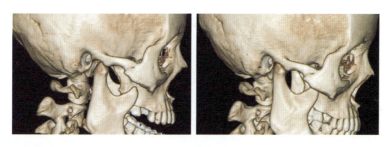

彩图 6-4　2019 年 3 月 19 日复查的张口位、闭口位颌面部 CT 片

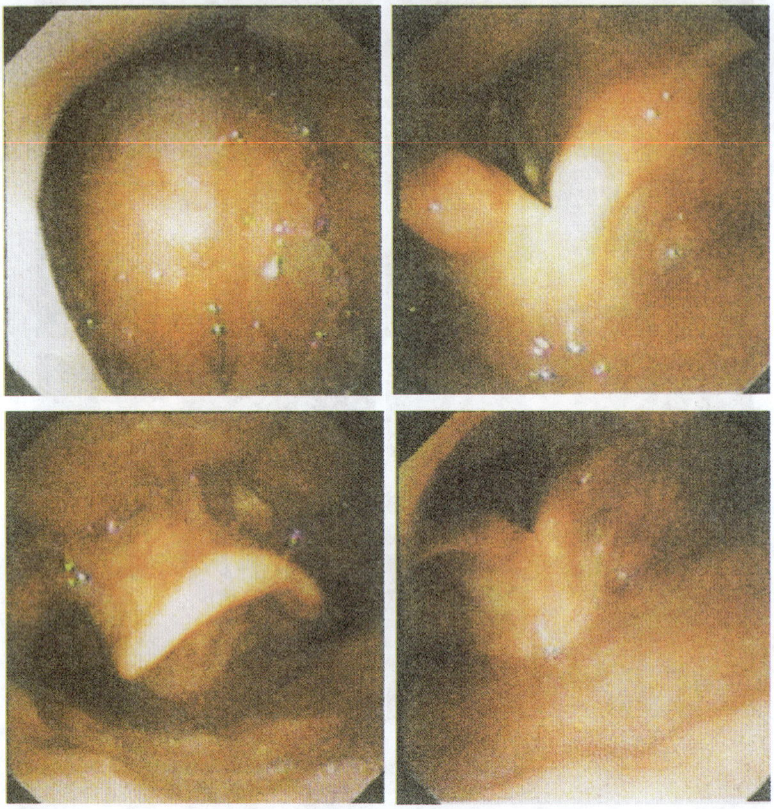

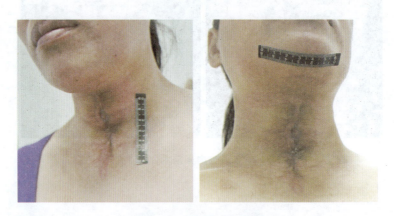

彩图 7-1　2018 年 10 月 9 日喉镜检查

彩图 7-2　鉴定时体格检查

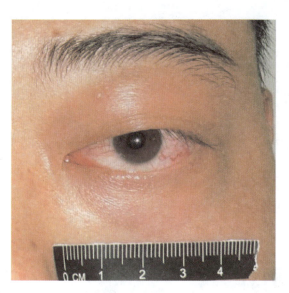

彩图 7-3　鉴定时左眼外观

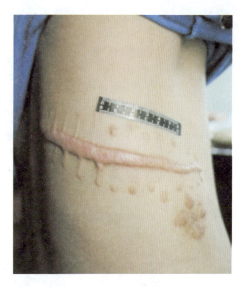

彩图 7-4　2019 年 3 月 31 日鉴定时体格检查

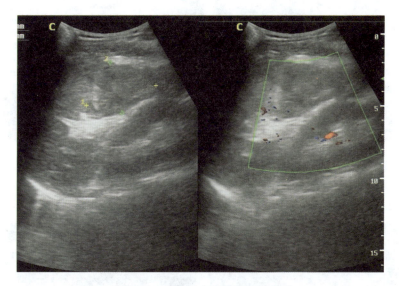

彩图 8-1　伤后超声检查提示脾破裂

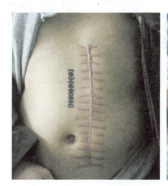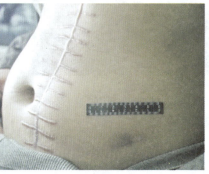

彩图 8-2　被鉴定人腹部手术瘢痕

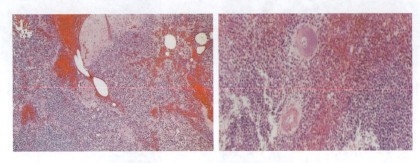

彩图 8-3　切除的脾脏病理切片镜下观

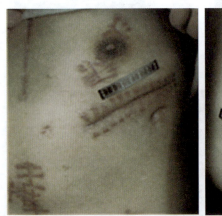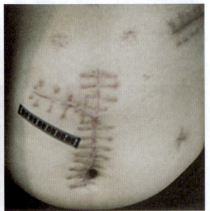

彩图 8-4　被鉴定人胸、腹部手术瘢痕

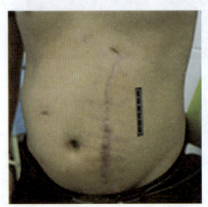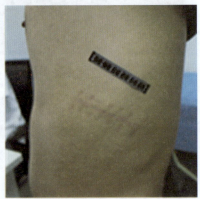

彩图 8-5　被鉴定人胸腹部手术瘢痕

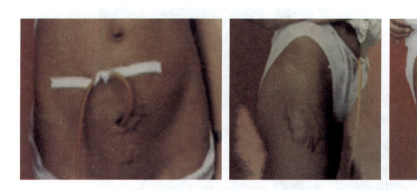

彩图 9-1　损伤后两年膀胱引流及双侧髋部遗留瘢痕组织

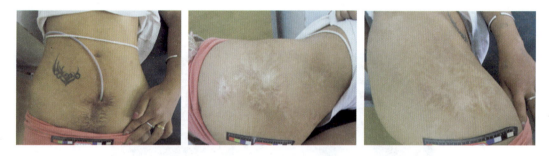

彩图 9-2　鉴定时腹壁膀胱造瘘引流和左髂部、右大腿部瘢痕照片

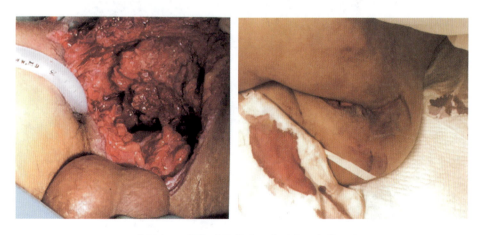

彩图 9-3　损伤后及首次手术时会阴部情况

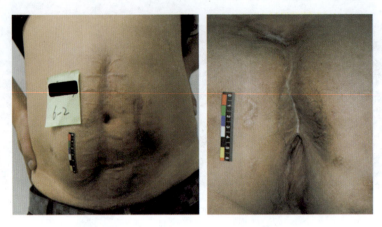

彩图 9-4　鉴定时腹部与会阴部皮肤瘢痕

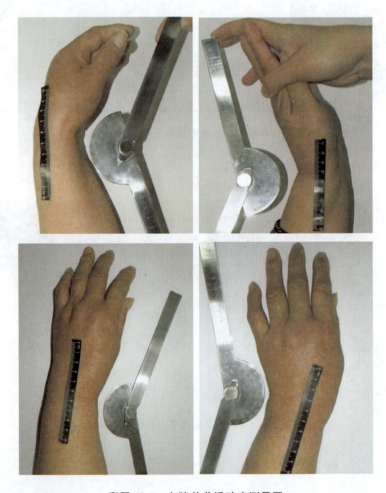

彩图 10-1　左腕关节活动度测量图

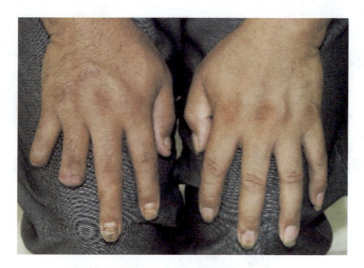

彩图 11-1　法医学检查

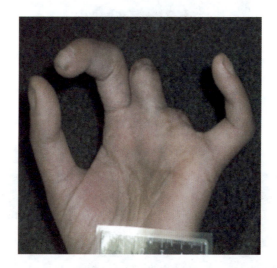

彩图 11-2　法医学检查

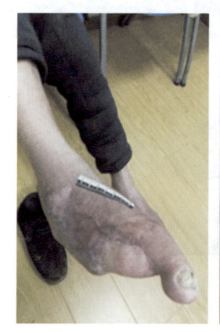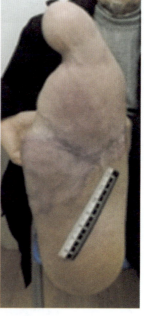

彩图 11-3　右足体检照片

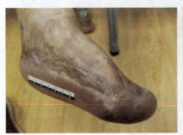

彩图 11-4　左足体检照片

彩图 12-1　被鉴定人左上臂的手术瘢痕

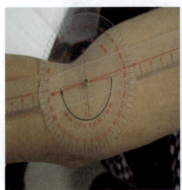
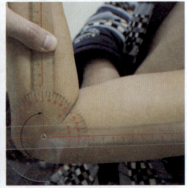

彩图 12-2　鉴定时肘部伸、屈活动度检查

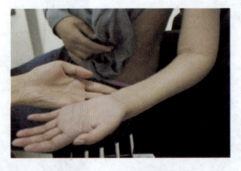

彩图 12-3　左上肢肌萎缩

彩图

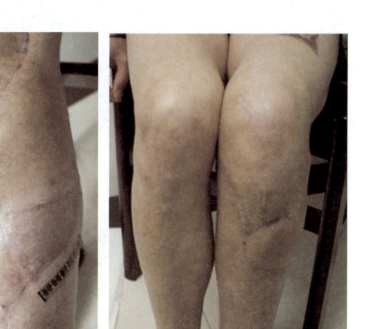

彩图 12-4　左膝部及左小腿多处手术瘢痕

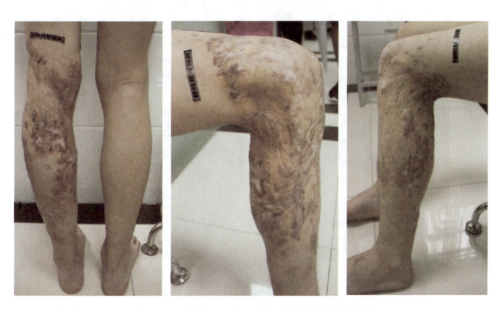

彩图 13-1　左大腿下段至左小腿中下段大片状瘢痕

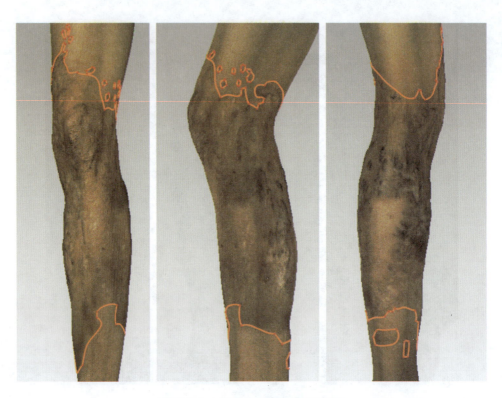

彩图 13-2 左下肢三维扫描重建模型

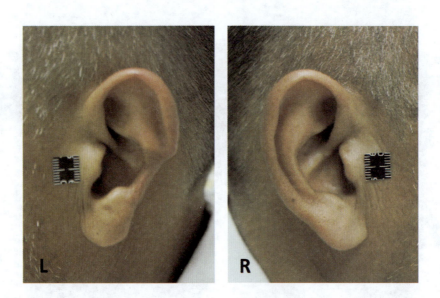

彩图 13-3 双侧耳廓照片

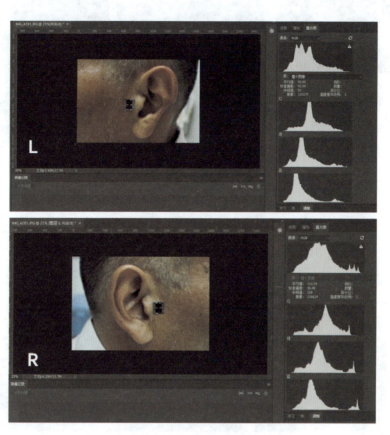

彩图 13-4　双侧耳廓 Photoshop 像素法测量

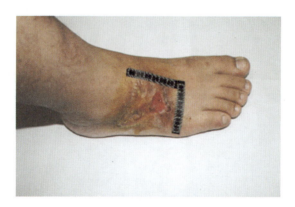

彩图 13-5　2016 年 8 月 30 日鉴定检查时见右足背皮肤破溃

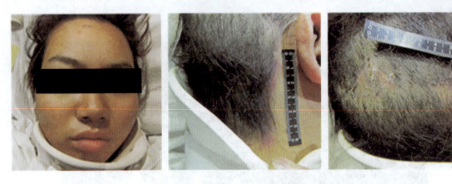

彩图 14-1　鉴定时法医学活体检查所见

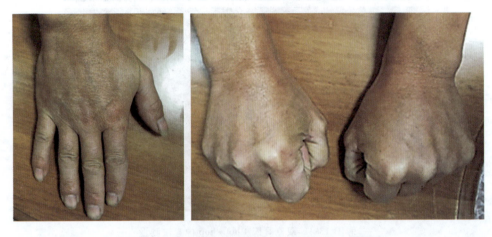

彩图 14-2　鉴定检查时所见右手外观及双手功能状况